世界史探究

書きこみ教科書

詳説

世界史

書きこみ教科書詳説世界史編集部
編

JN107604

山川出版社

本書の構成

(1)本文は原則、教科書どおりです。教科書の注は、[　]として本文に組み込んでいます。

(2)章・節・小見出しには学習の内容や目的に応じた問いが設けられています。確認しながら本文を読み進めましょう。

(3)解答欄は解答の書きこみやすい大きさで、字数分の下線を付けています。

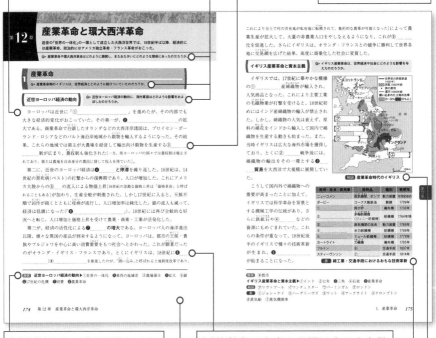

(5)解答はページの下段にまとめています。すぐに答え合わせができるので、まずは書きこまずに"読む"ことで確認することも可能です。

(4)教科書で太字の用語は白ヌキ丸数字（❶❷❸…）、それ以外の用語は丸数字（①②③…）としました。

(6)「地図」では王朝・国や都市を確認できます。「表」は文化・技術を整理した一覧です。「史料」は文中の用語を埋めながら内容を確認できます。

(7)鉛筆・ボールペン・マーカーどれでも書きやすくにじまない"書きこみ"に最適な紙を使っています。

本書のオススメの使い方

本書は、重要語句を"書きこむ"ことはもちろん、日常学習から受験対策まで、様々なシーンにあわせて色々な使い方ができます。本書を繰り返し用いることで、着実な学力UPにつながります！

予習
まずは書きこまないで"読む"。空欄に入る語句が「人名」か「地名」か「できごと」かを推測しながら読むとさらに効果的！

復習
つづいて授業で学んだ内容をふまえて、"埋める"。オススメは赤ペンで書きこみ！　ここでは誤字のチェックも念入りにおこなおう！

日常学習
重要箇所にマーカーを引いたり、メモを書きこんだりして、自分だけの"マイ教科書"をつくろう！　ペンやマーカーは色分けのルールを自分で決めると効果的！

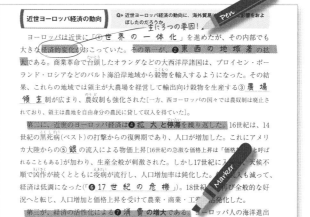

**定期テスト対策
受験対策**
赤シートなどで語句を隠しながら繰り返し読みこみ、知識の定着を確認！

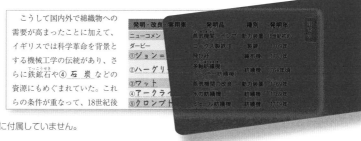

※赤シートは本書に付属していません。

目次

世界史へのまなざし　自然環境と人類の進化

Q▶ 人類の誕生を地球46億年の歴史のなかに位置づけたら、どのようなことがわかるだろうか。

自然環境と人類の関わり

今から46億年前に地球が誕生して以来、そこに生命が現れ、そのなかから最初の人類が出現するまでには、地球の年齢の大半を占める途方もない年月が経過した。人類が歩んできた歴史のほとんどの期間、とくに経済が狩猟・採集や農業に大きく頼っていた時代では、人間の生活はつねに、気候の変動や火山噴火・地震といった自然災害、さらに疫病（感染症）の流行といった自然環境の圧倒的な影響力のもとにおかれてきた。一方で、人類は自然環境に適応し、またそれに働きかけることを通して知能を発達させ、きびしい自然条件を克服して生き抜いてきた。人類が科学技術を用いて自然への働きかけを強めはじめてから、今日のようにほかの天体に到達し、あるいは遺伝子を操作するようになったのは、たかだかこの100年ほどのことにすぎない。歴史は、人間の活動だけによってつくられるものではないのである。

人類の進化

自然環境の変化のなかで、人類が進化をとげながら、やがて文字を発明して歴史を記録に残すようになるまでには、人類の歴史の99％以上を占める時間がかかった。人類史におけるこの長い時代を、先史時代と呼ぶ。

人類をほかの動物から区別する最大の特徴は、❶＿＿＿＿＿＿＿＿**歩行**である。それによって大きな脳を支え、前足を手として発達させ、道具を使用するようになった人類は、自然環境の変化に適応するために、知能を発達させながら複雑な進化の道筋をたどった。

人類がはじめて誕生したのは、今から約700万年前のアフリカであったと考えられている。最初に出現した人類を❷＿＿＿＿＿＿といい、サヘラントロプス〔DNA研究によれば、人類がチンパンジーなどの祖先とわかれたのは1000万〜700万年前のことだとされる。現在確認される最古の人類がサヘラントロプスで、2001年にアフリカのチャドで化石が発見された〕や③＿＿＿＿＿＿＿＿＿＿＿＿＿＿＿＿＿＿などがこれに属する。猿人のなかには簡単な❹＿＿＿＿＿**石器**（礫石器）を用いるものもいた。地球は約260万年前に、寒冷な氷期と比較的温暖な間氷期を繰り返す時代に入った。やがて約240万年前、ア

解答　人類の進化▶❶直立二足　❷猿人　③アウストラロピテクス　❹打製

フリカに❺＿＿＿＿＿＿が登場した。ホモ＝ハビリスやホモ＝エレクトゥス(ジャワ原人・❻＿＿＿＿原人など)がそれに属し、なかでもホモ＝エレクトゥスは、❼＿＿＿＿＿＿＿＿＿＿＿＿＿などの改良された打製石器と❽＿＿＿を使用し、狩猟・採集生活を営みながら氷期のきびしい環境を生き抜いた。さらに約60万年前、より進化した❾＿＿＿＿＿が出現した。ヨーロッパに分布した❿＿＿＿＿＿＿＿＿＿人がその代表である。旧人は現代の人類とかわらない脳容積(ようせき)をもち、死者を⓫＿＿＿＿するなど精神文化を発達させた。彼らは目的に応じて剝片石器を使用したり、毛皮を身につけるなどして、氷期に適応した生活を送っていた。

　ついで20万年ほど前にアフリカに現れた人類を⓬＿＿＿＿といい、われわれと同じ現生人類(げんせい)(⓭＿＿＿＿＿＿＿＿＿＿＿＿＿＿＿)に属する。ヨーロッパの⓮＿＿＿＿＿＿＿＿人や中国の⓯＿＿＿＿＿人などがこれにあたる。新人は剝片石器をつくる技術をさらに進歩させ、また骨や角(つの)でつくった⓰＿＿＿＿＿＿を用いて生活をより豊かにするとともに、鮮やかな⓱＿＿＿＿＿＿＿＿＿＿＿を残した。新人はまもなくアフリカから広がり、各地の環境に適応しながら、アメリカ大陸を含むほぼ全世界に住み着くようになった。人類がこのように打製石器を用いて狩猟・採集生活を営んでいた時代を⓲＿＿＿＿＿**時代**と呼ぶ。他方、旧人はしばらく新人と共存(きょうぞん)していたが、約３万年前に絶滅(ぜつめつ)した[新人は旧人の直接の子孫ではなく、別系統の人類であることが近年の研究で明らかになっている]。

人類と言語　世界各地に拡散(かくさん)した人類がそれぞれの環境に適応していくなかで、言語や習慣は多様になり、皮膚(ひふ)や髪(かみ)の色といった身体的特徴の違いも現れた。19世紀以降の欧米では、身長・頭の形・皮膚の色・毛髪(もうはつ)といった身体の特徴によって、人類を白色人種(はくしょく)・黄色人種(おうしょく)・黒色人種(こくしょく)などの❶＿＿＿＿＿＿にわける考え方が盛んになった。しかし、すべての現生人類はただ１つの種(ホモ＝サピエンス)に属するのであり、したがって人類を人種によって分類したり、人種間に優劣(れつ)の差があると考えることには、今日では科学的根拠(こんきょ)がないとされている。他方、言語・宗教・習慣などの文化的特徴によって、人類を❷＿＿＿＿＿＿という集団にわける考え方もある。また、共通の言語から派生した同系統の言語グループを❸＿＿＿＿＿＿と呼ぶ。

解答　❺原人(げんじん)　❻北京(ペキン)　❼ハンドアックス　❽火　❾旧人(きゅうじん)　❿ネアンデルタール　⓫埋葬(まいそう)　⓬新人(しんじん)　⓭ホモ＝サピエンス　⓮クロマニョン　⓯周口店上洞(しゅうこうてんじょうどう)　⓰骨角器(こっかくき)　⓱洞穴絵画(どうけつ)　⓲旧石器
人類と言語▶❶人種　❷民族　❸語族

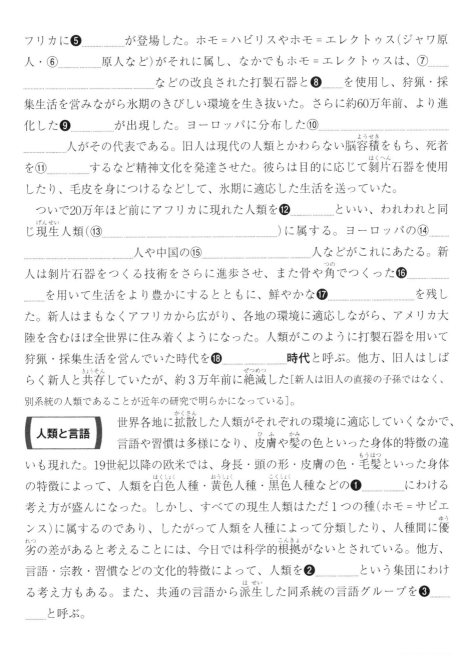

文明の成立と古代文明の特質

農耕・牧畜が始まると、大河流域を中心にエジプト文明・メソポタミア文明・インダス文明・中国文明などが栄えた。アメリカ大陸中・南部にも独自の古代文明が生まれた。

Q▶ 各地の古代文明はどのような特徴をもっていたのだろうか。また、それらに共通する特質は何だろうか。

1 文明の誕生

Q▶ 自然環境の変化をきっかけに、人々の生活や社会はどのように変化したのだろうか。

農耕と牧畜のはじまり

Q▶ 農耕・牧畜は、自然環境のどのような変化から生まれたのだろうか。

約1万年前に①_____が終わると地球は温暖化し、自然環境が大きく変化したため、新人は地域ごとの多様な環境に適応していった。そのなかでもっとも重要だったできごとは、約9000年前の西アジアで、②____の栽培とヤギ・羊・牛などの飼育が始まったことであった。これが❸_____・❹_____の開始である。これにより人類は積極的に自然環境を改変する能力を身につけ、食料を生産する生活を営みはじめた。人類史は、狩猟・採集を中心にした❺_____**経済**から、③_____・④_____による❻_____**経済**に移るという重大な変革をとげたのである。その結果、人口は飛躍的に増え、文明誕生の基礎が築かれた。

農耕・牧畜が始まると、人類は集落に住み、織物や土器をつくり、また石斧・石臼などの❼_____**石器**を用いた。❽_____**時代**の始まりである。このような初期農耕民の新石器文化は、アジア・ヨーロッパ・アフリカの各大陸に広がった［アメリカ大陸には「新石器時代」という時代区分は用いられないが、農耕は古くからおこなわれていた］。

文明の誕生

Q▶ 文明が生まれるためには、どのような条件が必要だったのだろうか。

初期の農耕は雨水だけに頼り、また肥料を用いない方法がとられていたため、収穫が少なく、耕地も替えていかなくてはならなかった。しかし、メソポタミア［ギリシア語で「川と川のあいだ」という意味で、ティグリス川とユーフラテス川に挟まれた地域（ほぼ現在のイラクにあたる）をいう］をはじめとする地域で❾_____**農業**が始まると、食

(解答) **農耕と牧畜のはじまり▶** ①氷期　②麦　❸農耕　❹牧畜　❺獲得　❻生産　❼磨製
❽新石器
文明の誕生▶ ❾灌漑

料生産が発達してより多くの人口をやしなうことが可能になり、多数の人間を統一的に支配する国家という仕組みが生まれた。こうしてナイル川、ティグリス川・ユーフラテス川、インダス川、黄河・長江などの流域に⑩＿＿＿＿＿が誕生し［アフリカでは、ナイル川のほかにも西アフリカのニジェール川、中央アフリカのコンゴ（ザイール）川、南部アフリカのザンベジ川の流域で、それぞれ古くから農耕がおこなわれていた］、やや遅れてアメリカ大陸にも独自に文明が形成された。

　こうした文明においては、宗教や交易の中心である⑪＿＿＿＿＿が生まれ、支配する人とされる人とのあいだに階級の差が生じた。また、武器や工具などの⑫＿＿＿＿＿がつくられ、多くの文明では政治や商業の記録を残すための⑬＿＿＿＿＿も発明された。文字の使用によって、人類は過去の記録を参考に将来に備え、複雑で抽象的な思考をすることもできるようになった。ここから人類史は、⑭＿＿＿＿＿時代に入っていった。さらにそれぞれの文明は、その地域の自然環境によって様々な特色をみせた［16世紀頃にはじまる「世界の一体化」の以前にも、世界各地では言語や宗教を共通の基盤として、独自の特徴をもつ文化的なまとまりが形成されていた。本書では、こうしたまとまりを「東アジア世界」「地中海世界」などの表現を用いて示している］。

2 古代オリエント文明とその周辺

Q▶ 古代オリエント文明は、世界の歴史にどのような影響を与えたのだろうか。

オリエントの風土と人々

Q▶ オリエントの風土は、その文明の特質とどのような関係にあるのだろうか。

❶＿＿＿＿＿とはヨーロッパからみた「②＿＿＿＿＿ところ、東方」を意味し、西アジアからエジプトにかけての地域を指す。秋から冬にかけての雨季以外には降雨がほとんどなく、乾燥して気温が高いために、砂漠・草原・岩山が多い。羊やラクダを飼育する遊牧生活に加えて、沿海や河川流域の平野、あるいはオアシスで、小麦・大麦・豆類・オリーヴ・ナツメヤシなどを栽培する農業が営まれてきた。とくにティグリス川・ユーフラテス川、ナイル川など大河の流域では、定期的な増水を利用して早くから③＿＿＿＿＿農業がおこなわれ、高度な文明が発達した。

　ティグリス川・ユーフラテス川流域の❹＿＿＿＿＿には、周辺か

解答 ⑩文明　⑪都市　⑫金属器　⑬文字　⑭歴史
オリエントの風土と人々▶❶オリエント　②日ののぼる　③灌漑　❹メソポタミア

ら⑤＿＿＿＿＿＿語系やインド＝ヨーロッパ語系の遊牧民が豊かな富を求めて移住し、興亡を繰り返した。一方、ナイル川のめぐみをうける豊かな⑥＿＿＿＿＿＿＿＿＿＿は、砂漠と海に囲まれているため、エジプト語系の人々が長期にわたって高度で安定した文明を営んだ。また両地方を結ぶ**シリア・❼**＿＿＿＿＿＿＿＿＿＿地方は、メソポタミアとあわせて「⑧＿＿＿＿＿＿＿＿＿＿地帯」を形成し、小麦やオリーヴの栽培がおこなわれるとともに、セム語系の人々が地中海や内陸部での交易で活躍した。オリエント社会では、大河を利用した治水・灌漑をおこなうために、早くから宗教の権威によって統治する強力な❾＿＿＿＿＿＿**政治**が出現し、独自の信仰生活と文化を生み出した。

　オリエントの西に広がる❿＿＿＿＿＿＿＿は、重要な交通路として早くからその周辺に１つの文化的なまとまりを形成し、沿岸部の都市を中心に文明が発達した。他方、陸地は山がちで、夏は暑く乾燥し冬に少量の雨がふり、大河や肥沃な大平野にはめぐまれなかった。土壌はやせた石灰岩質で、穀物生産に適したエジプト・黒海沿岸などを除けば、大部分の土地はオリーヴ・ブドウなどの⑪＿＿＿＿＿栽培やヤギ・羊の牧畜に適している。

シュメール人の都市国家　Q▶ 都市国家に富や権力が集まったのはなぜだろうか。

　灌漑農業の発達したメソポタミア南部では、前3500年頃から人口が急激に増え、①＿＿＿＿を中心に数多くの大村落が成立した。やがて②＿＿＿＿＿＿＿が発明され、銅器・青銅器などの金属器が普及しはじめた。

　前3000年頃には大村落が都市へと発展し、前2700年頃までに③＿＿＿＿＿・ウルクなど❹＿＿＿＿＿＿＿＿＿**人**（民族系統不明）の**都市国家**が数多く形成された。これらの都市国家では、王を中心に、神官・役人・戦士などが都市の神をまつり、政治や経済・軍事の実権を握って人々を支配する⑤＿＿＿＿＿社会が成立した。その結果、優勢な都市国家の支配層には莫大な富が集まり、壮大な神殿・宮殿・王墓がつくられて、豪華な④＿＿＿＿＿＿＿＿＿文化が栄えた。しかし前24世紀には、都市国家はセム語系の❻＿＿＿＿＿＿＿＿**人**によって征服された。

解答 ⑤セム　❻エジプト　❼パレスチナ　⑧肥沃な三日月　❾神権　❿地中海　⑪果樹
シュメール人の都市国家▶①神殿　②文字　③ウル　❹シュメール　⑤階級　❻アッカド

メソポタミアの統一と周辺地域

Q▶ メソポタミア文明が今日に残した文化的遺産には、何があるだろうか。

アッカド人はメソポタミア南部の都市国家をはじめて統一したが、その統一国家は前22世紀に崩壊した。その後、前19世紀初めにセム語系の① _____ 人が② _____ **王朝**をおこし、③ _____ **王**のときに全メソポタミアを支配した。王は首都バビロンで神の代理として政治をとりおこない、運河の大工事によって治水・灌漑を進め、また③ _____ **法典**を発布して、法にもとづく強力な統治をしいた。その刑法は「目には目を、歯には歯を」の④ ____ **法**の原則に立っていたが、刑罰は被害者の⑤ _____ によって違っていた。

ハンムラビ王の時代に栄えた文明の影響は、周辺の諸民族にもおよんだ。そのうち、早くから鉄器を使用していた⑥ _____ 語系の⑦ _____ **人**は、前17世紀半ば頃、アナトリア高原に強力な国家を建設し、メソポタミアに遠征してバビロン第1王朝を滅ぼし、シリアにも進出してエジプトと戦った。また、⑧ _____ **人**はザグロス山脈方面から南メソポタミアに侵入して、バビロン第1王朝滅亡後のバビロニア[バビロンを中心とするメソポタミア南部の地域]を支配した。さらに北メソポタミアにおこった⑨ _____ **王国**も西方のシリアへと領土を広げ、ヒッタイトに服属するまで強大な国力を保った。こうしてオリエントでは前15～前14世紀以降、諸王国が並立する複雑な状況が生まれた。

メソポタミアは⑩ _____ **教**の世界であったが、民族が交替するごとに信仰される最高神もかわった。シュメール人が創始した⑪ _____ **文字**は、言語の違いをこえて多くの民族に広まり、粘土板に刻まれて用いられた。また、⑫ _____ **進法**や

史料 ハンムラビ法典(抜粋)

1. 人が他人を殺人の罪で告訴し、その罪を立証できなかったなら、告訴人は殺されなければならない。
195. 息子がその父親を殴ったならば、彼は自分の腕を切り落とさなければならない。
196. 他人の① ____ をつぶしたならば、自分の① ____ をつぶさなければならない。
199. 他人の② ____ の目をつぶしたり、他人の② ____ の骨を折ったならば、② ____ の値段の半額を支払わなければならない。

(中田一郎訳『ハンムラビ「法典」』、一部改変)

解答 メソポタミアの統一と周辺地域▶ ①アムル ②バビロン第1 ③ハンムラビ ④復讐 ⑤身分 ⑥インド゠ヨーロッパ ⑦ヒッタイト ⑧カッシート ⑨ミタンニ ⑩多神 ⑪楔形 ⑫六十
史料 ①目 ②奴隷

⑬＿＿＿＿＿暦が使用されるとともに、太陰暦に閏月を設けて実際の季節とのずれを補正した⑭＿＿＿＿＿暦[月の運行にもとづく太陰暦では、1年が354日となって実際の季節とのずれが生じてしまう。そこで閏月を設けてこれを補正したのが⑭＿＿＿＿＿暦である。おおむね19年に7回の割合で閏月を設ける]も生み出され、天文・暦法・数学・農学などの実用の学問も発達した。

エジプトの統一国家

Q▶ エジプト王国が長期にわたって安定した支配を続けられたのは、なぜだろうか。

「エジプトは①＿＿＿＿＿＿＿＿＿＿＿＿＿」[ギリシアの歴史家②＿＿＿＿＿が書き記した言葉。ナイル川は毎年7〜10月に増水・氾濫して、上流から沃土を運んだので、エジプトではほかの地域に比べて豊かな農業が営まれた]という言葉通り、エジプトではナイル川の増減水を利用して豊かな農業がおこなわれた。また、ナイル川の治水には、住民の共同労働と、彼らを統率する強力な指導者が必要であったため、全国を統一的に支配する仕組みが早くから発達した。

前3000年頃、エジプトではメソポタミアより早く、王（❸＿＿＿＿＿＿＿）による統一国家がつくられた。以後、一時的に周辺民族の侵入や支配を受けながらも、国内の統一を保つ時代が長く続いた。この間に約30の王朝が交替したが、そのなかでも❹＿＿＿＿・❺＿＿＿＿＿・❻＿＿＿＿＿の3時代に繁栄した。

エジプトの王は生ける神であり、神官や役人を使って専制的な神権政治をおこなった。ナイル川下流域の⑦＿＿＿＿＿を中心に栄えた古王国では、⑧＿＿＿＿王らがおそらく自分の墓として、巨大な❾＿＿＿＿＿＿を築かせた。これは神である王の絶大な権力を示している。中王国時代には、中心は上エジプトの⑩＿＿＿＿に移ったが、その末期にシリア方面から遊牧民の⑪＿＿＿＿が流入し、国内は一時混乱した。しかし、前16世紀に⑪＿＿＿＿を撃退して新王国が成立し、さらにシリアへと進出した。前14世紀には⑫＿＿＿＿＿（アクエンアテン）が中部エジプトの⑬＿＿＿＿に都を定め、従来の神々の崇拝を禁じて一つの神（⑭＿＿＿＿）だけを信仰する改革をおこなった。この改革は王の死で終わったが、信仰改革の影響で古い伝統にとらわれない写実的な❺＿＿＿＿＿**美術**が生みだされた。

解答 ⑬太陰 ⑭太陰太陽
エジプトの統一国家▶①ナイルのたまもの ②ヘロドトス ❸ファラオ ❹古王国 ❺中王国 ❻新王国 ⑦メンフィス ⑧クフ ❾ピラミッド ⑩テーベ ⑪ヒクソス ⑫アメンヘテプ4世 ⑬テル＝エル＝アマルナ ⑭アテン ❺アマルナ

エジプト人の宗教は太陽神⓰＿＿＿＿＿を中心とする多神教で、新王国時代には首都テーベの守護神アメンの信仰と結びついた⓱＿＿＿＿＿＿＿＿の信仰が盛んになった。エジプト人は霊魂の不滅を信じて⓲＿＿＿＿＿をつくり、「⓳＿＿＿＿＿＿」を残した。エジプト文字には、碑文や墓室・石棺などに刻まれた象形文字の⓴＿＿＿＿文字（ヒエログリフ）と、パピルス草からつくった一種の紙（㉑＿＿＿＿）に書かれた㉒＿＿＿＿文字（デモティック）とがあった。また、エジプトで発達した㉓＿＿＿術は、ギリシアの幾何学の基になり、太陰暦とならんで用いられた㉔＿＿＿暦は、のちにローマで採用されて㉕＿＿＿＿暦となった。

東地中海の諸民族

Q▶ シリア・パレスチナ地方で多くの民族が興亡を繰り返したのは、なぜだろうか。

東地中海沿岸のシリア・パレスチナ地方は、エジプトとメソポタミアを結ぶ通路として、また地中海への出入り口として、海陸交通の要地であった。古くは前1500年頃からセム語系の①＿＿＿＿＿人が交易で活躍した。前13世紀頃にギリシア・エーゲ海方面から「②＿＿＿＿＿」と呼ばれる人々が進出し、この地方を支配していたエジプト・ヒッタイトの勢力が後退すると、それにかわって③＿＿＿＿語系のアラム人・フェニキア人・ヘブライ人らの活動が活発になった。

❹＿＿＿＿人は、前1200年頃からシリアの❺＿＿＿＿＿＿を中心に内陸都市を結ぶ中継貿易で活躍した。そのためアラム語が国際商業語として広まり、アラム文字は楔形文字にかわってオリエントで広く用いられるようになった。

❻＿＿＿＿＿人は、東地中海に面した❼＿＿＿・❽＿＿などを拠点として地中海交易を独占し、北アフリカの⑨＿＿＿＿＿をはじめとする多くの植民都市を建設した。また、フェニキア人は、カナーン人の表音文字からフェニキア文字をつくり、これはのちの❿＿＿＿＿の起源となった。

遊牧民であった⓫＿＿＿＿＿人[⑪＿＿＿＿＿人とは他民族による呼び名で、彼ら自身はイスラエル人と称した。またバビロン捕囚後は、⑫＿＿＿＿＿人と呼ばれることが多い]は、前1500年頃パレスチナに定住し、その一部はエジプトに移住した。しかし、エジプトでは新王国による圧政に苦しみ、前13世紀頃に指導者⑬

解答 ⓰ラー ⓱アメン＝ラー ⓲ミイラ ⓳死者の書 ⓴神聖 ㉑パピルス ㉒民用 ㉓測地 ㉔太陽 ㉕ユリウス
東地中海の諸民族▶ ①カナーン ②海の民 ③セム ❹アラム ❺ダマスクス ❻フェニキア ❼シドン ❽ティルス ⑨カルタゴ ❿アルファベット ⓫ヘブライ ⑫ユダヤ ⑬モーセ

のもとでパレスチナへ脱出した(「⑭＿＿＿＿＿＿＿＿＿」)。ヘブライ人はパレスチナに統一王国を建て、王国は前10世紀頃に繁栄したが、のち北のイスラエル王国と南のユダ王国に分裂した。その後、イスラエル王国は⑮＿＿＿＿＿＿に滅ぼされ(前722年)、ユダ王国も⑯＿＿＿＿＿＿＿＿＿に征服されて、前586年、住民の多くはその都のバビロンにつれ去られた。これを⑰＿＿＿＿＿＿＿＿という[こうしたヘブライ人の歴史は、おもに『旧約聖書』の記述にもとづくものである。一方、その実証性については考古学など別の視点からの異論もある]。

ヘブライ人は唯一の神⑱＿＿＿＿＿＿への信仰を固く守り、やがて、神により選民<rt>せんみん</rt>として特別の恩恵を与えられているという⑲＿＿＿＿＿思想や、救世主<rt>きゅうせいしゅ</rt>(⑳＿＿＿＿＿)の出現を待望する信仰を生み出した。彼らは約50年後にバビロンから解放されて帰国すると、イェルサレムに⑱＿＿＿＿＿＿の神殿を再興<rt>さいこう</rt>し、㉑＿＿＿＿＿教を確立した。そこからのちに生まれたのがキリスト教である。ユダヤ教の教典はキリスト教では『㉒＿＿＿＿＿＿』と呼ばれ、『㉓＿＿＿＿＿＿＿＿＿』と並んでのちのヨーロッパ人による思想・芸術活動の大きな源泉となった。

エーゲ文明 **Q▶ クレタ文明とミケーネ文明のあいだには、どのような性格の違いがあったのだろうか。**

ギリシアの東地中海沿岸では、オリエントからの影響のもとにヨーロッパではじめての①＿＿＿＿器文明が誕生した。これを❷＿＿＿＿＿文明という。

②＿＿＿＿＿文明は、まず③＿＿＿＿＿＿島で栄えた。前2000年頃に始まる❸＿＿＿＿＿文明は、壮大<rt>そうだい</rt>で複雑な構造をもつ宮殿建築が特徴である。❹＿＿＿＿＿＿に代表される宮殿は、宗教的権威を背景に巨大な権力を握った王の住居であった。この文明を築いた人々の民族系統は不明であるが、彼らは外部勢力への警戒心が薄く、宮殿は城壁<rt>じょうへき</rt>をもたなかった。

一方、ギリシア本土では、前2000年頃に北方から移住したインド＝ヨーロッパ語系の⑤＿＿＿＿＿人が、クレタやオリエントの影響を受けて前16世紀から❻＿＿＿＿＿文明を築きはじめた[19世紀後半以降、⑥＿＿＿＿＿文明はドイツの⑦＿＿＿＿＿＿(1822〜90)、クレタ文明はイギリスの⑧＿＿＿＿＿(1851〜1941)らによる発掘で、それぞれその姿が明らかになった]。ミケーネ文明のギリシア人は、ミケーネ・⑨＿＿＿＿＿＿・ピュロスなどに巨石<rt>きょせき</rt>でできた

解答 ⑭出エジプト ⑮アッシリア ⑯新バビロニア ⑰バビロン捕囚<rt>ほしゅう</rt> ⑱ヤハウェ ⑲選民
⑳メシア ㉑ユダ ㉒旧約聖書 ㉓新約聖書
エーゲ文明▶ ①青銅<rt>せいどう</rt> ❷エーゲ ❸クレタ ❹クノッソス ⑤ギリシア ❻ミケーネ
⑦シュリーマン ⑧エヴァンズ ⑨ティリンス

14 第1章 文明の成立と古代文明の特質

城塞王宮とそれを中心にした小王国を建てた。クレタ文明の人々に比べ、戦闘的で軍事に関心が高かったのが彼らの特徴である。彼らは前15世紀にはクレタ島にも侵入して支配下におき、さらにその勢力はアナトリアの⑩＿＿＿＿＿にまでおよんだ。粘土板に残された⑪＿＿＿＿＿文書の解読により［⑪＿＿＿＿＿はミケーネ時代のギリシア人がクレタ文明の線文字A（未解読）に学んでつくった音節文字で、イギリスの⑫＿＿＿＿＿（1922〜56）らが解読した］、これらの小王国では、王が役人組織を使って地方の村々から農産物・家畜や武器などの手工業製品を王宮に集め、それらを需要に応じて再び各地に分配していたことが明らかにされている。

　ミケーネ文明の諸王国は前1200年頃に突然破壊され、滅亡した。王宮による支配体制の行き詰まりや気候変動、外部勢力の侵入［この外部勢力が、同じ頃に東地中海一帯を襲った系統不明の「海の民」であったという説もある］など複数の原因によるものらしいが、滅亡のはっきりした事情は不明である。

オリエントの統一と分裂

Q▶ アッシリアがオリエントをはじめて統一することができたのは、なぜだろうか。

　前2千年紀初め［前2千年紀とは、前2000〜前1001年のあいだを指す。前何千年紀という表現は、先史や古代において、はっきりした年代が不明な場合に用いられることが多い］に北メソポタミアにおこった❶＿＿＿＿＿王国は、アナトリア方面との中継貿易によって栄えたが、前15世紀には一時ミタンニ王国に服属した。しかし、その後に独立を回復し、鉄製の武器と戦車・騎兵隊などを用いて、前7世紀前半に②＿＿＿＿＿を征服した。なお、前11世紀に新王国が滅亡した後のエジプトには、ナイル川上流に成立した❸＿＿＿＿＿王国［③＿＿＿＿＿王国は、エジプトを除けばもっとも古いアフリカ人の国として知られている］が前8世紀から進出していたが、アッシリアの侵攻を受けてエジプトの南方へと退いた。

　アッシリア王は、政治・軍事・宗教など様々な面で強大な権力をもつ専制君主であり、国内を州にわけ、④＿＿＿＿＿制を設け、各地に総督をおいて統治した。しかし、この大帝国も重税と圧政によって服属民の反抗をまねいて前612年には崩壊し、オリエントには❺＿＿＿＿＿、アナトリアの❻＿＿＿＿＿、❼＿＿＿＿＿（カルデア）、イラン高原の❽＿＿＿＿＿の4王国が分立することになった。一方、南方へ退いたクシュ王国は❾＿＿＿＿＿に都をうつして製

解答 ⑩トロイア（トロヤ）　⑪線文字B　⑫ヴェントリス
オリエントの統一と分裂▶❶アッシリア　②全オリエント　❸クシュ　④駅伝　❺エジプト
❻リディア　❼新バビロニア　❽メディア　❾メロエ

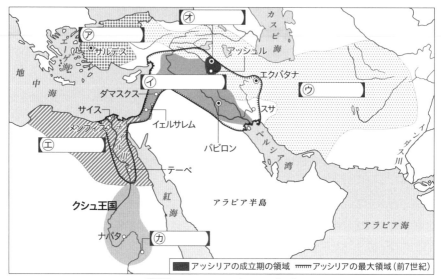

地図 アッシリアと4王国の領域

鉄と商業によって栄え、⑨＿＿＿＿＿＿文字(未解読)を用いた。この王国は、のち4世紀にエチオピアの⑩＿＿＿＿＿＿王国によって滅ぼされた。

---

3 南アジアの古代文明

Q▶ 南アジアの古代文明は、世界の歴史にどのような影響を与えたのだろうか。

南アジアの風土と人々

Q▶ どのような地理的環境が、南アジアの多様性を生み出したのだろうか。

　現在のインド共和国やその周辺は**南アジア**と呼ばれ、ヒマラヤからデカン高原、そしてインド洋の島々に至る、世界最高峰(さいこうほう)の山々や砂漠、大平原、ガンジス川などの大河(たいが)を含んだ多様な地域である。①＿＿＿＿＿＿(モンスーン)の影響を強く受け、雨季(うき)と乾季(かんき)の差がはっきりしており、夏と冬とのあいだで激しい寒暖差のある北部地域と、年間を通じて気温の高い南部地域とに大きく二分される。南アジアでは、①＿＿＿＿＿＿がもたらす雨を蓄えて②＿＿＿やヒエ・アワが、また乾季を利用して③＿＿＿が栽培され、それらの農業と牛や羊などの飼育(しいく)を組み合わせた生産活動がおこなわれてきた。

解答 ⑩アクスム
地図 ⑦リディア　⑦新バビロニア　⑦メディア　⑦エジプト　⑦ニネヴェ　⑦メロエ
南アジアの風土と人々▶①季節風　②稲　③麦

南アジアに住む人々は、大きく❹＿＿＿＿＿系と❺＿＿＿＿＿系にわかれる。南アジアには古くから異民族が進入を繰り返したが、進入した民族は、それまでの社会の影響を受けつつも完全に同化されてしまうことはなく、多くの民族・言語・宗教が共存する独自の世界が形成された。

インダス文明

Q▶ 南アジア最古の文明が栄えたのは、どのような場所だったのだろうか。

南アジア最古の文明は、前2600年頃におこった青銅器時代の都市文明で、ドラヴィダ系と考えられる❶＿＿＿＿＿文明である。インダス川流域の❷＿＿＿＿＿や❸＿＿＿＿＿を代表とする同文明の遺跡は、すぐれた都市計画にもとづいてつくられ、❹＿＿＿＿＿場や穀物倉なども備えた煉瓦造りの都市遺跡であり、南アジア西北部の広い範囲に分布している[こうした都市遺跡の最初の発掘例が❸＿＿＿＿＿であり、それが基準となったことから、インダス文明は❸＿＿＿＿＿文明とも呼ばれる]。

遺跡からは、現在でも未解読の❶＿＿＿＿＿文字が刻まれた❺＿＿＿＿＿や、ろくろでつくられた❻＿＿＿＿＿土器が発見されている。のちのヒンドゥー教の主神である❼＿＿＿＿＿神の原型とみられる像や牛の像などもみつかっており、南アジアの文明の源流と考えられている。インダス文明は前1800年頃までに衰退したが、その原因は解明されていない[洪水説、放牧や樹木の伐採による環境破壊説、塩害による農業衰退説をはじめ様々な説があるが、決定的なものはない]。

アーリヤ人の進入とガンジス川流域への移動

Q▶ アーリヤ人の進入は、南アジアにどのような変化をもたらしたのだろうか。

前1500年頃、中央アジアから、インド＝ヨーロッパ語系の牧畜民である❶＿＿＿＿＿人が、❷＿＿＿＿＿地方に進入しはじめた。❶＿＿＿＿＿人は部族を単位として活動し、この頃にはまだ人々のあいだに大きな富や地位の差は生まれていなかった。彼らは雷や火などの自然神を崇拝し、様々な祭祀をとりおこなった。それらの宗教的な知識をおさめたインド最古の文献群は❸＿＿＿＿＿と呼ばれ、そのうち、賛歌集の『❹＿＿＿＿＿』からは、この時期の多神教的な世界観を知ることができる[各種❸＿＿＿＿＿が編まれた前1500年〜前600年頃までの時代は、南アジア史において❸

解答 ❹アーリヤ　❺ドラヴィダ
インダス文明▶❶インダス　❷モエンジョ＝ダーロ　❸ハラッパー　❹沐浴　❺印章　❻彩文
❼シヴァ
アーリヤ人の進入とガンジス川流域への移動▶❶アーリヤ　❷パンジャーブ　❸ヴェーダ
❹リグ＝ヴェーダ

<u>　　　　</u>時代とも呼ばれる]。

　前1000年を過ぎると、アーリヤ人は、より肥沃（ひよく）な❺<u>　　　　　　　　　</u>川上流域へ移動を開始した。森林の開墾（かいこん）に適した⑥<u>　　　</u>器が使われるようになり、牛に牽（ひ）かせる⑥<u>　　</u>の刃先をつけた木製の犂（すき）も生み出された。また、稲の栽培がおこなわれるようになった。アーリヤ人は、農耕に従事する先住民とまじわって農耕技術を学び、定住の農耕社会を形成した。農耕社会への移行で生産に余裕が生じると、王侯（おうこう）・武士や司祭（しさい）など、生産に従事しない階層が生まれた。そして祭式の体系化が進むなか、王が支配の正統性を示すため⑦<u>　　　　　</u>を主導し強い権力を得て、人々を支配するようになった。

　こうした過程で、❽<u>　　　　　　　　</u>（司祭）、❾<u>　　　　　　　　　　　　</u>（武士）、❿<u>　　　　　　　　　</u>（農民・牧畜民（ぼくちくみん）・商人）、⓫<u>　　　　　　　</u>（隷属民（れいぞくみん））[これらの4ヴァルナの下には、ヴァルナ制の枠（わく）の外におかれる被差別民（ひさべつみん）が存在し、⑫<u>　　　　</u>民として差別されるようになった。なお、時代がくだるとともに、⑩<u>　　　　　　　　　　</u>は商人を、⑪<u>　　　　　　　　　</u>は農民や牧畜民を指すようになった]という4つの身分に人々はわかれるとする、⓭<u>　　　　　　</u>制[アーリヤ人と先住民のあいだには皮膚（ひふ）の色の差があったために、「色」を意味する⑬<u>　　　　　　</u>という言葉が使われた]と呼ばれる身分的上下観念が生まれた。バラモンたちは、複雑な祭祀を正確にとりおこなわなければ神々から恩恵を受けることができないとして、自身を最高の身分とした。そのため、彼らがつかさどる宗教を⓮<u>　　　　　　　</u>教という。さらに、特定の信仰や職業と結びついたり、あるいはほかの集団の者との結婚や食事などを制限することで結合をはかる**ジャーティ**（⑮<u>　　　　　　　</u>）**集団**が多数生まれてきた[⑮<u>　　　　　</u>とは、ポルトガル語で「血統（けっとう）」を意味するカスタに由来（ゆらい）する言葉であり、インドでは「生まれ」を意味するジャーティという言葉が使われている]。これらのジャーティはヴァルナ制と結びつき、たがいに上下関係を主張するようになった。ヴァルナ制と様々なジャーティの主張とが組み合わさった社会制度は南アジア社会の基層となり、のちに⓯<u>　　　　　　</u>**制度**として展開することになった。

<u>解答</u>❺ガンジス　⑥鉄（てつ）　⑦祭祀（さいし）　❽バラモン　❾クシャトリヤ　❿ヴァイシャ　⓫シュードラ
⑫不可触（ふかしょく）　⓭ヴァルナ　⓮バラモン　⓯カースト

4 中国の古代文明

Q▶ 東アジア各地には、自然環境に根ざす多様な地域的特徴が生まれた。これらはどのように結びついていったのだろうか。

東アジアの風土と人々

Q▶ 東アジアには、気候の異なる地域がどのように混在しているのだろうか。

　東アジアとは、①＿＿＿＿＿・②＿＿＿＿＿流域の農耕地帯を中心とするユーラシア大陸東部と沿海の諸島をいう。❶＿＿＿＿＿流域からベトナム北部にかけての地域、朝鮮半島南部・日本列島は季節風(モンスーン)の影響が強い湿潤な気候で、おもに稲作がおこなわれてきた。降水量の比較的少ない❷＿＿＿＿＿流域は③＿＿作が中心で、中国東北地方・朝鮮半島北部の冷涼な森林地帯では狩猟・採集が生業とされていた。東アジアに隣接するモンゴル高原やチベット高原は草原が広がる遊牧地帯で、④＿＿＿＿＿盆地[④＿＿＿＿＿盆地以西の中央アジアは、中国からみて西側に位置するため、「西域」とも呼ばれた]の砂漠のなかにはオアシスが点在し、灌漑農業が営まれている。こうした東アジアや隣接地域の自然環境・生業の多様性は、各地に様々な先史文化を生み出すとともに、人々の移動や交流をうながした。

中華文明の発生

Q▶ 東アジア各地の気候の違いは、生業にどのような影響を与えたのだろうか。

　前6000年頃までに、黄河流域では①＿＿＿＿＿などの**雑穀**を中心とした農耕が始まり、長江流域でも❷＿＿が栽培されるようになった。前5千年紀になると、黄河中流域において彩文土器(③＿＿＿＿＿)で知られる❹＿＿＿＿＿**文化**が開花し、長江流域では人工的な施設をもつ水田が現れた。東北地方の⑤＿＿＿＿＿流域でも、狩猟・採集とあわせて雑穀の栽培がおこなわれるなど、独自の文化がはぐくまれた。

　前3千年紀には地域間のヒトやモノの移動が盛んになり、黄河流域に西方から❻＿＿・羊がもたらされ、中・下流域では⑦＿＿＿＿＿に代表される❽＿＿＿＿＿**文化**が広がった。この時期の大規模な集落は、長江上流域の⑨＿＿＿＿＿盆地からもみつかっている。交流の活発化にともなって集団間の争いも生じ、集落のまわりに土壁をめぐらした城郭が築かれ、複数の集落の連合体をたばねる首長も出現した。

解答 東アジアの風土と人々▶❶長江　**❷**黄河　③畑　④タリム
中華文明の発生▶①アワ　**❷**稲　③彩陶　**❹**仰韶(ヤンシャオ)　⑤遼河　**❻**麦　⑦黒陶　**❽**竜山(ロンシャン)　⑨四川

前２千年紀には、黄河上流域で①＿＿＿＿＿が拡大し、長江流域では稲作への依存が強まるなど、地域ごとの自然環境に合わせて生業が多様化していった。各地域を結ぶ交通の要地であった黄河中流域では、政治権力の集中が進んで、❷＿＿＿＿王朝が誕生した［伝説では、殷に先だって夏王朝があったとされる。殷よりも古い王朝の存在を示唆する遺跡もみつかっているが、それが伝説上の夏王朝と同一のものであるかは確定されていない。また、殷末期の人々はみずからの邑を商と称したので、中国では殷のことを商と呼ぶ］。王都の遺跡❸＿＿＿＿からは、西域産の材料を加工した玉器や南方の海で産出されたタカラガイも発見されており、殷が広域的な交易ネットワークの中心にあったことを示している。

当時の集落は、同族意識に支えられた氏族集団を中心に人々が共同生活を営む城郭都市で、これを❹＿＿＿＿と呼ぶ。殷は豊かな経済力を背景に盛大な祭祀を実施し、宗教的権威によって多くの④＿＿＿＿を従えた。複雑な文様をもつ❺＿＿＿＿**器**には酒器や食器が多く、これらは祭祀に用いられた。殷では、国の重大な事柄はすべて神意を占って決定され、その記録に用いられた❻＿＿＿＿**文字**は漢字のもととなった。

西方の⑦＿＿＿＿流域におこった❽＿＿＿は、武力よりも**徳**を重視し、徳の高い者には❾＿＿からの命令で支配者となる資格が授けられると考えた［こうした考え方にもとづく政権交替を、「❿＿＿＿＿＿＿」（⑪＿＿の姓が易り天命が革まる）という。⑪＿＿＿＿とは天の子、つまり天命を受けた支配者のことである］。周は前11世紀頃に殷を滅ぼすと、一族や功臣などに⑫＿＿＿＿（領地）と人民を与え、世襲の⑬＿＿＿として国を建てさせる⑭＿＿＿をおこなった。王や諸侯の家臣（卿・大夫・士）も、地位と封土を授けられた。この仕組みによって、氏族集団のまとまりだけではなく、各地の社会や文化の多様性も保たれた。

周では氏族集団が社会秩序の基礎であったので、親族関係にもとづいた規範（⑮＿＿＿＿）が重んじられた。また、服従の証として諸侯が周王に各地の特産品をおさめる決まりも設けられた。こうした社会の上下関係を律する行動規範は⑯＿＿＿と総称され、今日まで東アジアの社会に強い影響をおよぼしている。

解答 殷・周王朝▶①牧畜 ❷殷 ❸殷墟 ❹邑 ❺青銅 ❻甲骨 ⑦渭水 ❽周 ❾天
❿易姓革命 ⑪天子 ⑫封土 ⑬諸侯 ⑭封建 ⑮宗法 ⑯礼

春秋・戦国時代

Q▶ 春秋時代と戦国時代の秩序の違いは、どこにあるだろうか。

前8世紀に周の王都が①＿＿＿＿＿から②＿＿＿＿＿（現在の洛陽）に移ると、周王の威光は衰え、諸侯が競い合うようになった。はじめは武力で他国を威圧した有力諸侯（❸＿＿＿＿＿）が盟主となり、周王を支えて秩序を維持していたが、やがて小国の併合や大国の分裂がおこり、前5世紀後半に諸国間の秩序は失われた。これより前の覇者の時代を❹＿＿＿＿＿時代、後の時代

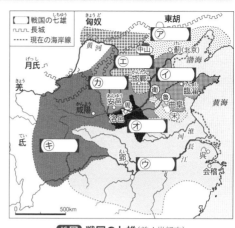

地図 戦国の七雄（前4世紀末）

を❺＿＿＿＿＿時代と呼ぶ［④＿＿＿＿＿の名称は孔子の編んだとされる歴史書『春秋』から、⑤＿＿＿＿＿の名称はこの時代の遊説者の策謀について記した『戦国策』という書物の名前からとられたものである］。こののち、諸侯は王を自称して、激しく争った。

戦国時代には、各地の社会・文化の特徴を反映した個性ある国づくりがおこなわれた。塩業で栄えた黄河下流域の⑥＿＿＿＿＿、長江流域の文化圏に拠った⑦＿＿＿＿＿、採集を生業とした東北の文化圏を代表する⑧＿＿＿＿＿、遊牧民族の戦術を取り込んだ⑨＿＿＿＿＿、西方の牧畜地域をおさえた⑩＿＿＿＿＿など、とくに有力な7つの国は「⑪＿＿＿＿＿＿＿＿」と呼ばれる［⑥＿＿＿・⑦＿＿＿・⑧＿＿＿・⑨＿＿＿・⑩＿＿＿のほか、魏・韓を合わせた7国］。一方、各国のあいだには、官僚を地方に派遣して中央との関係を強化したり、法制度を整えたりするなど、共通する動きもみられた。また、周の諸侯がおさめた範囲を「⑫＿＿＿＿＿」とみなす考え方が現れたように、1つの文明圏としてのまとまりも生まれてきた。この「⑫＿＿＿＿＿」意識は、みずからを文化の中心とし、生活習慣の異なる他者を「夷狄」とさげすむ❸＿＿＿＿＿思想と結びついていた。

春秋・戦国時代の社会と文化

Q▶ 鉄器の普及は、戦国時代の社会にどのような影響を与えたのだろうか。

春秋時代に出現した❶＿＿＿＿器は、戦国時代に広まって、社会を大きく変化させた。

解答 **春秋・戦国時代▶** ①鎬京 ②洛邑 ❸覇者 ❹春秋 ❺戦国 ⑥斉 ⑦楚 ⑧燕 ⑨趙 ⑩秦 ⑪戦国の七雄 ⑫中国 ❸華夷
地図 ㋐燕 ㋑斉 ㋒楚 ㋓趙 ㋔韓 ㋕魏 ㋖秦
春秋・戦国時代の社会と文化▶ ❶鉄

①＿＿＿＿製農具の使用や犂を牛に牽かせる②＿＿＿＿＿＿も一部で始まったが、より重要なのは、①＿＿＿器によって森林伐採が効率化し、農地が増加するとともに、多くの木材が建材や工業原料、燃料として供給されたことであった。また、文字を記録するために木や竹を細長く裁断した❸＿＿＿＿・竹簡が登場し、文書による命令・情報の伝達が容易になった。他方、乱開発によって森林の面積が大きく減少したことで、華北の気候は④＿＿＿＿化に向かった。

農業生産力の向上の一方で、氏族集団にもとづかない統治が進むと、氏族はしだいに解体され、一夫婦を中心とする⑤＿＿＿＿＿が、生産や課税・徴兵の単位である「戸」として重視されるようになった。また、農業や手工業の発展に応じて、商取引を仲立ちする❻＿＿＿＿＿＿が普及し、豊かな大商人も現れた。個人の能力が重んじられる風潮のなかで、思想や技能を生かして社会的評価を得ようとする人々は、❼＿＿＿＿＿＿＿＿と呼ばれる様々な学派をひらいた。

諸子百家のうち、春秋時代の❽＿＿＿＿を祖とする❾＿＿家は、周の時代の徳による統治を理想とし、礼の実践を通して親子・兄弟の肉親愛を社会秩序にまで拡大することを説いた［⑧＿＿＿＿やその弟子の言行は、のち『⑩＿＿＿＿＿＿』にまとめられた］。この考え方は戦国時代の⓫＿＿＿＿や⑫＿＿＿＿に継承された。現実主義に立った**法家**は、君主の権力を背景にした法の徹底を掲げ、秦に仕えた⑬＿＿＿＿や李斯など実践的な政治家を生んだ。⓮＿＿家も、血縁をこえた人類愛や家柄によらない実力主義といった、時代を反映した主張を展開した。人為を否定して天の道に従うこと（⑮＿＿＿＿＿＿＿＿）をとなえる⓰＿＿＿＿・⑰＿＿＿＿ら**道家**の教えは、君主が社会に干渉しないことを理想とする⑱＿＿＿＿の政治思想［法や教化による働きかけではなく、君主の公平・無欲さこそが社会の安定につながるとする考え方。伝説上の聖人「黄帝」と、道家の祖とされる「老子」の教えを結びつけたものとされていたため、「⑱＿＿＿＿」と呼ばれる］に影響を与えた。

代表的な諸子百家	
儒家 ……………	孔子、孟子（①＿＿＿説）、荀子（②＿＿＿説）
道家 ……………	老子、荘氏
法家 ……………	③＿＿＿＿
墨家 ……………	墨子
兵家 ……………	④＿＿＿＿、呉子
⑤＿＿家 ……	蘇秦（合従）、張儀（連衡）
⑥＿＿家 ……	鄒衍（五行説）

5 南北アメリカ文明

Q▶ 南北アメリカ文明がもつ、ほかの古代文明と異なる特徴は何だろうか。

南北アメリカの風土と先住民

Q▶ 北米と中南米の先住民社会には、どのような共通点と相違点があったのだろうか。

アメリカ大陸には、① ＿＿＿＿＿＿＿＿＿＿＿＿＿海峡がアジアと陸続きだった氷期に、モンゴロイド(黄色人種)系と思われる人々が渡来して定着した。のちにヨーロッパ人から「② ＿＿＿＿＿＿＿＿＿＿＿」や「インディアン」と呼ばれることになるこの先住民は、南北に長く広がる大陸の各地で、それぞれの地域の環境に適応した文化・文明を発展させた。

今日の北米地域は、その大半で気候は温暖であり、広大な平原にめぐまれている。この地で先住民は狩猟・採集を中心とする文化を築いたが、人口は希薄で、また高度な文明も発達しなかった。

一方、中南米地域では、熱帯雨林気候に属する赤道付近をはさんで、南北に乾燥地帯が広がっている。北方の現在のメキシコ南部と中央アメリカでは、❸ ＿＿＿＿＿＿＿＿＿＿＿＿＿＿＿を主食とする農耕文化が、また南方の南アメリカのアンデス地帯では、③ ＿＿＿＿＿＿＿＿＿＿＿に加えて❹ ＿＿＿＿＿＿＿＿＿＿＿も主食とする農耕文化がそれぞれ前2千年紀から発展し、やがて都市を中心とする先住民の文明が成立した。これらの文明は、ユーラシア大陸の諸文明とは関わりをもたずに独自の発展をとげたが、16世紀に進出してきた⑤ ＿＿＿＿＿＿＿＿＿＿＿人によって征服され、滅亡することになる。

中南米の先住民文明

Q▶ 中南米にはどのような先住民文明が栄え、また、どのような支配体制が築かれたのだろうか。

メキシコ南部と中央アメリカの先住民文明の原型となったのが、前1200年頃までに成立した① ＿＿＿＿＿＿＿文明である。その衰退後に、ユカタン半島で❷ ＿＿＿＿＿**文明**が成立し、メキシコ南部では③ ＿＿＿＿＿＿＿＿＿＿＿文明が、その後に④ ＿＿＿＿＿＿王国を中心とする❹ ＿＿＿＿＿＿＿**文明**が成立した。② ＿＿＿＿＿文明は4世紀から9世紀に繁栄期を迎え、ピラミッド状の建築物、⑤ ＿＿＿＿＿進法による数の表記法、精密な暦法、マヤ文字などを生み出した。④ ＿＿

解答 南北アメリカの風土と先住民▶①ベーリング　②インディオ　❸トウモロコシ
❹ジャガイモ　⑤ヨーロッパ
中南米の先住民文明▶①オルメカ　❷マヤ　③テオティワカン　❹アステカ　⑤二十

　　　　文明も、ピラミッド状の神殿を造営し、絵文字を用いたほか、道路網でメキシコ各地と結ばれた巨大都市〔④_____　王国の首都⑥_____

は、16世紀には世界最大級の人口をもつ都市だったと考えられている〕や複雑な身分制度をもつ国家を築いた。

　他方、アンデスの高地では、前1000年頃に北部に⑦_____文化が成立して以降、様々な王国が現れたが、15世紀半ばに現在のコロンビア南部からチリにおよぶ広大な❽_____　帝国が、⑨_____を中心として成立した。インカの皇帝は⑩_____の子として崇拝され、神権政治をおこない、アステカと同様にほかの先住民部族を服属させるかたちの支配体制を築いた。インカ文明は石造建

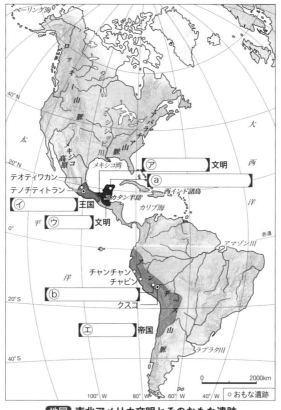

地図 南北アメリカ文明とそのおもな遺跡

解答 ⑥テノチティトラン　⑦チャビン　❽インカ　⑨クスコ　⑩太陽
地図 ㋐オルメカ　㋑アステカ　㋒マヤ　㋓インカ　ⓐチチェン＝イツァ　ⓑマチュ＝ピチュ

築の技術にすぐれ、発達した道路網をもち、各地から物資がクスコに運ばれて蓄積された。文字はなかったが、縄の結び方で情報を伝える⑪＿＿＿＿＿＿＿と呼ばれる方法で記録を残した。

　これらの中南米の先住民文明は、大河ではなく⑫＿＿＿＿＿や泉を活用することで丘陵・山岳に都市を築いた。また⑬＿＿＿器や車輪、⑭＿＿＿＿などの大型の家畜は利用されなかった。

解答 ⑪キープ　⑫雨水　⑬鉄　⑭馬

中央ユーラシアと東アジア世界

匈奴の国家と秦・漢が現れた紀元前3世紀以降、ユーラシアの東側には、遊牧と農耕の2つの世界が並び立った。7世紀、可汗と皇帝を兼ねた唐の君主がこれらを統合した。

Q▶ 2つの世界はそれぞれどのような特徴をもつ社会を形成し、またどのような関係にあったのだろうか。

1 中央ユーラシア──草原とオアシスの世界

Q▶ 中央ユーラシアの人々の動向は、世界の歴史にどのような影響を与えたのだろうか。

中央ユーラシアの風土

Q▶ 中央ユーラシアの風土に適応して、人々はどのような生活を営むようになったのだろうか。

ユーラシア大陸の中央部は、①＿＿＿＿＿＿＿＿＿の東西にのびる大山脈が高温多湿のアジアの季節風(モンスーン)をさえぎるために乾燥し、寒暖の差が大きい大陸性気候を特徴とする。ここには東のモンゴル高原から西の黒海北岸にかけて広大な②＿＿＿＿＿＿が連なり、その南にはいくつもの砂漠が広がっている。そして、砂漠のあいだには高山地帯の雪解け水を水源とする中央アジア[ユーラシア大陸中央部の地域名称。その範囲は一定ではないが、パミールの東西に広がる砂漠・オアシス地域を中心とする。現在では、カザフスタン、ウズベキスタン、トルクメニスタン、タジキスタン、キルギス、中国の新疆ウイグル自治区などの地域にあたる]の③＿＿＿＿＿＿＿＿が点在する。この広大な空間を❹＿＿＿＿＿＿＿[内陸アジアという名称も長く用いられてきた]と呼ぶ。ここでは、きびしい環境に適応した草原の⑤＿＿＿＿＿や、オアシスの定住民が活躍し、彼らは周辺の諸勢力と様々な関係を結びながら世界史の展開に大きな役割を果たした。

遊牧民の社会と国家

Q▶ 騎馬遊牧民は、なぜ強大な国家を築くことができたのだろうか。

中央ユーラシアの草原地帯では、羊・ヤギ・馬・牛・ラクダなどの①＿＿＿＿＿を主要な財産とする遊牧民が、草と水を求めて季節的に移動し、遊牧と狩猟による生活を営んでいた。彼らのおもな食料は乳製品や肉類であり、衣服は毛皮が中心で、住居も木製の骨組みをフェルトでおおう、移動に適した組み立て式であった。このように、家畜は衣・食・住すべての需要を満たす貴重な財産であった。彼らのあい

解答 中央ユーラシアの風土▶ ①パミール　②草原　③オアシス　❹中央ユーラシア　⑤遊牧民
遊牧民の社会と国家▶ ①家畜

だに②＿＿＿＿製の馬具や武器をもった❸＿＿＿＿＿＿＿＿＿＿が登場するのは、前9世紀〜前8世紀頃のことである。馬上から矢を射る遊牧民の集団は、機動性にすぐれた軍事力を備え、それは鉄製の武器を得るとさらに向上した。

　騎馬遊牧民は血縁的なつながりをもつ氏族や、それを束ねた部族を単位として活動し、ときに統率力のある君主のもとで部族連合を組み、強大な❹＿＿＿＿＿＿＿を形成した。君主は忠実な親衛隊を従え、十進法に従って編制された軍団[匈奴の場合では、君主に従う諸王は一万の騎兵を率いるとされ、その下に千人長、百人長、十人長の指揮する部隊が編制された。こうした軍事組織はのちに社会組織ともなり、チンギス＝カンによる千戸制もその一例である]を率いて略奪や征服をおこなうなど、騎馬軍団の威力は周辺の諸勢力に大きくまさった。しかし、統率が失われると部族連合の再編がおこり、遊牧国家は興亡を繰り返した。また彼らは、ユーラシアの東西を結ぶ交易や文化交流にも貢献した。彼らが利用したルートは「❺＿＿＿＿＿＿＿＿」と呼ばれる。

スキタイと匈奴

Q▶ 遊牧国家の興亡は、ユーラシア大陸の東西にどのような変動をもたらしたのだろうか。

　文献上で知られる最初の遊牧国家は、前7世紀頃に黒海北岸の草原地帯を支配した❶＿＿＿＿＿＿[①＿＿＿＿＿＿文化の特徴は、特有の動物文様をもつ馬具や武器である。よく似た遺物は、①＿＿＿＿＿＿の活動地域のみならず、ユーラシア東部の草原地帯にも広く分布する]である。その軍事活動はアッシリアなど古代オリエントにもおよび、黒海北岸のギリシア人植民市とも交流した。中央ユーラシア東部でも、前3世紀後半から騎馬遊牧民のあいだに統合の動きが始まり、タリム盆地東部に②＿＿＿＿＿[②＿＿＿＿＿は中央アジア西南部に移動して大月氏となり、その領域からはクシャーナ朝が生まれた]、モンゴル高原に❸＿＿＿＿などが現れた。③＿＿＿＿は④＿＿＿＿と呼ばれる君主のもとで強力な遊牧国家をつくり、とくに前3世紀末に即位した❺＿＿＿＿[「冒頓」はトルコ＝モンゴル語で「勇者」を意味するバガトゥル（バートル）の漢字音写と考えられている]は、西では中継貿易で利益をあげていた月氏を攻撃して中央アジアのオアシス地域を支配下におさめ、東では成立まもない漢を圧迫した。しかし、匈奴はやがて漢の攻勢を受けて前1世紀半ばに東西に、後1世紀半ばには南北に分裂した。南匈奴は後漢にくだり、北匈奴は遠く西方に移動した。

　後3世紀には中央ユーラシアの東西で遊牧民の活動が活発となり、東部では

解答 ②青銅　❸騎馬遊牧民　❹遊牧国家　❺草原の道
スキタイと匈奴▶❶スキタイ　②月氏　❸匈奴　④単于　❺冒頓単于

❻＿＿＿＿＿＿＿などいわゆる「五胡」が華北に進出し、4世紀以降、遊牧民と定住民がまじりあうなかでつぎつぎと政権を樹立した（五胡十六国）。一方、西部では❼＿＿＿＿＿＿＿人の大規模な西進が始まり［西へ移動した北匈奴と⑦＿＿＿＿＿＿＿人を同一とみなす説があるが、確証はない。ただし、匈奴の移動がほかの遊牧集団の西進を誘発した可能性は考えられる］、❽＿＿＿＿＿＿＿＿人の大移動をうながした。こうして中央ユーラシアの騎馬遊牧民は、ユーラシアの東西に大変動をもたらすことになった。

オアシス民の社会と経済　Q▶ オアシス民は、遊牧民とどのような関係をもっていたのだろうか。

乾燥した砂漠・草原地帯のなかでも、雪解け水による河川や地下水を利用できる中央アジアのオアシスでは、古くから定住民の生活が営まれていた。オアシスは、防御施設を備えて市場や寺院をもつ都市部と、灌漑による集約的な農業を営む周辺の農村部からなる独立した生活・経済圏であり、手工業生産や❶＿＿＿＿＿＿＿交易の拠点としても重要であった。パミールの東部では❷＿＿＿＿＿＿＿盆地周縁部、西部ではソグディアナやフェルガナなどに多数のオアシス都市が点在し、ラクダに荷を載せた隊商がユーラシアの東西を往来する「❸＿＿＿＿＿＿＿＿＿＿＿＿」を形づくった。これは「草原の道」とあわせて、一般に「④＿＿＿＿＿＿＿」（「⑤＿＿＿＿＿＿＿＿＿」）とも呼ばれる。オアシス都市は連合して大きな国家をつくることはなく、周辺の大国の支配下に入ることが多かった。オアシス都市の資源や東西交易の利益は、北方の草原地帯の遊牧国家にとっても重要であり、たとえば、匈奴はオアシス都市の支配をめぐり漢と争奪戦を繰り広げた。

中央アジアのオアシス民は、しばしば遊牧国家による略奪や支配を受けたが、両者の関係はつねに敵対的であったわけではなかった。オアシス民の生み出す⑥＿＿＿＿＿＿＿や織物は、遊牧民のもたらす畜産物と日常的に交換されたほか、遊牧国家が保障した①＿＿＿＿＿路の安全は双方に経済的な利益をもたらした。このように遊牧民とオアシス民との関係は、緊張をはらみつつも⑦＿＿＿＿＿＿＿的であり、それは中央ユーラシアにとどまらず、東アジアの歴史の展開にも重要な役割を果たした。

解答 ❻鮮卑　❼フン　❽ゲルマン
オアシス民の社会と経済▶❶隊商　❷タリム　❸オアシスの道　④絹の道　⑤シルク＝ロード
⑥穀物　⑦互恵

2 秦・漢帝国

Q▶ 秦・漢の時代に、地域間の結びつきはどのように変化したのだろうか。

「皇帝」の出現

Q▶ 新たに現れた「皇帝」は、それまでの「王」とどのように異なるのだろうか。

前4世紀、「戦国の七雄」の一国であった西方の**秦**が、新しい政治制度や技術を取り入れて強大化した。東方の諸国は他国と同盟を結んで自国の防衛をはかったが[諸国が共同で秦に対抗する蘇秦の①＿＿＿＿＿＿策や、個別に秦と同盟する張儀の②＿＿＿＿＿＿策がとられた]、前221年、秦王の政に征服された。彼は国内を郡・県にわけて官僚を派遣する**❸**＿＿＿＿＿制を征服地にも導入し、新たな君主の称号である「④＿＿＿＿＿＿」を名乗って(**始皇帝**)、⑤＿＿＿＿＿＿＿・文字の統一や思想の統制[実用書以外の書物を焼却し(⑥＿＿＿＿)、多くの学者を穴埋めにした(⑦＿＿＿＿)とされる]をおこなった。また、北方では戦国時代以来の⑧＿＿＿＿＿を修築して匈奴と戦い、南方では華南に進出した。

しかし、あいつぐ軍事行動や土木工事の負担に人々は苦しみ、始皇帝が死去すると東方各地で反乱がおこって[最初に⑨＿＿＿＿・⑩＿＿＿＿による農民反乱がおこった。⑨＿＿＿＿の「王侯将相いずくんぞ種(家柄)あらんや」という言葉は、戦国時代以来の実力主義の世情を表している]、秦は滅亡した。その後の混乱のなかで、楚の名門出身の**⓫**＿＿＿＿を破った農民出身の**⓬**＿＿＿＿が、諸勢力から皇帝に推戴され(**⓭**＿＿＿＿)、漢王朝を開いた(**⓮**＿＿＿＿)。

漢代の政治

Q▶ 漢の支配体制は、どのように変化していったのだろうか。

漢は秦の制度の多くを引き継いだ。高祖は秦の都①＿＿＿＿の近くに新都**❷**＿＿＿＿(現在の西安)を建設し、統一以前の秦の領域を郡県制によって直接支配する一方、功臣や一族を王に任じて、かつての東方諸国の領域の支配をゆだねた[漢の初期の支配体制を、郡県制と封建制を併用したという意味で、「③＿＿＿＿制」と呼ぶこともある]。対外的には、冒頓単于のもとで強大化した匈奴に敗れ、こののち漢は匈奴に屈服して和平をはかった。

高祖の死後、皇帝と諸王の対立が深まり、やがて軍事衝突に発展した(**❹**＿＿＿＿

解答「皇帝」の出現▶①合従 ②連衡 ❸郡県 ④皇帝 ⑤度量衡 ⑥焚書 ⑦坑儒 ⑧長城 ⑨陳勝 ⑩呉広 ⓫項羽 ⓬劉邦 ⓭高祖 ⓮前漢
漢代の政治▶①咸陽 ❷長安 ③郡国 ❹呉楚七国

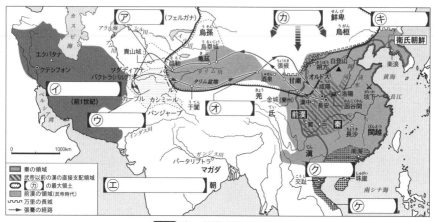

地図 秦・前漢時代のアジア

_____の乱)。これに勝利した皇帝は、諸王国の統治に干渉するようになった。前2世紀後半に即位した**❺**_____は、匈奴を撃退するとともに、諸王の実権を奪い、**❻**_____国[秦末の混乱期に独立した国家で、広東・広西・ベトナム北部を中心に、その周辺にまで勢力をおよぼした]や**❼**_____朝鮮[前2世紀に**❼**_____が朝鮮西北部に建てた国家。武帝はこれを征服して楽浪などの郡をおいた]を滅ぼして、漢の支配下に入れた。また、**❽**_____を**❾**_____に派遣したことをきっかけに、中央アジアの交通路をおさえて、タリム盆地一帯にまで勢力をのばした。

　武帝は、地方長官の推薦で官吏を選任する人事制度(**⑩**_____)をとり、諸王国にも中央から官吏を派遣し、さらに監察官を送って全国を監視した。経済面でも、**❶**_____・**❷**_____の**専売**や物価調整策[各地の特産品を国家がほかの地方へ輸送して物価を均一にする政策(**⑬**_____)と、貯蔵した産物の価格が上がると売り出し、下がると買い入れて、物価の水準を保つ政策(**⑭**_____)があった]などによって国内の統合を進めたが、

史料 『塩鉄論』禁耕
　そもそも①_____・楚・燕・斉では、土地の肥沃さや硬さが異なります。農具の大きさや形状も地域ごとに違い、それぞれ適したものがあるのです。ところが国家が②_____器の製造を一手に握り、規格を統一してしまったので、②_____製農具は使いにくくなり、農民も不便を強いられることになりました。おかげで農民は耕作に疲れ、土地は荒れ放題となって、みな困窮しております。(阿部幸信訳)

解答 **❺**武帝　**❻**南越　**❼**衛氏　**❽**張騫　**❾**大月氏　**⑩**郷挙里選　**❶**塩　**❷**鉄　**⑬**均輸　**⑭**平準
地図 ㋐大宛　㋑パルティア　㋒大月氏　㋓サータヴァーハナ　㋔敦煌　㋕匈奴　㋖高句麗
㋗南越　㋘日南
史料 ①秦　②鉄

こうした集権的な政策は、匈奴との戦いなどあいつぐ外征による社会不安や財政難への対応でもあった。しかし、徳や礼を重んじる儒学がしだいに盛んになると、行き過ぎた集権的な政策を改めて、実情の異なる各地域に配慮した政治を求める動きが高まった。これを受けて、前1世紀末には、⑮＿＿＿＿＿（皇后の親族）の⑯＿＿＿＿＿が儒学の理想にもとづく新たな体制［儒学が理想とする⑰＿＿＿＿＿の封建制をまねて、天に仕える皇帝が徳によって多様な地域を統合するというもの。また、⑯＿＿＿＿＿が整えた天をまつる儀式などは、その後の歴代の王朝に受け継がれた］を築いた。

　王莽は、漢の皇帝から帝位を奪って⓲＿＿＿＿＿をおこしたが、さらに踏みこんだ改革を進めたため、反発をまねいて支持を失った。匈奴との抗争や⓳＿＿＿＿＿の乱などの反乱によって新は滅亡し、豪族を率いた漢の一族の⓴＿＿＿＿＿が、皇帝（㉑＿＿＿＿＿帝）となって漢を復興した（㉒＿＿＿＿＿）。光武帝は洛陽に都をおき、前漢末の体制を継承した。しかしその後、皇帝側近の外戚・㉓＿＿＿＿＿［後宮に仕える去勢された男性の呼称］が対立を繰り返すようになり、2世紀後半には、こうした状況を批判した官僚・学者が宦官によって大弾圧され（㉔＿＿＿＿＿）、中央政府への信頼は失われた。さらに2世紀末、宗教結社の太平道が㉕＿＿＿＿＿の乱をおこすと、各地に軍事政権が割拠して、220年に後漢は滅んだ。

漢代の社会と文化　Q▶ 統一国家の出現は、社会や文化にどのような影響を与えたのだろうか。

　戦国時代以降、小家族による戸が社会の基本単位となり、華北を中心に鉄製農具や牛耕も広まった。しかし、自然災害や労役の負担などで人々は困窮し、土地を買い集めた❶＿＿＿＿＿の奴隷や小作人となるものも多かった［鉄製農具や牛耕の導入は費用がかかるため、一般的な小家族には導入しづらかったことも、この背景にあった］。豪族の大土地所有を制限しようとする動きもあったが効果はあがらず、後漢時代には豪族が儒学を学んで官僚となり、国政に進出するようになった。

　漢代の初めは、秦で尊ばれた法家にかわり、ゆるやかな体制に適合する黄老の政治思想が重んじられた。武帝の時代には、❷＿＿＿＿＿の活躍などで❸＿＿＿＿＿の影響力が高まり、前漢末までに国家の学問としての地位を確立し、経典も整理された［当時重んじられた『易経』『書経』『詩経』『礼記』『春秋』を総称して「❹＿＿＿＿＿」という］。後漢時代には郷挙里選において儒学が重視されたので、儒学の研究・教育が盛んに

【解答】⑮外戚　⑯王莽　⑰周　⓲新　⓳赤眉　⓴劉秀　㉑光武　㉒後漢　㉓宦官　㉔党錮の禁　㉕黄巾
漢代の社会と文化▶❶豪族　❷董仲舒　❸儒学　❹五経

なり、経典の字句の解釈をおこなう❺＿＿＿＿＿学が❻＿＿＿＿＿＿らによって発展した。漢代には儒学のほかにも統一国家を支える思想や技術が現れ、伝説の時代から武帝の治世までの歴史を❼＿＿＿＿＿[王・皇帝など支配者の年代記(本紀)と臣下の伝記(列伝)を組み合わせて、歴史を叙述する形式のこと。後漢時代に❽＿＿＿＿(32～92)が編纂した『❾＿＿＿＿』によって定着した。一方、年代順に記録するものは❿＿＿＿＿＿という]で記した⓫＿＿＿＿＿の『⓬＿＿＿＿』が中国の歴史書の基本的なかたちをつくったほか、官吏の業務に必要な数学や公的な暦をつくる天文学の研究も進み、さらに記録用の素材として⓭＿＿＿が改良された。文学では、華北の古い詩歌を集めた『詩経』が儒学の経典の1つとして重視されたほか、長江流域の戦国時代以来の詩歌が『⓮＿＿＿＿』にまとめられた。

前漢末に儒学にもとづいた体制が定まると、以後これが中国の理想的な国家像となった。今日でも用いられる「⓯＿＿＿＿＿」[現在の中国の人口の大多数を占める民族。黄河流域を中心とした諸集団の長期にわたる交流と融合によって形成された]「漢語」「漢字」といった表現は、漢王朝の歴史的な影響力を物語っている。中国外部の世界との交流も盛んになり、中央アジアに派遣された前漢の**張騫**・後漢の⓰＿＿＿＿らによって西方の事情が伝えられたほか、インドから⓱＿＿＿も伝来した。また2世紀半ばには、大秦王⓲＿＿＿＿[ローマ皇帝⓳＿＿＿＿＿＿＿＿＿＿＿＿＿＿＿＿＿＿＿＿＿＿＿とされる]の使節が海路で⓴＿＿＿＿郡に達した。こうした状況を受けて、皇帝を中心に多様な地域が統合されるとする理念のもと、漢は近隣地域の首長を臣下として封建するようになった[この仕組みは、のちの冊封体制の原型となった]。

3 中国の動乱と変容

Q▶ 魏晋南北朝時代の社会には、どのような特徴があったのだろうか。

動乱の時代 **Q▶** 遊牧民族の動きは、魏晋南北朝の動乱とどのように関係していたのだろうか。

3世紀前半に後漢が滅亡すると、華北の❶＿＿＿＿、四川の❷＿＿＿＿、長江中下流域の❸＿＿＿が並び立ち、近隣の異民族を引き入れながら抗争を繰り返した(❹＿＿＿＿時代)[同じ頃、遼東には公孫氏政権が現れ、朝鮮半島にも進出して、楽浪郡の南に帯方郡をおいた]。

解答 ❺訓詁 ❻鄭玄 ❼紀伝体 ❽班固 ❾漢書 ❿編年体 ⓫司馬遷 ⓬史記 ⓭紙 ⓮楚辞
⓯漢族 ⓰班超 ⓱仏教 ⓲安敦 ⓳マルクス＝アウレリウス＝アントニヌス ⓴日南
動乱の時代▶❶魏 ❷蜀 ❸呉 ❹三国

その後、魏の将軍⑤_____（武帝）が帝位を奪って建てた❻_____（西晋）が中国を統一するが、まもなく皇帝の一族の抗争（⑦_____の乱）によって混乱におちいった。こうしたなか、4世紀初め、華北への移住を進めていた遊牧諸民族（❽_____［一般に、匈奴・⑨_____・⑩_____・⑪_____・⑫_____を指す]）が蜂起し、洛陽・長安を攻略された晋は滅んだ。しかし、⑬_____

地図 三国時代の中国

_____［「長江の南」の意味だが、指し示す地域は時代や文脈によって違いがある。一般的には長江下流域をいうことが多い]に逃れた晋の皇族の司馬睿は、**建康**（現在の南京）で即位して晋を復興した（⑭_____）。

こののち華北では多くの国々が興亡し（⑮_____）、5世紀前半、鮮卑の⑯_____**氏**が建てた**北魏**が華北を統一した。同じ頃、鮮卑が南下した後のモンゴル高原では、遊牧国家の⑰_____が強大となった。北魏は北の柔然に対抗する一方、南の農耕民社会の安定につとめるようになり、⑱_____**帝**は都を平城（現在の大同）から⑲_____に移して、鮮卑の制度や習俗を中国的なものに改めた。しかしその後、こうした政策に反発した人々がおこした反乱（⑳_____の乱［柔然への備えとして北辺におかれた6つの駐屯地（鎮）がおこした反乱]）をきっかけに、北魏は分裂して滅亡した。6世紀半ば、モンゴル高原では柔然にとってかわった突厥が急速に勢力をのばし、これと結んだ㉑_____が華北を再統一した。北魏から北周に至る華北の諸王朝を㉒_____［関中（現在の西安一帯）に拠点をおいた西魏（535～556）・北周は、六鎮の1つである武川鎮の流れをくんでいた]という。

一方、東晋では、長く続く軍事的緊張を背景に武将がしだいに力をつけ、5世紀前半に東晋の皇帝は帝位を奪われた。これ以降、長江流域では4つの王朝がつぎつぎに交替した（㉓_____［同じく建康（建業）に都をおいた呉・東晋と㉓_____の4王朝とをあわせて、㉔_____と呼ぶこともある]）。こうした三国時代から南朝・北朝までの動乱期は、㉕_____**時代**と称される。

解答 ⑤司馬炎 ❻晋 ⑦八王 ❽五胡 ⑨羯 ⑩鮮卑 ⑪氐 ⑫羌 ⑬江南 ⑭東晋
⑮五胡十六国 ⑯拓跋 ⑰柔然 ⑱孝文 ⑲洛陽 ⑳六鎮 ㉑北周 ㉒北朝 ㉓南朝 ㉔六朝
㉕魏晋南北朝
地図 ㋐魏 ㋑成都 ㋒蜀 ㋓呉 ㋔赤壁 ㋕建業

　後漢末頃から、社会秩序の混乱を受け、豪族が中心となって村落の自衛がはかられるようになった。豪族は戦乱で土地を失った人々を勢力下において①＿＿＿＿を経営し、社会的な指導力を高めた。三国時代の魏で始まった❷＿＿＿＿＿＿［官位を9つの品(等級)に分類し、地方におかれた中正官がそれにあわせて人材を等級づけて推薦する官吏登用制度］は、有力な豪族による高級官職の独占をまねき、同時に全国的な家柄の序列も固定化していった。こうして形成された名門を❸＿＿＿＿と呼ぶ。貴族の影響力の高まりに対し、北魏で創始された❹＿＿＿＿制のように、国家が農民に土地をわけ与えて、小家族を基本とする社会を回復しようとする動きもあったが、効果は限定的であった。また、この時代には、戦乱がとくに激しかった華北から長江中・下流域への大規模な移住もおこり、貴族のもとで江南の開発が進められた。

　文化も社会の動向に連動しながら展開した。長く続いた漢王朝が滅んで伝統的な権威が弱まった魏・晋の時代には、道家思想や仏教の影響を受けながら、世俗を超越した自由な議論をおこなう❺＿＿＿＿が流行した。4世紀以降には、西方からの人や文化の到来にともなって仏教が盛んになり、華北を訪れて布教につとめた❻＿＿＿＿や、仏典の翻訳に活躍した❼＿＿＿＿＿のほか、中国からも❽＿＿＿＿のように仏の教えを求めてインドにおもむくものが現れ［⑧＿＿＿はインド旅行中の記録を『⑨＿＿＿＿＿』にまとめた］、華北では多くの石窟寺院が造営された。仏教の普及に刺激されて、北魏の時代には民間信仰と⑩＿＿＿＿思想［仙人や不老不死を信じる思想］に道家の説を取り入れた⓫＿＿＿教も成立し、⑫＿＿＿＿＿は教団をつくって仏教に対抗した。

　南朝においても、仏教・道教が儒学と並ぶ貴族の重要な教養となった。また、華北から江南に逃れた貴族たちは、南方の自然や田園に美を見出し、文学や美術の題材とした。⑬＿＿＿＿＿の詩はその代表である。文体は対句を多用して技巧をこらした四六駢儷体が主流となり、南朝では古今の名文を集めた『⑭＿＿＿＿』が編纂された。絵画では「女史箴図」の作者とされる⑮＿＿＿＿、書では⑯＿＿＿＿＿が有名で、後世まで尊ばれた。

解答　魏晋南北朝の社会と文化▶❶荘園　❷九品中正　❸貴族　❹均田　❺清談　❻仏図澄　❼鳩摩羅什　❽法顕　❾仏国記　⑩神仙　⓫道　⑫寇謙之　⑬陶淵明　⑭文選　⑮顧愷之　⑯王羲之

朝鮮・日本の国家形成

Q▶ この時代の中国の情勢は、朝鮮半島や日本の国家形成にどのような影響を与えたのだろうか。

漢代までの東アジアでもっとも人口が密集していたのは華北であったが、後漢末から魏晋南北朝にかけての戦乱によって周辺地域へ人々が流出し、それにともなって①＿＿＿＿＿＿＿＿圏も拡大した。華北からの移民の流入による江南での貴族的な文化の開花は、その一例である。また、朝鮮半島や日本へ向かった人や文化の流れは、これらの地域における新国家の形成に影響を与えた。

中国東北地方の南部におこった②＿＿＿＿＿＿＿＿は、4世紀初めに朝鮮半島北部へ進出した。同じ頃、朝鮮半島南部でも、東に❸＿＿＿＿＿＿、西に❹＿＿＿＿＿＿が成立し[高句麗・新羅・百済の3国が並び立っていた時代を、朝鮮史では⑤＿＿＿＿＿＿時代という]、南端は⑥＿＿＿＿＿諸国となった。これらの国家による戦乱は、さらに朝鮮半島から日本への人や文化の流れを引きおこした[朝鮮半島や中国から日本に移り住んだ人々を⑦＿＿＿＿＿＿＿＿と呼ぶ。⑦＿＿＿＿＿＿＿＿は日本に先進的な技術や文化を伝える役割を果たした]。3世紀に❽＿＿＿＿＿＿＿＿の女王卑弥呼が三国の魏に使節を送った頃、日本列島は小国が争う状況にあったが、4世紀以降に❾＿＿＿＿＿＿**政権**による統一が進んだ。

朝鮮半島の諸国は中国王朝の権威を借りてみずからの力を高めようとし、盛んに❿＿＿＿＿＿＿[近隣諸国が中国の皇帝に定期的に使者を送って貢物をすること。皇帝がこれに対して返礼品を与えることで、おたがいの外交関係が確認されるだけでなく、実質的には⑪＿＿＿＿＿＿の役割も果たした]をおこなった。5世紀には⑫＿＿＿＿＿＿（日本）の王もたびたび南朝に使節を送った（倭の五王）。中国王朝も、南朝と北朝、あるいは北朝と遊牧諸民族のあいだの対抗関係のなかで優位に立つため、積極的に近隣の勢力に官位や称号を与えて、自国の影響下に取り込んだ[このようにしてできあがった、中国王朝を中心とした理念上の秩序を、⑬＿＿＿＿＿体制と呼ぶこともある]。

解答 朝鮮・日本の国家形成▶①中国文化 ❷高句麗 ❸新羅 ❹百済 ⑤三国 ⑥加耶（加羅）
⑦渡来人 ❽邪馬台国 ❾ヤマト ❿朝貢 ⑪交易 ⑫倭国 ⑬冊封

東アジア文化圏の形成

Q▶ 唐の影響力は、中央ユーラシアと東アジアで比較すると、どのように異なっていたのだろうか。

隋から唐へ
Q▶ 唐の勢力圏は、どのような広がりをもっていたのだろうか。

　6世紀末、北周の武将楊堅が権力を握り、皇帝（❶＿＿＿＿＿）となって**隋**を建てた。彼は対抗関係にあった突厥を東西に分裂させ、北方の遊牧諸民族の動きをおさえる一方で、九品中正にかわる新しい人材登用制度として、儒学の試験によって官吏を選ぶ❷＿＿＿＿＿を始めた。さらに南朝を滅ぼし、南北朝の諸制度をあわせて体制を固めつつ、開発の進んでいた江南を華北と結びつける❸＿＿＿＿＿の建設に着手した。大運河の整備は文帝の子❹＿＿＿＿＿の時代にかけて進められ、南北の交通は容易になったが、工事に従事した民衆は疲弊した。煬帝の⑤＿＿＿＿＿遠征の失敗をきっかけに各地で反乱がおこり、混乱のなかで自立した武将の❻＿＿＿＿＿（高祖）が、隋を倒して**唐**を建てた［鮮卑の⑦＿＿＿＿＿氏の流れをくむ、北朝から隋・唐に至る諸王朝を、その連続性を重視して⑦＿＿＿＿＿国家とも呼ぶ］。

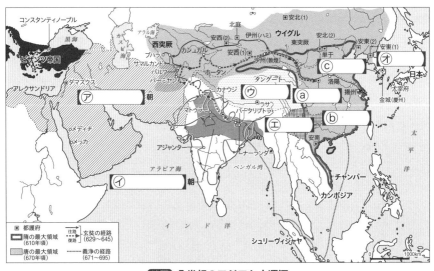

地図 7世紀のアジアと大運河

解答 **隋から唐へ▶** ❶文帝　❷科挙　❸大運河　❹煬帝　⑤高句麗　❻李淵　⑦拓跋
地図 ㋐ウマイヤ　㋑ヴァルダナ　㋒吐蕃　㋓南詔　㋔新羅　ⓐ長安　ⓑ広州　ⓒ白村江

　高祖は隋の都大興城を❽＿＿＿＿＿＿と改め、唐の都とした。対立する諸勢力を平定して第2代皇帝となった❾＿＿＿＿＿＿（太宗）は、国内の諸制度を整えるとともに、東突厥を破った。遊牧諸民族は、太宗を天から権力を授かった⑩＿＿＿＿＿とみなすことで（「天⑩＿＿＿」）、その支配を受け入れた。つぎの⑪＿＿＿＿＿は、西突厥を服属させて⑫＿＿＿＿＿のオアシス諸都市に進出し、また新羅と結び百済・高句麗を滅ぼして、東方にも勢力圏を広げた。唐は支配下に入れた諸民族に自治を認めつつ、各方面においた❸＿＿＿＿＿＿＿に監督させた［家畜を綱で制御するように諸民族をつなぎとめることから、このような支配方式を⑭＿＿＿政策と呼ぶ（「羈」「縻」は牛馬の綱のこと）］。

唐代初期の制度と文化　**Q▶ 唐代初期の社会には、どのような特徴があったのだろうか。**

　中国では魏晋南北朝時代に法令の体系化が進み、隋・唐の時代には法典（❶＿＿＿＿＿＿［律では刑罰が、令では行政の仕組みが定められた］）に従った整然とした統治制度が打ちたてられた。中央政府には**三省・❷**＿＿＿＿＿＿［唐の制度では、③＿＿＿＿＿＿省が皇帝の命令の草案をつくり、④＿＿＿＿＿省が審議し、⑤＿＿＿＿＿省が執行した。尚書省には吏（人事）・戸（財政）・礼（祭祀）・兵（軍事）・刑（司法）・工（土木）の❷＿＿＿＿＿が所属した。また、⑥＿＿＿＿＿が行政の監察をおこなった］を中心とした分業体制が確立し、地方行政も⑦＿＿＿＿＿制に整理された［魏晋南北朝期には、郡の上位の行政単位である州の数が増大して、郡の存在意義が小さくなっていた］。隋・唐は北朝の❽＿＿＿＿制を受け継いで、成年男性に土地を均等に配分する原則を掲げ、小家族を単位とする穀物・布の納入と労役への従事（❾＿＿＿・＿＿＿・＿＿＿）を税制の基本とした。

　唐が広大な領域を支配した時代には、諸国の使節や留学生・商人など、様々な人々が都の長安に集まった。長安には、仏教や道教の寺院のほか、キリスト教の一派の⑩＿＿＿教（ネストリウス派）や⑪＿＿＿教（ゾロアスター教）・マニ教の寺院もつくられた。海路で中国を訪れる⑫＿＿＿＿＿＿商人も増え、**揚州・❸**＿＿＿＿＿などの港町が発展した。有能な外国人は官僚として取り立てられ［8世紀に日本から留学した⑭＿＿＿＿＿＿＿＿＿（698頃〜770頃）がその一例である。彼は、李白らと交際し、安南節度使などの高い地位についた］、とくにソグド人は軍事や経済など多方面で活躍した。この時期に花開いた国際的な文化は、やがて中国社会に浸透し、人々の生活や意識をかえていった。

解答 ❽長安　❾李世民　⑩可汗　⑪高宗　⑫西域　❸都護府　⑭羈縻
唐代初期の制度と文化▶ ❶律令　❷六部　③中書　④門下　⑤尚書　⑥御史台　⑦州県　❽均田
❾租・調・庸　⑩景　⑪祆　⑫ムスリム　❸広州　⑭阿倍仲麻呂

この時代には、道教・仏教が権力者の保護を受けて栄えた。外国との交流が活発になったことを受け、⑮_____や⑯_____がインドを訪れて仏典をもち帰った。仏教が中国に定着したことで、浄土宗や⑰____宗など中国独特の宗派も形成された。また、科挙の導入によって儒学も盛んになり、とくに訓詁学が重視されて、⑱_____らにより『⑲_____』が編纂された。文学では、⑳_____・㉑_____らの詩人が独創性あふれる名作を生み出した。

唐と近隣諸国

Q▶ 近隣諸国は、唐の制度や文化からどのような影響を受けたのだろうか。

唐の文化は外交関係を介して近隣諸国にも広がり、唐を中心とする❶_____圏が形成された。

チベットでは、7世紀にソンツェン゠ガンポが❷_____を建てた。❷_____は唐の制度を取り入れつつ、インドの影響も受けてチベット文字や❸_____教を生み出した。8世紀半ばには雲南で❹_____が勢力を広げ、仏教を重んじて漢字など唐の文化を受け入れた。

朝鮮半島では、唐と結んで百済・高句麗を滅ぼした❺_____が、唐の勢力を追い払い、朝鮮半島の大部分を支配下におさめた[日本は百済復興のため軍勢を送ったが、663年の❻_____の戦いで、唐と❺_____の連合軍に敗れた]。新羅は唐の官僚制を受容したが、その運用は血縁的な身分制度である❼_____制を基盤としていた。新羅では仏教が保護され、都の❽_____を中心に仏教文化が栄えた。また、高句麗の滅亡後に中国東北地方から朝鮮半島北部をおさえた❾_____は、唐の諸制度を積極的に取り入れ、日本とも通交した。

日本も❿_____・⓫_____を通して中国文化を摂取し、⓬_____などを経て律令にもとづく国づくりを進めた。唐の長安にならって⓭_____や平安京などの都城がつくられ、「日本」という国号や「⓮_____」の称号も正式に定められた。均田制を模倣した土地分配制度(⓯_____法)が施行され、中国と同じ円形・方孔の銅銭も発行された。また、遣唐使は仏教の経典やイラン・インドなどの工芸品をもち帰り、唐の国際的な文化の影響を受けた⓰_____文化が開花した。

解答 ⑮玄奘 ⑯義浄(⑮・⑯順不同) ⑰禅 ⑱孔穎達 ⑲五経正義 ⑳李白 ㉑杜甫(⑳・㉑順不同)
唐と近隣諸国▶ ❶東アジア文化 ❷吐蕃 ❸チベット仏 ❹南詔 ❺新羅 ❻白村江 ❼骨品 ❽金城(慶州) ❾渤海 ❿遣隋使 ⓫遣唐使 ⓬大化改新 ⓭平城京 ⓮天皇 ⓯班田収授 ⓰天平

唐の変容と五代　Q▶ 安史の乱の前後では、唐の制度や社会にどのような違いがあるだろうか。

　整然とした統治体制を打ちたてた唐だったが、その実現や維持には多くの困難があった。実際には、全国で一律に土地を配分することは不可能で、兵役も一部の州の農民にのみ課せられていた[隋や唐の初期には、おもに長安・洛陽の周辺で兵士を徴発し、都や辺境の守備にあてる制度があった。これを①＿＿＿＿＿制とも呼ぶ]。こうした不均衡は人々のあいだに格差を生み出し、土地を捨てて逃亡するものも多かった。その一方で、貴族を中心とする高位の官僚は大土地所有を認められ、隷属的な農民に耕作させる❷＿＿＿＿＿を経営して、その経済的な基盤とした。

　こうしたなか、7世紀末に皇帝となった❸＿＿＿＿＿（武則天）[高宗の皇后で、高宗死後に皇帝となり、国号を④＿＿（690〜705）と改めた]が⑤＿＿＿＿＿官僚を重用したことで、政治の担い手は貴族から⑤＿＿＿＿＿官僚へと移りはじめた。8世紀初めに体制の立て直しをはかった❻＿＿＿＿は、農民からの徴兵をやめ、傭兵を用いる❼＿＿＿＿制を採用して、辺境においた❽＿＿＿＿＿に軍団を指揮させた。しかし、強大な力をもつようになった節度使が❾＿＿＿＿の乱[中心人物であった⑩＿＿＿＿（705〜757）・⑪＿＿＿＿＿（？〜761）の名からこのように呼ばれる。彼らはソグド人や突厥人の血をひいていた]と呼ばれる反乱をおこし、唐は危機におちいった。❾＿＿＿＿の乱は⑫＿＿＿＿＿の援軍によってようやく鎮圧されたものの、これをきっかけに唐の国家や社会は性格をかえることになった。

　各地の節度使は自立の傾向を強め[安史の乱から五代十国の時期にかけて、節度使は内地にもおかれ、行政・財政の権力を握って軍閥化した。こうした節度使のことを⑬＿＿＿＿＿とも呼ぶ]、吐蕃・南詔の侵攻もあって、中央政府の力のおよぶ範囲は縮小した。唐は財政再建のため、780年に⑭＿＿＿＿法を定め、現住地で所有する資産の額に応じて夏・秋2回の課税をおこなうこととした。これは、⑮＿＿＿＿＿の普及や貧富の差の拡大といった社会の状況を反映したものであった。⑯＿＿＿の専売も重要な財源となり、こうした新税制によって、唐はこののちも国力を保った。しかし、三省を中心とする体制の形骸化が進み、その支配は安定しなかった。9世紀後半に塩の密売人の⑰＿＿＿＿がおこした反乱（⑰＿＿＿＿の乱）が全国に広がるなか、節度使の⑱＿＿＿＿が大運河と黄河の接する汴州⑲＿＿＿＿＿）を拠点に力をのばし、10世紀初

解答　唐の変容と五代▶ ①府兵　❷荘園　❸則天武后　④周　⑤科挙　❻玄宗　❼募兵　❽節度使　❾安史　⑩安禄山　⑪史思明　⑫ウイグル　⑬藩鎮　⑭両税　⑮麦作　⑯塩　⑰黄巣　⑱朱全忠　⑲開封

め、唐の帝位を奪って⑳＿＿＿＿を建てた。以後黄河中流域で交替した5つの王朝［⑳＿＿＿＿・後唐・㉑＿＿＿＿・後漢・後周の5つ］と、そのほかの地域で興亡した10余りの国をあわせて、㉒＿＿＿＿という。

　則天武后の時代から五代十国にかけて貴族はしだいに衰え、かわって新興の㉓＿＿＿＿層の力が強まった。これにともなって文化面でも変化がおこり、形式化した貴族趣味を離れた個性的な技法を追求する動きが現れた。㉔＿＿＿＿の山水画や㉕＿＿＿＿の書法などが、その例である。文学では㉖＿＿＿＿が平易な表現をめざし、さらに㉗＿＿＿＿や柳宗元は、より自由な表現を可能にするものとして漢代以前の文体に注目し、㉘＿＿＿＿の復興を主張した。

突厥とウイグル

Q▶ 中央ユーラシアの遊牧国家は、隋・唐とどのような関係を結んだのだろうか。

　6世紀半ばにモンゴル高原の柔然を倒したトルコ系の❶＿＿＿＿は、②＿＿＿＿［遊牧君主の称号で、4世紀頃鮮卑が用い、柔然・①＿＿＿＿・ウイグルに継承された。モンゴル帝国時代のカアンやカンもこれに由来する。なお、①＿＿＿＿はテュルク、すなわちトルコの漢字音写である］の統率のもとで中央ユーラシアに領土を拡大した。西方ではササン朝と結んでエフタルを滅ぼしてソグディアナを支配下におき、東方では中国の北朝を威圧して❸＿＿＿＿貿易［突厥は、馬との交換で中国から膨大な量の絹織物を得た。それは高価な奢侈品であり、可汗が家臣に与える重要な下賜品となったほか、ソグド商人を介して西方諸国に売り払うことにより、多くの利益を得ることができた］をおこない、莫大な利益を得た。彼ら固有の信仰は、天神（テングリ）信仰を中心とするシャマニズム［天神や精霊と交信するシャマン（呪術師）が予言や占い、病気の治癒などをおこなうところに特徴がある］であり、可汗の権威は天に由来するとみなされていた。

　突厥は隋の時代に東西に分裂し、④＿＿＿＿突厥は内紛や自然災害で弱体化して唐に服属したが、7世紀末に独立を回復した。その後は唐への略奪遠征よりも絹馬貿易を重視するようになり、8世紀初めには⑤＿＿＿＿軍の攻撃を受けたソグディアナの諸都市に軍事的な支援もおこなった。独立後の東突厥は、中央ユーラシアの遊牧民としてはじめて独自の⑥＿＿＿＿文字をもち、草原にはそれを刻んだ碑文（⑥＿＿＿＿**碑文**）が残されている。

　8世紀半ばに突厥を倒した同じくトルコ系の❼＿＿＿＿は、遊牧諸部族

解答 ⑳後梁 ㉑後晋 ㉒五代十国 ㉓地主 ㉔呉道玄 ㉕顔真卿 ㉖白居易 ㉗韓愈 ㉘古文
突厥とウイグル▶❶突厥 ❷可汗 ❸絹馬 ④東 ⑤アラブ＝ムスリム ⑥突厥 ❼ウイグル

の再編につとめた。ウイグルは、唐の安史の乱に際してその軍事力で鎮圧に貢献し、見返りに絹馬貿易などの利益を得た。唐との関係が深まると、ウイグルは草原に都城を造営して貿易・統治の拠点とし、都城の周辺では農耕も始まった。他方、ウイグルの支配層は、西方から伝わった⑧＿＿＿＿＿＿教を受容して国教とした。このように中央ユーラシアの遊牧国家では、社会・宗教面での大きな変化がおこりはじめていた。

　840年、ウイグルは同じトルコ系の遊牧集団⑨＿＿＿＿＿＿＿＿＿の攻撃で滅亡した。四散したウイグル人の一部は唐の領内に移住し、また、西の天山山脈方面に移住した一部はオアシス地域に定着して、都市民や農民となった［ウイグルの移住後、中央ユーラシアの草原地帯ではトルコ系遊牧集団の西方への移動が活発化し、やがてカラハン朝が成立することになった］。彼らのあいだには、マニ教のほかに仏教や⑩＿＿＿＿＿＿派キリスト教も広まり、ウイグル語訳・⑪＿＿＿＿＿＿＿文字の仏教経典や壁画など多彩な文化遺産が残されている。

ソグド人　Q▶ソグド人は、中央ユーラシアや東アジアにおいてどのような役割を果たしたのだろうか。

　突厥やウイグルのような遊牧国家の発展に大きな役割を果たしたのは、❶＿＿＿＿＿＿人であった。彼らはブハラや②＿＿＿＿＿＿＿＿＿＿などソグディアナのオアシス地域に住む③＿＿＿＿＿＿系の民族で、個別の都市国家を営んでいた。地の利を生かして早くから隊商交易に乗り出したソグド人は、遊牧国家の保護を得て**中央ユーラシア一帯におよぶ❹**＿＿＿＿＿＿＿＿＿をつくりあげ、北朝から隋・唐の時代にかけて中国にも進出・居住した。

　ソグド人は、遊牧国家に集積された⑤＿＿＿織物をはじめとする奢侈品をビザンツ帝国などと交易したほか、外交官の役割も果たし、遊牧国家とは共生関係にあった。文化交流の面では、様々な宗教を突厥やウイグルに伝えたほか、ソグド文字はウイグル文字のもととなり、それはのちの⑥＿＿＿＿＿＿文字や満洲文字に受け継がれた。8世紀にソグディアナがアラブ＝ムスリム軍に征服されると、ソグド人の名前は歴史上から消えていくが、彼らの経済・文化的な機能はのちの⑦＿＿＿＿＿＿商人が担うことになった。

解答 ⑧マニ　⑨キルギス　⑩ネストリウス　⑪ウイグル
ソグド人▶❶ソグド　②サマルカンド　③イラン　❹通商ネットワーク　⑤絹　⑥モンゴル
⑦ムスリム

南アジア世界と東南アジア世界の展開

南アジアでは、ヒンドゥー教が仏教などの宗教を受け入れながら栄えた。一方、東南アジア諸地域は南アジアや中国と交流し、その影響を受けながら独自の世界を形成した。

Q▶ 南アジアで生まれた宗教や文化はどのように広がり、また東南アジアはどのような社会を築いたのだろうか。

1 仏教の成立と南アジアの統一国家

Q▶ 南アジアで生まれた宗教はどのように展開し、また、社会にどのような影響を与えたのだろうか。

都市国家の成長と新しい宗教の展開

Q▶ 仏教やジャイナ教などの新たな宗教に共通する点は何だろうか。

南アジアでは、前6世紀頃に政治・経済の中心がガンジス川上流域から中・下流域へと移動して、城壁で囲まれた都市国家がいくつも生まれた。そのなかからコーサラ国、つづいて❶＿＿＿＿＿＿国が有力となった。またこれらの都市国家では、豊かな農業生産を背景に各地との交易が発展して、❷＿＿＿＿＿＿＿＿＿＿やヴァイシャが勢力をのばすなど、社会が大きく変化した。

こうした変化のもとで、新たな思想や宗教が生まれた。まず現れたのが❸＿＿＿＿＿＿＿＿哲学であり、バラモン教の祭式至上主義から転換して内面の思索を重視し、❹＿＿＿＿＿＿＿[生前の行為によって、死後に別の生を受ける過程が繰り返されるとする考え方]という迷いの道から、人はいかに脱却するかという❺＿＿＿＿＿について説いた[❻＿＿＿＿＿＿＿＿＿＿哲学では、宇宙の本体である梵（❼＿＿＿＿＿＿＿＿）と人間存在の本質である我（❽＿＿＿＿＿＿＿＿）が本来1つのもの（❾＿＿＿＿＿＿＿）であり、その同一性を悟ることによって❺＿＿＿＿＿に達することができるという一元論的な世界観が説かれた]。

一方、❿＿＿＿＿＿＿＿＿＿＿＿＿＿＿＿＿（尊称はブッダ）が開いた⓫＿＿＿教は、心の内面から人々の悩みを解くことを重視し、正しいおこないを実践して煩悩を捨て去ることで、解脱へと至ることができると説いた。また、⓬＿＿＿＿＿＿＿が開いた⓭＿＿＿＿＿＿＿教は、解脱のためにとくに苦行と⓮＿＿＿＿＿＿を強調した。両宗教はバラモン教の権威やヴァルナ制を否定した宗教であったため、バラモン教は民間信仰を吸収して信仰の幅を広げ、ヴェーダ

解答 都市国家の成長と新しい宗教の展開▶❶マガダ ❷クシャトリヤ ❸ウパニシャッド ❹輪廻転生 ❺解脱 ❻ウパニシャッド ❼ブラフマン ❽アートマン ❾梵我一如 ❿ガウタマ゠シッダールタ ⓫仏 ⓬ヴァルダマーナ ⓭ジャイナ ⓮不殺生

の神々にかわってシヴァ神や⑮＿＿＿＿＿＿＿＿神が主神となるヒンドゥー教も芽ばえはじめた。

統一国家の成立　Q▶ 南アジア最初の統一王朝のもとで、仏教はどのように発展したのだろうか。

　前4世紀、マケドニアの①＿＿＿＿＿＿＿＿＿＿＿＿＿大王がアケメネス朝を滅ぼし、さらに西北インドにまで進出した。王はインダス川流域を転戦し、各地にギリシア系の政権が誕生した。この混乱から、前4世紀末に登場した南アジアで最初の統一王朝が、❷＿＿＿＿＿＿＿朝であった。その創始者の❸＿＿＿＿＿＿＿王は、ガンジス川流域を支配していたマガダ国の④＿＿＿＿＿＿朝を倒して、首都を⑤＿＿＿＿＿＿＿＿＿＿＿においた。つづいてインダス川流域のギリシア勢力を一掃し、さらに西南インドとデカン地方を征服した。

　マウリヤ朝の最盛期は❻＿＿＿＿＿＿＿＿王の時代であった。王は、征服活動で多くの犠牲者を出したことを悔い、仏教への帰依を深めた。そして、⑦＿＿＿＿＿（法、守るべき社会倫理）を理念とした統治と平穏な社会をめざして各地に勅令を刻ませた。また、**仏典の❽**＿＿＿＿＿＿（編纂）や各地への布教をおこなった。しかし官僚組織と軍隊の維持が財政難をまねいたことや、王家に対するバラモン階層の反発もあり、マウリヤ朝は王の死後に衰退した。

クシャーナ朝と大乗仏教　Q▶ クシャーナ朝は、ほかの地域とどのような関係をもっていたのだろうか。

　マウリヤ朝の衰退に乗じて、前2世紀にギリシア人勢力がバクトリア地方から西北インドに進出し、つづいてイラン系遊牧民も同地に進出した。さらに紀元後1世紀にはバクトリア地方から①＿＿＿＿＿＿＿人が進出し、❷＿＿＿＿＿＿朝を建てた。王朝は2世紀半ばの❸＿＿＿＿＿＿＿王の時代が最盛期であり、中央アジアからガンジス川中流域に至る地域を支配した。

　クシャーナ朝は交通路の要衝にあり、国際的な交易が活発におこなわれた。とくに❹＿＿＿＿＿＿との交易が盛んであり、大量の金がインドにもたらされた。王朝のもとでは④＿＿＿＿＿＿の貨幣を参考にして金貨が大量に発行されたが、それにはイランやギリシア・インドなどの文字や神々が描かれ、活発な東西交流がおこなわれていたことを示している。

解答 ⑮ヴィシュヌ
統一国家の成立▶ ①アレクサンドロス　❷マウリヤ　❸チャンドラグプタ　④ナンダ
⑤パータリプトラ　❻アショーカ　⑦ダルマ　❽結集
クシャーナ朝と大乗仏教▶ ①クシャーン　❷クシャーナ　❸カニシカ　❹ローマ

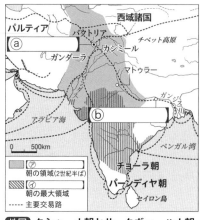

地図のラベル：
西域諸国
パルティア
バクトリア
ⓐ
ガンダーラ
カシミール
チベット高原
マトゥラー
ガンジス
アラビア海
ⓑ
ベンガル湾
チョーラ朝
パーンディヤ朝
セイロン島
0 500km

凡例：
⑦　　　朝の領域（2世紀半ば）
④　　　朝の最大領域
----- 主要交易路

地図 クシャーナ朝とサータヴァーハナ朝の領域

紀元前後には、仏教のなかから新しい運動が生まれた。自身の悟りよりも人々の救済がより重要と考え、出家しないまま修行をおこなう意義を説いた❺＿＿＿＿信仰が広まった。この運動は、「あらゆる人々の大きな乗りもの」という意味で❻＿＿＿＿と自称するとともに、自身のみの悟りを目的として出家者がきびしい修行をおこなう旧来の仏教を、利己的であると批判して⑦＿＿＿＿と呼んだ［現在では、❻＿＿＿＿側から与えられた蔑称である⑦＿＿＿＿にかわって、多くの部派にわかれたそれまでの仏教を⑧＿＿＿＿＿＿＿＿と呼んでいる。そのうちの⑨＿＿＿＿＿＿＿＿は、前3世紀にセイロン島に伝えられ、そこからさらに東へ広がり、東南アジアの大陸部で大きな勢力をもつようになった］。また、⑩＿＿＿＿＿＿＿＿文化の影響を受け、❶＿＿＿＿＿が生み出された［それまでブッダは恐れ多いものとされ、具体的な像がつくられることはなかった］。クシャーナ朝の保護を受けた大乗仏教は、⓬＿＿＿＿＿＿＿＿＿＿を中心とする仏教美術とともに各地に伝えられ、中央アジアから中国・日本にまで影響を与えた。さらに、すべてのものは存在せず、ただその名称だけがあると説いた⑬＿＿＿＿＿（ナーガールジュナ）の「空」の思想は、その後の仏教思想に大きな影響を与えた。

クシャーナ朝は3世紀になると、西はイランの⑭＿＿＿＿＿朝に奪われ、東は地方勢力の台頭を受けて滅亡した。

インド洋交易と南インドの諸王朝

Q▶「海の道」の交易において、南インドはどのような役割を担っていたのだろうか。

南インド（インド半島南部）は❶＿＿＿＿＿＿＿＿＿系の人々が居住した地域であり、紀元前後から②＿＿＿＿＿語を使用した文芸活動が盛んにおこなわれ、その後のバクティ運動のなかでも多くの吟遊詩人が生まれるなど、独自の世界が形成された。

また、南インドは古くからインド洋を通じてローマ帝国と交易関係をもち、ロー

解答 ❺菩薩　❻大乗　⑦小乗　⑧部派仏教　⑨上座部　⑩ヘレニズム　❶仏像　⓬ガンダーラ　⑬竜樹　⑭ササン
インド洋交易と南インドの諸王朝▶❶ドラヴィダ　②タミル
地図 ⑦クシャーナ　④サータヴァーハナ　ⓐプルシャプラ　ⓑパータリプトラ

マの貨幣も各地で大量に発見されている。西方との交易は、ローマの発展に呼応し<ruby>こ<rt>こ</rt></ruby><ruby>おう<rt>おう</rt></ruby>てギリシア系商人が活動を始める1世紀頃から盛んであった。同じ頃、東方の中国と結ぶ航路もひらけていた。ローマ帝国の衰退後は東南アジアや中国との交易の重要性が増し、マラッカ海峡・インドシナ半島南部が航海上の要衝となり、セイロン島・扶南・チャンパー・シュリーヴィジャヤなどが、③＿＿＿＿＿＿や絹・茶・陶磁器などの交易によって栄えた。こうして、地中海から紅海やペルシア湾を通り、アラビア海を渡って南アジアの各地に達し、さらに東南アジアや中国に至る「④＿＿＿＿＿＿」がひらけ、交易が活発におこなわれた。南インドは、⑤＿＿＿＿など、「④＿＿＿＿＿＿」の交易での重要商品を産出した。

　マウリヤ朝の衰退後、デカン高原からインド洋沿岸にかけての広い領域で勢力をもったのが、❻＿＿＿＿＿＿＿＿＿＿＿＿朝であった。この王朝のもとでは、仏教やジャイナ教が盛んに活動をおこなうとともに、北インドから多くの⑦＿＿＿＿＿＿＿がまねかれたため、北インドと南インドとの文化交流が進んだ。

　さらにインド半島南端には、初期のチョーラ朝や⑧＿＿＿＿＿＿＿＿＿＿朝などの諸王朝が存在し、❻＿＿＿＿＿＿＿＿＿＿＿＿朝と同じく、綿布などの輸出を通じて、インド洋交易を盛んにおこなった。

2 インド古典文化とヒンドゥー教の定着

Q▶ ヒンドゥー教は、どのようにして南アジアの社会に根づいていったのだろうか。

グプタ朝とインド古典文化の黄金期

Q▶ グプタ朝のもとで、宗教や文化はどのように展開したのだろうか。

　4世紀に入ると❶＿＿＿＿＿朝がおこり、❷＿＿＿＿＿＿＿＿＿＿＿＿の時に最盛期を迎え、北インド全域を統治する大王国となった。①＿＿＿＿＿朝は③＿＿＿＿的な統治体制をとり、その支配地域は、中央部の王国直轄領、従来の支配者がグプタ朝の臣下として統治する地域、および領主が貢納する周辺の属領から構成された。王朝下では仏教やジャイナ教が盛んとなり、中国（東晋）から④＿＿＿＿＿が訪れた。一方、村落からの租税収入が与えられるなど、影響力を失いかけていたバラモンが再び重んじられるようになった。また、バラモンの言葉である❺＿＿＿＿＿＿＿＿＿＿語が公用語化された。

解答 ③<ruby>香辛料<rt>こうしんりょう</rt></ruby> ④海の道 ⑤綿布 ❻サータヴァーハナ ⑦バラモン ⑧パーンディヤ
グプタ朝とインド古典文化の黄金期▶❶グプタ ❷チャンドラグプタ2世 ③分権 ④<ruby>法顕<rt>ほっけん</rt></ruby>
❺サンスクリット

グプタ朝の時代には、民間の信仰や慣習を吸収して徐々に形成されていた**❻**＿＿＿＿＿＿＿**教**が、社会に定着するようになった。**❻**＿＿＿＿＿＿＿＿＿＿**教**は、シヴァ神やヴィシュヌ神など多くの神々を信仰する多神教である。特定の教義や聖典にもとづく宗教ではなく、日々の生活や思考の全体に関わる宗教として、現在に至っている。

さらにこの頃には、『**❼**＿＿＿＿＿＿＿＿＿＿』[前2世紀から後2世紀にかけて成立した法典であり、人類の始祖であるマヌが述べたものとする。4つのヴァルナがそれぞれ遵守すべき規範について規定し、バラモンの特権的地位が強調されている]や、サンスクリット語の二大叙事詩『**❽**＿＿＿＿＿＿＿＿＿』『**❾**＿＿＿＿＿＿＿＿』[『**❽**＿＿＿＿＿＿＿＿＿』はバラタ族の王位争奪の物語で、様々な神話や伝説が挿入されている。一方、『**❾**＿＿＿＿＿＿＿』は王子ラーマとその妻シーターとの物語である。どちらも現在も、南アジアから東南アジアにかけての影絵や舞踊などのテーマとなっている]などが長い期間をかけて完成した。また、宮廷詩人**❿**＿＿＿＿＿＿＿＿＿＿によって戯曲『**⓫**＿＿＿＿＿＿＿＿＿』がつくられた。天文学や文法学・数学なども発達し、**⓬**＿＿**進法**による数字の表記法や**⓭**＿＿＿**の概念**も生み出され、のちにイスラーム圏に伝えられて自然科学を発展させる基礎となった。美術では、ガンダーラ美術の影響から抜け出て、純インド的な表情をもつ**⓮**＿＿＿＿＿＿＿**様式**が成立し、インド古典文化の黄金期が出現した。都市での経済活動も活発であり、王の像が描かれた金貨やタカラガイなど様々な貨幣が発行された。

グプタ朝は、中央アジアの遊牧民**⓯**＿＿＿＿＿＿＿の進出により西方との交易が打撃を受けたことや、地方勢力が台頭したことで衰退し、6世紀半ばに滅亡した。その後、**⓰**＿＿＿＿＿＿**王**が**⓱**＿＿＿＿＿＿**朝**をおこして北インドを支配したが、王の死後に王朝は急速に衰退した。

当時の支配者の多くはヒンドゥー教の熱心な信者であったが、仏教やジャイナ教にも保護を与えた。唐からインドに旅した**⓲**＿＿＿＿＿は、ハルシャ王の厚い保護をうけながら**⓳**＿＿＿＿＿＿＿＿**僧院**で仏教を学び、帰国して『**⓴**＿＿＿＿＿＿＿』を著した。また、7世紀後半には**㉑**＿＿＿＿＿がインドを訪れ、帰国の途上に『**㉒**＿＿＿＿＿＿＿＿＿＿』を著した。しかし、仏教はグプタ朝衰退後の商業活動の不振によって商人からの支援を失い、また、仏教やジャイナ教

解答 ❻ヒンドゥー ❼マヌ法典 ❽マハーバーラタ ❾ラーマーヤナ ❿カーリダーサ ⓫シャクンタラー ⓬十 ⓭ゼロ ⓮グプタ ⓯エフタル ⓰ハルシャ ⓱ヴァルダナ ⓲玄奘 ⓳ナーランダー ⓴大唐西域記 ㉑義浄 ㉒南海寄帰内法伝

を攻撃する㉓＿＿＿＿＿＿＿＿＿運動が6世紀半ばから盛んになって、衰退に向かっ
た[㉓＿＿＿＿＿＿＿運動は、初期にはジャイナ教と仏教に対する攻撃、シヴァ神やヴィシュ
ヌ神に対する熱烈な信仰、神の愛の強調、歌や踊りをともなった信仰告白などを特徴とする宗教運
動であった。南アジアで仏教が衰退し、ジャイナ教の勢いも衰えてヒンドゥー教の優位が確立する
と、宗派対立の側面は消えていったが、運動はその後も長く続いた]。

地方王権の時代 **Q▶** 諸勢力が割拠するなか、各地の政権は、何を目的にどのような政策をとったの
だろうか。

　8世紀からイスラーム勢力が進出してくる10世紀頃までの南アジアは、統一的な
中央政権が存在せず、多数の地方王権からなる時代となり、北インドでは❶＿＿＿＿
＿＿＿＿＿＿＿＿＿＿と総称されるヒンドゥー諸勢力の抗争が続いた。諸勢力は支
配の正当性を示すために巨大な②＿＿＿＿＿＿＿＿＿＿教寺院を建立し、井戸や貯
水池の建設などもおこなった。また、ベンガル地方の③＿＿＿＿＿＿朝は、ナーラ
ンダーを仏教の中心地として復興させ、他地域で衰退していた仏教に最後の繁栄期
をもたらしたが、王朝の衰退とともに仏教は再び勢力を失っていった。

　一方、南インドの代表的な王朝の❹＿＿＿＿＿＿＿＿＿朝は、灌漑施設の建設によ
って安定した農業生産を実現し、さらに「海の道」の交易活動も活発におこなった。
最盛期の10〜11世紀には、⑤＿＿＿＿＿＿＿＿島や東南アジアへ軍事遠征をおこな
ったり、中国の⑥＿＿＿＿に商人使節を派遣するなどした。

3 東南アジア世界の形成と展開

Q▶ 東南アジアにおける国家形成には、どのような特徴があるのだろうか。

東南アジアの風土と人々 **Q▶** 東南アジアの風土は、ほかのアジアや日本とどのように異なるのだ
ろうか。

　東南アジアは、①＿＿＿＿＿＿＿＿半島を中心とした**大陸部**と、②＿＿＿＿＿
＿＿半島から現在のインドネシアやフィリピンを含む島々からなる**諸島部**から構成
される。大陸部では、北部の山地に発する長大な河川が平原に流れ出てデルタを形
成し、様々な言語を話す人々が入り組んで分布している。他方、諸島部では、高地
から流れ出る河川が平地を横ぎり、それらの河川と海を交通路にして、おもにマレ
ー系の諸言語を話す多くの民族が移動を繰り返した。気候的には、いずれの地域も

気温が高いが、年中雨量が多い熱帯雨林気候と、雨季と乾季に二分されるサバナ気候にわかれる。

　東南アジアは、❸_____をはじめとする資源の豊かさのゆえに、早くから外の世界とつながり、古くは④_____や中国、ついで⑤_____の影響を受けつつ独自の文明を築いた。とくに南アジアや東アジアとの海上交易の拡大にともなって多くの❻_____[港市(港町)を中心に建設された国家のことであり、中継貿易や内陸からの産物の輸出によって栄えた]が誕生した。15世紀には⑦_____を中心に活発な交易活動が展開され、16世紀には西欧勢力が進出した。19世紀以降は中国南部や南インドから多数の人々が流入し、定住する人も増えていった。こうして外部世界から移動してきた多様な人々と文化を受け入れることにより、今日の東南アジア世界が形成された。

南アジア・中国文明の受容と東南アジアの国家形成

Q▶ 東南アジアは、南アジアや中国とどのような関係にあったのだろうか。

　東南アジアでは、前2千年紀末に、ベトナムやタイ東北部を中心に青銅器が製作されていた。前4世紀になると、中国の影響下に、ベトナム北部を中心に独特な青銅器や①____製農具を生み出した❷_____文化が発展した。青銅製の③_____は、中国南部から東南アジアの広い地域で発見されており、当時の文化や交易の広がりを物語っている。

　紀元前後から南アジアや中国との交流が盛んになると、1世紀末に❹_____がメコン川下流域に建国された。この国の港であった⑤_____の遺跡からは、⑥_____貨幣やインドの神像、中国の鏡などが出土している。また2世紀末には、チャム人がベトナムの中部に、のちに❼_____と呼ばれる国を建てた。

　4世紀末から5世紀になると、南アジアから船舶が盛んに来航し、広い地域で「⑧_____化」と呼ばれる諸変化[ヒンドゥー教や大乗仏教、王権概念・インド神話・サンスクリット語・インド式建築様式などが受容され、東南アジアの基層文化に影響を与えた]が生じ、各地の政権のなかに、南アジアの影響が強くみられるようになった。

　大陸部では、6世紀にメコン川中流域に⑨_____人によってヒンドゥー教の影響の強い⑩_____がおこり、扶南を滅ぼした。この王国は、

解答 ❸香辛料　④南アジア　⑤イスラーム　❻港市国家　⑦マラッカ
南アジア・中国文明の受容と東南アジアの国家形成▶①鉄　❷ドンソン　③銅鼓　❹扶南
⑤オケオ　⑥ローマ　❼チャンパー　⑧インド　⑨クメール　⑩カンボジア

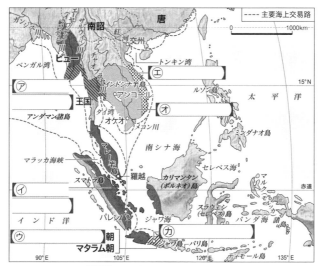

地図 7〜8世紀頃の東南アジア

　9世紀以降アンコールに都をおき、12世紀にはヒンドゥー教や仏教の強い影響を受けながらも独自の様式と規模をもつ❶＿＿＿＿＿＿＿＿＿＿＿＿＿＿＿を造営した。

　エーヤワディー（イラワディ）川下流域では、9世紀までビルマ（ミャンマー）系の❷＿＿＿＿＿＿＿人の国があった。11世紀には、エーヤワディー川中流域の中央平原における稲作を基盤として❸＿＿＿＿＿朝がおこり、インドやセイロン島とも交流をもち、❹＿＿＿＿＿仏教が広まった。

　チャオプラヤ川下流域では、7世紀から11世紀頃にかけてモン人による❺＿＿＿＿＿＿＿＿＿＿＿＿＿＿王国が発展した。さらに13世紀半ばには、タイ北部にタイ人による最古の王朝である❻＿＿＿＿＿朝がおこった。これらの国家はいずれも❹＿＿＿＿＿仏教を信仰した。

　諸島部でも「インド化」が進み、いくつかの王国が成立した。7世紀半ばには、スマトラ島のパレンバンを中心に❼＿＿＿＿＿＿＿＿＿＿＿＿＿＿＿が成立した。この国家は海上交易に積極的にたずさわり、唐にも朝貢使節を派遣した。義浄は南アジアへの往復の途中に滞在し、仏教が盛んな様子を記している。その後、

解答 ❶アンコール＝ワット　❷ピュー　❸パガン　❹上座部　❺ドヴァーラヴァティー
❻スコータイ　❼シュリーヴィジャヤ
地図 ⑦ドヴァーラヴァティー　⑦シュリーヴィジャヤ　⑦シャイレンドラ　⑦チャンパー
⑦カンボジア　⑦ボロブドゥール

シュリーヴィジャヤを引き継いで、⑱＿＿＿＿＿＿＿＿が繁栄した[⑱＿＿＿＿＿＿＿＿とは中国語史料での表記であり、アラブ人はザーバジュと呼んだ。かつてシュリーヴィジャヤが影響力をもっていたマラッカ海峡地域の港市国家群の総称と考えられている]。中部ジャワでは、大乗仏教国の⑲＿＿＿＿＿＿＿＿＿＿＿朝やヒンドゥー教国の⑳＿＿＿＿＿＿朝が生まれた。⑲＿＿＿＿＿＿＿＿＿＿＿＿＿朝のもとでは、仏教寺院の㉑＿＿＿＿＿＿＿＿＿＿＿＿＿＿＿が建造されたが、その後、ヒンドゥー教の勢力が強くなっていった。

　ベトナムでは、前漢時代以来、㉒＿＿＿＿＿デルタを中心にした北部地域が中国に服属していたが、独立への動きも強く、10世紀末には北宋に独立を認めさせ、11世紀初めには李氏が㉓＿＿朝を成立させ、のちに国名を㉔＿＿＿＿＿＿（ダイベト）と称した。しかし、李朝とそれにつづく㉕＿＿＿朝の統治は、いずれも広域支配にはならず、チャンパーとも対立を続けた[陳朝では、ベトナム語を書くために、漢字を利用した㉖＿＿＿＿＿＿＿＿＿＿＿と呼ばれる文字がつくられた]。ベトナム中部から南部にかけて長期にわたって勢力を保持したチャンパーは、インド洋から南シナ海を結ぶ海上交易にたずさわり、南アジアの影響を強く受けたいくつもの寺院群を築いた。

解答 ⑱三仏斉　⑲シャイレンドラ　⑳マタラム　㉑ボロブドゥール　㉒紅河　㉓李　㉔大越　㉕陳　㉖チュノム

西アジアと地中海周辺の国家形成

イラン文明は、オリエントを統一したアケメネス朝からササン朝に引き継がれた。また、ギリシアから都市国家の伝統を継いだローマは、地中海周辺に大帝国を築いた。

Q▶ 西アジアと地中海周辺に現れた諸国家は、どのような特徴をもっていたのだろうか。

1 イラン諸国家の興亡とイラン文明

Q▶ イラン文明は、世界の歴史にどのような影響を与えたのだろうか。

アケメネス朝の興亡

Q▶ アケメネス朝が広大な領域に中央集権的支配を築くことができたのは、なぜだろうか。

　アッシリア王国崩壊後のオリエントでは、前6世紀半ば、イラン人(ペルシア人)の①＿＿＿＿＿＿＿＿＿＿が❷＿＿＿＿＿＿＿＿＿朝をおこし、メディアとリディアを征服したのち、前539年にはバビロンを占領して、翌年ユダヤ人を捕囚から解放した。第3代の❸＿＿＿＿＿＿＿＿＿＿＿＿は、エーゲ海北岸からインダス川に至る大帝国を建設し、オリエントは再び統一された。彼は各州に知事(④＿＿＿＿＿＿＿＿＿＿)をおいて全国を統治し、「⑤＿＿＿＿＿＿」「⑥＿＿＿＿＿＿」と呼ばれる監察官を巡回させて中央集権化をはかった。また、金貨・銀貨を発行し、海上ではフェニキア人の交易を保護して、財政の基礎を固めた。陸上では全国の要地を結ぶ「❼＿＿＿＿＿＿」と呼ばれる国道をつくり、都⑧＿＿＿＿を中心に駅伝制を整備した。アケメネス朝は服属した異民族に寛大な政治をおこなったが、前5世紀前半にギリシア人と戦って敗れ(❾＿＿＿＿＿＿戦争)、ついに前330年マケドニアの⑩＿＿＿＿＿＿＿＿＿＿大王によって滅ぼされた。

　アケメネス朝はオリエントの諸民族の文化を統合し、また、楔形文字を表音化してペルシア文字をつくった。イラン人の民族的宗教である⓫＿＿＿＿＿＿＿教(拝火教)は、この世を善(光明)の神⑫＿＿＿＿＿＿＿＿＿＿と、悪(暗黒)の神⑬＿＿＿＿＿＿(⑭＿＿＿＿＿＿＿＿＿＿)との闘争と説き、最後には光明神の勝利によって人間に幸福がもたらされるとした[⓫＿＿＿＿＿＿＿教はユダヤ教やキリスト教にも影響を与えたとされ、さらに南北朝・隋唐時代の中国に伝わり、祆教と呼ばれた。またインド・イラン起源のミトラ神信仰は、⓫

解答 アケメネス朝の興亡▶ ①キュロス2世　❷アケメネス　❸ダレイオス1世　④サトラップ　⑤王の目　⑥王の耳　❼王の道　⑧スサ　❾ペルシア　⑩アレクサンドロス　⓫ゾロアスター　⑫アフラ＝マズダ　⑬アンラ＝マンユ　⑭アーリマン

教にも取り入れられたが、のちにローマ世界に伝えられてミトラ教となった]。

パルティアとササン朝

Q▶ パルティアとササン朝の繁栄には、どのような要因があったのだろうか。

前334年、ギリシアから東方遠征に出発したアレクサンドロス大王は、エジプトとアケメネス朝を征服後、さらにインド西北部にまで進出して、一時的に東西にまたがる大帝国をつくりあげた。大王が征服した西アジアの領土は、彼の死後、ギリシア系の❶＿＿＿＿＿＿＿＿朝に受け継がれた。しかし、前3世紀半ばにアム川上流域のギリシア人が独立して❷＿＿＿＿＿＿＿＿を建てると、まもなく遊牧イラン人の族長③（ぞくちょう）＿＿＿＿＿＿＿＿もカスピ海東南部に❹

＿＿＿＿（中国名は⑤＿＿＿＿）を建国した。❹＿＿＿＿＿＿＿＿は、前2世紀半ばにメソポタミアを併合してティグリス川東岸の⑥＿＿＿＿＿＿＿＿に都を定め、「絹の道」(「シルク＝ロード」)による東西交易（こうえき）で大いに栄えた。

パルティアを倒して建国したのが、農耕イラン人の❼＿＿＿＿＿＿＿＿朝である。建国の祖❽＿＿＿＿＿＿＿＿は同じく⑥＿＿＿＿＿＿＿＿に都をおき、ゾロアスター教を国教とした。第2代皇帝❾

＿＿＿＿＿はシリアに侵入してローマ軍を破り、皇帝⑩＿＿＿＿＿を捕虜（ほりょ）とした。また、東方ではインダス川西岸に至る広大な地域を統合し、中央集権的な体制を確立した。

ササン朝は5世紀後半、中央ユーラシアの遊牧民⓫＿＿＿＿＿＿＿＿の侵入を受けたが、⓬＿＿＿＿＿＿＿＿の時代にトルコ系遊牧民の（ゆうぼくみん）⑬＿＿＿＿＿と結んで⑪＿＿＿＿＿＿＿＿を滅ぼし、また東ローマ帝国(ビザンツ帝国)との戦いも優勢に進め、和平を結んだ。しかし、ホスロー1世の没後はしだいに衰え、7世紀半ばにイスラーム教徒のアラブ人に征服されて滅んだ[ササン朝の滅亡（めつぼう）は651年であるが、642年の⑭＿＿＿＿＿＿＿＿の戦いでアラブ＝ムスリム軍に敗れ、王朝は事実上崩壊した。ササン朝の残存勢力は唐に救援を求め、唐の中央ユーラシア進出やイラン文化受容のきっかけとなった]。

イラン文明の特徴

Q▶ パルティアとササン朝は、東西の文明のあいだでどのような役割を担ったのだろうか。

初期のパルティアの文化は、①＿＿＿＿＿＿＿＿文化の影響が強かった。し

解答　パルティアとササン朝▶ ❶セレウコス　❷バクトリア　③アルサケス　❹パルティア
⑤安息（あんそく）　⑥クテシフォン　❼ササン　❽アルダシール1世　❾シャープール1世
⑩ウァレリアヌス　⓫エフタル　⓬ホスロー1世　⑬突厥（とっけつ）　⑭ニハーヴァンド
イラン文明の特徴▶ ①ヘレニズム

かし1世紀頃、イランの伝統文化が復活しはじめると、ギリシアとイランの神々がともに信仰されるようになり、公用語も②＿＿＿＿＿＿＿＿語になった。

サン朝の時代になると、ゾロアスター教の教典『❸＿＿＿＿＿＿＿＿＿＿＿＿＿』が編集された。また、3世紀の宗教家④＿＿＿＿＿は、ゾロアスター教や仏教・キリスト教を融合して新しく④＿＿＿**教**をおこした。④＿＿＿＿＿＿＿教は北アフリカ[キリスト教の教父⑤<ruby>教父<rt>きょうふ</rt></ruby>＿＿＿＿＿＿＿＿＿＿＿もカルタゴ在住時代の青年期にマニ教の影響を受けた。また、⑥＿＿＿＿＿＿＿＿＿＿派などキリスト教異端の一部にも、マニ教の影響が認められる]や中央ユーラシアに広まり、唐代<rt>とう</rt>の中国にも伝えられた。

サン朝時代には、建築・美術・工芸が大いに発達した。精巧<rt>せいこう</rt>な銀器・ガラス器・毛織物・彩釉陶器<rt>さいゆうとうき</rt>の技術や様式は、イスラーム時代へと受け継がれるとともに、西方ではビザンツ帝国を経て地中海世界に、東方では中国を経て日本にまで伝えられ、天平文化<rt>てんぴょう</rt>に影響を与えた。

2 ギリシア人の都市国家

Q▶ オリエント文明と比べて、ギリシア人の社会にはどのような特徴があったのだろうか。また、それがのちのヨーロッパ近代文明に与えた影響は何だろうか。

ポリスの成立と発展

Q▶ ポリスは、オリエントの都市国家とどのように異なっていたのだろうか。

地中海沿岸には、オリエントの影響を受けながらも独自の都市文明が栄えた。そこで大きな役割を果たしたのはインド＝ヨーロッパ語系の**ギリシア人**と**古代イタリア人**であったが、彼らの文明が周辺の非インド＝ヨーロッパ語系の人々から影響を受けて発生したことも無視できない。

ミケーネ文明の崩壊後、ギリシアは❶＿＿＿＿＿＿＿＿＿（初期②＿＿＿＿＿時代）と呼ばれる混乱した時代に入った。また、ギリシア本土の混乱を避けて、アナトリア半島西岸やエーゲ海の島々に移住するギリシア人もいた[移動が終わる頃、ギリシア人はおもに方言の違いから、③＿＿＿＿＿＿＿人・④＿＿＿＿＿＿＿人・⑤＿＿＿＿＿＿人にわかれていた]。

前8世紀に入ると、各地で有力貴族の指導のもとにいくつかの集落が連合し、❻＿＿＿＿＿（城山<rt>しろやま</rt>）を中心に人々が❼＿＿＿＿＿（シノイキスモス）して都市国家を建てた。これらを❽＿＿＿＿＿という。ポリスの成立で社会は安定

<u>解答</u> ②ペルシア ❸アヴェスター ❹マニ ⑤アウグスティヌス ⑥アルビジョワ
ポリスの成立と発展▶❶暗黒時代 ②鉄器<rt>しゅうじゅう</rt> ③イオニア ④アイオリス ⑤ドーリア
❻アクロポリス ❼集住<rt>しゅうじゅう</rt> ❽ポリス

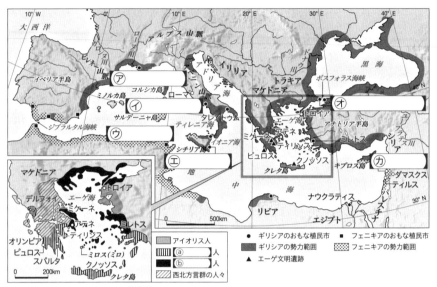

地図 ギリシア人の都市国家と勢力範囲

し、暗黒時代は終わった[その一方で、内陸部などにはポリスがつくられない地域も残された]。

前8世紀半ばからギリシア人は、人口の増加にともない地中海と黒海の沿岸各地に多くの**❾**＿＿＿＿＿＿を建設したが、これは先進地域であったオリエントとの交易を活発化させた。また、同じ頃フェニキア文字をもとにつくられた⑩＿＿＿＿＿＿＿＿＿＿＿＿＿が、商業活動で用いられるとともに、⑪＿＿＿＿＿＿＿＿らの文学の成立をもうながした。

各ポリスは独立した国家だったので、古代のギリシアはつねに小国分立状態におかれ、ついに統一国家をつくることはなかった。しかし文化的には、ギリシア人は共通の言語と神話、⑫＿＿＿＿＿＿＿＿＿のアポロン神の神託、4年に一度開かれる⑬＿＿＿＿＿＿＿＿＿の祭典などを通じて、同一民族の意識をもち続けた。彼らは自分たちを**⓮**＿＿＿＿＿＿＿、異民族を**⓯**＿＿＿＿＿＿＿＿と呼んだ[⓮＿＿＿＿＿＿＿とは「英雄ヘレンの子孫」を、⓯＿＿＿＿＿＿＿とは「わけのわからない言葉を話すもの」を意味する]。

解答 ❾植民市　⑩アルファベット　⑪ホメロス　⑫デルフォイ　⑬オリンピア　⓮ヘレネス
⓯バルバロイ
地図 ㋐マッサリア　㋑ネアポリス　㋒カルタゴ　㋓シラクサ　㋔ビザンティオン　㋕シドン
ⓐドーリア　ⓑイオニア

市民と奴隷

Q▶ ポリスにおいて、人々はどのような生活を営んでいたのだろうか。

　ポリスの住民は、自由人の❶＿＿＿＿＿＿とこれに隷属する❷＿＿＿＿＿＿からなり、市民には③＿＿＿＿と④＿＿＿＿との区別があった。③＿＿＿＿は血統を誇る富裕者であり、高価な武具と馬を所有する戦士として役割を果たした[ポリスは本来、武器を自分の費用で購入できる農民が戦士としてかたちづくる共同体（戦士共同体）であり、戦士として戦うことが市民に求められる第一の義務であった。同じ都市国家でも、神の権威を背景とした王が専制支配をおこなうオリエントなどの都市国家とはこの点で異なっていた]。こうして前7世紀までには、貴族が政治を独占する貴族政ポリスが一般的になった。しかし平民は貴族に従属せず、市民同士の関係は平等が原則であった。他方、奴隷は人格を認められず売買の対象となり、市民との身分差は大きかった。奴隷とされたのは⑤＿＿＿＿によって市民身分から転落した人や戦争捕虜、海外から輸入された異民族などであった。

　ポリスは、城壁で囲まれた市域と周囲の田園から成り立っていた。市域の中心の⑥＿＿＿＿＿＿＿＿＿＿は、砦であると同時に神殿が建てられる神聖な場であった。❼＿＿＿＿＿＿（広場）では市場や集会が開かれた。田園には市民の所有地である「持ち分地」(⑧＿＿＿＿＿＿＿＿＿＿＿)があり、彼らの大多数はここで農業を営んだ。市民にとっては、ポリスこそが人間生活の基盤であった[のちに⑨＿＿＿＿＿＿＿＿＿＿は、「人間はポリス的動物である」と定義した]。

アテネとスパルタ

Q▶ スパルタがきびしい軍国主義をしいた理由は何だろうか。

　ポリスのなかでも❶＿＿＿＿制度がもっとも発達した②＿＿＿＿＿＿＿系のアテネでは、個人所有の奴隷がふつうであった。その数は総人口の3分の1にものぼり[アテネの総人口は最盛期で約25万人であり、また、アテネの奴隷は大多数が異民族であった]、家内奴隷・農業奴隷として用いられたほか、手工業や銀山の採掘などにも多数従事させられた。

　アテネと並び領土の広いスパルタでは、③＿＿＿＿＿＿＿系である1万人たらずのスパルタ市民が、はるかに多数の非③＿＿＿＿＿＿系の被征服民を奴隷身分の農民とし、農業に従事させた。彼らは❹＿＿＿＿＿＿＿＿（ヘロット）

解答　市民と奴隷▶❶市民　❷奴隷　③貴族　④平民　⑤借財　⑥アクロポリス　❼アゴラ　⑧クレーロス　⑨アリストテレス
アテネとスパルタ▶❶奴隷　②イオニア　③ドーリア　❹ヘイロータイ

と呼ばれ、商工業に従事する❺＿＿＿＿（周辺民）と同様、スパルタ市民に隷属していた。戦士であるスパルタ市民は④＿＿＿＿の反乱を防ぐため、貴金属貨幣の使用を禁止したり、他国との自由な行き来を禁止する鎖国政策をとるなどして、市民団内部の結束を高めた。⑥＿＿＿＿の国制と呼ばれる、このような特殊な体制を前6世紀半ばまでに確立したスパルタ市民団は、きびしい軍国主義的規律に従って生活し、ギリシア最強の陸軍国をつくりあげた。

民主政への歩み

Q▶ なぜ貴族政にかわって民主政が発達していったのだろうか。

交易活動が盛んになると、平民のなかにも、農産物を売って富裕になる者が現れた。また、金属の輸入で武器が安くなると、富裕な平民は武具を買って参戦できるようになった。これにより、平民も多数参加して密集隊形（①＿＿＿＿）を組んで戦う❷＿＿＿＿部隊が、騎馬を利用する貴族にかわって軍隊の主力となった。こうして国防において大きな役割を果たすようになった平民は、参政権を主張して貴族と対立しはじめ、各ポリスで民主政への歩みが始まった。

典型的な民主政が出現したのは、**アテネ**であった。まず前7世紀に③＿＿＿＿によって法律が成文化され、法による秩序の維持がはかられた。ついで前6世紀初めに❹＿＿＿＿が貴族と平民の調停者として改革をおこない、血統ではなく財産額の大小によって市民の参政権を定め（⑤＿＿＿＿政治）、また負債を帳消しにし、以後、借財を負った市民を奴隷として売ることを禁止した（⑥＿＿＿＿の禁止）。やがて多くのポリスでは、⑦＿＿＿＿と呼ばれる独裁者が、平民の支持により非合法に政権を奪って❼＿＿＿＿**政治**を実現した。アテネでは❽＿＿＿＿が前6世紀半ばに⑦＿＿＿＿政治を確立し、中小農民を保護するなど平民層の力を充実させた。

僭主政治の崩壊後、前508年にアテネの指導者となった❾＿＿＿＿は、血縁にもとづく旧来の4部族制を、地縁共同体である区（⑩＿＿＿＿）を基礎として10部族制に改める大改革をおこない、アテネ民主政の基礎を築いた。僭主の出現を防止するため⓫＿＿＿＿（⑫＿＿＿＿）の制度［僭主になる恐れのある人物の名を市民たちが陶器の破片（⑬＿＿＿＿

解答 ❺ペリオイコイ　⑥リュクルゴス

民主政への歩み▶①ファランクス　❷重装歩兵　③ドラコン　❹ソロン　⑤財産　⑥債務奴隷　❼僭主　❽ペイシストラトス　❾クレイステネス　⑩デーモス　⓫陶片追放　⑫オストラキスモス　⑬オストラコン

　　　　　　　)に書いて投票し、全部で6000票以上集まったときに最多得票者を10年間国外に追放する制度]がつくられたのも、この時である。

ペルシア戦争とアテネ民主政

Q▶ 古代の民主政は、現代の民主主義とどのような点で異なっていたのだろうか。

　この頃、全オリエントを統一したアケメネス朝(ペルシア)の支配に対し、ミレトスを中心としたギリシア人諸都市が反乱をおこした。これをきっかけに始まったのが、❶　　　　　　　　　**戦争**である。ペルシアは反乱を支援したアテネに遠征軍をさしむけたが、民主政によって団結を強めたアテネ市民の重装歩兵軍は、前490年の②　　　　　　　　の戦いでペルシア軍を打ち破った。その後、アテネは❸　　　　　　　　　　　　の政策により海軍を拡充し、前480年の④　　　　　　の海戦では、ギリシア連合軍が彼の指揮のもとでペルシアの大軍を再び大敗させた。翌年の⑤　　　　　　　　　　　の戦いで、ギリシア側の勝利は決定的となった。

　ペルシア戦争勝利後、エーゲ海周辺の多くのポリスはペルシアの再侵攻に備えて❻　　　　　　　**同盟**[エーゲ海沿岸を中心とした諸ポリスが、ペルシアの復讐に備えて結んだ軍事同盟。はじめ同盟の金庫がデロス島におかれたので、こう呼ばれた]を結び、アテネはその盟主(めいしゅ)となった。アテネは強大な海軍力でほかの同盟諸国に対する支配を強める一方、国内では軍艦(ぐんかん)の漕(こ)ぎ手(て)として戦争に参加する⑦　　　　　市民の発言力が高まった。これを背景に前5世紀半ば頃、将軍❽　　　　　　　　　の指導のもとでアテネ民主政は完成された。そこでは成年男性市民の全体集会である❾　　　　　が多数決で国家の政策を決定し、⑩　　　　　[軍事の最高職。民会における選挙で選ばれた]など一部を除き、一般市民から抽選(ちゅうせん)された任期1年の役人が行政を担当した。裁判では、やはり抽選された多数の⑪　　　　　　が、民衆裁判所において投票で判決をくだした。市民は貧富(ひんぷ)にかかわらず平等に参政権をもち[ペリクレスが提案した法の定めによ

史料 ペリクレスの演説(前431年)

われらが従う政体は、他国の制度に追随するものではなく、他人をまねるよりむしろわれら自身が人の模範なのである。それは、少数者ではなく①　　　　　の利益のために統治するがゆえに、②　　　　政治という名で呼びならわされている。法律の面においては、私的な利害が対立する場合、だれでも③　　　の権利にあずかる。だが人の評価ということになると、各人が何かにすぐれているとみなされれば、みんなと平等の扱いではなく、国事のためどれだけ貢献できるかによって尊重される。さらにまた、たとえ貧しくとも、国家のために何かよい働きができるなら、無名だからといって高い地位への道をさまたげられることはないのだ。(橋場弦訳)

解答 ペルシア戦争とアテネ民主政▶❶ペルシア　②マラトン　❸テミストクレス　④サラミス　⑤プラタイア　❻デロス　⑦無産　❽ペリクレス　❾民会　⑩将軍　⑪陪審員(ばいしんいん)
史料 ①多数者　②民主　③平等

り、参政権は両親がともにアテネ人である⑫＿＿＿歳以上の男性のみに与えられた]、多くの一般市民が政治に参加した。他方、役人や政治家の責任は⑬＿＿＿＿裁判[一般市民が、役人や政治家による収賄などの重大犯罪を告発して裁判にかける制度]などできびしく追及された。

　このような民主政は、⑥＿＿＿＿＿同盟諸国を中心としたポリスに広まった。市民団のなかでは政治的平等が徹底している一方で、奴隷・在留外人・⑭＿＿＿＿には参政権がなかった。また代議制ではなく、市民全員が参加する❶＿＿＿

　政であったことも、現代とは異なるギリシア民主政の特徴である。しかし、⑯＿＿＿＿＿＿という考え方をはじめて生み出した点で、ギリシア民主政の世界史的意義は大きい[英語のデモクラシーは、「民衆の支配」を意味するギリシア語デモクラティアが語源である]。

ポリス社会の変容　Q▶ ギリシアの諸ポリスは、なぜマケドニアに敗れたのだろうか。

　デロス同盟によって急速に勢力を広げたアテネに、①＿＿＿＿＿＿同盟[スパルタを盟主にして前6世紀末に結成された軍事同盟。デロス同盟に対抗した]の盟主スパルタは脅威を感じ、やがて対立する両者は前431年❶＿＿＿＿＿**戦争**に突入した。ギリシア人は、②＿＿＿＿政を中心とするアテネ側と、③＿＿＿＿＿政を中心とするスパルタ側の二陣営にわかれて戦うことになった。はじめ優勢であったアテネは、疫病の流行でペリクレスを失ってから政治が混乱し、有能な戦争指導者を見出せないまま、ついにペルシアと結んだスパルタに敗れた。その後、前4世紀半ばにはスパルタにかわり❹＿＿＿＿＿が一時主導権を握るが、敗戦後も②＿＿＿＿**政**を守り続けたアテネは勢力を回復し、さらにペルシアがギリシア人同士をたがいに争うようにしむけたので、これら有力ポリス間の争いはやまなかった。

　戦争と疫病の影響で、ポリスでは市民の人口が減り、貧富の差が広がってポリス社会は変容しはじめた。その後、前4世紀後半、ポリスをつくらなかったギリシア人の一派である北方の❺＿＿＿＿＿が❻＿＿＿＿のもとで軍事力を強め、前338年⑦＿＿＿＿＿＿＿の戦いでテーベとアテネの連合軍を破った。フィリッポスはスパルタを除く全ギリシアのポリスを

解答 ⑫18　⑬弾劾　⑭女性　❶直接民主　⑯民主主義
ポリス社会の変容▶❶ペロポネソス　②民主　③貴族　❹テーベ　❺マケドニア
❻フィリッポス2世　⑦カイロネイア

⑧＿＿＿＿＿＿＿＿同盟（ヘラス同盟）に集め、それらを支配下においた。

ヘレニズム時代　　Q▶ ヘレニズム時代の世界史的な意義は何だろうか。

　フィリッポス 2 世の子である❶＿＿＿＿＿＿＿＿＿＿＿＿＿＿ **大王**は、ギリシア諸国の争いにたびたび干渉してきたペルシアを討つため、マケドニアとギリシアの連合軍を率いて前334年、❷＿＿＿＿＿＿＿＿＿＿＿に出発した。大王は、③＿＿＿＿＿＿＿＿の戦いでペルシア王④＿＿＿＿＿＿＿＿＿＿＿＿＿を破ったのち、エジプトを征服した。ついで⑤＿＿＿＿＿＿＿＿＿の戦いに勝利してペルシアを滅ぼし、さらに軍を進めてインド西北部まで至り、東西にまたがる大帝国を築いた。大王はまもなく急死したが、その領土は⑥＿＿＿＿＿＿＿＿＿＿（後継者）と呼ばれる部下の将軍たちによって争われ、やがて❼＿＿＿＿＿＿＿＿＿＿＿＿＿朝マケドニア・❽＿＿＿＿＿＿＿＿朝シリア・❾＿＿＿＿＿＿＿＿＿＿朝エジプトなどの諸国に分裂した。大王の東方遠征から⑨＿＿＿＿＿＿＿＿＿＿＿＿朝エジプトの滅亡（前30年）までの約300年間を、❿＿＿＿＿＿＿＿＿＿＿**時代**と呼ぶ。

　この時代にはギリシア風の都市がオリエントやその周辺に多数建設され、これら

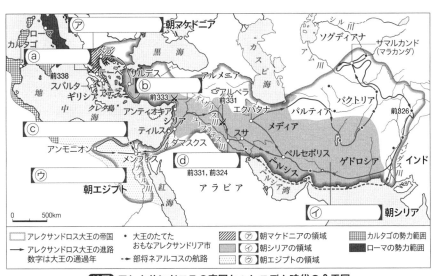

地図 アレクサンドロスの帝国とヘレニズム時代の 3 王国

解答 ⑧コリントス
ヘレニズム時代▶❶アレクサンドロス　❷東方遠征　③イッソス　④ダレイオス 3 世　⑤アルベラ
⑥ディアドコイ　❼アンティゴノス　❽セレウコス　❾プトレマイオス　❿ヘレニズム
地図 ㋐アンティゴノス　㋑セレウコス　㋒プトレマイオス　ⓐカイロネイア　ⓑイッソス
ⓒアレクサンドリア　ⓓバビロン

の都市を中心にギリシア文化が広まった。なかでもエジプトの⓫＿＿＿＿＿＿＿＿＿＿＿＿は、経済・文化の中心都市として大いに栄えた。このように、都市を基盤とする人々の生活は、その後もなお古代地中海世界に生き続けていった。

ギリシアの生活と文化 **Q▶** ギリシア文明が近代ヨーロッパにもたらした影響は何だろうか。

ギリシア人は明るく合理的で①＿＿＿＿＿＿＿中心的な文化を生み出し、その独創的な文化遺産はのちにヨーロッパ近代文明の模範とされた。ギリシア文化は、市民が対等に議論する②＿＿＿＿＿＿＿の精神風土から生まれた。市民たちは、余暇を政治の議論や体育の訓練に使い、公私ともにバランスよく能力を発揮することを理想とした。

ギリシア人が信仰した❸＿＿＿＿＿＿＿＿＿＿＿＿＿＿＿12神らの神々は、人間と同じ姿や感情をもつとされた。ギリシアの文学は、神々と人間との関わりをうたった❹＿＿＿＿＿＿や❺＿＿＿＿＿＿の叙事詩から始まった。しかし、その一方でギリシア人は、自然現象を神話でなく合理的根拠で説明する科学的態度を育て、前6世紀にはイオニア地方の⑥＿＿＿＿＿＿を中心に**イオニア自然哲学**が発達した。万物の根源を水と考えた❼＿＿＿＿や、「⑧＿＿＿＿＿＿＿＿の定理」を発見した❽＿＿＿＿＿＿らが有名である。その後、前5世紀以降に文化の中心地となったのは、言論の自由を保障した民主政アテネである。民主政の祭典では悲劇や喜劇のコンテストがもよおされた。「三大悲劇詩人」と呼ばれた**アイスキュロス・❾＿＿＿＿＿＿＿・エウリピデス**や、政治問題を題材にした喜劇作家の⓾＿＿＿＿＿＿＿が代表的な劇作家である。

弁論が市民生活にとって重要になってくると、相手をいかに説得するかを教える⓫＿＿＿＿＿＿＿と呼ばれる職業教師が現れた[「万物の尺度は人間」と主張した⑫＿＿＿＿＿＿＿（前480頃～前410頃）がその代表例である]。これに対して⑬＿＿＿＿＿＿＿は真理の絶対性を説き、知を愛する営み、すなわち哲学（フィロソフィア）を創始したが、民主政には批判的で、市民の誤解と反感を受けて処刑された。彼の哲学を受け継いだ⑭＿＿＿＿＿＿＿は、事象の背後にある⑮＿＿＿＿＿＿こそ永遠不変の実在であるとしたほか、選ばれた少数の有徳者のみが政治を担当すべきだという理想国家論を説いた。彼の弟子⑯＿＿＿＿＿＿

解答 ⓫アレクサンドリア
ギリシアの生活と文化▶①人間　②ポリス　③オリンポス　④ホメロス　⑤ヘシオドス
⑥ミレトス　❼タレス　⑧ピタゴラス　❾ソフォクレス　⓾アリストファネス　⓫ソフィスト
⑫プロタゴラス　⑬ソクラテス　⑭プラトン　⑮イデア　⑯アリストテレス

ギリシア文化一覧表（*はヘレニズム文化）

【文学】		
ホメロス………………	『①　　　　　』	
	『②　　　　　』	
ヘシオドス……………	『神統記』	
	『③　　　　　』	
④	女性詩人。叙情詩	
⑤	悲劇『アガメムノン』	
ソフォクレス…………	悲劇『オイディプス王』	
エウリピデス…………	悲劇『メデイア』	
アリストファネス……	喜劇『⑥　　　　　』『女の議会』	

【哲学・自然科学】	
タレス………………………	イオニア学派の祖
ピタゴラス…………………	「ピタゴラスの定理」を発見
⑦	…「万物は流転する」と説く
⑧	……… 原子論
⑨	… 西洋医学の祖
プロタゴラス………………	ソフィスト。普遍的真理を否定
ソクラテス…………………	西洋哲学の祖。知徳合一を説く
プラトン……………………	イデア論を説く。『国家』

アリストテレス…………	万学の祖。『政治学』
*エピクロス……………	精神的快楽主義。エピクロス派の祖
*ゼノン…………………	精神的禁欲主義。ストア派の祖
*⑩	地球の円周を計測
*⑪	太陽中心説
*エウクレイデス………	「ユークリッド幾何学」の創始者
*アルキメデス…………	「アルキメデスの原理」を発見

【彫刻美術】	
フェイディアス…………	パルテノン神殿のアテナ女神像
プラクシテレス…………	ヘルメス神像
*「ミロのヴィーナス」	ヘレニズム彫刻。作者不詳
*「ラオコーン」………	ヘレニズム彫刻

【歴史】	
ヘロドトス………………	『歴史』。⑫　　　　　戦争史
トゥキディデス…………	『歴史』。⑬　　　　　戦争史

　　　　　は、経験と観察を重んじ、自然・人文・社会のあらゆる方面に思索をおよぼした。「万学の祖」と呼ばれる彼の学問体系は、のちイスラームの学問や中世ヨーロッパのスコラ学に大きな影響を与えた。また、❶⓱　　　　　や❶⓲　　　　　は、ともに歴史記述の祖と呼ばれ、過去のできごとを神話によってではなく、史料の批判的な探究によって説明した。

　建築・美術では、調和と均整の美しさが追求された。建築はおもに柱の様式により、❶⓳　　　　　式・イオニア式・コリント式に分類される。ペリクレスの企画のもとに完成したアテネの❷⓴　　　　　神殿は、❶⓳　　　　　式神殿の傑作である。㉑　　　　　に代表される彫刻美術は、理想的な人間の肉体美を表現したものであった。

　ヘレニズム時代に入るとギリシア文化は東方にも波及し、各地域の文化からも影

解答 ⓱ヘロドトス　⓲トゥキディデス　⓳ドーリア　⓴パルテノン　㉑フェイディアス
表 ①イリアス　②オデュッセイア　③労働と日々　④サッフォー　⑤アイスキュロス　⑥女の平和　⑦ヘラクレイトス　⑧デモクリトス　⑨ヒッポクラテス　⑩エラトステネス　⑪アリスタルコス　⑫ペルシア　⑬ペロポネソス

響を受けて独自の文化が生まれた。これを㉒＿＿＿＿＿＿＿＿＿**文化**という。この時代にはポリスの枠にとらわれない生き方を理想とする㉓＿＿＿＿＿＿＿**主義**（コスモポリタニズム）の思想が知識人のあいだに生まれた。哲学も政治からの逃避と個人の内面的幸福の追求を説くようになり、精神的快楽を求める㉔＿＿＿＿＿の㉔＿＿＿＿＿＿**派**や、禁欲を重視する㉕＿＿＿の㉖＿＿＿＿＿**派**が盛んになった。

　ヘレニズム時代の自然科学では、㉗＿＿＿＿＿＿＿＿＿＿が今日「ユークリッド幾何学」と呼ばれる平面幾何学を集大成し、「アルキメデスの原理」で知られる㉘＿＿＿＿＿＿＿は、数学・物理学の諸原理を発見した。またコイネーと呼ばれるギリシア語が共通語となり、エジプトのアレクサンドリアには王立研究所（㉙＿＿＿＿＿＿＿＿）がつくられて自然科学や人文科学が研究された。ギリシア美術の様式は西アジア一帯に広がり、インド・中国・日本にまで影響を与えた。

3　ローマと地中海支配

Q▶ ローマが全地中海世界を統一できたのはなぜだろうか。また、ローマ人がその後の世界に残した文化的遺産は何だろうか。

ローマ共和政

Q▶ ローマ共和政は、ギリシアの民主政とどのような点で異なっていたのだろうか。

　前1000年頃、古代イタリア人が北方からイタリア半島に南下し、定住した。そのなかの❶＿＿＿＿＿**人**の一派によって、②＿＿＿＿＿＿**川**のほとりに建設された都市国家が**ローマ**である。ローマは、はじめ先住民❸＿＿＿＿＿＿＿**人**の王に支配され、その文化に大きな影響を受けていたが、前6世紀末に王を追放して**共和政**となった。ローマでは**貴族**（④＿＿＿＿＿＿）と、おもに中小農民である**平民**（⑤＿＿＿＿＿＿）の身分差があり、最高官職である任期1年・2名の❻＿＿＿＿＿＿＿（執政官）は貴族から選ばれていた。そして、貴族の会議である❼＿＿＿＿＿が実質的な支配権を握っていた。

　しかし、⑧＿＿＿＿＿＿として国防を担うようになった中小農民は、しだいに貴族の支配に対して不満をもち、平民と貴族との身分闘争がおこった。まず前5世紀前半に、元老院やコンスルの決定に拒否権を行使できる平民出身の❾

解答 ㉒ヘレニズム　㉓世界市民　㉔エピクロス　㉕ゼノン　㉖ストア　㉗エウクレイデス　㉘アルキメデス　㉙ムセイオン
ローマ共和政▶❶ラテン　②ティベル　❸エトルリア　④パトリキ　⑤プレブス　❻コンスル　❼元老院　⑧重装歩兵　❾護民官

と、平民だけの民会[ローマには平民会とは別にいくつかの民会があったが、これらの決定にはいずれも元老院の承認を必要とした]である❿＿＿＿＿＿＿＿が設けられた。ついで前5世紀半ばには、慣習法をはじめて成文化した⓫＿＿＿＿＿＿＿＿が制定、公開され[それまで貴族が独占していた慣習法を成文化したことは、平民の地位向上に役立った]、前367年には⓬＿＿＿＿＿＿＿＿**法**によりコンスルのうち一人は平民から選ばれるようになった。そして前287年には⓭＿＿＿＿＿＿＿＿**法**により、平民会の決議が元老院の認可なしに全ローマ人の国法となることが定められ、ここに平民と貴族との法律上の権利は同等となった。しかし、従来の貴族に一部の富裕な平民が加わって新しい支配階層が成立すると、彼らが引き続き政権を独占した。また、実質的には元老院が指導権をもち続け、しかも非常時には⓮＿＿＿＿＿＿＿＿（ディクタトル）が独裁権を行使できた。これらの点においてローマ共和政は、ギリシアの民主政と大きく異なっていた。

地中海征服とその影響

Q▶ 地中海における領土拡大は、ローマ共和政にどのような影響を与えたのだろうか。

ローマは中小農民の重装歩兵を軍事力の中核にして、周辺の都市国家をつぎつぎに征服し、前3世紀前半には全①＿＿＿＿＿＿＿＿半島を支配した。征服された諸都市は個別にローマと同盟を結ばされ、それぞれ異なる権利と義務を与えられた。この❷＿＿＿＿＿＿＿＿の方法は、被支配者の団結と反抗をたくみに予防した。またローマは、服属した住民の一部にローマ③＿＿＿＿権をわけ与えて支配に従わせた。

ついでローマは、地中海西方を支配していたフェニキア人植民市の❹＿＿＿＿＿＿＿＿と衝突し、3回にわたる❺＿＿＿＿＿＿＿＿**戦争**がおこった。④＿＿＿＿＿＿の将軍❻＿＿＿＿＿＿＿＿がイタリア半島に侵入してローマは一時危機におちいったが、⑦＿＿＿＿＿＿＿＿の活躍などで戦局を挽回し、ついに勝利をおさめた。ローマはその後、東方のヘレニズム地域にも進出して、前2世紀半ばにマケドニアとギリシア諸ポリスを支配するようになり、地中海全体をほぼ制覇した。

しかし、ローマの⑧＿＿＿＿＿＿＿＿は長期の征服戦争に出征するうちに農地が荒廃して没落し、彼らの多くは都市ローマに流入した。こうした無産市民たちは、❾＿＿＿＿＿＿＿＿[イタリア半島以外のローマの征服地を指す。第1回ポエニ戦争の勝利によって獲得し

解答 ❿平民会 ⓫十二表法 ⓬リキニウス・セクスティウス ⓭ホルテンシウス ⓮独裁官
地中海征服とその影響▶ ①イタリア ❷分割統治 ③市民 ❹カルタゴ ❺ポエニ ❻ハンニバル
⑦スキピオ ⑧中小農民 ❾属州

た⑩ _____ が最初の⑨ _____ となった]から大量に輸入される安い穀物で生活するなどローマ支配の恩恵をこうむったため、いっそうの征服戦争を望んだ。一方、⑨ _____ 統治の任務を負った元老院議員や、⑨ _____ の徴税請負をおこなう⑪ _____ 階層[最初、騎兵として軍務に服する階層を意味したが、共和政末期には軍事的意味を失い、元老院議員についで富裕な社会階層を意味するようになった]は、征服によって莫大な富を手に入れた。彼らは、イタリア半島で農民が手放した土地を買い集めたり、征服でローマのものとなった⑫ _____ 地を手に入れるなどして、戦争捕虜である奴隷[ローマではギリシアよりもいっそう奴隷制が発達し、共和政末期から帝政初期にかけてがその最盛期であった]を多数使った大土地所有制(⑬ _____)によって大規模な農業経営をおこなった。こうして貧富双方の市民に望まれた征服戦争はますます拡大し、それとともに市民のあいだの経済的格差もいよいよ広がった。その結果、前2世紀後半から、市民の平等を原則としたローマの都市国家としての性格は大きく変質しはじめ、共和政の土台はゆらぎだした。貧富の対立が激化すると、政治家は、元老院の伝統的支配を守ろうとする⓮ _____ 派と、無産市民や騎士が支持する⓯ _____ 派にわかれて争った。

内乱の1世紀

Q▶ ローマの内乱はどのように生じ、また、どのように終息したのだろうか。

　農民の没落による軍事力低下に危機感をいだいた❶ _____ は、前2世紀後半にあいついで護民官に選ばれると、大土地所有者の土地を没収して無産市民に分配しようとした。しかし、改革は大地主の反対にあって失敗し、兄は殺されて、弟は自殺した。以後有力政治家はたがいに暴力で争うようになり、ローマは「❷ _____」に突入した。前1世紀に入ると、軍隊は有力者が無産市民を集めてつくる私兵となり、平民派の③ _____ と閥族派の④ _____ がたがいに私兵を率いて争った。また、イタリア半島の⑤ _____ 市がローマ市民権を求めて反乱をおこし、さらに見世物に使われた剣闘士(剣奴)が❻ _____ に率いられて大反乱をおこすなど、内乱は頂点に達した。

　この混乱をしずめたのが、実力者の❼ _____・❽ _____・❾ _____ であった。彼らは前60年、私的な政治同盟を結んで

解答 ⑩シチリア　⑪騎士　⑫公有　⑬ラティフンディア　⓮閥族　⓯平民
内乱の1世紀▶❶グラックス兄弟　❷内乱の1世紀　③マリウス　④スラ　⑤同盟
❻スパルタクス　❼ポンペイウス　❽カエサル　❾クラッスス

元老院と閥族派に対抗し、政権を握った（第1回❿＿＿＿＿＿＿＿＿）。その後、⑧＿＿＿＿＿は⑪＿＿＿＿＿遠征［⑪＿＿＿＿＿は、ほぼ現在のフランスにあたる地域のローマ時代の呼称］の成功によって指導権を獲得し、対立した⑦＿＿＿＿＿を倒して前46年に全土を平定した。彼は連続して独裁官（どくさいかん）に就任して社会の安定化につとめたが、元老院を無視して王になる勢いをみせたため、前44年、元老院共和派の⑫＿＿＿＿＿＿＿＿＿＿らに暗殺された。

前43年、カエサルの部下⑬＿＿＿＿＿＿＿とレピドゥス、カエサルの養子⑭＿＿＿＿＿＿＿＿＿＿が再び政治同盟を結んで閥族派をおさえた（第2回❿＿＿＿＿＿＿）。やがて⑭＿＿＿＿＿＿＿＿＿＿＿＿は、プトレマイオス朝の女王⑮＿＿＿＿＿＿＿＿と結んだ⑬＿＿＿＿＿を前31年に⓯＿＿＿＿＿＿＿＿の海戦で破り、プトレマイオス朝は滅ぼされてローマの属州（ぞくしゅう）となった。ここに地中海は平定され、内乱は終わりを告げた。

ローマ帝国　**Q▶**「ローマの平和」は、地中海世界にどのような影響を与えたのだろうか。

権力の頂点へと登りつめたオクタウィアヌスは、前27年に元老院から❶＿＿＿＿＿（尊厳者（そんげんしゃ））の称号を与えられた。ここから❷＿＿＿＿＿**時代**が始まった。彼は元老院など共和政の制度を尊重（そんちょう）し、市民のなかの第一人者（③＿＿＿＿＿）と自称（じしょう）した。しかし、実際にはほとんどすべての要職を兼任して、全政治権力を手中におさめていた。この政治を**元首政**（④（げんしゅせい）＿＿＿＿＿＿＿）といい、事実上の皇帝独裁であった。

これより約200年間の時代は「❺＿＿＿＿＿＿＿＿＿」（パクス＝ロマーナ）と呼ばれ、空前の繁栄と平和が続いた。とくに❻＿＿＿＿＿＿＿［ネルウァ（在位96〜98）・⑦＿＿＿＿　・⑧＿＿＿＿＿＿＿（在位117〜138）・アントニヌス＝ピウス（在位138〜161）・マルクス＝アウレリウス＝アントニヌスの5皇帝をいう］の時代はローマの最盛期で、❼＿＿＿＿＿＿＿＿＿**帝**の時に領土は最大となった。ローマ風の都市が国境近辺（きんぺん）にまで建設され、そのなかにはロンドン・⑨＿＿＿＿　・ウィーンなど、のちに近代都市となったものも多い。

ローマは都市を通して属州を支配し、都市の上層市民は**ローマ市民権**を与えられるかわりに帝国支配に貢献した。やがてローマ市民権の拡大は徹底し、ついに212年、

解答　❿三頭政治（さんとう）　⑪ガリア　⑫ブルートゥス　⑬アントニウス　⑭オクタウィアヌス
⑮クレオパトラ　⓯アクティウム
ローマ帝国▶❶アウグストゥス　❷帝政　③プリンケプス　④プリンキパトゥス　❺ローマの平和
❻五賢帝　❼トラヤヌス　⑧ハドリアヌス　⑨パリ

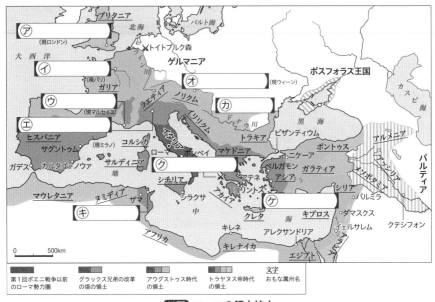

地図中のラベル：
（ア）（現ロンドン）
（イ）（現パリ）ガリア
（ウ）（現マルセイユ）
（エ）ヒスパニア
（オ）（現ウィーン）
（カ）
（キ）
（ク）
（ケ）

ブリタニア　北海　バルト海
大西洋　×トイトブルク森　ゲルマニア　ボスフォラス王国
ラエティア　ノリクム　ドナウ川　カスピ海
イリルクム　黒海　ビザンティウム　アルメニア　パルティア
サグントゥム　（現ミラノ）　コルシカ　ローマ　ポンペイ　マケドニア　ニケーア　ポントゥス　メソポタミア
ガデス　カルタゴ・ヌマ　サルディニア　シチリア　ペルガモン　ガラティア　シリア　パルミラ
マウレタニア　ヌミディア　ザマ　シラクサ　コリントス　アカイア　アシア　ダマスクス　クテシフォン
アフリカ　クレタ　キプロス　イェルサレム
キレネ　アレクサンドリア　エジプト
キレナイカ

0 ─ 500km

凡例：第1回ポエニ戦争以前のローマ勢力圏／グラックス兄弟の改革の頃の領土／アウグストゥス時代の領土／トラヤヌス帝時代の領土／**文字** おもな属州名

地図　ローマの領土拡大

⑩＿＿＿＿＿＿＿＿＿＿帝の時には帝国の全自由人にローマ市民権が与えられた。商業活動も盛んとなり、⑪＿＿＿＿＿（⑫＿＿＿＿＿＿＿＿＿＿）貿易によって中国・東南アジア・南アジアからは絹(きぬ)や香辛料(こうしんりょう)がもたらされた。

帝国の変容　**Q▶ ローマ帝国が危機を迎えた原因は何だろうか。**

　ローマ帝国は、五賢帝最後の❶＿＿＿＿＿＿＿＿＿＿＿＿＿＿＿＿＿＿＿＿**帝**の治世末期頃から、帝国財政の行き詰まりや経済の不振(ふしん)がしだいにあらわになってきた。3世紀には各属州の軍団が独自に皇帝を立てて元老院(げんろういん)と争い、短期間に多数の皇帝が即位する❷＿＿＿＿＿＿＿＿＿＿**の時代**になった。また、北の③＿＿＿＿＿＿＿人や東の④＿＿＿＿＿＿＿朝なども国境に侵入し、帝国は分裂の危機におちいった。

　内乱と異民族の侵入に対する軍事力が増強されると、軍隊の維持のため都市は⑤＿＿＿＿＿を課されて経済的に弱まり、とくに西方の諸都市は衰退しはじめた。都市の上層市民のなかには、⑤＿＿＿＿＿を逃れるため都市を去って田園に大所領(だいしょりょう)を経

解答　⑩カラカラ　⑪季節風　⑫モンスーン
帝国の変容▶❶マルクス＝アウレリウス＝アントニヌス　❷軍人皇帝　③ゲルマン　④ササン
⑤重税
地図　㋐ロンディニウム　㋑ルテティア　㋒マッサリア　㋓メディオラヌム　㋔ウィンドボナ
㋕ダキア　㋖カルタゴ　㋗アクティウム　㋘エフェソス

営するものが現れた。彼らは、都市から逃げ出した下層市民などを小作人（⑥_____

_____）として大所領で働かせた。こうした生産体制を小作制（⑦_____

_____）と呼び、従来の奴隷制経営によるラティフンディアにとってかわった。

西ローマ帝国の滅亡　Q▶ 西ローマ帝国はなぜ滅んだのだろうか。

　284年に即位した❶_____帝は、帝国を東と西にわけ、それぞれを正帝と副帝の2人が統治する四帝分治制（②_____

_____）をしいて政治的秩序を回復した。また軍の兵員を増やし、徴税の仕組みを新しくするなどの諸改革を断行して、分裂の危機を回避した。さらに皇帝を神として礼拝させ、専制君主として支配したので、政治体制はこれ以後、元首政から**専制君主政**（③_____）へと変化した。

　ディオクレティアヌス帝の政策を引き継いだ❹_____

_____帝は、それまで迫害されてきた⑤_____教を公認することで帝国の統一をはかるとともに、軍隊をさらに増強して帝国支配を安定させようとした。また、⑥_____を土地に縛りつけて税収入を確保し、下層民の身分や職業を世襲化した。330年、彼はビザンティウムに新たな首都を建設して❼_____

_____と改称し、巨大な官僚体制を築いた。官吏の力は強大となり、皇帝が官吏を使って帝国を専制支配する体制ができあがった。しかし、膨大な数の軍隊と官僚を支えるための重税は、あいつぐ属州の反乱をまねいた。さらに375年に始まる❽_____**人の大移動**によって帝国内部は混乱したため、帝国の分裂を防ぐことは困難になった。そこで395年、❾_____

_____帝は帝国を東西に分割して2子にわけ与えた。❿_____帝国（ビザンツ帝国）は首都コンスタンティノープルを中心に商業と貨幣経済が繁栄し、その後1453年まで続いた。しかし、ローマを中心とする⓫_____帝国はゲルマン人の侵入で混乱をきわめ、ついに476年、ゲルマン人傭兵隊長⑫_____

_____によって西ローマ皇帝は退位させられ、ここに西ローマ帝国は滅亡した。

解答　❻コロヌス　❼コロナトゥス
西ローマ帝国の滅亡▶❶ディオクレティアヌス　②テトラルキア　③ドミナトゥス
❹コンスタンティヌス　⑤キリスト　⑥コロヌス　❼コンスタンティノープル　❽ゲルマン
❾テオドシウス　❿東ローマ　⓫西ローマ　⑫オドアケル

　ローマ人は、ギリシアから学んだ知識を帝国支配に応用する①＿＿＿＿＿的文化において、すぐれた能力をみせた。ローマ帝国の文化的意義は、その支配を通して地中海世界のすみずみにギリシア・ローマの文化[ギリシア・ローマの文化遺産は、近世・近代のヨーロッパ人に古典として尊重された。そこでギリシア・ローマ時代は「古典古代」と呼ばれることもある]を広めたことにある。たとえば、②＿＿＿＿＿字は今日ヨーロッパの大多数の言語で用いられ、またローマ人の話した❸＿＿＿＿＿語は、近代に至るまで教会や学術の国際的な公用語であった。

　ローマの実用的文化が典型的に現れるのは、土木・建築技術である。都市には浴場・凱旋門（がいせんもん）・闘技場（とうぎじょう）が建設され、道路や水道橋（すいどうきょう）もつくられた。❹＿＿＿＿＿（円形闘技場）・⑤＿＿＿＿＿（万神殿（ばんしんでん））・⑥＿＿＿＿＿街道など今日に残る遺物も多い。「⑦＿＿＿＿＿＿＿＿＿＿」を楽しみに生きていた都市下層民は、有力政治家が恩恵として配給する穀物をあてに生活し、闘技場での見世物（かんせい）に歓声をあげた。

　後世（こうせい）にもっとも大きな影響を与えたローマの文化遺産は、❽＿＿＿＿＿**法**である。ローマが世界帝国に成長すると、万人（ばんにん）が従う普遍的（ふへんてき）な法律が必要とされた。十二表法を起源とする❽＿＿＿＿＿法は、はじめローマ市民だけに適用されていたが、やがてヘレニズム思想の影響を受けて[ストア派哲学では、法律は宇宙の支配原理である自然の法則にもとづくべきであるとされた]、帝国に住むすべての人民に適用される❾＿＿＿＿＿**法**に成長した。6世紀に東ローマ帝国のユスティニアヌス大帝がトリボニアヌスら法学者を集めて編纂（へんさん）させた『❿＿＿＿＿＿＿＿＿＿＿＿』がその集大成である。ローマ法は近代へと受け継がれ、日本の民法にも深い影響をおよぼしている[日本の明治政府が採用した民法はフランスやドイツを模範としたが、これら大陸ヨーロッパの法律はローマ法を受け継いでいる]。また、現在用いられているグレゴリウス暦（西暦）（れき・せいれき）は、カエサルが制定した⓫＿＿＿＿＿**暦**からつくられたものである。

　精神文化では、ローマ人はギリシア人の独創性をこえられなかった。アウグストゥス時代はラテン文学の黄金期といわれるが、⓬＿＿＿＿＿＿＿＿＿らの作品にはギリシア文学の影響が強い。散文ではカエサルの『⓭＿＿＿＿＿

解答 **ローマの生活と文化▶** ①実用　②ローマ　❸ラテン　❹コロッセウム　⑤パンテオン
⑥アッピア　⑦パンと見世物　❽ローマ　❾万民　❿ローマ法大全　⓫ユリウス
⓬ウェルギリウス　⓭ガリア戦記

ローマ文化一覧表

【文学】

ウェルギリウス……………『①_____』(ローマ建国叙事詩)

②_____……………『叙情詩集』

③_____…『転身譜』『恋の技法』

【歴史・地理】

ポリビオス……………『歴史』

リウィウス……………『ローマ建国史』

カエサル……………『ガリア戦記』(ラテン散文の名文)

④_____…………『年代記』『ゲルマニア』

プルタルコス……………『⑤_____』(『英雄伝』)

ストラボン……………『⑥_____』

【哲学・思想】

キケロ……………弁論家。『⑦_____』

セネカ……………ストア派哲学者。『幸福論』

エピクテトス……………ストア派哲学者

マルクス＝アウレリウス＝アントニヌス

……………ストア派哲学者。『⑧_____』

【自然科学】

プリニウス……………『博物誌』(自然科学の集大成)

プトレマイオス……………天動説を説く。『天文学大全』

【法学】

トリボニアヌス……………『ローマ法大全』(編纂)

_____』が名文とされた。ギリシアに始まった弁論術はローマでも発達し、すぐれた弁論家❶**⑭**_____を生み出した。歴史記述の分野では、**⑮**_____や**⑯**_____らが有名であるが、政体循環史観で知られる**⑰**_____、ギリシア・ローマの英雄的人物の生涯を描いた**⑱**_____、当時知られていた全世界の地誌を記述した**⑲**_____のようなギリシア人による歴史書・地理誌も重要である。

　哲学の分野では、とくに**⑳**_____派哲学の影響が強く、その代表者である**㉑**_____やエピクテトスが説いた道徳哲学は上流階層に広まった。皇帝マルクス＝アウレリウス＝アントニヌスは**⑳**_____派哲学者としても有名である。自然科学では、プリニウスが百科全書的な知識の集大成である『**㉒**_____』を書いた。また、**㉓**_____のとなえた天動説は、のちにイスラーム圏を経て中世ヨーロッパに伝わり、長く西欧人の宇宙観を支配した。

解答 ⑭キケロ　⑮リウィウス　⑯タキトゥス　⑰ポリビオス　⑱プルタルコス　⑲ストラボン　⑳ストア　㉑セネカ　㉒博物誌　㉓プトレマイオス

表 ①アエネイス　②ホラティウス　③オウィディウス　④タキトゥス　⑤対比列伝　⑥地理誌　⑦国家論　⑧自省録

4 キリスト教の成立と発展

Q▶ キリスト教が当時のローマ帝国に急速に広がった原因は何だろうか。また、ローマ帝国はキリスト教をどのように利用したのだろうか。

キリスト教の成立　　Q▶ イエスが処刑された理由は何だろうか。

　キリスト教は1世紀にローマ支配下のパレスチナで生まれた。当時**ユダヤ教**を指導していた祭司や、律法の実行を重んじたパリサイ派は、ローマ支配を受け入れ、貧困に苦しみ救済を求める民衆の声にこたえようとしなかった。

　こうしたなか、❶＿＿＿＿＿＿は祭司やパリサイ派を形式主義として批判し、貧富の区別なくおよぼされる神の絶対愛と隣人愛を説き、神の国の到来を約束した。民衆はイエスを救世主(メシア、ギリシア語で❷＿＿＿＿＿＿[メシアとは、ヘブライ語で「油を注がれた者」、つまり神から特別に祝福された者の意味で、キリストとはそのギリシア語訳である])と信じて彼の教えに従うようになった。祭司やパリサイ派はイエスをローマに対する反逆者として総督❸＿＿＿＿＿に訴えたため、彼は❹＿＿＿＿＿にかけられて処刑された(30年頃)。しかし、その後に弟子たちは、イエスが❺＿＿＿＿し、その死は人間の罪をあがなう行為であったと信じるに至った。この信仰を中心に、❻＿＿＿＿＿**教**が成立した。

　その後まもなく❼＿＿＿＿や❽＿＿＿＿らの**使徒**によって、伝道活動が始まった。❽＿＿＿＿は、神の愛は異邦人(ユダヤ人以外の民族)にもおよぶとして、ローマ帝国各地に布教し、キリスト教を広げた。信徒の団体である❾＿＿＿＿も、アナトリア・シリア・ギリシア、そして首都ローマにつくられた。その結果、3世紀頃までに、キリスト教はおもに奴隷・女性・下層市民など社会的弱者を中心に帝国全土に広がり、やがて上層市民にも信徒がみられるようになった。このあいだに『❿＿＿＿＿＿』[イエスの教えを伝える「福音書」や、ペテロ・パウロによる布教の様子を記録した「使徒行伝」などからなる]がギリシア語の⑪＿＿＿＿で記され、『旧約聖書』とともにキリスト教の教典となった。

迫害から国教へ　　Q▶ ローマ帝国は、キリスト教へどのように対応したのだろうか。

　キリスト教が生まれた頃のローマでは、①＿＿＿＿＿儀礼がしだいに強化

解答　キリスト教の成立▶❶イエス　**❷**キリスト　**③**ピラト　**④**十字架　**⑤**復活　**❻**キリスト
❼ペテロ　**❽**パウロ　**❾**教会　**❿**新約聖書　**⑪**コイネー
迫害から国教へ▶①皇帝崇拝

されていったが、唯一絶対神を信じるキリスト教徒は皇帝礼拝を拒み、国家祭儀に参加しなかった。そのため彼らは反社会集団とみなされるようになり、②＿＿＿＿＿帝の迫害(64年)から③＿＿＿＿＿＿＿＿＿＿＿＿＿＿＿帝の大迫害(303年)まで、民衆や国家から激しく迫害された。しかし、それにもかかわらずキリスト教は帝国全土に拡大を続けたので、帝国の統一を維持するためにコンスタンティヌス帝は313年の④＿＿＿＿＿＿勅令でキリスト教を公認した。さらに324年、彼が全国を統一すると、キリスト教の公認は帝国全土に広がった。

　325年にコンスタンティヌス帝が開催した⑤＿＿＿＿＿＿＿＿公会議においては、キリストを神と同一視する⑥＿＿＿＿＿＿＿＿＿派が正統教義とされ、キリストを人間であるとする⑦＿＿＿＿＿＿＿＿派は異端とされた。アタナシウスによるこの説は、のち⑧＿＿＿＿＿説〔父なる神、子なるキリストおよび聖霊は、3つでありながらしかも同一であるという説〕として確立され、正統教義の根本となった。また、『教会史』を著した⑨＿＿＿＿＿＿＿や、『⑩＿＿＿＿＿＿＿』でキリスト教の神の国が永遠であると主張した⑪＿＿＿＿＿＿＿＿＿らの⑫＿＿＿＿＿と呼ばれるキリスト教思想家たちは、正統教義の確立につとめ、のちの神学の発展に貢献した。

　4世紀後半には、「背教者」と呼ばれた⑬＿＿＿＿＿＿＿＿帝が古来の多神教の復興を企てたが成功せず、ついに392年、テオドシウス帝がアタナシウス派キリスト教を⑭＿＿＿＿とし、ほかの宗教を厳禁した。それとともに、一般信徒を指導・監督する司教・司祭などの聖職者身分が成立し、教会の組織化が進んだ。ローマ帝国末期には⑮＿＿＿＿＿＿〔ローマ・コンスタンティノープル・アンティオキア・イェルサレム・アレクサンドリアの5教会をいう〕と呼ばれる教会がとくに重要となり、5つの管区にわけられた信徒たちを、それぞれが指導した。

　一方、異端とされた⑦＿＿＿＿＿＿派は北方のゲルマン人のなかに広まった。また431年の⑯＿＿＿＿＿＿公会議で、キリストの神性と人性とを分離して考える⑰＿＿＿＿＿＿派が異端と宣告されたが、のちにササン朝を経て唐代の中国に伝わり、⑱＿＿＿＿と呼ばれた。

〔解答〕 ②ネロ　③ディオクレティアヌス　④ミラノ　⑤ニケーア　⑥アタナシウス　⑦アリウス　⑧三位一体　⑨エウセビオス　⑩神の国　⑪アウグスティヌス　⑫教父　⑬ユリアヌス　⑭国教　⑮五本山　⑯エフェソス　⑰ネストリウス　⑱景教

イスラーム教の成立とヨーロッパ世界の形成

第 **5** 章

7世紀に成立したイスラーム教は西アジア・北アフリカに定着した。ヨーロッパのビザンツ帝国とフランク王国がこれに対抗し、つづいて西ヨーロッパで封建社会が成立した。

Q▶ イスラーム教の成立は、西アジア・ヨーロッパの人々や社会にどのような影響を与えたのだろうか。

1 アラブの大征服とイスラーム政権の成立

Q▶ アラブ＝ムスリム軍による大征服やイスラーム政権の成立を経て、西アジア・北アフリカの社会はどのようにかわったのだろうか。

アラブ＝ムスリム軍による大征服

Q▶ アラブ＝ムスリム軍による大征服は、どのように進んだのだろうか。

　6世紀の西アジアでは、①＿＿＿＿＿＿＿朝がホスロー1世のもとで国力を回復し、東地中海地域を支配するビザンツ帝国（東ローマ帝国）と勢力を競っていた。そうしたなか、砂漠の広がるアラビア半島で、点在するオアシスを中心に遊牧や農業、②＿＿＿＿＿＿交易に従事していた③＿＿＿＿＿＿＿諸部族が、半島外に急速に拡大し、広大な領域の新たな支配者となった。そのきっかけとなったのが、7世紀前半にアラブ人の諸部族のあいだに広まった❹＿＿＿＿＿＿＿教である。④＿＿＿＿＿＿＿教は、ユダヤ教やキリスト教の系譜のうえに生まれた宗教で、⑤＿＿＿＿＿＿＿の名家クライシュ族に生まれた❻＿＿＿＿＿＿＿＿によってとなえられた［⑥＿＿＿＿＿＿＿は、『旧約聖書』と『新約聖書』をイスラーム教に先だつ啓示の書とみなしたため、ユダヤ教徒とキリスト教徒は「⑦＿＿＿＿＿＿＿＿」として信仰の自由を認められた］。

　ムハンマドは、610年頃、みずからを唯一神❽＿＿＿＿＿＿＿の言葉を預けられた❾＿＿＿＿＿＿であると考え、周囲の人々に⑧＿＿＿＿＿＿＿への絶対的帰依（イスラーム）を説いた。しかし、彼はメッカの有力者たちによる迫害にあい、622年に❿＿＿＿＿＿＿へ移住した［この移住は⑪＿＿＿＿＿＿＿と呼ばれる。また、イスラーム暦（⑪＿＿＿＿＿＿＿暦）はこの年を起点とする。この暦は新月からつぎの新月までを1カ月とし（太陰暦）、1年は354日（閏年では355日）である］。ムハンマドは、メディナでイスラーム教徒（ムスリム）による大きな勢力をつくりあげ、630年にはメッカを征服して支配権を固めると、その権威に多くのアラブ諸部族が従った［メッカには古くから

解答 アラブ＝ムスリム軍による大征服▶①ササン　②隊商　③アラブ　❹イスラーム　⑤メッカ　❻ムハンマド　⑦啓典の民　❽アッラー　❾預言者　❿メディナ　⑪ヒジュラ

多神教の神殿として⑫＿＿＿＿＿＿があったが、ムハンマドはこれをイスラーム教の聖殿（せいでん）にあらためた]。こうして、彼の率いるイスラーム教徒の共同体(⓭＿＿＿＿＿＿＿)は、有力な政治的・軍事的勢力となった。

　ムハンマドの死後、⑭＿＿＿＿＿＿＿＿＿＿＿＿＿＿がその後継者（こうけいしゃ）(⑮＿＿＿＿＿＿)に選出された[アブー＝バクルからアリーに至る４人のカリフを、イスラーム教の多数派（スンナ派）は「正統（せいとう）カリフ」と呼ぶ]。しかし、カリフの地位やウンマの統治（とうち）をめぐってアラブ諸部族内に対立が生まれると、彼は人々の関心を対外戦争に向けるため、アラビア半島外への征服活動を開始した。その矛先（ほこさき）は、すでにアラブ諸部族の移住が始まっていたイラク・シリア方面に向けられた。イスラーム教を旗印とするアラブ＝ムスリム軍は、第２代カリフ・ウマルの時代にサーサン朝を滅ぼしてイラク・イランを獲得し、またビザンツ帝国から⑯＿＿＿＿＿・エジプトを奪った。

　アラブ諸部族の大征服が成功した理由としては、サーサン朝とビザンツ帝国の争いが続いて周辺各地が疲弊（ひへい）していたこと、東西キリスト教会の対立でエジプトやシリアの社会が混乱していたこと、戦利品の獲得がアラブ諸部族にとって大きな魅力であったことなどがあげられる。多くのアラブ人は、家族とともに支配地につくられた軍営都市(⑰＿＿＿＿＿＿)に移住し、イラク・シリア・エジプトなどの新たな支配層となった。

ウマイヤ朝の成立と拡大
Q▶ ウマイヤ朝の時代に、イスラーム政権の支配はどこまで拡大したのだろうか。

　その後、アラブ諸部族内でカリフ位をめぐって対立が深まり、その争いのなかで第４代カリフの❶＿＿＿＿＿＿が暗殺された。①＿＿＿＿＿＿と対立してすでにカリフを名乗っていたシリア総督（そうとく）の❷＿＿＿＿＿＿＿＿＿は、③＿＿＿＿＿＿＿＿＿を首都に❹＿＿＿＿＿＿朝を開き、それまでの慣習を破ってカリフ位の世襲（せしゅう）を開始した。一方、アリーの血統を支持する人々は⑤＿＿＿＿＿派と呼ばれ[⑤＿＿＿＿＿は「分派」を意味する。これに対して、ウマイヤ朝を支持した多数派は、預言者の言行（げんこう）(⑥＿＿＿＿＿＿)に従う人々とされ、のちに⑥＿＿＿＿＿派と呼ばれるようになった]、ウマイヤ朝の支配に反対した。

　ウマイヤ朝のもとで、アラブ＝ムスリム軍による征服活動は続いた。東では、中央アジアとインド西北部、西では北アフリカを征服し、さらにイベリア半島に進出

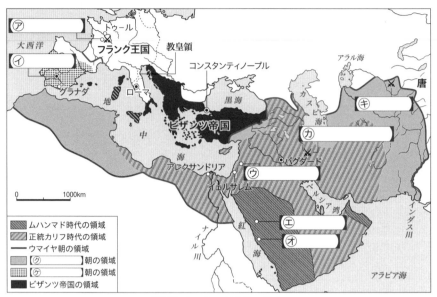

地図 イスラーム政権の拡大

して711年に⑦＿＿＿＿＿＿王国を滅ぼした。その後、フランク王国内にも進出

したが、732年の❽＿＿＿＿＿＿＿＿＿＿＿＿の戦いに敗れ、

その拡大はイベリア半島にとどまった。

　ウマイヤ朝は広大な領域を支配するにあたり、被征服地の人々から、人頭税

（❾＿＿＿＿＿）と土地税❿＿＿＿＿＿＿＿）を徴収した。いずれも非イスラ

ーム教徒に課せられる税であったが、実際には、被征服地の人々がイスラーム教に

改宗しても免除されなかった。このようにウマイヤ朝の時代には、アラビア半島か

ら移住したアラブ諸部族の優位が保たれていた。

アッバース朝の成立とその繁栄　Q▶ウマイヤ朝はなぜ滅亡し、また、アッバース朝はどのような統治をおこなったのだろうか。

　イラン人など異民族のあいだにイスラーム教を受け入れる新改宗者（①＿＿

＿＿＿＿＿）が増えると、彼らと特権的なアラブ人支配層とのあいだに軋轢が生

まれた。こうした社会の対立に乗じて、ムハンマドの叔父の子孫であるアッバース

家が750年に反旗をひるがえし、ウマイヤ朝を滅ぼして❷＿＿＿＿＿＿朝を

解答 ⑦西ゴート ❽トゥール・ポワティエ間 ❾ジズヤ ❿ハラージュ
アッバース朝の成立とその繁栄▶①マワーリー ❷アッバース
地図 ㋐ポワティエ ㋑コルドバ ㋒ダマスクス ㋓メディナ ㋔メッカ ㋕ニハーヴァンド
㋖タラス ㋗アッバース ㋘後ウマイヤ

開いた。

　②＿＿＿＿＿＿＿＿＿＿朝は、国家の中心をシリアからイラン・イラクに移して新都❸＿＿＿＿＿＿＿＿＿＿を造営した。アッバース朝のもとで、税はキリスト教徒やユダヤ教徒らが払う人頭税と、農地をもつ者が例外なく払う土地税などに整理され、民族の別をこえたイスラーム教徒のあいだの平等がはかられた。灌漑（かんがい）による農業生産力の向上や手工業の発達により、③＿＿＿＿＿＿＿＿＿＿＿＿は繁栄を迎えた。さらに、アッバース朝によって広大な地域が統合されて交通路の安全が確保されたことから、イスラーム教徒の商人（④＿＿＿＿＿＿＿＿＿＿商人）らによるバグダードと各地を結ぶ交易（こうえき）も発展した。こうしてアッバース朝は、ハールーン＝アッラシードの時代に最盛期を迎えた。

第5章

イスラーム文化の成立

Q▶ イスラーム文化はどのように成立し、また、どのような点に特徴があるのだろうか。

　アッバース朝のもとでは、①＿＿＿＿＿＿＿＿・イラン・ギリシアなどの文化的な伝統が融合（ゆうごう）し、多様な学問が興隆した。インドの数学がもたらされ、②＿＿＿＿＿＿＿＿＿＿＿が生まれたのもその一例である。また9世紀初め以後、バグダードの「③＿＿＿＿＿＿＿＿＿」（バイト＝アルヒクマ）を中心に、④＿＿＿＿＿＿＿語による医学・天文学・幾何学（きかがく）・倫理学・哲学の文献が盛んに❺＿＿＿＿＿＿＿＿語に翻訳（ほんやく）された。とくに⑥＿＿＿＿＿＿＿＿＿＿＿の哲学はイスラーム神学（しんがく）の形成に重要な役割を果たした。数学では⑦＿＿＿＿＿＿＿＿＿、医学では中央アジア出身の⑧＿＿＿＿＿＿＿＿＿＿＿＿＿らが知られる。

　その一方、イスラーム教の信仰に対する関心も高まり、聖典（せいてん）『❾＿＿＿＿＿＿（クルアーン）』やムハンマドの言行についての伝承（でんしょう）（⑩＿＿＿＿＿＿＿＿＿＿＿）を扱う学問が発達した［ムスリムの信仰と行為の内容は、のち⑪＿＿＿＿＿⑫＿＿＿＿＿としてまとめられた。⑪＿＿＿＿＿とは、(1)神、(2)天使、(3)各種の啓典、(4)預言者たち、(5)来世（らいせ）、(6)神の予定を信じることであり、⑫＿＿＿＿＿とは、(1)信仰告白、(2)礼拝（れいはい）、(3)喜捨（きしゃ）、(4)断食（だんじき）、(5)メッカ巡（じゅん）礼（れい）を実践することである］。⑩＿＿＿＿＿＿＿＿＿の収集で知られる❸＿＿＿＿＿は、さらに年代記『預言者（よげんしゃ）たちと諸王の歴史』を編纂（へんさん）した。こうした営みを通して、ムハンマドが示した生き方を理想とし、それを基準に現実の問題に対応する法の体系が**イスラーム法**（⑭＿＿＿＿＿＿＿＿）としてまとめられ［イスラーム法は、

（解答）❸バグダード　④ムスリム
イスラーム文化の成立▶①インド　②アラビア数字　③知恵の館　④ギリシア　❺アラビア
⑥アリストテレス　⑦フワーリズミー　⑧イブン＝シーナー　❾コーラン　⑩ハディース　⑪六信（ろくしん）
⑫五行（ごぎょう）　❸タバリー　⑭シャリーア

『コーラン』やハディースを基礎にして、9世紀頃までに整えられた。その内容には礼拝・断食・巡礼などをどのようにおこなうべきかを示す「儀礼的規範」と、婚姻・相続・刑罰などに関係する「法的規範」のほか、租税や戦争の定義など支配者がおこなう統治の基本も含まれている]、イスラーム法学者(⑮＿＿＿＿＿＿＿＿)たちが司法や政治で活躍するようになった。

また、『コーラン』を学ぶための(⑯＿＿＿＿＿＿＿＿語)言語学が発達し、文学もアッバース朝の広大さを背景として多彩に発展した。インド・イラン・アラビア・ギリシアなどに起源をもつ説話が集成され、それらはのちに『❶＿＿＿＿＿＿＿＿＿＿＿＿＿＿』(『アラビアン＝ナイト』)にまとめられた。

美術・建築では、ビザンツ帝国の伝統を引き継ぐ職人・技術者がウマイヤ朝やアッバース朝のもとで活躍した。イスラーム教は偶像を禁止していたため、⑱＿＿＿＿＿＿＿などで用いられる装飾では植物や文字を文様化した❶＿＿＿＿＿＿＿が発達した。また、中国から⑳＿＿＿＿＿法が伝わり[㉑＿＿＿＿＿＿＿＿＿＿＿の戦いで捕虜となった唐の職人から伝わったとされる。やがてこの技術は、イベリア半島と㉒＿＿＿＿＿＿＿＿島を経て13世紀頃にヨーロッパへ伝えられた]、その技術がアッバース朝期の文化を支えた。

このようにして、西アジアならびに周辺地域の文化とイスラーム教、そしてアラビア語が融合した新しい文化が生まれた。これを❷＿＿＿＿＿＿＿＿文化という。その後、イスラーム教が各地に伝播するにつれて、地域ごとの言語・文化的な特色が加わって、イラン＝イスラーム文化、トルコ＝イスラーム文化、インド＝イスラーム文化などが成立した。

イスラーム政権の多極化

Q▶ アラブ＝ムスリム軍の征服で生まれた1つの政権は、どのように各地の諸王朝に分裂していったのだろうか。

シリアのウマイヤ朝が滅亡すると、その一族がイベリア半島に逃れ、①＿＿＿＿＿＿＿を都に❷＿＿＿＿＿＿＿朝を開いた。②＿＿＿＿＿＿＿＿朝は現地の習慣・制度を取り入れて支配を安定させ、そのもとでイベリア半島にイスラーム教が広がった。アッバース朝と同じく学問の発達はここでもみられ、芸術の分野でもアラベスクなどを多用したすぐれた作品が生み出された。

②＿＿＿＿＿＿＿＿＿朝の成立により、アラブ＝ムスリム軍の征服でつくられたイスラーム政権の分裂が始まった。この動きは、エジプトの③＿＿＿＿＿＿＿

解答 ⑮ウラマー ⑯アラビア ❶千夜一夜物語 ⑱モスク ❶アラベスク ⑳製紙 ㉑タラス河畔 ㉒シチリア ❷イスラーム
イスラーム政権の多極化▶ ①コルドバ ❷後ウマイヤ ③トゥールーン

朝や中央アジアの④_____朝など、アッバース朝の周辺地域に地方政権が自立することによって加速した。10世紀後半には、北アフリカにおこったシーア派の❺_____朝がエジプトを征服した。❺_____朝の君主はカリフを名乗ったため、分裂は決定的なものとなった。

　10世紀のアッバース朝では、トルコ系のマムルーク(奴隷軍人)の台頭などによってカリフの権力が弱まっていたが、それに乗じてシーア派を奉じるイラン系の軍事政権❻_____朝がバグダードに入城した。❻_____朝は、アッバース朝カリフを意のままにあやつり、946年に大⑦_____[軍司令官(⑦_____)たちの第一人者をさす]の称号を得て実質的な統治をおこなった。こうして各地に政権が並び立つことにより、アッバース朝の支配は名目的なものとなっていった。

2 ヨーロッパ世界の形成

Q▶ 東西ヨーロッパは、どのようにして独自の世界を形づくっていったのだろうか。

ヨーロッパの風土と人々

Q▶ ヨーロッパの自然条件と人の移動には、どのような関係があるのだろうか。

　ヨーロッパとはユーラシア大陸西端、①_____山脈から大西洋までの範囲を指す。アルプス山脈以北の地域では平坦な丘陵地と平野が続き、また大河が多く、物資の輸送に重要な水路となっている。大西洋に面した地方は暖流の影響を受ける②_____性気候で、冬にあたたかく夏は涼しく、陽光は少ないが湿潤・温暖で、豊かな森林と肥沃な土壌が育ち、穀物栽培や牧畜に適している。しかし、ヨーロッパの東に行くほど乾燥して寒冷な③_____性気候になり、土地は遊牧に適していて、その果てはロシアの大森林地帯と中央ユーラシアの広大な草原地帯に連なる。一方、ヨーロッパの地中海沿岸は、山がちで大河がなく、夏が暑くて乾燥する④_____性気候に属する。

　このようなヨーロッパの自然条件は、東から西へ、また北から南への大規模な人間の移動をたえず引きおこし、それによって多様な文化の混合がもたらされた。言語的には❺_____語族の西方系言語を話す人々、すなわち南欧のギリシア人・イタリア(ローマ)人・スペイン人、西欧のケルト人・

解答 ④サーマーン　❺ファーティマ　❻ブワイフ　⑦アミール
ヨーロッパの風土と人々▶①ウラル　②西岸海洋　③大陸　④地中海　❺インド゠ヨーロッパ

ゲルマン人、東欧の⑥_____人などが活動したが、⑦_____
人・フィン人・フン人など、⑧_____**語系・**⑨_____**語系**の人々
も重要な役割を果たした。またときにはイスラーム勢力が侵入するなど、外部の
人々の影響によってヨーロッパ世界の形成がうながされたことも見のがせない。

ゲルマン人の移動とイスラーム勢力の侵入

Q▶ なぜゲルマン人とイスラーム勢力は地中海
世界に侵入したのだろうか。

ヨーロッパには、前6世紀頃から❶_____人が広く住み着いていた。②_____
_____海沿岸を原住地とする❸_____人は、①_____人を西に圧
迫しながら勢力を拡大し、紀元前後頃にはローマ帝国と境を接するようになった。
　その頃の③_____人は数十の小部族にわかれていた。貴族・平民・奴
隷(れい)の身分差がすでにあったが、重要な決定は成年男性自由人の全体集会である
❹_____がおこなった[紀元前後頃の原始ゲルマンの社会については、カエサルの『⑤_____
_____』やタキトゥスの『⑥_____』が重要な史料である]。農
業がおもな生活の手段となり人口が増えると、耕地が不足しはじめた。そのためロー
マ帝政後期になると、ローマの下級官吏(かんり)・傭兵(ようへい)・⑦_____として、平
和的に帝国内に移住する者も多くなった。同時にゲルマン人の小部族は、軍事的指
導者である王のもとにまとまって大部族へと成長した。
　4世紀後半、アジア系の⑧_____人がドン川をこえて西に進み、ゲルマン人の
一派である❾_____人の大半を征服し、さらに❿_____人を圧
迫した。そこで❿_____人は375年に南下を始め、翌年には⑪_____
_____川を渡ってローマ帝国領内に移住した。それをきっかけにほかのゲルマン諸部
族も大規模な移動を開始し、約200年におよぶ**ゲルマン人の大移動**が始まった。
❿_____人はローマを略奪(りゃくだつ)したのち、ガリア西南部とイベリア半島に移
動して建国した。また、⑫_____人は北アフリカに、⑬_____
_____人はガリア東南部に、⑭_____人はガリア北部においてそれぞ
れ建国した。⑮_____人は大ブリテン島に渡り、
のち9世紀までのあいだに⑮_____七王国(ヘプタ
ーキー)を建てた。
　一方、フン人は、5世紀前半に⑯_____王がパンノニア(現在のハ

(解答) ⑥スラヴ　⑦マジャール　⑧ウラル　❾アルタイ
ゲルマン人の移動とイスラーム勢力の侵入▶❶ケルト　②バルト　❸ゲルマン　❹民会(みんかい)
⑤ガリア戦記　⑥ゲルマニア　⑦コロヌス　⑧フン　❾東ゴート　❿西ゴート　⑪ドナウ
⑫ヴァンダル　⑬ブルグンド　⑭フランク　⑮アングロ゠サクソン　⑯アッティラ

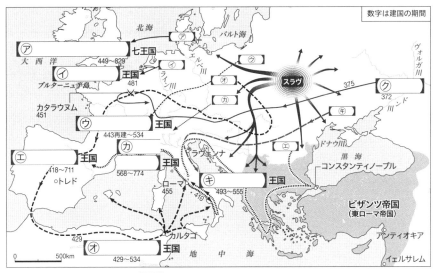

地図 ゲルマン人とスラヴ人の移動

ンガリー)を中心に大帝国を建てた。しかし、⑰_____の戦いで西ローマ帝国とゲルマンの連合軍に敗れ、アッティラ王の死後に大帝国は崩壊した。この混乱のなかで、**西ローマ帝国**は476年にゲルマン人傭兵隊長⑱_____によって滅ぼされた。また、⑲_____大王率いる東ゴート人は、ビザンツ(東ローマ)皇帝の命令を受けて、イタリア半島に移動して⑱_____の王国を倒し、ここに建国した。568年北イタリアに⑳_____**王国**が建てられたのを最後に、民族大移動の波は一応の終息(しゅうそく)をみた。

　他方、アラビア半島から急速に広がったイスラーム勢力は、ウマイヤ朝時代にイベリア半島に渡って西ゴート王国を滅ぼした(711年)。

ビザンツ帝国の成立

Q▶ 西ヨーロッパが混乱していた一方で、ビザンツ帝国はなぜ繁栄を続けたのだろうか。

　西ローマ帝国が滅びた頃、東ヨーロッパでは❶_____**帝国**(東ローマ帝国)がギリシア正教[ビザンツ皇帝と結びつき、コンスタンティノープル教会を中心として東欧やロシアなどに広まったキリスト教。典礼にはギリシア語を用い、「正統」を主張したことから「正

解答 ⑰カタラウヌム　⑱オドアケル　⑲テオドリック　⑳ランゴバルド
ビザンツ帝国の成立▶❶ビザンツ
地図 ㋐アングロ=サクソン　㋑フランク　㋒ブルグンド　㋓西ゴート　㋔ヴァンダル
㋕ランゴバルド　㋖東ゴート　㋗フン

教」と呼ばれる]とギリシア古典文化を融合した独自の文化を築いていた。ビザンツ帝国はゲルマン人の大移動によっても深刻な打撃は受けず、その商業と②＿＿＿＿経済は繁栄を続けた。首都❸＿＿＿＿＿＿＿＿＿＿＿＿＿＿（旧名ビザンティウム）は、ヨーロッパ世界最大の貿易都市として中世を通じて繁栄した。政治面では、ローマ帝政末期以来の巨大な④＿＿＿＿＿制による皇帝専制支配が維持されていた。ビザンツ皇帝はコンスタンティノープル教会を中心に、地上におけるキリストの代理人として❺＿＿＿＿＿＿＿＿**正教会**を支配する立場にあり、政治と宗教両面における最高の権力者であった［一方、西ヨーロッパでは、のちに皇帝と教皇の2つの権力が並び立つようになった］。

　西ローマ帝国の滅亡後しばらくは、西方のゲルマン諸国家も、ローマ帝国の唯一の後継者としてビザンツ皇帝の権威を認め、服従した。❻＿＿＿＿＿＿＿＿＿＿＿＿**大帝**は地中海帝国の復興をはかり、北アフリカの⑦＿＿＿＿＿＿王国やイタリアの⑧＿＿＿＿＿＿＿＿王国を滅ぼして一時的に地中海のほぼ全域における支配を復活させた。内政においては『❾＿＿＿＿＿＿＿＿＿＿＿＿＿』の編纂や、❿＿＿＿＿＿＿＿＿＿＿＿＿**聖堂**の建立などの事業に力を注ぎ、また中国から養蚕技術を取り入れ、⑪＿＿＿＿＿＿＿産業発展の基礎を築いた。

フランク王国の発展

Q▶ なぜフランク王国が西ヨーロッパ世界の中心的役割を果たすようになったのだろうか。

　ゲルマン諸国家の大半が短命だったのに対し、その後着実に領土を広げ、最有力国として西ヨーロッパ世界の形成に大きな役割を果たしたのは、❶＿＿＿＿＿＿＿**王国**であった。

　481年に❷＿＿＿＿＿＿＿＿＿＿＿がフランク王に即位して❸＿＿＿＿＿＿＿**朝**を開き、その後に全フランクを統一して、ガリア中部を支配下においた。当時ほかのゲルマン人の多くが異端である④＿＿＿＿＿＿＿派キリスト教を信仰していたのに対し、②＿＿＿＿＿＿＿＿＿＿は正統派の❺＿＿＿＿＿＿**派**に改宗した。これはフランク王国がローマ人貴族を支配層に取り込んで、西ヨーロッパの中心勢力になる一因となった。6世紀半ば、フランク王国はブルグンド王国などを滅ぼして全⑥＿＿＿＿＿＿＿を統一したが、8世紀には❸＿＿＿＿＿＿＿朝の権力は衰え、王家の行政・財政の長官である⑦＿＿＿＿＿（マヨル＝

解答 ②貨幣 ❸コンスタンティノープル ④官僚 ❺ギリシア ❻ユスティニアヌス ⑦ヴァンダル ⑧東ゴート ❾ローマ法大全 ❿ハギア＝ソフィア ⑪絹織物
フランク王国の発展▶❶フランク ❷クローヴィス ❸メロヴィング ④アリウス ❺アタナシウス ⑥ガリア ⑦宮宰

ドムス)が実権を掌握するようになった。

　この頃、西ゴート王国を滅ぼしたイスラーム勢力が、さらにピレネー山脈をこえてガリアに侵攻しようとした。メロヴィング朝の宮宰❽＿＿＿＿＿＿は、732年に❾＿＿＿＿＿＿＿＿＿＿＿＿＿の戦いでイスラーム軍を撃退し、西方キリスト教世界を外部勢力から守った。その子❿＿＿＿＿は、751年にメロヴィング朝を廃して王位につき、⓫＿＿＿＿＿＿朝を開いた。

　このようにして西ヨーロッパは、フランク王国を中心に、ビザンツ帝国やイスラーム勢力とは異なる独自の世界を形づくりはじめたのである。

ローマ＝カトリック教会の成長　Q▶ なぜローマ教会はフランク王国と手を組んだのだろうか。

　フランク王国と協同して西ヨーロッパ世界の形成に貢献したのが、❶＿＿＿＿＿＿＿＿教会である［キリスト教の正統派(アタナシウス派)のことをカトリック(「普遍的」の意味)という］。ローマ帝政末期、五本山のなかでローマ教会と②＿＿＿＿＿＿＿＿＿＿＿＿＿＿教会が最有力であったが、西ローマ帝国の滅亡後、ローマ教会はビザンツ皇帝が支配するコンスタンティノープル教会から分離する傾向をみせはじめた。6世紀末の教皇③＿＿＿＿＿＿以来、ローマ教会はゲルマン人への布教を熱心におこなった。また、6世紀から広がる❹＿＿＿＿＿＿運動は、学問・教育や農業技術の発展に貢献した。こうしてローマ教会は西ヨーロッパに勢力を拡大し、とくに⑤＿＿＿＿＿＿の後継者を自任したローマの司教は、❻＿＿＿＿＿(法王)として権威を高めるようになった。

　キリスト教徒は以前からキリスト・聖母・聖人の聖像を礼拝していた。これが⑦＿＿＿＿＿崇拝を禁じたキリスト教の初期の教理に反すると考えられたこと、また偶像をきびしく否定するイスラーム教からの批判にこたえる必要にせまられたことから、726年にビザンツ皇帝❽＿＿＿＿＿＿＿＿＿は❾＿＿＿＿＿令を発布した［⑨＿＿＿＿＿令をめぐってはその後も論争が続いたが、聖像崇拝は9世紀半ばに復活した］。ゲルマン人への布教に聖像を必要としたローマ教会はこれに反発し、東西の両教会は対立と分裂を強めることになった。これ以後ローマ教会は、ビザンツ皇帝に対抗できる強力な政治勢力を保護者として求めねばならなくなった。

解答❽カール＝マルテル　❾トゥール・ポワティエ間　❿ピピン　⓫カロリング
ローマ＝カトリック教会の成長▶❶ローマ＝カトリック　②コンスタンティノープル
③グレゴリウス1世　❹修道院　⑤ペテロ　❻教皇　⑦偶像　❽レオン3世　❾聖像禁止

ちょうどこの時、カール゠マルテルがイスラーム軍を破って西方キリスト教世界を守った。そこでローマ教皇はフランク王国に接近をはかり、カール゠マルテルの子ピピンがフランク王位を継承することを認めた。その返礼にピピンはイタリアのランゴバルド王国を攻め、奪った⑩　　　　　　　　　　地方を教皇に寄進した（「⑪　　　　　　　　　　」）。これが⑫　　　　　　　　の始まりである。利害が合致したローマ教会とフランク王国は、さらに結びつきを強めていった。

カール大帝　Q▶ カールの戴冠は、世界の歴史においてどのような意義をもつのだろうか。

　ピピンの子❶　　　　　　　**大帝**（シャルルマーニュ）は、②　　　　　　王国を征服するとともに、北東の③　　　　　　　　人を服従させ、東ではアルタイ語系の❹　　　　　　　　　**人**を、南ではイスラーム勢力を撃退し、西ヨーロッパの主要部分を統一した。カールは広大な領土を集権的に支配するため、全国を州にわけ、地方の有力豪族を各州の長官である❺　　　に任命し、巡察使を派遣して⑤　　　を監督させた［フランク王国では、⑤　　　のほかにも、上位の貴族には公などの称号が与えられた。こうした称号は中世ヨーロッパを通じて継承されたが、近代には名目的なものとなった］。こうしてフランク王国は、ビザンツ帝国に並ぶ強大国となった。また、カールは宮廷に❻　　　　　　　　らの学者を多数まねき、そこからラテン語による文芸復興がおこった。これを❼　　　　　　という。アルファベットの小文字が発明されたのもこの時期である。

　ここにおいてローマ教会は、カールがビザンツ皇帝に対抗しうる政治的保護者であると認めた。800年のクリスマスの日に、教皇❽　　　　　　　　　はカールに**ローマ皇帝の帝冠**を与え、「西ローマ帝国」の復活を宣言した。❶　　　　　　　　の戴冠は、西ヨーロッパ世界が政治的・文化的・宗教的に独立したという重要な歴史的意義をもつ。ローマ文化・キリスト教・ゲルマン人が融合した❾　　　　　　　**世界**が、ここに誕生した。ローマ教会はビザンツ皇帝への従属から独立し、のち1054年にキリスト教世界は、教皇を首長とする⑩　　　　　　　教会と、ビザンツ皇帝を首長とする⑪　　　　　　　　　教会の2つがたがいに正統性を主張して、完全に⑫　　　　　した。

　このようにローマ帝国以来存続した地中海世界は、西ヨーロッパ世界・東ヨーロ

解答 ⑩ラヴェンナ　⑪ピピンの寄進　⑫教皇領
カール大帝▶❶カール　②ランゴバルド　③ザクセン　❹アヴァール　❺伯　❻アルクイン
❼カロリング゠ルネサンス　❽レオ3世　❾西ヨーロッパ中世　⑩ローマ゠カトリック
⑪ギリシア正　⑫分裂

ッパ世界、そしてイスラーム世界の3つにわかれ、以後それぞれ独自の歴史を歩む
ことになった。

分裂するフランク王国

Q▶ カール大帝後のフランク王国の各地域は、どのような状況だったのだろうか。

　カールの帝国は一見（いっけん）中央集権的であったが、実態はカールと伯との個人的な結び
つきのうえに成り立つものにすぎなかった。そのため彼の死後に内紛がおこり、
843年の❶＿＿＿＿＿＿＿＿＿条約と870年の❷＿＿＿＿＿＿＿＿＿＿条約によって、帝
国は東・西フランクとイタリアの3つに分裂した。

　東フランク（ドイツ）では、10世紀初めにカロリング家の血筋（ちすじ）がとだえ、各部族を
支配する諸侯（しょこう）の選挙で王が選ばれるようになった。③＿＿＿＿＿＿＿＿＿＿家の王
❹＿＿＿＿＿＿＿＿＿＿＿＿は、ウラル語系の❺＿＿＿＿＿＿＿人やスラヴ人
の侵入を退けるとともに、北イタリアを制圧して、962年に教皇からローマ皇帝の
位を与えられた。これが❻＿＿＿＿＿＿＿＿帝国の始まりである。皇帝位はド
イツ王が兼（か）ねたが、皇帝は❼＿＿＿＿＿＿＿＿政策[10～13世紀において、神聖ローマ皇
帝がイタリア北部の都市やシチリアの支配に積極的に乗り出した政策。教皇との叙任権（じょにんけん）闘争で優位
に立つためイタリアを掌握（しょうあく）しようとしたが、失敗した]のために諸侯に譲歩し、諸侯の自立
傾向をまねいた。

　西フランク（フランス）でも、10世紀末にカロリング家の血筋が断絶し、パリ伯の
❽＿＿＿＿＿＿＿＿＿＿＿＿が王位について❾＿＿＿＿＿＿＿朝を開いた。しかし、
王権はパリ周辺など狭い領域を支配するのみできわめて弱く、王に匹敵（ひってき）する大諸侯
が国内に数多く分立していた。

　イタリアでも、まもなくカロリング家の血筋が断絶した。その後には、北方から
の神聖ローマ帝国の介入や地中海方面からのイスラーム勢力の侵入などで混乱が続
いた。

外部勢力の侵入とヨーロッパ世界

Q▶ ノルマン人が西ヨーロッパ世界において果たした歴史的役割は何だろうか。

　8～10世紀、西ヨーロッパはたえず外部勢力の侵入に見舞われていた。東方から
は**スラヴ人**がフランク王国をおびやかし、イスラーム勢力はその後もたえずシチリ
ア島や南イタリア、南フランスに侵攻した。また、アヴァール人やマジャール人も

解答 **分裂するフランク王国▶**❶ヴェルダン　❷メルセン　③ザクセン　❹オットー1世
❺マジャール　❻神聖ローマ　❼イタリア　❽ユーグ＝カペー　❾カペー

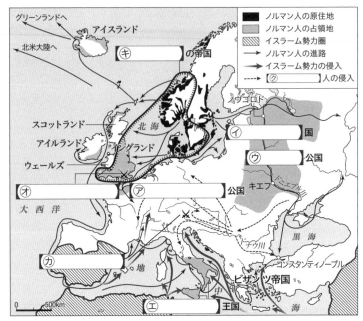

地図 9～12世紀のヨーロッパ

東方から侵入を繰り返した。

　① _____ 半島やユトランド半島には、ゲルマン人の一派（北ゲルマン）に属する❷ _____ 人が住んでいた。彼らの一部は8世紀後半から、商業や海賊・略奪行為を目的として、ヨーロッパ各地に本格的に海上遠征をおこなうようになった。❸ _____ として恐れられた彼らは、細長くて底の浅い③ _____ 船に乗り、河川をさかのぼって内陸深くに侵入した。10世紀初め、④ _____ が率いる一派は、北フランスに上陸して❺ _____ 公国を建てた。ここからさらにわかれた一派は、12世紀前半、南イタリアとシチリア島に侵入し、❻ _____ 王国（ノルマン＝シチリア王国）を建国した。また、大ブリテン島のイングランド（イギリス）［「イギリス」という国名は、グレートブリテン王国が成立する1707年まで、イングランドの意味で用いる］に成立していたアングロ＝サクソン王国［9世紀前半、七王国の1つウェセックスの王⑦ _____ （775頃～839）により統一された］もノルマン人の侵

解答 **外部勢力の侵入とヨーロッパ世界▶**①スカンディナヴィア　❷ノルマン　❸ヴァイキング
④ロロ　❺ノルマンディー　❻両シチリア　⑦エグベルト
地図 ⑦ノルマンディー　①ノヴゴロド　⑦キエフ　①両シチリア　⑦ヘースティングズ
⑦レヒフェルト　②クヌート　②マジャール

入に悩まされ、9世紀末に❽＿＿＿＿＿＿＿＿＿＿＿＿＿**大王**が一時これを撃退した
ものの、1016年にはデーン人(デンマーク地方のノルマン人)の王❾＿＿
＿＿＿(カヌート)に征服された。その後、アングロ゠サクソン系の王家が復活したが、
1066年に❿＿＿＿＿＿＿＿＿＿＿＿＿＿＿＿＿＿＿＿＿＿が王位を主張し
てイングランドへ攻め込み(⑪＿＿＿＿＿＿＿＿＿＿＿＿＿＿＿)、ウ
ィリアム1世として即位して**ノルマン朝**を開いた。

　一方、⑫＿＿＿＿＿＿＿＿＿＿＿を首領とするノルマン人の一派(⑬＿＿＿＿＿＿)は
ドニエプル川流域のスラヴ人地域に進出して、9世紀に⑭＿＿＿＿＿＿＿＿国
を、ついで⑮＿＿＿＿＿**公国**を建設し、これがロシアの起源となった。別の一派
はアイスランド・グリーンランドに移住し、遠く北米大陸まで到達したものもいた。
ノルマン人の原住地である北欧にもデンマーク・スウェーデン・⑯＿＿＿
＿＿＿＿＿の諸王国が建てられた。彼らがキリスト教化されると、ようやくノルマン
人の移動も終わり、北欧は西ヨーロッパ世界に組み込まれた。

封建社会の成立　**Q▶** 西ヨーロッパに特有の**封建社会**の仕組みとは、どのようなものだろうか。

　民族大移動後の長い混乱期に、西ヨーロッパの商業と都市は衰え、社会は①＿＿
＿＿＿と土地に大きく頼るようになった。また、たびかさなる外部勢力の侵入から生
命・財産を守るため、弱者は身近な強者に保護を求めた。ここから生まれた西ヨー
ロッパ中世世界に特有の仕組みが、封建的主従関係と②＿＿＿＿＿＿であり、この2つ
の仕組みのうえに成り立つ社会を❸＿＿＿＿＿＿＿＿＿＿という。

　皇帝・国王・諸侯(大貴族)・騎士(小貴族)や聖職者などの有力者たちは、自分の
安全を守るため、たがいに政治的な結びつきを求めるようになった。そこで、主君
が家臣に④＿＿＿＿＿(領地)を与えて保護するかわりに、家臣は主君に忠誠を誓って
⑤＿＿＿＿的奉仕の義務を負うという、人と人との結びつきが生まれた。これを
❻＿＿＿＿＿＿＿＿＿＿**関係**という。この関係は主君と家臣の個別の契約によって
結ばれたが、やがて世襲化した。西ヨーロッパの❻＿＿＿＿＿＿＿＿＿＿関係は、
主君と家臣の双方に契約を守る義務がある(❼＿＿＿＿＿的契約)のが特徴で、主君が
契約に違反すれば家臣には服従を拒否する権利があった。また、1人で複数の主君
をもつこともできた。

[解答] ❽アルフレッド　❾クヌート　❿ノルマンディー公ウィリアム　⑪ノルマン゠コンクェスト
⑫リューリク　⑬ルーシ　⑭ノヴゴロド　⑮キエフ　⑯ノルウェー
封建社会の成立▶①農業　②荘園　❸封建社会　④封土　⑤軍事　❻封建的主従　❼双務

封建的主従関係は、ローマやゲルマンの社会にみられた❽＿＿＿＿＿＿制度［土地所有者が自分の土地を有力者に献上してその保護下に入った後、改めて有力者からその土地を❽＿＿＿＿＿＿として貸与してもらう制度］と❾＿＿＿＿＿制［貴族や自由民の子弟が、ほかの有力者に忠誠を誓ってその従者になる慣習］に起源があり、ノルマン人など外部勢力の侵入から地域社会を守るための仕組みとして、とくにフランク王国の分裂以後、本格的に出現した。一般にこの仕組みにもとづく支配体制は地方分権的で、多くの❿＿＿＿＿＿を家臣として従えた大諸侯は、国王に並ぶ権力をもって自立し、国王は実質的に大諸侯の一人にすぎなかった。

　封建的主従関係を取り結ぶこれらの有力者たちは、それぞれが大小の領地を所有し、農民を支配する⓫＿＿＿＿であった。⓫＿＿＿＿の個々の所有地を⓬＿＿＿＿という。⓬＿＿＿＿は村落を中心に領主⓭＿＿＿＿・農民⓮＿＿＿＿および牧草地や森などの共同利用地から成り立つ。農民の多くは⓯＿＿＿＿［⓯＿＿＿＿はローマ帝政末期のコロヌスや没落したゲルマンの自由農民の子孫で、長い混乱期に身分の自由を失い、領主に保護を求めるようになった人々である］と呼ばれる不自由身分で、移住の自由がなく、領主直営地で労働する義務（⓰＿＿＿＿）と、自分の保有地から生産物をおさめる義務（⓱＿＿＿＿）を領主に負った。彼らはまた⓲＿＿＿＿税や⓳＿＿＿＿税、パン焼きかまどや水車の使用料を領主に取り立てられた。荘園には手工業者も住み、自給自足的な⓴＿＿＿＿経済が支配的であった。領主は国王の役人が荘園に立ち入ったり課税したりするのを拒む㉑＿＿＿＿＿＿権（インムニテート）をもち、農民を㉒＿＿＿＿＿＿権によって裁くなど、荘園と農民を自由に支配することができた。

　このように封建社会は、荘園を経済的基盤とし、そのうえに封建的主従関係による複雑な階層組織をもつ社会であった。封建社会は11～12世紀に成立し、西ヨーロッパ中世世界の基本的な骨組みとなった［封建社会の仕組みは地域や時代によって様々で、必ずしも西ヨーロッパ全体で一様に広がっていたわけではない。北欧や南フランス、イベリア半島など、自由農民が所有する土地の多い地域もあった］。

解答 ❽恩貸地　❾従士　❿騎士　⓫領主　⓬荘園　⓭直営地　⓮保有地　⓯農奴　⓰賦役
⓱貢納　⓲結婚　⓳死亡　⓴現物　㉑不輸不入　㉒領主裁判

イスラーム教の伝播と西アジアの動向

イスラーム教は、西アジアの東西南北に広く伝播して、ヒトやモノの交流をうながした。
また西アジアは、十字軍やモンゴルの襲来を受けつつも、カイロを中心に発展した。

Q▶イスラーム教はどこまで広がり、諸地域をどのように結びつけたのだろうか。

1 イスラーム教の諸地域への伝播

Q▶ イスラーム教は、諸地域へどのように広がったのだろうか。

中央アジアのイスラーム化

Q▶ イスラーム化は、中央アジアにどのような変化をもたらしたのだろうか。

8世紀初め、アラブ＝ムスリムの遠征軍が中央アジアのオアシス地域を征服すると、この地の人々はしだいにイスラーム教を受容するようになった。さらに、アラブ軍は751年に❶＿＿＿＿＿＿＿＿＿の戦いで唐軍を破り、その勢力を後退させた。やがて中央アジアとイラン東北部には、②＿＿＿＿＿＿＿朝の地方政権として③＿＿＿＿系の❹＿＿＿＿＿＿＿朝が成立し、アラビア文字で表記されるペルシア語などイラン＝イスラーム文化の基礎が生まれた。また④＿＿＿＿＿＿＿朝は、すぐれた騎馬戦士であった草原地帯のトルコ人を、カリフの親衛隊に❺＿＿＿＿＿（奴隷軍人）として供給した。

一方、9世紀半ばにウイグルが滅亡したあと、中央ユーラシアではトルコ系遊牧集団の西進が活発化した。彼らが建てた❻＿＿＿＿＿＿朝は、10世紀半ばにイスラーム教を受容したのち［トルコ人のイスラーム化は、④＿＿＿＿＿＿＿朝による征服や布教者の活動、ムスリム商人との接触、遊牧君主の改宗に臣下が従うなど、様々なかたちで進んだ］、④＿＿＿＿＿＿＿朝を倒して中央アジアのオアシス地域にも進出した。こうして中央アジアにはトルコ語を話す人々が数を増し、この地域はやがて「❼＿＿＿＿＿＿＿＿＿（トルコ人の土地）」と呼ばれるようになった。また、11世紀にはアラビア文字を用いたトルコ語の文学作品も生まれた。

解答 中央アジアのイスラーム化▶❶タラス河畔 **②**アッバース **③**イラン **❹**サーマーン
❺マムルーク **❻**カラハン **❼**トルキスタン

南アジアへのイスラーム勢力の進出

Q▶ 南アジアにおいて、イスラーム教はどのように受け入れられていったのだろうか。

① _____ 朝の滅亡後、南アジア各地に様々な勢力が割拠するなかで、10世紀末から中央アジアのイスラーム王朝が北インドへの軍事進出を開始し、アフガニスタンを拠点とする❷ _____ 朝と、② _____ 朝から独立した❸ _____ 朝が侵攻を繰り返した。④ _____ と呼ばれたヒンドゥーの諸勢力は一致して対抗することができず、13世紀初めに南アジアで最初のイスラーム王朝が誕生した。

その王朝は、ゴール朝の遠征に同行し、支配地を任された将軍⑤ _____ がデリーに創始した。彼が奴隷軍人出身であったことから、これを❻ _____ 王朝と呼ぶ。また、⑥ _____ 王朝を含め、その後にデリーを本拠としたイスラーム諸王朝は、❼ _____ 朝と総称される[⑥ _____ 王朝の後に、⑧ _____ 朝・トゥグルク朝(1320～1414)・サイイド朝(1414～51)・ロディー朝(1451～1526)と続いた]。そのうち、⑧ _____ 朝は地租の金納化をはじめとする経済改革を実施し、のちにムガル帝国の統治に受け継がれた。また、⑧ _____ 朝は南インドにも侵攻して、支配地域を拡大した。

イスラーム勢力の進出により、初期にはヒンドゥー教寺院が破壊されることもあったが、現実の統治でイスラーム教が強制されることはなかった。イスラーム信仰は、神への献身を求める⑨ _____ や、苦行を通じて神との合体を求める⑩ _____ などの旧来の信仰とも共通性があったために、都市住民や⑪ _____ 差別に苦しむ人々のあいだに広まった。ヒンドゥー教とイスラーム教の要素を融合した壮大な都市が建設されるとともに、サンスクリット語の作品が⑫ _____ 語へ翻訳されるなど、❸ _____ 文化が誕生した。

東南アジアの交易とイスラーム化

Q▶ 東南アジアでイスラーム化が進んだのは、なぜだろうか。

8世紀頃になると、イラン人やアラブ人の**ムスリム商人**が東南アジアから中国沿岸にまで進出しはじめた。しかし、彼らが拠点としていた① _____ が黄巣の乱で破壊されたために、ムスリム商人はマレー半島まで撤退することになった。他方、

解答 南アジアへのイスラーム勢力の進出▶①ヴァルダナ ❷ガズナ ❸ゴール ④ラージプート ⑤アイバク ❻奴隷 ❼デリー゠スルタン ⑧ハルジー ⑨バクティ ⑩ヨーガ ⑪カースト ⑫ペルシア ❸インド゠イスラーム
東南アジアの交易とイスラーム化▶①広州

唐を中心とした国際秩序がゆるんで朝貢貿易が不振になったことから、**中国商人が**西方との交易に❷＿＿＿＿＿＿＿＿＿船で直接参加するようになった。その結果、東南アジアには様々な地域からの商人が進出することになった。

　10世紀後半になると、チャンパーや③＿＿＿＿＿＿＿＿などが宋に対して朝貢し、また、ムスリム商人が広州や④＿＿＿＿＿などに居留地をつくる一方で、中国商人も東南アジア各地に進出し、東南アジアと中国とのあいだで活発な交易がみられた。つづく13世紀後半、南宋を征服した元(モンゴル)は、アジアの海域へ進出した。元軍の軍事侵攻に対し、ベトナムの⑤＿＿＿朝はこれを退けたが、ビルマの⑥＿＿＿＿＿＿＿＿朝は滅亡した。他方、ジャワでは朝貢を求めて侵攻してきた元軍の干渉を排し、ヒンドゥー王朝の❼＿＿＿＿＿＿＿＿＿＿王国が成立した。元は海上交易に積極的であり、軍事遠征の終了後も、中国商人やムスリム商人とともにこの地域での交易活動を進めた。

　このような交易ネットワークの広がりにともなって、東南アジアにもイスラーム教が広まっていった。13世紀、諸島部を中心にムスリム商人やスーフィーなどを中心とする⑧＿＿＿＿＿＿＿＿教団が活動し、同世紀末にはスマトラ島に東南アジアで最初のイスラーム王朝が成立した。

　❾＿＿＿＿＿＿＿＿＿王国は、明が15世紀に⑩＿＿＿＿＿＿を数回にわたってインド洋地域へ遠征させた際に重要な拠点となったことから、国際交易都市として大きく発展した。この王国は当初タイの⑪＿＿＿＿＿＿＿＿朝に従属していたが、明の後ろ盾を得てそれから脱し、明と朝貢関係を結んだ。その後、明は対外活動を縮小する方向に転じたため、15世紀半ばに⑪＿＿＿＿＿＿＿＿朝がマラッカ支配の回復を試みた。しかし、❾＿＿＿＿＿＿＿＿＿の王はイスラーム教を旗印にし、西方のムスリム商人の勢力との関係を強化することでそれを阻止した。その結果、同世紀後半にはマラッカ王国は東南アジアで有力となり、マラッカを拠点にイスラーム教はジャワやフィリピンへと広まった。イスラーム王朝として、スマトラでは⓬＿＿＿＿＿＿＿王国が成立し、ジャワではマジャパヒト王国の滅亡後、イスラームの⓭＿＿＿＿＿＿＿＿王国が成立した。

解答 ❷ジャンク　③三仏斉　④泉州　⑤陳　⑥パガン　❼マジャパヒト　⑧神秘主義
❾マラッカ　⑩鄭和　⑪アユタヤ　⓬アチェ　⓭マタラム

アフリカのイスラーム化

Q▶ アフリカのイスラーム化をうながした要因は何だろうか。

イスラーム教の成立以前、エチオピア高原では、キリスト教徒の王が支配する❶＿＿＿＿＿＿＿＿＿＿＿＿王国が、ナイル川流域と紅海方面を結んで金や奴隷、❷＿＿＿＿＿＿＿＿＿＿＿を扱う交易で栄えていた［①＿＿＿＿＿＿＿＿＿＿＿王国は、一時はアラビア半島南部も支配したが、紅海沿岸とエジプトのイスラーム化にともなって弱体化した］。これより南のアフリカ東岸の海港では、古くからアラビア半島やイラン方面との海上交易がおこなわれていたが、この交易はアッバース朝やファーティマ朝の繁栄とともに活発化し、金や香料、象牙などが東アフリカから輸出された。海港に住みついたアラブ系やイラン系のムスリム商人は、季節風（モンスーン）を利用して❸＿＿＿＿＿＿＿船を操り、広大な④＿＿＿＿＿＿＿＿＿＿＿＿海域を結ぶ交易ネットワークに参加していった。やがて⑤＿＿＿＿＿＿＿＿＿＿＿・⑥＿＿＿＿＿＿＿＿＿・キルワなどの海港が連なる海岸地方では、アラビア語の影響を受けた❼＿＿＿＿＿＿＿＿語［スワヒリ（サワーヒリー）とは、アラビア語で「海岸地方に住む人々」を意味する。スワヒリ語は現在ケニアやタンザニアなどで公用語として用いられている］が共通語として用いられるようになった。さらに、その南方のザンベジ川以南では、14世紀頃から❽＿＿＿＿＿＿＿＿＿＿＿＿王国などの国々が栄えたが、金・象牙の輸出と綿布・陶磁器などの輸入には、ムスリム商人が大きく関わっていた。この地域の繁栄ぶりは大ジンバブエの遺跡にもよく示されている。

西アフリカでは、❾＿＿＿＿＿＿＿＿＿＿＿王国がラクダを用いてサハラ北部の⑩＿＿＿＿＿＿＿と

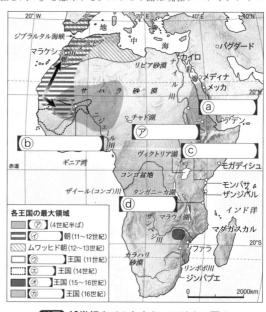

地図 16世紀までのおもなアフリカの国々

解答 アフリカのイスラーム化▶ ❶アクスム ②象牙 ❸ダウ ④インド洋 ⑤モガディシュ ⑥マリンディ ❼スワヒリ ❽モノモタパ ❾ガーナ ⑩岩塩
地図 ㋐アクスム ㋑ムラービト ㋒ガーナ ㋓マリ ㋔モノモタパ ㋕ソンガイ ⓐメロエ ⓑトンブクトゥ ⓒマリンディ ⓓキルワ

自国の⑪   を交換する隊商交易で栄えていた。北アフリカのイスラーム化後、ファーティマ朝などで金の需要が増したため、ムスリム商人による塩金交易は大きく発展した。11世紀後半に⑫   朝の攻撃を受けてガーナ王国が衰退すると、西アフリカのイスラーム化が進み、その後におこった「黄金の国」と呼ばれた⓭   王国や、それに続く⓮   王国の支配階級はイスラーム教徒であった。⓮   王国は西アフリカの隊商都市の大部分を支配し、北アフリカとの交易で栄えた。とくにニジェール川中流の交易都市⓯   は、アフリカ内陸部におけるイスラームの学問の中心地として発展した。

2 西アジアの動向

Q▶ トルコ人の進出や、十字軍・モンゴル勢力の襲来などにより、西アジアの社会はどのように変化したのだろうか。

トルコ人の西アジア進出とセルジューク朝

Q▶ トルコ人の進出によって、西アジアにはどのような変化がおきたのだろうか。

西アジアへのトルコ人の進出は、①   朝カリフらによる9世紀初めのトルコ系❷   (奴隷軍人)の登用に始まった。騎馬の技術にすぐれた遊牧民の少年を奴隷として購入し、親衛隊などとして活用する手法は、まもなく各地のイスラーム政権に広まった。

つづいて11世紀には、トルコ系の遊牧部族が中央アジアから集団で西進し、❸   朝を建てた。彼らは1055年にブワイフ朝を追放してバグダードに入城し、イラン・イラク・シリアの支配者となった。セルジューク朝の創始者④   は⑤   派を掲げ、名目的な存在となっていたアッバース朝カリフから❻   (支配者)の称号を得た。セルジューク朝は、軍事面では遊牧部族軍と並んで同じトルコ系のマムルークを重用し、統治面ではイラン系の官僚を登用した。なかでもイラン人の宰相❼   はペルシア語で『統治の書』を著し、正しい君主のあり方を説いた。また、彼はイスラーム諸学を振興し、司法や行政を担うウラマーを育てるための⑧   (学院)を各地につくった[彼の創設したマドラサは、その名にちなんで⑨   と呼ばれる。その後、こうし

―――――――――――――――――――――――――――――――――――――

解答 ⑪金 ⑫ムラービト ⓭マリ ⓮ソンガイ ⓯トンブクトゥ
トルコ人の西アジア進出とセルジューク朝▶ ①アッバース ❷マムルーク ❸セルジューク
④トゥグリル゠ベク ⑤スンナ ❻スルタン ❼ニザーム゠アルムルク ⑧マドラサ
⑨ニザーミーヤ学院

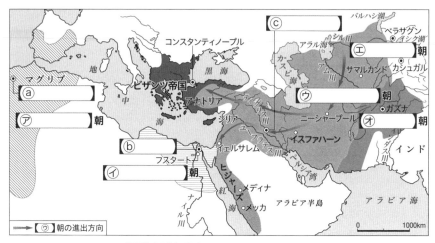

地図の中の文字:
バルハシ湖
ベラサグン
イシク湖
©____ 朝
シル川
アラル海
エ____
サマルカンド カシュガル
マグリブ
ア____ 朝
カスピ海
アム川
ウ____ 朝
コンスタンティノープル
地中海
黒海
ビザンツ帝国
アナトリア
シリア
ニーシャープール
ガズナ
イスファハーン
オ____ 朝
a____
b____
ユーフラテス川
チグリス川
ペルシア湾
ダマスクス川
インド
イェルサレム
フスタート
イ____ 朝
ヒジャーズ
メディナ
ナイル川
紅海
メッカ
アラビア半島
アラビア海
0   1000km

➡【ウ朝の進出方向】

[地図] 11世紀後半の西アジア・北アフリカ

たマドラサは各地に広がり、発展した]。

　マドラサで学んだ者のなかでは、**❿**＿＿＿＿＿＿＿＿＿＿が名高い。彼はイスラーム諸学の完成者として知られる一方、後半生では⑪＿＿＿＿＿＿＿（⑫＿＿＿＿＿＿＿＿＿＿＿）に傾倒して、これを大成させた。イスラーム法に従いつつ、神への愛を説くその神秘主義思想は、スンナ派思想の展開に大きな影響を与えた。また、セルジューク朝の庇護を受けた数学者・天文学者の⑬＿＿＿＿＿＿＿＿＿＿は、すぐれたペルシア語による四行詩集（『⑭＿＿＿＿＿＿』）も残し、新たなペルシア語文学の世界を開拓した。

　セルジューク朝では、**⓯**＿＿＿＿＿＿＿**制**と呼ばれる軍事封土制度が広くおこなわれた。⑯＿＿＿＿＿＿朝時代に始まったこの制度は、軍事奉仕の代償として軍人に農村などからの徴税権を付与するもので、こののち西アジアの諸政権で継承された。

　また、セルジューク朝は11世紀後半にアナトリア東部でビザンツ帝国軍を破り、配下の遊牧部族軍をアナトリアの西方へ送り込んで、その大半を支配下に入れた。しかし、こうしたセルジューク朝の伸張に対抗するために西ヨーロッパで⑰＿＿＿＿＿＿が組織され、シリア〔シリアは、歴史的には地中海東岸地域の総称であり、現在のシリア・レバノン・パレスチナ・ヨルダン・イスラエルにあたる〕に侵入してイェルサレムなど

[解答] ❿ガザーリー　⑪神秘主義　⑫スーフィズム　⑬ウマル＝ハイヤーム　⑭ルバイヤート　⓯イクター　⑯ブワイフ　⑰十字軍
[地図] ㋐ムラービト　㋑ファーティマ　㋒セルジューク　㋓カラハン　㋔ガズナ　ⓐマラケシュ　ⓑカイロ　ⓒバグダード

を奪った。セルジューク朝は十字軍の襲来に対して有効に対抗できず、こののちおよそ200年にわたって⑱＿＿＿＿＿＿＿＿＿が存続した［十字軍は、シリアの沿岸部にイェルサレム王国をはじめとする複数の国を建て、現地の住民を支配した。こうした十字軍国家は、周辺のイスラーム諸政権と同盟や対立を繰り返しながら、13世紀末まで存続した］。

十字軍とアイユーブ朝　Q▶ 十字軍は、西アジアに何をもたらしたのだろうか。

　十字軍の襲来と十字軍国家の成立は、シリアをはじめとする西アジアの情勢を複雑化させた。セルジューク朝から自立したシリアのザンギー朝や、①＿＿＿＿＿＿系軍人の❷＿＿＿＿＿＿＿＿＿＿＿＿＿＿＿＿＿がファーティマ朝を廃してエジプトにおこした❸＿＿＿＿＿＿＿＿＿朝は、十字軍やそのほかのイスラーム諸政権と抗争した。さらに、サラーフ＝アッディーンは1187年に十字軍から④＿＿＿＿＿＿＿＿＿＿を奪回した。

　十字軍は、西アジア社会にとって突然の侵入者であり、以前からこの地に住んでいたイスラーム教徒とキリスト教徒のあいだにも対立をもたらした。しかし、十字軍国家が長く存続したことにともなって、西ヨーロッパと西アジアとの文化的・経済的な接触や交流もうながされた。

　アイユーブ朝は、ファーティマ朝時代のシーア派にかわってエジプトでスンナ派の支配を回復させるとともに、イクター制を採用し、トルコ系の⑤＿＿＿＿＿＿を重用した。そのなかから、つぎの⑤＿＿＿＿＿＿＿朝が生まれた。

イル＝ハン国の西アジア支配　Q▶ モンゴル勢力の進出は、西アジア社会にどのような影響を与えたのだろうか。

　13世紀半ば、東方からモンゴル勢力が西アジアに襲来した。❶＿＿＿＿＿の率いるモンゴル軍は、1258年にバグダードを攻略して②＿＿＿＿＿＿＿朝のカリフを殺害し、500年余り続いた②＿＿＿＿＿＿朝は滅亡した。

　①＿＿＿＿＿の建てた❸＿＿＿＿＿＿＿国（フレグ＝ウルス）は、イラン・イラクを支配しながら当初はイスラーム教を軽視したが、第7代❹＿＿＿＿＿＿＿がイスラーム教に改宗し、ムスリム社会からの支持を得た。また支配にあたっては、イラン系の官僚を重用して財政制度を整えた。経済的には、モンゴルによるユーラシア大陸や海域の交通網の整備を背景に、東西交易が活発になった。

(解答)　⑱十字軍国家
十字軍とアイユーブ朝▶①クルド　❷サラーフ＝アッディーン（サラディン）　❸アイユーブ
④イェルサレム　⑤マムルーク
イル＝ハン国の西アジア支配▶❶フレグ　②アッバース　❸イル＝ハン　❹ガザン＝ハン

文化面では、東アジアの影響を受けて、写本絵画や陶器製造などの芸術が発展した。さらに、ユーラシア世界史である『集史』を著したイル＝ハン国の宰相❺＿＿＿＿＿＿＿＿＿＿＿＿＿＿＿＿＿らのすぐれた歴史家や、ハーフィズらの詩人も活躍し、❻＿＿＿＿＿＿＿＿＿＿＿＿＿＿＿＿＿＿**文化**が花開いた。

マムルーク朝とカイロの繁栄

> Q▶ マムルーク朝のもとでのカイロの繁栄は、どのように実現したのだろうか。

　13世紀半ば、エジプト・シリアの支配権は、アイユーブ朝から❶＿＿＿＿＿＿＿朝へとかわった。これは、アイユーブ朝君主によるマムルークの重用の結果、彼らのなかの有力者がスルタンの地位を引き継ぎ、それを継承していったためである。第5代スルタンの②＿＿＿＿＿＿＿＿＿＿は十字軍を破り、まもなく十字軍国家は消滅した。また、バイバルスはシリア方面への進出を試みたモンゴル勢力も破り、その西進を阻止した。14世紀前半には、イル＝ハン国とマムルーク朝のあいだに③＿＿＿＿＿が結ばれ、それぞれの統治が安定した。

　マムルーク朝の軍人らは都市に居住したが、④＿＿＿＿＿＿＿＿制により農村の徴税権を与えられ、農民と農業生産を管理した。また、マムルーク朝のもとでナイル川の治水管理が進み、農業生産力は向上した。

　首都❺＿＿＿＿＿は商業・手工業の中心として栄えた。カイロを拠点とする❻＿＿＿＿＿＿＿＿＿＿＿**商人**らが、南アジア・東南アジアからもたらされた香辛料を扱う交易に従事し、歴代のスルタンは彼らと結んで利潤を独占した。また、スルタンや有力な軍人は、イスラーム教にそった善行として、カイロ市内にモスク、マドラサ、病院、聖者[多くのイスラーム教徒は、ムハンマドの子孫や神秘主義の指導者など、様々な出自の「聖者」に神へのとりなしを求め、聖者廟に参詣して祈願をおこなった]や自身の廟などを建設し、それに土地や市場（⑦＿＿＿＿＿＿、バザール）の商業施設などを寄進して安定的な運営をはかった[こうした寄進の制度を⑧＿＿＿＿＿＿といい、それに関わるイスラーム法も整備された]。ただし、14世紀半ば以後、たびかさなる黒死病（ペスト）の流行が都市の繁栄に打撃を与えた。

　マムルーク朝のもとでは、都市的な文化が花開いた。百科事典や伝記集が編纂され、それまで蓄積されてきた学問の体系化が進んだ。さらに、❾＿＿＿＿＿＿＿＿＿＿＿の『世界史序説』のように、為政者の腐敗や社会の動き

解答 ❺ラシード＝アッディーン　❻イラン＝イスラーム
マムルーク朝とカイロの繁栄▶ ❶マムルーク　②バイバルス　③和約　④イクター　❺カイロ
❻カーリミー　⑦スーク　⑧ワクフ　❾イブン＝ハルドゥーン

に批判的な目を向ける著作が数多く生み出された。また、各地のイスラーム教徒の あいだには、神への愛や神との一体化を強調する❿＿＿＿＿＿＿＿（スーフィズ ム）［イスラームにおける神秘主義者を⑪＿＿＿＿＿＿＿という。「粗末な羊毛（スーフ）を まとったもの」がその語源とされる］が広がった。エジプトやシリアの都市や農村では多 数の神秘主義教団が活発に活動し、聖者廟への参詣が信仰や娯楽のために広くおこ なわれた。

北アフリカ・イベリア半島の情勢

Q▶ この時期に、イベリア半島ではどのような変化がおこっ たのだろうか。

11世紀半ばの北アフリカ（①＿＿＿＿＿＿＿［アラビア語で「日の没するところ」の意 味で、モロッコ・アルジェリア・チュニジアなどの北アフリカ西部を指す］）では、先住民❷ ＿＿＿＿＿人のあいだに熱狂的な宗教運動がおこり、イスラーム教への改宗が急 速に進んだ。この宗教運動は、モロッコのマラケシュを中心とする国家建設に結び 付き、❸＿＿＿＿＿＿＿朝、つづいて❹＿＿＿＿＿＿＿＿朝が勢力を誇っ た。

　イベリア半島では、後ウマイヤ朝の滅亡後に小国家が乱立していたが、北部のキ リスト教徒による⑤＿＿＿＿＿＿運動（レコンキスタ）が始まると、それに対抗 するため、ムラービト朝やムワッヒド朝が半島に進出した。政治的な混乱の一方で、 半島南部ではしだいにイスラーム教とアラビア語の受容が進み、12世紀には住民の 大半がイスラーム教徒となった。しかし、社会的にはアラブ人やベルベル人が優位 な地位を占めた。また、⑥＿＿＿＿＿［中世の西ヨーロッパでは、⑥＿＿＿＿＿を中 心にイブン＝シーナーやイブン＝ルシュドらのアラビア語の著作や古代ギリシア文献のアラビア語 訳書が盛んに⑦＿＿＿＿語に翻訳され、これは⑧＿＿＿＿＿＿＿＿へ とつながった］やコルドバ、セビリアなどの諸都市が、毛織物業や北アフリカ・エジ プトなどとの交易で栄えた。

　文化面では、イベリア半島や北アフリカから、アリストテレスの著作への注釈で 知られる哲学者の❾＿＿＿＿＿＿＿＿＿や、『大旅行記』で知られる ❿＿＿＿＿＿＿＿＿＿らのイスラーム文化を代表する文人 が生まれた。

　キリスト教徒勢力によるレコンキスタは、イベリア半島最後のイスラーム教徒の

解答 ❿神秘主義　⑪スーフィー
北アフリカ・イベリア半島の情勢▶①マグリブ　❷ベルベル　❸ムラービト　❹ムワッヒド
⑤国土回復　⑥トレド　⑦ラテン　⑧12世紀ルネサンス　❾イブン＝ルシュド
❿イブン＝バットゥータ

王朝となった❶＿＿＿＿＿朝の滅亡により、1492年に完成した。⑪＿＿＿＿＿

朝は、⑫＿＿＿＿＿の⑬＿＿＿＿＿＿＿＿宮殿などのすぐれた建造物

を残した。レコンキスタの進行にともない、イスラーム教徒の一部は北アフリカに

移住したが、半島に残った多くの者はキリスト教に改宗する道を選んだ[同じく異教

徒とされた⑭＿＿＿＿＿教徒も改宗や移住をよぎなくされ、一部はオスマン帝国に保護された]。

解答 ⑪ナスル ⑫グラナダ ⑬アルハンブラ ⑭ユダヤ

ヨーロッパ世界の変容と展開

中世の西ヨーロッパの社会や支配の仕組みは十字軍の遠征をきっかけに変容し、教皇権が衰える一方で各国では王権が成長した。ロシア・東欧も独自の道を歩んだ。

Q▶ いわゆる中世ヨーロッパにはどのような特徴があり、それはどのようにかわっていったのだろうか。

1 西ヨーロッパの封建社会とその展開

Q▶ 十字軍をきっかけにして、西ヨーロッパにはどのような変化が生まれたのだろうか。

教会の権威　**Q▶** 中世の西ヨーロッパでは、なぜローマ＝カトリック教会が普遍的な権威をふるったのだろうか。

　中世の西ヨーロッパでは、王権が貧弱で統一的権力になれなかったのに対し、**❶_____教会**が西ヨーロッパ世界全体に普遍的な権威をおよぼした。教皇を頂点とし、大司教・修道院長・司教・司祭など、聖職者の序列を定めたピラミッド型の**❷_____制組織**がつくられ、大司教や修道院長などは荘園をもつ大領主でもあった。その末端には各農村におかれた教区教会があり、司祭が日常的に農民の信仰を指導した。教会は農民から**❸_____**を取り立て、独自の裁判権さえもっていた。一方、皇帝や国王などの世俗権力は、しばしば本来は聖職者ではない人物（俗人）をその地位に任命し、教会に介入するようになった。

　こうして教会が世俗権力の影響を受けると、**④_____**など様々な弊害が生じた。これに対して10世紀以降、フランス中東部の**❺_____修道院**を中心に改革運動がおこった。教皇**❻_____7世**はこの改革を推し進め、聖職売買や聖職者の妻帯を禁じ、また、聖職者を任命する権利（聖職叙任権）を世俗権力から教会の手に移して教皇権を強化しようとした。ドイツ国王（のち神聖ローマ皇帝）**❼_____4世**はこれに反発し、ここから**❽_____**［聖職叙任権をめぐる、ドイツ国王・神聖ローマ皇帝に代表される世俗権力とローマ教皇との争い］が始まった。**❼_____**は改革を無視しようとしたため、ついに教皇は彼を**❾____**した。さらにドイツ諸侯は**❾____**解除がなければ国王を廃位すると決議したため、1077年**❼_____**はイタ

解答　教会の権威▶❶ローマ＝カトリック　**❷**階層　**❸**十分の一税　**④**聖職売買　**❺**クリュニー　**❻**グレゴリウス　**❼**ハインリヒ　**❽**叙任権闘争　**❾**破門

リアのカノッサで教皇に謝罪して許された(❿_____)。その後、1122年の⑪_____協約で両者の妥協が成立し、ここに叙任権闘争は終結した。教皇権は13世紀の⑫_____の時に絶頂に達した。

十字軍とその影響　Q▶ 十字軍はその後の西ヨーロッパにどのような影響を与えたのだろうか。

11〜13世紀の西ヨーロッパはおおむね気候が温暖で、❶_____制[耕地を3つにわけ、それぞれを秋耕地・春耕地・休耕地として年ごとに順次利用していき、3年で一巡する土地利用法]の普及や犂・水車の改良など農業技術の進歩により農業生産は増大し、人口も飛躍的に増えた。それにともない西ヨーロッパ世界は、しだいに内外に向けて拡大しはじめた。修道院を中心にした②_____運動、③_____の干拓、エルベ川以東への④_____、イベリア半島の⑤_____運動(レコンキスタ)、⑥_____の流行などがそれである。なかでも大規模な西ヨーロッパの拡大が、**十字軍**であった。

11世紀に東地中海沿岸に進出し、聖地イェルサレムを支配下においた❼_____朝は、アナトリアにも進出してビザンツ帝国をもおびやかしたので、ビザンツ皇帝は教皇に救援を要請した。教皇❽_____は1095年に❾_____宗教会議を招集し、聖地回復の聖戦をおこすことを提唱した。こうして翌96年各国の諸侯や騎士からなる**第1回十字軍**が出発し、99年イェルサレムを占領して❿_____王国をはじめとする十字軍国家を建てた。

その後、勢いを盛り返したイスラーム勢力に対して第2回十字軍がおこされ、ついで、アイユーブ朝の⑪_____に再び奪われた聖地を回復するために、神聖ローマ皇帝・フランス国王・イギリス国王が参加して第3回十字軍がおこされたが、いずれも成功しなかった。つづく**第⑫__回十字軍**は、⑬_____商人の要求にせまられて聖地回復の目的を捨て、その商業上のライバルであるビザンツ帝国の⑭_____を占領して⓯_____帝国を建てた。その後も第7回まで十字軍はおこされたが、聖地回復の目的はついに達成されなかった[⑯_____十字軍

解答 ❿カノッサの屈辱　⑪ヴォルムス　⑫インノケンティウス3世
**十字軍とその影響▶❶三圃　②開墾　③オランダ　④東方植民　⑤国土回復　⑥巡礼
❼セルジューク　❽ウルバヌス2世　❾クレルモン　❿イェルサレム　⑪サラーフ＝アッディーン
⑫4　⑬ヴェネツィア　⑭コンスタンティノープル　⑮ラテン　⑯少年

のように民衆の熱狂的動機からおこされ、悲劇的結末に終わった運動もあった]。この間、聖地への巡礼の保護を目的として、ドイツ騎士団などの**⓱_____**が結成され、各地で活躍した。

　十字軍は結局失敗したが、その後の西ヨーロッパ世界に重大な影響を与えた。あいつぐ遠征の失敗により**⑱_____**の権威はゆらぎはじめ、諸侯や騎士のなかには没落する者も多かった。逆に遠征を指揮した**⑲_____の権威**は高まった。また、十字軍の輸送により**⑳_____**の諸都市は大いに繁栄し、地中海貿易による東方との交易が再び盛んになった。これにより東西間でヒトとモノの交流が活発になると、ビザンツ帝国やイスラーム圏から文物が流入し、西ヨーロッパ人の視野は拡大した。こうして十字軍をきっかけに、中世の西ヨーロッパ世界は大きく変容しはじめた。

▌商業の発展　Q▶ 西ヨーロッパで商業が盛んになった理由は何だろうか。

　封建社会が安定して**①_____**生産が増大した結果、余剰生産物の交換が活発になり、都市と商業が発達しはじめた。また、ムスリム商人やノルマン人の商業活動によって、**❷_____経済**が大きな広がりをみせるようになった。さらに十字軍の影響で交通が発達すると、毛織物工業の発展を基礎に**❸_____貿易**で発達する都市も現れた。11〜12世紀には、このように都市や商業が急速に発展した。

　③_____貿易は、まず**❹_____商業圏**で発達した。ヴェネツィア・**⑤_____**・ピサなど**イタリアの港市**には、ムスリム商人を通じた**⑥_____貿易**（レヴァント貿易）によって、エジプト産の小麦・砂糖、南アジア・東南アジア産の**❼_____**・宝石、中国産の絹織物・陶磁器など奢侈品がもたらされた。また、**⑧_____**・フィレンツェなどの内陸都市も毛織物業や金融業で栄えた。さらに、高度な灌漑技術をともなうサトウキビ・綿花・オレンジ・ブドウなどの栽培が西アジアからイベリア半島に伝わったのも、地中海を結ぶ活発な交流の結果であった。

　ついで重要なのは、北海・バルト海を中心として新たに成立した**❾_____商業圏**である。リューベック・**⑩_____**・ブレーメンなど**⓫_____の諸都市**は、海産物・木材・穀物などを取引し、またガン（ヘ

解答 ⓱宗教騎士団　**⑱**教皇　**⑲**国王　**⑳**イタリア
商業の発展▶①農業　**❷**貨幣　**❸**遠隔地　**❹**地中海　**⑤**ジェノヴァ　**⑥**東方　**❼**香辛料　**⑧**ミラノ
❾北ヨーロッパ　**⑩**ハンブルク　**⓫**北ドイツ

1. 西ヨーロッパの封建社会とその展開　**99**

ント）・⑫＿＿＿＿＿＿＿などⒷ＿＿＿＿＿＿＿＿地方の都市は毛織
物生産で繁栄した。イギリスではロンドンが北海貿易の中心で、Ⓑ＿＿＿＿＿
＿＿＿＿に毛織物の原料である羊毛を輸出した。さらに、これら2つの大商業圏を
結ぶ内陸の通商路にも都市が発達し、とくにフランスのⓊ＿＿＿＿＿＿＿
＿＿＿＿地方は⑮＿＿＿＿＿＿で繁栄した。そのほかにも、イタリアとドイツを結
ぶ南ドイツでは、ニュルンベルクや⑯＿＿＿＿＿＿＿＿＿＿＿＿＿などの都市が
発展した。

中世都市の成立　　Q▶ 中世の都市は、どのような政治的地位を獲得したのだろうか。

中世都市は、司教座都市[カトリックの高位聖職者である司教の管轄する教会がおかれてい
る都市]などが核になってできたもので、はじめ封建領主の保護と支配を受けていた
が、しだいに領主支配からの自由と自治を求めはじめた。11〜12世紀以降、各地の
都市はつぎつぎに自治権を獲得し、❶＿＿＿＿＿＿＿＿＿＿になった。

北イタリア諸都市は、大商人や貴族に指導され、領主である司教権力を倒して自
治都市(②＿＿＿＿＿＿＿＿＿)となり、周辺の農村も併合して一種の都市国家として
完全に独立した。またドイツの諸都市は、諸侯の力をおさえようとする皇帝から
❸＿＿＿＿＿＿を得て自治権を獲得し、皇帝直属の自由都市(④＿＿＿＿＿＿＿＿)
として諸侯と同じ地位に立った。これらの有力都市は、北イタリアの❺＿＿＿＿＿
＿＿＿＿＿＿同盟や北ドイツ諸都市の❻＿＿＿＿＿＿同盟のように、共通の
利害のために都市同盟を結成した。とくに⑦＿＿＿＿＿＿＿＿＿を盟主とす
る❻＿＿＿＿＿同盟は、14世紀に北ヨーロッパ商業圏を支配し、共同で武力を用
いるなどして大きな政治勢力になった。他方、イギリスやフランスの諸都市は国王
との結びつきが強く、のち国王の行政の中心地として成長していった。

都市の自治と市民たち　　Q▶ 中世の都市には、どのような人々が生活していたのだろうか。

自治都市のなかで、市民たちは封建領主の束縛から逃れて自由を手にした。周辺
の荘園からは、①＿＿＿＿＿たちが自由を求めて都市に流れこむこともあった[ドイツ
では、①＿＿＿＿が荘園から都市に逃げて1年と1日住めば自由な身分になるとされ、「②＿＿
＿＿＿＿＿＿＿（＿＿＿＿＿）＿＿＿＿＿＿＿」といわれた]。

各自治都市は、独自の行政組織をもって自治にあたった。自治運営の基礎になった組織が、❸＿＿＿＿＿＿＿と呼ばれる同業組合である。はじめ市政を独占していたのは、遠隔地貿易に従事する大商人を中心とした❹＿＿＿＿＿＿＿＿であった。しかしのちには、これに不満をもった手工業者が職種別の❺＿＿＿＿＿＿＿（⑥＿＿＿＿＿＿＿）をつくって分離し、❹＿＿＿＿＿＿＿と争いながら市政への参加を実現していった（⑥＿＿＿＿＿＿＿闘争）。❺＿＿＿＿＿＿＿の組合員は、独立した手工業経営者である❼＿＿＿＿＿＿であった。⑦＿＿＿＿は⑧＿＿＿＿や⑨＿＿＿＿を指導して労働させ、彼らのあいだには厳格な身分序列があった。ギルドは⑩＿＿＿＿競争を禁じ、商品の品質・規格・価格などを規約によって細かく統制し、非組合員の商業活動を禁止して市場を独占した。このギルド的規制は、手工業者の経済的地位を安定させたが、のちに経済の自由な発展をさまたげるようになった。

　都市の上層市民のなかには、アウクスブルクの⓫＿＿＿＿＿＿＿家のように神聖ローマ皇帝に融資してその地位を左右したり、フィレンツェの⓬＿＿＿＿＿＿＿家のように一族から教皇を出す富豪も現れた。

2　東ヨーロッパ世界の展開

Q▶ ビザンツ帝国とその周辺には、どのような独自の世界が成立したのだろうか。

ビザンツ帝国の統治とその衰退

Q▶ ビザンツ帝国の衰退には、どのような要因があったのだろうか。

　ビザンツ帝国は6世紀のユスティニアヌス大帝の死後、イタリアを①＿＿＿＿＿＿＿王国やフランク王国に奪われ、また7世紀にはイスラーム勢力の進出でシリア・エジプトを失った。さらに、多くのスラヴ人がバルカン半島に移住し、中央ユーラシアからはトルコ系の❷＿＿＿＿＿＿＿人も進出するなどして、帝国はしだいに支配圏を縮小させていった。

　7世紀以降、ビザンツ帝国はこうした異民族の侵入に対処するため、帝国領をいくつかの③＿＿＿＿＿＿＿（テマ）にわけ、その司令官に軍事と行政双方の権限を与える**テマ制**をしいた。③＿＿＿＿＿＿＿では、農民に土地を与えるかわりに兵役義務を課す④＿＿＿＿＿＿制がおこなわれたため、小土地所有の自由農民が増え、彼らが

解答 ❸ギルド　❹商人ギルド　❺同職ギルド　⑥ツンフト　❼親方　⑧職人
⑨徒弟（⑧・⑨順不同）　⑩自由　⓫フッガー　⓬メディチ
ビザンツ帝国の統治とその衰退▶ ①ランゴバルド　❷ブルガール　③軍管区　④屯田兵

帝国を支える基盤となった。

10世紀〜11世紀前半にかけて、ビザンツ帝国はいったん勢力を回復したが、11世紀後半にはセルジューク朝の侵入を受けた。また11世紀末以降、軍役奉仕と引きかえに貴族に領地を与える⑤＿＿＿＿＿＿＿制がおこなわれるようになると、貴族は大土地所有者として勢力を拡大し、皇帝の権力は衰えていった。さらに13世紀前半には、第4回十字軍がコンスタンティノープルを奪って⑥＿＿＿＿＿帝国を建てるなど、国内は混乱した。その後にビザンツ帝国は復活したが、もはやかつての勢いは戻らず、ついに1453年⑦＿＿＿＿＿＿帝国に滅ぼされた。

ビザンツ文化　**Q▶** ビザンツ文化が果たした世界史的な意義は、どのようなものだろうか。

ビザンツ文化は、ギリシア古典文化の遺産とギリシア正教の融合に特色があり、西ヨーロッパのラテン的・ローマ＝カトリック的文化とは異なる独自性をもっていた。ビザンツ帝国では7世紀以降❶＿＿＿＿＿語が公用語として用いられ、ギリシアの古典が盛んに研究された。学問の中心はキリスト教神学で、聖像崇拝をめぐる論争などがおこなわれた。美術では、ドームと❷＿＿＿＿＿壁画を特色とする**ビザンツ様式**の教会建築が有名で、ハギア＝ソフィア聖堂や③＿＿＿＿＿聖堂がその代表である。また、聖母子像などを描いた④＿＿＿＿＿美術も、ビザンツ帝国に特徴的な美術である。

ビザンツ文化の世界史的意義は、⑤＿＿＿＿＿人をその文化圏に取り込んだことと、古代ギリシアの文化遺産を受け継いで⑥＿＿＿＿＿に影響を与えたことである。

スラヴ人と周辺諸民族の自立　**Q▶** スラヴ人は、各地域でそれぞれどのように自立の道を歩んだのだろうか。

カルパティア山脈の北方を原住地とする❶＿＿＿＿＿人は、6世紀になると、大移動前にゲルマン人が住んでいたビザンツ帝国北方の広大な地域に急速に広がった。大きくわけて東スラヴ人・南スラヴ人はビザンツ文化と②＿＿＿＿＿教、西スラヴ人は西欧文化と③＿＿＿＿＿の影響を受けつつ、自立と建国の道を歩んでいった。

ドニエプル川中流域に展開した**東スラヴ人**（ロシア人・ウクライナ人など）が住む

解答 ⑤プロノイア ⑥ラテン ⑦オスマン
ビザンツ文化▶❶ギリシア ❷モザイク ③サン＝ヴィターレ ④イコン ⑤スラヴ
⑥イタリア＝ルネサンス
スラヴ人と周辺諸民族の自立▶❶スラヴ ②ギリシア正 ③ローマ＝カトリック

ロシアでは、9世紀にスウェーデン系ノルマン人がノヴゴロド国、ついで❹＿＿＿＿＿公国（こうこく）を建国し、まもなくスラヴ人に同化した。10世紀末、❺＿＿＿＿＿

は領土を広げ、④＿＿＿＿公国に最盛期をもたらした。彼は❷＿＿＿＿＿教に改宗してこれを国教とし、ビザンツ風の専制君主政（せんせいくんしゅせい）を取り入れた。その後、農民の❻＿＿＿化と貴族の大土地所有が進み、大土地所有者である諸侯（しょこう）が多数分立して国内は分裂した。13世紀にバトゥの率いるモンゴル軍が侵入し、南ロシアを含む❼

地図 14世紀半ば〜15世紀の東ヨーロッパ

＿＿＿＿＿国（ジョチ＝ウルス）を建てると、キエフ公以下の諸侯は以後、約240年間にわたってモンゴルの支配に服した［これをロシアでは「⑧＿＿＿＿＿＿」と呼んだ］。

　15世紀になると、商業都市モスクワを中心とした❾＿＿＿＿＿が急速に勢力をのばし、大公❿＿＿＿＿＿＿＿＿の時代に東北ロシアを統一して、1480年にはモンゴルの支配から脱した。彼は諸侯の力をおさえて強大な権力を握り、ビザンツ帝国最後の皇帝の姪（めい）と結婚してローマ帝国の後継者（こうけいしゃ）を自任（じにん）し、はじめて⓫＿＿＿＿＿＿（皇帝）の称号を用いた［ローマ皇帝の称号であった「カエサル」のロシア語形。のち⑫＿＿＿＿＿＿＿の時に正式の称号となった］。また、彼は農奴制を強化し、その孫⑫＿＿＿＿＿＿＿による中央集権化に道を開いた。

解答 ❹キエフ　❺ウラディミル1世　❻農奴（のうど）　❼キプチャク＝ハン
⑧タタール（モンゴル）のくびき　❾モスクワ大公国　❿イヴァン3世　⓫ツァーリ
⑫イヴァン4世
地図 ㋐モスクワ　㋑ドイツ騎士団（きしだん）　㋒リトアニア　㋓ポーランド　㋔キプチャク＝ハン
㋕ハンガリー　㋖大セルビア　㋗ブルガリア

一方、バルカン半島に南下した**南スラヴ人**のなかで最大勢力であった⑬＿＿＿＿＿＿＿＿

＿＿＿＿＿＿人は、はじめビザンツ帝国に服属して②＿＿＿＿＿＿＿＿＿＿＿教に改宗し

たが、12世紀に独立し、14世紀前半にはバルカン半島北部を支配する強国になった。

同じ南スラヴ人の⑭＿＿＿＿＿＿＿＿＿＿＿人などは、西方のフランク王国の影

響下で③＿＿＿＿＿＿＿＿＿＿＿＿＿を受け入れた。しかし、セルビア

をはじめ南スラヴ人の大半は、14世紀末以降にオスマン帝国の支配下におかれるよ

うになった。

　西スラヴ人（ポーランド人・チェック人など）は、西ヨーロッパの影響を受けて

❸＿＿＿＿＿＿＿＿＿＿＿＿＿＿＿＿**に改宗**した。**ポーランド人**は10世紀頃建

国し、14世紀前半には⑮＿＿＿＿＿＿＿＿＿＿大王のもとで繁栄した。その北

方にいたバルト語系のリトアニア人は、東方植民を進めていた⑯＿＿＿＿＿＿＿＿

＿＿＿＿に対抗するため、14世紀後半にポーランドと同君連合［２つあるいはそれ以上

の独立した国々が、一人の共通の君主のもとで連合すること］を結んで⑰＿＿＿＿＿＿＿＿**朝**

リトアニア＝ポーランド王国をつくり、16世紀にもっとも強大になった。**チェック**

人は、10世紀に⑱＿＿＿＿＿＿＿＿王国を統一したが、ドイツとの関係が密接で、

11世紀には**神聖ローマ帝国**に編入された。

　東ヨーロッパの非スラヴ系諸民族も自立の道を歩んだ。⑲＿＿＿＿＿＿＿＿＿＿

人は、７世紀にバルカン半島北部でブルガリア帝国を建国し、その後スラヴ人の影

響を受けてギリシア正教に改宗した。ブルガリア帝国はビザンツ帝国に併合された

のち、12世紀に再び独立したが、14世紀にはオスマン帝国に征服された。⑳＿＿＿＿

＿＿＿＿＿＿**人**は、黒海北岸からドナウ川中流のパンノニア平原に移動し、10

世紀末に㉑＿＿＿＿＿＿＿＿**王国**を建国して③＿＿＿＿＿＿＿＿＿＿＿

＿＿＿＿を受け入れた。ハンガリー王国は15世紀にもっとも繁栄したが、やはり16

世紀にはオスマン帝国の支配下に入った。

解答 ⑬セルビア　⑭クロアティア　⑮カジミェシュ（カシミール）　⑯ドイツ騎士団
⑰ヤゲウォ（ヤゲロー）　⑱ベーメン（ボヘミア）　⑲ブルガール　⑳マジャール　㉑ハンガリー

3 西ヨーロッパ世界の変容

Q▶ 西ヨーロッパ各地での中央集権国家の形成に向けた動きにおいて、各国にはどのような共通点と相違点があったのだろうか。

封建社会の衰退
Q▶ 封建社会の仕組みは、なぜ解体に向かったのだろうか。

① _____ 世紀に入ると、西ヨーロッパの封建社会の仕組みはしだいに衰退に向かった。❷ _____ 経済が浸透するにつれて、領主は貨幣を手に入れるため、③ _____ をやめて直営地を分割して農民に貸し与え、④ _____ や貨幣で地代をおさめさせるようになった。農民は市場で④ _____ を売り、地代をおさめた残りの貨幣を蓄えて経済的に力をつけていった。またこの頃から気候が寒冷化し、凶作や飢饉、❺ _____ （ペスト）の流行、あいつぐ戦乱などで農業人口が減少した。このため領主は荘園での労働力を確保するために農民の待遇を向上させなければならず、農民の身分的束縛はますますゆるめられた。こうして荘園にもとづく経済体制は崩れはじめた。

イギリス・フランス・西南ドイツなどでは、⑥ _____ 身分の束縛から解放され、社会的地位を向上させた農民が、自営農民に成長していった。とくに貨幣地代が普及したイギリスでは、かつての農奴は⑦ _____ と呼ばれる**独立自営農民**になった。

やがて経済的に困窮した領主が再び農民への束縛を強めようとすると［こうした事態を「⑧ _____ 」と呼ぶ］、農民たちはこれに抵抗し、農奴制の廃止などを要求して各地で大規模な農民一揆をおこした。14世紀後半のフランスの❾ _____ の乱やイギリスの❿ _____ の乱がそれである［❿ _____ の乱の思想的指導者であった聖職者⑪ _____ （？〜1381）は、「アダムが耕しイヴが紡いだ時、だれが貴族であったか」と説教し、身分制度を批判した］。一揆はいずれも鎮圧されたが、領主層の窮乏はますます深刻になっていった［14〜15世紀に⑫ _____ が発明されて戦術が変化すると、かつて一騎討ち戦の花形であった騎士はその地位を弱め、いっそう没落した］。

一方、商業圏が拡大するにつれて、都市の市民たちは市場を統一する❸ _____ **的な政治権力**の出現を望んだ。そこで国王は彼らと協力して諸侯をおさえ、

解答 封建社会の衰退▶ ①14 ❷貨幣 ③賦役 ④生産物 ❺黒死病 ⑥農奴 ⑦ヨーマン ⑧封建反動 ❾ジャックリー ❿ワット＝タイラー ⑪ジョン＝ボール ⑫火砲 ❸中央集権

権力集中をはかるようになった。力を失った諸侯や騎士は国王の宮廷に仕える⑭＿＿＿＿＿になり、領地では農民から地代を取り立てるだけの⑮＿＿＿＿＿となった。このようにして封建社会の政治体制は⑯＿＿＿＿＿に向かい、西ヨーロッパ各国は中央集権国家に向けてそれぞれの歩みを始めた。

教皇権の衰退

Q▶ 教皇権の衰退と王権の伸張とのあいだには、どのような関係があったのだろうか。

　教皇の権威は、①＿＿＿＿＿＿＿＿＿の失敗から傾きはじめ、各国で王権が成長するとさらに衰えをみせるようになった。13世紀末に教皇となった❷＿＿＿＿＿＿＿＿＿＿＿＿＿は教皇権の絶対性を主張し、聖職者への③＿＿＿＿＿に反対してイギリス・フランス国王と争った。しかし、1303年に教皇はフランス国王❹＿＿＿＿＿＿＿＿＿＿によって捕らえられ、まもなく釈放されたが屈辱のうちに死んだ(⑤＿＿＿＿＿＿事件)。

　その後、教皇庁はローマから南フランスの都市❻＿＿＿＿＿＿＿＿＿＿に移され、以後約70年間この地にとどまった。この事態は「❼＿＿＿＿＿＿＿＿＿＿＿＿＿＿」(1309〜77年)と呼ばれた。

　のちに教皇がローマに戻ると、⑥＿＿＿＿＿＿＿＿＿にもフランスのあと押しを受けて別の教皇が立ち、両教皇がともに正統性を主張して対立した。これを❽＿＿＿＿＿＿＿＿＿＿(大シスマ)と呼び、教皇と教会の権威の失墜は決定的となった。それとともに教会の堕落や腐敗を批判する運動が各地でおこったが、教会はこれらの動きを、⑨＿＿＿＿＿審問や⑩＿＿＿＿＿裁判によって容赦なく罰しようとした。

　14世紀後半、イギリスの⑪＿＿＿＿＿＿＿＿＿は、聖書こそ信仰の最高の権威であって、教会はその教えから離れていると批判し、聖書を英訳するなどして自説の普及につとめた。ベーメンの⑫＿＿＿＿＿はウィクリフの説に共鳴し、教皇からの破門にもひるまず教会を批判した。神聖ローマ皇帝の提唱によって開かれた❸＿＿＿＿＿＿公会議(1414〜18年)は、彼ら2人を異端と宣告して⑫＿＿＿＿＿を火刑に処するとともに、ローマの教皇を正統と認めて教会大分裂を終わらせた。しかし、ベーメンでは⑭＿＿＿＿＿民族運動と結んだ⑫＿＿＿＿＿派の反乱(⑫＿＿＿＿＿戦争)が長く続くなど、もはや教皇権の勢いは戻らなかった。その後も

教皇権の衰退▶①十字軍　❷ボニファティウス8世　③課税　❹フィリップ4世　⑤アナーニ
❻アヴィニョン　❼教皇のバビロン捕囚　❽教会大分裂　⑨異端　⑩魔女　⑪ウィクリフ　⑫フス
❸コンスタンツ　⑭チェコ

キリスト教の革新運動はあとを絶たず、やがて近世初頭の⑮＿＿＿＿＿＿＿＿＿＿＿＿＿＿＿＿＿＿＿＿＿につながるのである。

第7章

イギリスとフランス

Q▶ 身分制議会は、各国での王権の伸張とどのような関わりをもっていたのだろうか。

　13〜14世紀以後ヨーロッパ各国の王は、課税などを要請（ようせい）するため、貴族・聖職者および都市の代表が出席する❶＿＿＿＿＿＿＿＿＿＿＿＿**議会**[当時のイギリス議会やフランスの全国三部会など、3身分の代表者からなる議会を身分制議会といい、このほかドイツ・スペイン・北欧など各国に成立した]を開き、話し合いを通して国内統一をはかった。

　イギリスは、❷＿＿＿＿＿＿＿＿＿＿＿＿＿**朝**がウィリアム1世の征服によって建てられたことから、例外的に最初から王権が強かった。血統（けっとう）の関係上フランスを出身地とする❸＿＿＿＿＿＿＿＿＿＿＿＿＿＿＿＿＿＿**朝**初代の王④＿＿＿＿＿＿＿＿＿＿＿＿＿＿＿＿＿は、フランス西半部をも領有して大勢力を築いていた。ところがその子❺＿＿＿＿＿＿＿＿＿＿＿＿＿**王**は、フランス国王フィリップ2世と争ってフランスにおける領地の大半を失い、さらに教皇インノケンティウス3世とも争って破門された。そのうえ財政困難におちいって重税を課したため、貴族は結束して王に反抗し、1215年に**大憲章**（だいけんしょう）（❻＿＿＿＿＿＿＿＿＿＿＿＿＿＿＿＿＿＿＿＿＿＿＿）を王に認めさせた。これは、新たな課税には高位聖職者と大貴族の会議の承認を必要とすることなどを定めたもので、ここにイギリス立憲政治の最初の基礎がおかれた。

史料 大憲章（マグナ＝カルタ）

1.　まず第一に、朕（ちん）は、イングランドの教会は自由であり、その権利を減ずることなく、その自由をおかされることなく有すべきことを、神に容認し、この朕の①＿＿＿＿状（こうけいしゃ）によって、朕および朕の後継者のために永久に確認した。……

12.　いかなる軍役免除金[王に従って戦いにおもむくかわりに出す金（かね）]また御用金[王に対する臨時の献金]も、王国の全体の②＿＿＿＿によるのでなければ、朕の王国において課せられるべきでない。ただし、朕の身体をうけ戻し[王が捕虜になった際、身代金（みのしろきん）を払うため金が必要な場合を指す]、朕の長子を騎士に叙し[王の長子が騎士叙任（じょにん）の式をあげるのに資金が必要な場合を指す]、朕の長女を一度結婚せしめる場合は除かれる。そしてこれらについても正当な御用金のみが課せられるべきである。またこのことはロンドン市からの御用金についても当てはまるべきである。

13.　またロンドン市は、すべてのその古来の①＿＿＿＿と、水路陸路を問わず自由な③＿＿＿＿とを有すべきである。さらに朕はすべてのほかの都市、市邑（しゆう）、町、港がすべてその①＿＿＿＿と自由な③＿＿＿＿とを有すべきことを望み、また認可する。（江上波夫監修『新訳　世界史史料・名言集』）

解答 ⑮宗教改革
イギリスとフランス▶❶身分制　❷ノルマン　❸プランタジネット　④ヘンリ2世　❺ジョン
❻マグナ＝カルタ
史料 ①特権　②協議　③関税

つぎの⑦＿＿＿＿＿＿＿は大憲章を無視したため、⑧＿＿＿＿＿＿＿

＿＿＿＿＿＿＿＿＿は貴族を率いて反乱をおこし、王を破った。そして以前からあった高位聖職者・大貴族の会議に州や都市の代表を加えて国政を協議した（1265年）。これがイギリス議会の起源である。1295年にはいわゆる⑨

＿＿＿＿＿が招集され［高位聖職者・大貴族のほかに各地から騎士・市民・下級聖職者の代表が招集され、これがのちに模範的な議会構成とされたので、このように呼ばれた］、さらに14世紀半ばには、議会は高位聖職者と大貴族を代表する⑩＿＿＿＿＿と、州と都市を代表する⑪＿＿＿＿＿とにわかれ、法律の制定や新課税には⑪＿＿＿＿＿の承認が必要になった。イギリスでは騎士が早くから軍事的性格を失って地方の地主である⑫

＿＿＿＿＿（郷紳）となり、州を代表して都市の市民と並ぶ下院の勢力となった。

フランスの⑬＿＿＿＿＿朝のもとでは、はじめ王権はきわめて弱い勢力で、大諸侯の勢力が強かった。しかし、12世紀末に即位した国王⑭

＿＿＿＿＿は、ジョン王と戦って国内のイギリス領の大半を奪い、また⑮

＿＿＿＿＿は、南フランス諸侯の保護を受けた異端の⑯＿＿＿＿＿派（カタリ派）を征服して王権を南フランスにも広げた。さらに**フィリップ4世**は、ローマ教皇ボニファティウス8世との争いに際して、1302年に聖職者・貴族・平民の代表者が出席する⑰＿＿＿＿＿を開き［全国の代表者が集まった⑰

＿＿＿＿＿のほかに、地方でそれぞれ開かれた地方三部会もあった］、その支持を得て教皇をおさえ、王権をさらに強化した。

百年戦争とバラ戦争　　Q▶ 百年戦争によって、イギリスとフランスはどのように変容したのだろうか

フランス国王は、毛織物産地の❶＿＿＿＿＿＿＿地方を直接支配下におこうとしたが、この地方に羊毛を輸出していたイギリス国王がこれを阻止しようとした。カペー朝が断絶して❷＿＿＿＿＿朝がたつと、イギリス国王❸

＿＿＿＿＿は、母がカペー家出身であることからフランス王位継承権を主張し、これをきっかけに両国のあいだに❹＿＿＿＿戦争が始まった。

はじめは長弓兵を駆使したイギリス軍が、⑤＿＿＿＿＿の戦いでフランス騎士軍を破るなど優勢で、⑥＿＿＿＿＿＿＿＿＿の活躍によりフランス南西部を奪った。フランス国内はさらに黒死病の流行や⑦

解答 ⑦ヘンリ3世 ⑧シモン＝ド＝モンフォール ⑨模範議会 ⑩上院 ⑪下院 ⑫ジェントリ
⑬カペー ⑭フィリップ2世 ⑮ルイ9世 ⑯アルビジョワ ⑰全国三部会
百年戦争とバラ戦争▶❶フランドル ❷ヴァロワ ❸エドワード3世 ❹百年 ⑤クレシー
⑥エドワード黒太子 ⑦ジャックリー

の乱などで荒廃し、**❽**＿＿＿＿＿＿＿＿＿の時には王国は崩壊寸前の危機にあった。この時、神の託宣を信じた農民の娘**❾**＿＿＿＿＿

＿＿＿＿＿が現れてフランス軍を率い、**⑩**＿＿＿＿＿＿＿＿＿の包囲を破ってイギリス軍を大敗させた。フランスは勢いを盛り返し、ついに戦争はフランスの勝利に終わった。この長期の戦争のため、フランスでは諸侯・騎士が没落した。その一方で**❽**＿＿＿＿＿＿＿＿＿＿＿は大商人と結んで財政を立て直し、常備軍を設置したので、以後、中央集権化が急速に進展した。

　一方、戦後のイギリスでは**⓫**＿＿＿＿＿＿＿家と**⓬**＿＿＿＿＿家による王位継承の内乱がおこった。これを**⓭**＿＿＿＿＿**戦争**という［両派の記章がそれぞれ赤バラと白バラであったとする後世の想像から、このように呼ばれる］。イギリスの諸侯・騎士は両派にわかれて激しく戦ったが、その結果、彼らはともに没落した。結局、内乱をおさめたランカスター派のヘンリが1485年に即位して（**⓮**＿＿＿＿＿＿＿）、**⓯**＿＿＿＿＿＿＿＿＿**朝**を開いた。

　ヘンリ7世は統治制度を整え、王権に反抗する者を処罰して絶対王政に道を開いた。他方、ケルト系の隣国**⓰**＿＿＿＿＿＿＿＿は1536年にイギリスによって併合されたが、スコットランドはなお独立を保ち続けた［アイルランドは12世紀後半にイギリス王の領地となったが、その後も地方有力者による勢力争いが続いた］。

スペインとポルトガル

Q▶ スペインでは、なぜ国王による中央集権化が早く進んだのだろうか。

　イベリア半島では、8世紀半ばにイスラーム教徒が南部に後ウマイヤ朝を建てた。これに対して北部のキリスト教徒は、以後約800年にわたって**❶**＿＿＿＿＿＿＿**運動**（**❷**＿＿＿＿＿＿＿＿＿）の戦いを続け、回復された領土にはカスティリャ・アラゴン・ポルトガルの3王国が建てられた。その後、カスティリャ王女**❸**＿＿＿＿＿＿＿＿とアラゴン王子**❹**＿＿＿＿＿＿＿＿＿＿の結婚により、両国は1479年に統合されて**❺**＿＿＿＿＿＿＿（イスパニア）**王国**が成立した。共同統治にあたった2人は、92年にはイスラーム勢力最後の拠点である**❻**＿＿＿＿＿を陥落させて国土統一を果たし、また国内貴族の勢いをおさえて、積極的に海外進出に乗り出した。

　❼＿＿＿＿＿＿＿＿＿は、12世紀にカスティリャから独立したのち、15世紀後

第7章

半に国王❽　　　　　　　　　　　　　が貴族の反乱をしずめて王権を強化した。彼はまた、バルトロメウ＝ディアスの航海を援助するなどしたため、ポルトガルはスペインとともにヨーロッパ人の海洋進出の先がけとなった。

ドイツ・スイス・イタリア・北欧

Q▶ 神聖ローマ帝国で中央集権が進まなかったのは、なぜだろうか。

ドイツ（神聖ローマ帝国）では大諸侯の力が強く、また自由都市もこれと並ぶ独立勢力となったため、政治的分裂が深まっていった。①　　　　　　　朝が断絶したあと、政治的混乱は事実上の皇帝不在の「❷　　　　　　　　　時代」の時に頂点に達した。その後、皇帝❸　　　　　　　　　は、こうした混乱を避けるため1356年に「❹　　　　　　　　　」を発布して、神聖ローマ皇帝選挙の手続きを定めるとともに、皇帝選出権を聖俗の❺　　　　　　　　　に認めた。

14世紀以降のドイツでは、帝国ではなく大諸侯の領地である⑥　　　　　　ごとに集権化が進められた。有力な領邦はみずから身分制議会を開き、帝国から自立する勢いをみせた。15世紀前半以降、皇帝は❼　　　　　　　　　家から出されるようになり、帝国統一につとめたが失敗した。国内には大小の諸侯や自由都市など、あわせて300ほどの領邦が分立するようになり、統一はますます難しくなった。

一方、かつてスラヴ人やマジャール人が住んでいた⑧　　　　　　川以東の地には、12〜14世紀にかけてドイツ人による大規模な植民がおこなわれ（❾　　　　　　　　　）、⑩　　　　　　　　　　　　　　　　　領や⑪　　　　　　　　　領などの諸侯国がつくられた。これらの地方では15世紀以降、西ヨーロッパ向けの穀物生産が大規模におこなわれるようになった。

❷　　　　　　　地方の農民は、13世紀末にハプスブルク家の支配に反抗して独立闘争を始め、今日の⑫　　　　　　連邦の母体をつくった。その後、1499年には神聖ローマ帝国から事実上独立し、1648年の⑬　　　　　　　　　　　　条約で国際的に独立国として承認された。

イタリアは、南部では両シチリア王国がシチリア王国と⑭　　　　　　　王国に分裂し、中部の教皇領を挟んで、北部ではヴェネツィア・フィレンツェ・ジェノヴァ・ミラノなどの都市国家が分立していた。神聖ローマ皇帝がイタリア政策によって介入してくると、諸都市の内部では**教皇党**（⑮　　　　　　）と**皇帝党**（⑯　　　

解答 ❽ジョアン２世
ドイツ・スイス・イタリア・北欧▶①シュタウフェン　❷大空位　❸カール４世　❹金印勅書
❺七選帝侯　⑥領邦　❼ハプスブルク　⑧エルベ　❾東方植民　⑩ブランデンブルク辺境伯
⑪ドイツ騎士団　⑫スイス　⑬ウェストファリア　⑭ナポリ　⑮ゲルフ　⑯ギベリン

　　　　　　）がたがいに争い、国内統一をさらに困難なものとした。

　北欧では、14世紀末にデンマークの摂政⑰　　　　　　　　　　が主導して、
デンマーク・スウェーデン・ノルウェーの３国のあいだに❶**　　　　　同盟**
が結ばれ、同君連合の王国が成立して一大勢力となった。

4 西ヨーロッパの中世文化

Q▶ 中世の文化は、のちのヨーロッパにどのような影響を与えたのだろうか。

教会と修道院　**Q▶** 中世の西ヨーロッパにおいて、キリスト教はどのような文化的役割を果たしたのだろうか。

　中世の西ヨーロッパはキリスト教の時代であり、人々の日常生活全般に①
　　　　　　　　　　教会の絶大な権威がいきわたっていた。出生・
結婚・臨終など人生の重要な節目に際して②　　　　　の儀式を授けることは、教会
の重要な仕事であった。魂の救済ができるのは教会のみであるとされ、教会の外
に追放される③　　　　　はきわめて重い罰であった。

　世俗を離れた修行の場である❹　　　　　　　も、大きな文化的役割を果たした。
修道院運動は、６世紀に⑤　　　　　　　　　　　　　がイタリアの⑥
　　　　　　　　　　に開いたベネディクト修道会に始まる。同会は⑦
　　　　　・純潔・服従のきびしい戒律を修道士に課し、以後、各地に広がった。その
「⑧　　　　　　　　　」のモットーは、生産労働を奴隷の仕事と考えていた古典
古代以来の労働に対する考え方を大きくかえた。12〜13世紀は、森林を切りひらい
て耕地を広げる❾　　　　**時代**であったが、その先頭に立ったのは⑩
　　　修道会をはじめとする修道院であった［このほか著名な修道院運動として、13世紀にフ
ランチェスコ(1181頃〜1226)が始めたフランチェスコ修道会、ドミニコ(1170頃〜1221)が始めたド
ミニコ修道会などがあった。とくにこの２つの修道会は民衆のなかに入って教化したので、⑪
　　　　　　　　　とも呼ばれる］。

　学問もまたキリスト教の影響下にあった。⑫　　　　　が最高の学問とされ、哲学
や自然科学はその下におかれた。当時の学者・知識人は聖職者や修道士であり、彼
らは学問の国際的共通語である⑬　　　　　　**語**を用いていた。

解答 ⑰マルグレーテ　❶カルマル
教会と修道院▶①ローマ＝カトリック　②秘蹟　③破門　❹修道院　⑤ベネディクトゥス
⑥モンテ＝カシノ　⑦清貧　⑧祈り、働け　❾大開墾　⑩シトー　⑪托鉢修道会　⑫神学
⑬ラテン

　教会の権威の理論的確立のために、信仰を論理的に体系化しようとする❶

＿＿＿＿**学**は中世西ヨーロッパに特有の学問で、②＿＿＿＿論と③＿＿＿＿論とのあ

いだの④＿＿＿＿論争はその中心的議論であった［④＿＿＿＿（個々別々のものをこえて

あらゆるものに共通するもの）は、現実に実体として存在するか、それとも思考のなかに存在する

にすぎないのかの論争。前者を主張するのが②＿＿＿＿論、後者を主張するのが③＿＿＿＿論で

ある］。前者の議論は❺＿＿＿＿＿＿＿＿、後者は❻＿＿＿＿＿＿＿や

❼＿＿＿＿＿＿＿＿＿＿＿＿によって代表され、とく

に⑦＿＿＿＿＿＿＿＿＿＿は近代合理思想の基礎

を築いた。

　12世紀には、ビザンツ帝国やイスラーム圏からもたらされたギリシアの古典が、

ギリシア語や⑧＿＿＿＿＿＿＿語から本格的にラテン語に翻訳（ほんやく）されるようになり、

それに刺激されて学問や文芸も大いに発展した［イベリア半島のトレドやシチリア島のパ

レルモなどが、こうした翻訳活動の中心であった］。これを❾＿＿＿＿＿＿

＿＿＿＿＿という。スコラ学は⑩＿＿＿＿＿＿哲学の影響を受けて壮（そう）

大（だい）な体系となり、⑪＿＿＿＿＿＿＿＿＿＿により大成されて教皇（きょうこう）

権（けん）の理論的支柱となった。イスラーム科学の影響も大きく、実験を重視する⑫

＿＿＿＿＿＿の自然科学はのちの近代科学を準備するもので

あった。

　大学が誕生するのも12世紀頃からである。大学は教授や学生の組合としてできた

のが始まりで、教皇や皇帝の特許状（とっきょじょう）によって自治権を与えられた一種（いっしゅ）の⑬

＿＿＿＿であった。おもな大学には⑭＿＿＿＿・＿＿＿＿・＿＿＿＿の3学部があり、

また基礎的な教養科目として自由七科［文法学・修辞学・論理学の3学科と、算術・幾何（きか）・

天文・音楽の4学科を指す］も教育された。最古の大学といわれるイタリアの⑮＿＿＿＿

＿＿＿＿大学は法学で、また⑯＿＿＿＿大学は神学でそれぞれ有名であった。

イギリスでは⑯＿＿＿＿大学を模範に創設（そうせつ）された⑰＿＿＿＿＿＿大

学と、そこからわかれてできた⑱＿＿＿＿＿＿大学が、独自の学寮（がくりょう）（コ

レッジ）制（せい）をもとに発展した。

解答　学問と大学▶❶スコラ　②実在（じつざい）　③唯名（ゆいめい）　④普遍（ふへん）　❺アンセルムス　❻アベラール
❼ウィリアム＝オブ＝オッカム　⑧アラビア　❾12世紀ルネサンス　⑩アリストテレス
⑪トマス＝アクィナス　**⑫**ロジャー＝ベーコン　**⑬**ギルド　**⑭**神学・法学・医学　**⑮**ボローニャ
⑯パリ　**⑰**オクスフォード　**⑱**ケンブリッジ

美術と文学

Q▶ 中世の西ヨーロッパの美術や文学は、その時代をどのように反映しているのだろうか。

中世の美術を代表するものは、**教会建築**である。11世紀には厚い石壁に小さな窓をもつ重厚な**❶**＿＿＿＿＿＿＿＿**様式**が生み出され、シュパイアー大聖堂やピサ大聖堂などが有名である。つづく12世紀に現れた**❷**＿＿＿＿＿＿＿**様式**は、頭部のとがった尖頭アーチと高くそびえる塔を特徴とする。壁を薄くする技術が進歩したため広くなった窓は、美しい**❸**＿＿＿＿＿＿＿＿＿で飾られ、外壁や柱には彫刻がほどこされた。天上の神をたたえる厚い信仰心を象徴する**❷**＿＿＿＿＿＿＿様式の教会は、繁栄する商人の経済力を背景に各都市に建設された。ランス大聖堂やシャルトル大聖堂がその典型である。

学問にラテン語が用いられたのに対し、口語(俗語)で表現された中世文学の代表が**❹**＿＿＿＿＿＿＿＿＿である。騎士は中世西ヨーロッパの人間の理想像で、武勇と主君への忠誠、神への信仰、女性・弱者の保護などを重視する彼らの道徳が騎士道である。このような騎士の武勲や恋愛をテーマにした文学作品として、『ローランの歌』や『ニーベルンゲンの歌』『**❺**＿＿＿＿＿＿＿＿＿＿＿＿＿』などが知られている。また、おもに宮廷において騎士の恋愛を叙情詩にうたったのが**❻**＿＿＿＿＿＿＿であり、その最盛期は12世紀であった。

中世文化一覧表

【神学・スコラ学】	【建築】
アンセルムス …………………… 実在論	ロマネスク様式 ……………… ピサ大聖堂
アベラール …………………… 唯名論	シュパイアー大聖堂
トマス＝アクィナス ………… 『①＿＿＿＿＿』	ゴシック様式 ……………… ノートルダム大聖堂
ウィリアム＝オブ＝オッカム … 唯名論	シャルトル大聖堂
ロジャー＝ベーコン ……… 自然科学者	ランス大聖堂
【大学】	ケルン大聖堂
ボローニャ大学 ………………… 法学	【文学(騎士道物語)】
パリ大学 ……………………… 神学	『アーサー王物語』
②＿＿＿＿大学 ………… 医学	(イギリスのケルト人の伝説から発展)
オクスフォード大学 …………… 神学	『③＿＿＿＿＿＿＿』
ケンブリッジ大学 …………… 神学	(ゲルマンの英雄叙事詩)
	『④＿＿＿＿＿＿』
	(カール大帝時代の騎士の武勇が題材)

[解答] **美術と文学▶❶**ロマネスク **❷**ゴシック **❸**ステンドグラス **❹**騎士道物語
❺アーサー王物語 **❻**吟遊詩人
[表] ①神学大全 ②サレルノ ③ニーベルンゲンの歌 ④ローランの歌

東アジア世界の展開とモンゴル帝国

10世紀以降、キタイ・金は、遊牧・農耕をたばねる唐の支配を継承した。宋は、唐代以来の海運との関係を強めた。13世紀、モンゴル帝国がユーラシアの陸と海を結合した。

Q▶ 東アジアの諸国家はどのような性格をもち、またモンゴル帝国はどのような役割を果たしたのだろうか。

1 アジア諸地域の自立化と宋

Q▶ 唐の滅亡は、アジア諸地域にどのような影響を与えたのだろうか。

東アジアの勢力交替

Q▶ この時期に成立した東アジアの諸国には、どのような共通点があるだろうか。

　8世紀半ばの安史の乱によって唐を中心とした国際秩序がゆるむと、国家主体の朝貢貿易は衰え、かわって①＿＿＿＿＿＿交易が盛んになった。こうしたなか、日本から大陸への公的使節の派遣も、9世紀前半にとだえた。

　唐が滅亡した10世紀前半には、近隣諸地域においても政権の交替や動揺があいついだ。中央ユーラシアでは、9世紀半ばにウイグルが崩壊したのち、遼河上流域で半農半牧の生活を営んでいたモンゴル系の②＿＿＿＿＿＿＿が勢力をのばした。10世紀初めには③＿＿＿＿＿＿（太祖）がモンゴル高原東部を中心に強力な国家をつくり、東は④＿＿＿＿＿を滅ぼし、西はモンゴル高原全域をおさえた。その後、キタイは華北の政変に介入して、⑤＿＿＿＿＿＿＿＿＿を獲得した［燕（現在の北京）・雲（大同）を中心とする地域。五代の後晋から割譲させた］。朝鮮半島では、⑥＿＿＿＿の建てた⑦＿＿＿＿＿が新羅にとってかわり、雲南でも南詔が滅んで⑧＿＿＿＿＿がおこった。日本では律令体制の崩壊が進み、朝廷からの自立をはかるものも現れた。またベトナムも、10世紀に中国の支配下から独立した。

　こうした政治的な変化にともない、東アジアの諸国では、中国から受け継いだ文化や制度を独自のものに発展させる動きがおこった。キタイは狩猟民・遊牧民を部族制によって、農耕民を州県制によっておさめる⑨＿＿＿＿＿＿**体制**をしき、漢字をもとにしてウイグル文字の影響も受けた⑩＿＿＿＿＿＿＿を生み出した。その国号も、時期によって民族名に由来するキタイと中国風の⑪＿＿の双方が用いられた。また、キタイでは仏教が受容され、寺院が多数造営された。

解答 東アジアの勢力交替▶ ①民間 ②キタイ（契丹） ③耶律阿保機 ④渤海 ⑤燕雲十六州 ⑥王建 ⑦高麗 ⑧大理 ⑨二重統治 ⑩契丹文字 ⑪遼

⑫＿＿＿＿時代の日本では、中国文化の基礎のうえに日本風の特色が加味され、貴族政治のもと、⑬＿＿＿＿文字や大和絵に代表される⑭＿＿＿＿**文化**が栄えた。高麗でも、仏教経典を集成した『⑮＿＿＿＿』の印刷や⑯＿＿＿＿＿＿＿＿の製作が始まった。11世紀前半におこったベトナムの❼＿＿＿＿（⑱＿＿朝）は仏教や儒学を導入し、現在の中国西北部でチベット系のタングートが建てた⓲＿＿＿＿は、漢字の構造をまねた⓴＿＿＿＿＿＿をつくって、仏典などの翻訳を進めた。

宋と金　Q▶ 宋の対外関係には、どのような特徴があったのだろうか。

五代の武将から身をおこした❶＿＿＿＿＿＿（太祖）は、960年に❷＿＿を建て、つぎの❸＿＿＿＿は中国の主要部を統一した。安史の乱ののち節度使が各地に割拠し、唐末から五代の時代には武人が権限を握ったことから、宋は皇帝の親衛軍を強化し、❹＿＿＿＿によって選ばれた文人官僚が政治をとりおこなうようにした（❺**主義**）[隋・唐では科挙のほかに貴族の子弟を取り立てる制度があったが、宋代になると官吏への道は科挙にほぼ限定されるようになった。最終試験は皇帝みずからが試験官となって宮中でおこなわれ（❻＿＿＿＿）、皇帝と官僚の結びつきが強化された]。結果として中央政府の力は強まったが、多くの官僚や軍隊を維持するための経費は、国家の財政を圧迫した。

近隣諸国の成長や文治重視の姿勢は、宋の対外関係に影響を与えた。燕雲十六州の帰属をめぐって緊張関係にあったキタイとのあいだでは、宋が毎年多額の銀や絹を贈る内容の和議（❼＿＿＿＿＿＿）を結んだ。西夏の勢いが盛んになると、宋は西夏にも毎年銀や絹・茶を贈った。これらの費用も財政上の負担となるなか、11世紀後半に宰相となった❽＿＿＿＿は、財政再建と富国強兵をめざして、農民や中小商工業者の保護・育成、治安維持や国境防備の民間委託などをおもな内容とする❾＿＿＿＿を実施したが[貧しい農民に金銭や穀物を貸しつける⑩＿＿＿法、物資流通の円滑化と物価安定をはかる⑪＿＿＿法、労役のかわりに出させた金銭で人を雇う⑫＿＿＿法、中小商人に融資する⑬＿＿＿法、農村組織をつくらせて治安維持や民兵の訓練をおこなわせる⑭＿＿＿法などがあった]、地主や大商人の反発を受けた。のち官僚たちは❶⑤＿＿＿**党**と新法に反対する⑯＿＿＿**党**にわかれて激しく対立し、政治の混乱を引きおこした。

12世紀初め、キタイの勢力圏の東部にいた狩猟・農耕を生業とするツングース系

【解答】⑫平安　⑬仮名　⑭国風　⑮大蔵経　⑯高麗青磁　⑰大越　⑱李　⑲西夏　⑳西夏文字
宋と金▶❶趙匡胤　❷宋（北宋）　❸太宗　❹科挙　❺文治　❻殿試　❼澶淵の盟　❽王安石
❾新法　⑩青苗　⑪均輸　⑫募役　⑬市易　⑭保甲　⑮新法　⑯旧法

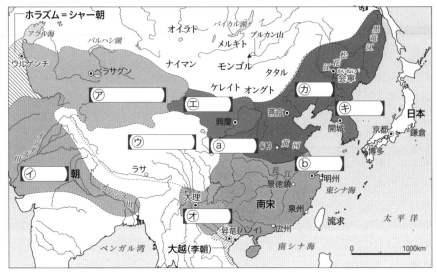

地図 12世紀頃のアジア

の⑰＿＿＿＿＿（ジュシェン）から⑱＿＿＿＿＿＿＿＿＿＿＿＿（太祖）が現れ、キタイから自立して⑲＿＿を建てた。金がキタイを滅ぼしたのち、宋と金とのあいだで争いがおこり、宋は都の⑳＿＿＿＿＿を占領されて、上皇の徽宗と皇帝の欽宗は捕虜となった（㉑＿＿＿＿の変）。宋は江南に逃れた皇帝の弟（㉒＿＿＿＿＿）によって存続し（㉓＿＿＿＿＿）、㉔＿＿＿＿＿（現在の杭州）に都を定めた。南宋は、その後の主戦派と和平派との対立の末、金に臣下の礼をとって毎年銀や絹を贈ることを条件に和議を結び、㉕＿＿＿＿＿を国境とした［南宋が金に臣下の礼をとるという条件はのちに改められ、贈る銀や絹の量も減らされた］。

　金は女真人を㉖＿＿＿＿・＿＿＿＿という部族制にもとづく軍事・社会制度によっておさめつつ、華北を征服したのちには中国式の統治制度も採用した。また、金のもとでは漢字や契丹文字の影響を受けた㉗＿＿＿＿＿＿＿もつくられた。金が宋と争った12世紀は、高麗で㉘＿＿＿＿＿（軍人）が実権を握り、日本でも武士がその地位を高めて鎌倉幕府を建てるなど、東アジアにおいて武人の影響力が拡大した時期であった。

解答 ⑰女真　⑱完顔阿骨打　⑲金　⑳開封　㉑靖康　㉒高宗　㉓南宋　㉔臨安　㉕淮河　㉖猛安・謀克　㉗女真文字　㉘武臣

地図 ⑦カラキタイ（西遼）　⑦ゴール　⑦チベット（吐蕃）　④西夏　⑦大理　⑦金　⑦高麗　ⓐ開封　ⓑ臨安

唐末から宋代の社会と経済

Q▶ 宋代の経済発展は、社会にどのような変化を引きおこしたのだろうか。

　安史の乱ののちも唐がもちこたえたのは、①_____の経済力に支えられていたためであった。江南は南朝の頃から開発が進み、塩や②____[茶を飲む習慣は中国西南部で生まれ、唐代に広範囲に広まった]の産地であったことに加えて、海上交易でも栄えていた。一方、唐代後期になっても政治の中心は華北にあったので、華北と江南を結ぶ大運河の役割は、いっそう重要になっていった。また、唐代における生産力の高まりを受けて、商業活動や商品流通が盛んになり、唐末には都市のなかだけでなく、城外や交通の要地にも③_____・④_____などと呼ばれる商業の拠点ができた。唐の滅亡後、五代の多くが黄河と大運河の接点である❺_____を都とし[⑤_____は、長安のような整然とした計画都市ではなく、古くからの街を中心に市場や繁華街が広がってできた都市であった]、また十国のうち江南に建てられた国々が商業に力を入れたことは、こうした動きを受けたものであった。唐末以降の経済の発展によって富裕になった人々は、農地を開墾したり買い集めたりして地主となり、収穫物の半分ほどの小作料をとって❻_____(小作人)に耕作させた。このような新興地主層は❼_____と呼ばれる。

　開封に都を定めた北宋は、大規模になった民間の商業活動をおもな財源とした。専売とされた⑧____・茶のほか、米や絹などを扱う大商人が現れ、❾____(商人)・❿____(手工業者)などの同業組合も生まれた。中国商人の海上進出も活発化し、絹や⑪_____・銅銭などが輸出された。宋は⑫_____を広州・泉州・⑬_____(現在の寧波)などの港に広くおいて、海上交易の管理につとめた。**江南の開発**は臨安を本拠とした南宋の時代にさらに進み、低湿地の干拓やひでりに強い⑭____稲の導入などによって稲の生産量が増大したことで、長江下流域は穀倉地帯となった[「⑮_____熟すれば天下足る」という諺は、こうした状況を表現したものである]。⑪_____や茶・絹の生産も拡大し、商品を運ぶ手段として水運が大いに発達した。

　宋代には商業の活性化にともない、⑯_____が大量に発行され、価値の高い金・銀も地金のまま決済に使われた。遠距離間の取引に便利な手形は唐代に現れていたが、宋ではこれが紙幣としても利用されるようになった(❶⑰_____・⑱____

解答　唐末から宋代の社会と経済▶①江南　②茶　③草市　④鎮　❺開封　❻佃戸　❼形勢戸　⑧塩　❾行　❿作　⑪陶磁器　⑫市舶司　⑬明州　⑭占城　⑮蘇湖(江浙)　⑯銅銭　⑰交子　⑱会子(⑰・⑱順不同)

第8章

）。銅銭は⑲＿＿＿＿＿　　**貿易**を介して日本にももちだされ、日本の貨幣経済の進展
をうながした[⑲＿＿＿＿＿　貿易の重要な窓口であったのが博多で、日本の武士の平氏は、ここを
おさえて勢力をのばした]。

　宋代の諸制度や政治は、経済や社会の動向ととくに深く結びついていた。政府が
巨額の軍事費を支出するために税を中央へ運ばせたことは、物資の流通をいちだん
と活気づけた。科挙は男性であれば基本的に誰でも受験することができたが、儒学
や詩文をきちんと学べるだけの経済力をもつ形勢戸にきわめて有利であった。その
結果、唐末から五代にかけての混乱で一掃された貴族にかわり、儒学の教養を身に
つけた資産家官僚(⓴＿＿＿＿＿＿＿＿)が地域社会において強い力をもつようになった
[北宋において、おもに華北出身者が旧法党をかたちづくったのに対し、新法党には経済先進地域
の江南を含めた南方の出身者が多かった。これは出身地域の経済・社会の状況が、官僚の政治的な
立場にまで影響していたことを示している]。

宋代の文化　　Q▶ 宋代の文化には、どのような特徴があったのだろうか。

　安史の乱の前後から、文化面では貴族的な華麗さから離れようとする動きが始ま
っていたが、教養人である①＿＿＿＿＿が文化のおもな担い手となった宋代には、
さらに精神的・理知的な傾向が強まった。単色で簡素な造形の❷＿＿＿＿や❸
＿＿＿＿、水墨あるいは淡い色彩で描かれた❹＿＿画、❺＿＿＿・❻＿＿＿
に代表される詩文の作風などは、こうした時代性を代表している。一方で、技巧を
こらした緻密さや装飾性のなかに趣を見出す風潮もあり、宮廷画家による写実的
な❼＿＿＿画、繊細ながら力強い徽宗の書などがその例である。また金の時代の
華北でも、北宋からの流れを受け継ぎつつ、独自の文化がはぐくまれた。

　儒学では、経典全体を哲学的に読みこんで、宇宙万物の正しい本質(❽＿＿)に至
ろうとする❾＿＿学がおこった。経典のなかでは、とくに❿＿＿＿[『論語』『大学』
『中庸』『孟子』のこと]が重んじられるようになった。儒学の発展は、社会秩序を正そ
うとする士大夫の実践的意欲とも結びつき、華夷・君臣・父子などの区別が強調さ
れるようになった。北宋の⑪＿＿＿＿が編んだ⑫＿＿＿体の歴史書『⑬＿＿＿
＿＿』にも、君臣関係を重視する立場が反映されている。宋学を大成し、
正統としての地位を得た南宋の⑭＿＿＿の学問(⑮＿＿＿＿＿)は、のちに朝鮮

解答 ⑲日宋　⓴士大夫
宋代の文化▶①士大夫　❷白磁　❸青磁　❹文人　❺欧陽脩　❻蘇軾　❼院体　❽理　❾宋
❿四書　⑪司馬光　⑫編年　⑬資治通鑑　⑭朱熹(朱子)　⑮朱子学

や日本にも多大な影響を与えた。

　宋学が礼の実践や細かな字句の解釈を離れ、大きな思想の体系をつくりだすに至った背景には、みずからの内面をきびしくかえりみる❶　　　宗の教えや、道教の神秘的な宇宙論との関わりがあった[宇宙論と儒学の教えを結びつけた北宋の❶　　　　(1017〜73)は、のちに宋学の祖と仰がれた]。中国独特の仏教である禅宗は、宋代に士大夫の支持を受け、12世紀には日本にも伝えられて、支配層となった武士のあいだに普及した。それにともなって日本からの留学僧も増加し、宋学の教えや漢詩文の技法をはじめ、様々な文物を日本へもち帰った。また金の支配下の華北では、儒・仏・道の調和を説く❶　　　教が開かれ、道教の革新をとなえた。

　一方、経済の発展は、新しい庶民的な文化や革新的な技術を生み出した[都市への人口集中はしばしば疫病の流行を引きおこし、宋・金では医学の研究も進んだ]。都市では講釈師によって語られる物語(小説)や歌と踊りをまじえた❶　　　が人々を楽しませ、音楽にあわせてうたう❷　が盛んにつくられた。唐代頃に始まった❷　　　印刷は宋代に広まり、活字による印刷方法(活版印刷術)も発明された。❷　　　や❷　　　も宋代に実用化され、やがてヨーロッパにまで伝えられた。

2　モンゴルの大帝国

Q▶ モンゴル帝国の成立には、どのような世界史的な意義があるのだろうか。

モンゴル帝国の形成　　Q▶ この時期に巨大な帝国が成立した背景には、何があったのだろうか。

　12世紀初めに中央ユーラシア東部でキタイ(契丹、遼)が滅亡し、その一族が西方の中央アジアに逃れて①　　　　　(②　　　)を建国すると、遊牧諸勢力のあいだに再編の動きが強まった。やがてモンゴル高原東北部で頭角を現したテムジンは、1206年の③　　　　　[モンゴル語で「集会」の意味。有力者が集まって、カンの選出や遠征など重要な事柄を合議のうえで決定した]で④　　　　として即位し、モンゴル系・トルコ系の諸部族を統一して⑤　　　　国を建てた[モンゴル語ではイェケ＝モンゴル＝ウルス。ウルスは「国」を意味する]。彼は、軍事・行政組織として、配下の遊牧民を1000戸単位に編制した千戸制をしき、みずからの親衛隊を含めて強力な騎馬軍団を整えた。

[解答] ❶禅　❶周敦頤　❶全真　❶雑劇　❷詞　❷木版　❷羅針盤　❷火薬
モンゴル帝国の形成▶①カラキタイ　②西遼　③クリルタイ　④チンギス＝カン(ハン)
⑤大モンゴル

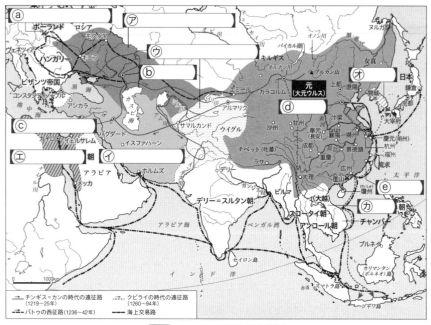

地図 **モンゴル帝国の最大領域**

　チンギス＝カンは、この軍団を率いて東方の金を圧倒したのち、ムスリム商人らの協力を得て西方遠征に出発し、中央アジア・イラン方面の新興国家❻＿＿＿＿＿＿＿＿＿＿朝を倒した。彼は遠征帰還後に西夏を滅ぼすと、まもなく死去したが、彼の子や孫たちは相互に権力を争いながらも征服戦争を継続した。❼＿＿＿＿＿＿＿＿＿［カンにまさる「皇帝」の意味で、この称号は元の君主に受け継がれた。なお、時代がくだると「カン」「❼＿＿＿＿＿＿＿＿＿」は「ハン」「ハーン」と発音されるようになった］を称した❽＿＿＿＿＿＿＿＿＿が金を滅ぼして華北を領有する一方、❾＿＿＿＿＿＿＿＿＿は西進してロシアや東ヨーロッパを制圧し［モンゴル軍は、1241年の❿＿＿＿＿＿＿＿＿＿＿の戦いでドイツ・ポーランド連合軍を破り、同時にハンガリーにも侵攻したが、オゴデイ死去の報告を受けて中央ユーラシアの草原地帯に引き揚げた］、中央ユーラシア西部に⓫＿＿＿＿＿＿＿＿＿国（⓬＿＿＿＿＿＿＝ウルス［チンギス＝カンの長子ジョチに与えられた所領をもとにしているため、このようにも呼ばれる］）を建てた。その後、中央アジアには⓭＿＿＿＿＿＿＿＿＿国（チャガタイ＝ウルス）

解答 ❻ホラズム＝シャー　❼カアン　❽オゴデイ　❾バトゥ　❿ワールシュタット
⓫キプチャク＝ハン　⓬ジョチ　⓭チャガタイ＝ハン
地図 ㋐キプチャク＝ハン国（ジョチ＝ウルス）　㋑イル＝ハン国（フレグ＝ウルス）
㋒チャガタイ＝ハン国（チャガタイ＝ウルス）　㋓マムルーク　㋔高麗　㋕陳　ⓐワールシュタット
ⓑサライ　ⓒタブリーズ　ⓓ大都　ⓔ泉州

が成立し、西アジアでは⑭＿＿＿＿＿＿＿がアッバース朝を滅ぼして⑮＿＿＿＿＿国(⑭＿＿＿＿＿＝ウルス)を建てた。華北に拠点をおいた⑯＿＿＿＿＿は、⑦＿＿＿＿＿＿を称したのちに南宋を滅ぼし、中国全土を支配した。

こうして13世紀後半には、中央ユーラシアとその東西各地に、モンゴル人の政権が並び立った。各政権は高い自立性をもちながらもカアンのもとにゆるやかに連合したので、これら空前の規模のまとまりは、⑰＿＿＿＿＿帝国と呼ばれる。この帝国を構成していたのは民族・宗教ともに多様な人々であり、中央ユーラシアの西部では、モンゴル君主など支配層も含んだイスラーム化とトルコ化が進んだ。

元の東アジア支配

Q▶ モンゴル帝国による支配は、東アジアにどのような影響をおよぼしたのだろうか。

モンゴル高原から華北・チベット・雲南・朝鮮半島におよぶ地域を勢力基盤としたクビライは、❶＿＿＿(②＿＿＿＿＿)という中国風の国名を定め(1271年)、モンゴル高原と華北の境界に新たな都を築いて❸＿＿＿＿＿と称した[③＿＿＿＿＿＿は中国式の計画都市で、現在の北京市街の基礎となった。城内には運河と連結された大きな湖がつくられ、船が直接③＿＿＿＿＿に乗り入れられるようになっていた]。③＿＿＿＿＿はモンゴル帝国全土をおおう❹＿＿＿＿制[モンゴル語では⑤＿＿＿＿＿＿。幹線道路に沿って駅を設け、周辺の住民から馬・食料などを提供させた。モンゴルの王族や官庁から許可を得て牌子を受けたものは、各駅で宿泊・食事・馬の交換などの便宜を与えられた]と連結され、❻＿＿＿＿＿により渤海湾とも結ばれた。元が南宋を滅ぼすと、海上交易で繁栄していた杭州・⑦＿＿＿＿＿・広州などが元の支配下に入り、山東半島を経て大都に向かう❽＿＿＿＿＿と、杭州と大都を直接つなぐ新しい運河によって、豊かな江南もモンゴル帝国の商業圏に組み込まれた。こうして、大都を結節点に、陸路と海路の交易・情報ネットワークが結合された。また、クビライが樺太・日本やベトナム・チャンパー・ビルマ・ジャワなどに送った遠征軍は各地域の政治や経済・文化に大きな影響を与え、商業圏の拡大にも寄与した。

モンゴル帝国における陸と海の交易を担ったのはおもに**ムスリム商人**で、ユーラシアで広くおこなわれていた⑨＿＿＿経済(⑨＿＿＿＿による決済)が中国にもおよんだ。元は塩の専売を実施したほか、取引税などによって莫大な銀を集め、紙幣(⑩＿＿＿＿)を発行して銀の流通量の不足をおぎなった。利用価値が低下した銅銭は、

⓫＿＿＿＿＿貿易を介して、日本へ輸出された。

元の統治は中国的な官僚制度によってなされたが、中枢はモンゴル人が握った。

⓬＿＿＿＿＿人と総称される中央アジア・西アジア出身者は、経済面で力をふるった。金の支配下にあった契丹人・女真人を含む華北の人々は**⓭**＿＿＿人、南宋のもとにいた人々は**⓮**＿＿＿人と呼ばれた。商業に力を入れた元は支配地域の社会や文化をさほど重視せず、儒学や科挙の役割は大きく後退したが、暦の改良や大都の水運整備に従事した**⑮**＿＿＿＿＿＿のように、実用的な能力のある者には登用の道が開かれていた。支配層のモンゴル人には**チベット仏教**が重んじられ、都市の庶民のあいだでは『**⑯**＿＿＿＿＿』『琵琶記』に代表される戯曲が流行した（**⓱**＿＿＿＿＿）。

モンゴル帝国時代の東西交流

> **Q▶** この時代の東西交流には、どのような新しさがあったのだろうか。

モンゴル帝国の成立によってユーラシア東西の統合が実現すると、ヒトやモノ、情報の移動・流通が活発化した［同時代のあるイタリア商人は、「黒海北岸のクリミアから中国までの道中は日夜を問わずに安全である」と書いている］。中央ユーラシアでは、仏教徒のウイグル商人やムスリム商人が富裕なモンゴル王族と手を組み、奢侈品などの盛んな取引をおこなって利益を分け合う仕組みも生まれた［これらの商人たちは、モンゴル王族から交易の特権や国際通貨としての銀・生糸の出資を受けて取引をおこない、出資者と利益をわけあった。こうした共同関係から、彼らは①＿＿＿＿＿＿＿＿＿＿（仲間）商人と呼ばれた］。

当時十字軍をおこしていたヨーロッパ人は、東方の巨大な帝国に関心をいだいて、ローマ教皇は②＿＿＿＿＿＿＿＿＿＿を、フランス王ルイ9世は③＿＿＿＿＿＿＿＿＿＿＿＿＿を使節としてモンゴル高原に送った［③＿＿＿＿＿＿＿から情報を得たロジャー＝ベーコンは、モンゴルの「世界制覇」は天文学など科学の活用に起因すると考えた］。クビライに仕えたとされるイタリア商人❹＿＿＿＿＿＿＿＿＿＿の見聞をまとめた『⑤＿＿＿＿＿＿＿＿』（『東方見聞録』）は、ヨーロッパで大きな反響を呼んだ。また、13世紀末に教皇の命で大都に派遣された修道士⑥＿＿＿＿＿＿＿＿は、そこで⑦＿＿＿＿＿＿＿の布教にあたった。

モンゴル帝国によるユーラシア東西の統合は、学術や技術、思想面の交流も促進し、その成果は歴史記述から、地理学、地図作製、多言語からの翻訳、天文学、医薬、工芸、美術、攻城兵器に至るまで広い分野におよんだ。また、ラシード＝アッ

解答 ⓫日元 ⓬色目 ⓭漢 ⓮南 ⑮郭守敬 ⑯西廂記 ⓱元曲
モンゴル帝国時代の東西交流▶①オルトク ②プラノ＝カルピニ ③ルブルック
❹マルコ＝ポーロ ⑤世界の記述 ⑥モンテ＝コルヴィノ ⑦カトリック

ディーンは各地の情報を収集して、モンゴル史をはじめとするユーラシア世界史『集史』をペルシア語で著した。一方、中国から西アジアに絵画の技法が伝えられ、イランで発達した写本絵画に大きな影響を与えた。また、景徳鎮では西方伝来の顔料を利用して白地に青色の模様を浮かべる陶磁器（⑧_____）が生まれ、これは「海の道」を通して世界各地へ大量に輸出された。

　帝国内では、モンゴル語のほかにトルコ語・ペルシア語・漢語・チベット語・ラテン語・ロシア語など多様な言語が用いられ、文字を統一する試みもなされた[クビライの顧問で、チベット仏教僧の⑨_____は、モンゴル語や漢語などを音写する⑨_____文字をつくった]。

■ モンゴル帝国の解体　**Q▶** 帝国解体の要因は、何だったのだろうか。

　中央ユーラシアを統合したモンゴル帝国のもとでヒト・モノの移動が活発化したが、14世紀には細菌の拡散によるユーラシア規模での疫病の流行[これは草原地帯の小動物に宿っていたペスト菌が拡散したものと考えられている。ヨーロッパでは①_____と呼ばれ、膨大な死者が出た]や気候変動による天災が重なり、各地で飢饉や内紛が頻発して、モンゴル諸政権の分裂・衰退が進んだ。

　キプチャク＝ハン国は、14世紀末にティムールの攻撃を受けて弱体化し、15世紀に入るとカザン＝ハン国や②_____国などに分裂した。中国でも、元による③_____の濫発や専売制度の強化が、黄河の決壊などによる飢饉とあいまって民衆を苦しめた。こうしたなか、14世紀半ばに❹_____**の乱**をはじめとする反乱が各地でおこり、元は1368年に明軍に大都を奪われて、モンゴル高原に退いた[その後にクビライの血統は絶えたが、チンギス＝カンのほかの子孫はカアン（ハーン）の称号を保持し、その権威はのちに清朝に受け継がれた]。

■ ティムール朝の興亡　**Q▶** ティムール朝がモンゴル帝国から受け継いだものは何だろうか。

　14世紀半ば、中央アジアのチャガタイ＝ハン国は東西に分裂し、諸勢力の抗争のなかから❶_____が頭角を現した。ティムールは中央アジアに❶_____**朝**を建てたのち、キプチャク＝ハン国に打撃を与える一方、②_____国滅亡後のイラン・イラク地域を征服し、❸_____**の戦**

[解答] ⑧染付　⑨パクパ
モンゴル帝国の解体▶①黒死病　②クリミア＝ハン　③交鈔　❹紅巾
ティムール朝の興亡▶❶ティムール　②イル＝ハン　❸アンカラ

いではオスマン軍を破って④＿＿＿＿＿＿＿＿＿＿＿＿を捕虜とした。彼はチ
ンギス家の権威を尊重しつつ[モンゴル帝国以来、中央ユーラシアではチンギス＝カン家の男
系子孫だけが君主となりうるというルールができた。そこでチンギス家出身ではない①＿＿＿
＿＿＿＿＿＿は、チンギス家の娘婿や大将軍などの称号を用いた]、トルコ系・モンゴル系
遊牧民の軍事力とイラン系定住民の経済力や行政能力をたくみに結合した。さらに、
彼は⑤＿＿＿＿＿＿＿＿帝国の再興をめざして明討伐の東方遠征に出発したが、そ
の途中で病没した。ティムールの死後、王朝は分裂と内紛を重ね、やがてトルコ系
の遊牧⑥＿＿＿＿＿＿＿＿[キプチャク＝ハン国のもとでイスラーム化した遊牧集団の総称。
中央アジアのオアシス地域でしだいに定住化した]によって滅ぼされた。

　ティムール朝の時代には、イル＝ハン国で成熟したイラン＝イスラーム文化と中
央アジアの⑦＿＿＿＿＿＿＿＿＿＿＿＿＿＿＿＿＿文化とがまじわり、文芸や建
築などの分野で高度な文化が生まれた。首都❽＿＿＿＿＿＿＿＿＿＿には壮大
なモスクやマドラサが建設され、ティムール朝君主による文芸保護のもと、ペルシ
ア語文学や写本絵画の傑作と並んで、トルコ語（チャガタイ語）の文学作品が現れた。
また自然科学でも、ティムール朝の君主⑨＿＿＿＿＿＿＿＿＿＿＿が建設した天
文台を中心に、天文学や暦法が発達した。

解答 ④バヤジット１世　⑤モンゴル　⑥ウズベク　⑦トルコ＝イスラーム　❽サマルカンド
⑨ウルグ＝ベク

大交易・大交流の時代

ユーラシア大陸の広範な部分を統合したモンゴル帝国は14世紀に解体したが、15世紀末以降、アメリカ大陸をも含む地球規模での新たな「世界の一体化」の動きが始まった。

Q▶ 「世界の一体化」が加速した背景と、その進行による諸地域の変貌はどのようなものだったのだろうか。

1 アジア交易世界の興隆

Q▶ 「世界の一体化」が始まった時期に、アジアではどのような動きがおこっていたのだろうか。

モンゴル帝国解体後のアジア

Q▶ モンゴル帝国の解体後、アジア各地にはどのような勢力が生まれたのだろうか。

　14世紀になると、ユーラシア全域で飢饉や疫病、およびそれにともなう政治変動が広がり、モンゴル帝国は解体していった。14世紀後半のアジアでは、チャガタイ＝ハン国の分裂抗争のなかから力をのばして中央アジア・西アジアに広大な領土を築いた①＿＿＿＿＿＿＿＿朝と、元朝を北方に駆逐して中国で支配を確立した②＿＿＿朝とが、2つの大帝国として成長した。また、ティムール朝の西方では③＿＿＿＿＿＿＿帝国が勢力を拡大しつつあり、明朝の北方では中国本土から退いたモンゴルが勢力を保っていた。

　日本では鎌倉幕府が倒れて南北朝が対立し、政治の混乱とともに❹＿＿＿＿の活動が活発化していたが、14世紀末に南北朝の合一が果たされた。元に服属していた朝鮮半島の高麗でも、親元派と反元派の対立が続いたが、倭寇を破って名声を高めた❺＿＿＿＿＿が、高麗を倒して❻＿＿＿＿王朝を建てた。こうして14世紀末の東アジア諸地域では、新しい政治秩序が一応の安定に至った。

明初の政治

Q▶ 明朝初期の国内統治には、どのような特徴があったのだろうか。

　元末の中国では、①＿＿＿＿徒[①＿＿＿＿は仏教的要素の強い民間の宗教結社で、宋代に始まり、元末には、弥勒仏が救世主としてこの世に現れるという信仰と結びついて勢力を拡大した]による❷＿＿＿の乱をきっかけに群雄が蜂起した。反乱のなかで頭角を現した貧農出身の❸＿＿＿は、儒学の素養をもつ知識人の協力を得て勢力をのばし、1368年に④＿＿＿で皇帝の座につき(❺＿＿＿、廟号は太祖[明代

解答 モンゴル帝国解体後のアジア▶ ①ティムール　②明　③オスマン　❹倭寇　❺李成桂　❻朝鮮
明初の政治▶ ①白蓮教　❷紅巾　❸朱元璋　④南京　❺洪武帝

以後は一皇帝一元号(⑥_____)としたため、「洪武帝」のように元号で皇帝を呼ぶことが多い。廟号とは死後に贈られる名の一種])、❼____朝を建てた。明軍に追われた元の帝室は、モンゴル高原で王朝を維持した。

　洪武帝は、元代に政治の中枢を握っていた⑧____省を廃止して皇帝に権力を集中させた。また、農村では人口調査を全国的におこなって租税や土地の台帳を整備したほか、⑨____制を実施し[110戸を目安に1里を構成し、財力ある10戸を里長戸として、残り100戸を10甲にわけ、10年一巡の輪番で里甲内の徴税事務や治安維持に当たらせた。また里内の人望ある長老を⑩____とし、里内の裁判や教化に当たらせた]、民衆教化のため6カ条の教訓(⑪____[「父母に孝順なれ、目上を尊敬せよ」などの内容で、⑩____にとなえさせた])を定め、農村の末端にまで統制をおよぼして民生の安定をはかった。官制・法制の面では、⑫____学を官学として科挙を整備し、唐の律・令にならって⑬____・⑭____を制定した。軍政の面では、一般の民戸と別に軍戸の戸籍を設けて⑮____制を整備した[112人で百戸所、10百戸所で千戸所、5千戸所で1衛を編制した]。北方の辺境には、洪武帝の息子たちが王として配置され、対モンゴル防衛を担った。

　洪武帝の死後、位を継いだ⑯____帝は諸王勢力の削減をはかったが、北平(北京)を本拠とした燕王はこれに対抗して挙兵し(⑰____)、南京を占領して帝位についた(⑱____帝)。彼は北京に都を移し、みずから軍を率いて⑲____高原に遠征するなど積極的な対外政策をとった。また、ムスリムの宦官⑳____に命じ、大艦隊を率いてインド洋からアフリカ沿岸まで数回の遠征をおこなわせた。

明朝の朝貢世界

Q▶ 明との朝貢関係は、諸地域にどのような影響をもたらしたのだろうか。

　明朝は、国内統治と同様、対外関係においても強い統制政策をとり、民間人の海上交易を許さず(❶____)、周辺諸地域とのあいだで朝貢関係を結んで、政府の管理する❷____貿易を推進した。15世紀初めに中山王によって統一された❸____(現在の沖縄)は、明との朝貢貿易で得た物資を用いて東シナ海と南シナ海を結ぶ交易の要となった。14世紀末頃マレー半島南西部に成立した❹____王国も、鄭和の遠征をきっかけに急成長し、インド洋と東南アジアを中継

解答 ⑥一世一元　❼明　⑧中書　⑨里甲　⑩里老人　⑪六諭　⑫朱子　⑬明律　⑭明令　⑮衛所
⑯建文　⑰靖難の役　⑱永楽　⑲モンゴル　⑳鄭和
明朝の朝貢世界▶ ❶海禁　❷朝貢　❸琉球　❹マラッカ

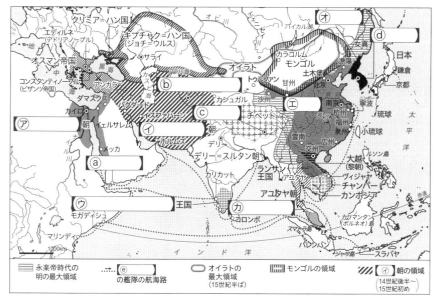

地図 **明代のアジア**(15世紀頃)

する位置を利用して、マジャパヒト王国にかわる東南アジア最大の交易拠点となった。

　明の重要な朝貢国であった**朝鮮**は、科挙の整備や⑤_____学の導入など、明の制度にならった改革をおこなった。15世紀前半の⑥_____の時代には、**❼_____活字**による出版や❽_____(ハングル)の制定などの文化事業もおこなわれた。**日本**では、遣唐使の停止以来とだえていた中国への正式な使節派遣が復活し、室町幕府の⑨_____は、15世紀初めに明から「日本国王」に封ぜられて⓾_____**貿易**を始めた。**ベトナム**の⓫_____**朝**も、明と朝貢関係を結び、明の制度を取り入れ、朱子学を振興した。

　北方では、明の物産を求めていたモンゴル諸集団が、朝貢貿易における使節派遣の回数や規模の制限を不満として、しばしば中国に侵入した。15世紀半ばには、⓬_____[元朝直系のクビライの子孫が絶えたのち、モンゴル高原では、東部のモンゴル諸集団と西部の⓬_____とが勢力を競った。⓬_____は、チンギ

解答 ⑤朱子　⑥世宗　❼金属　❽訓民正音　⑨足利義満　⓾勘合　⓫黎　⓬オイラト

地図 ㋐マムルーク　㋑ティムール　㋒ヴィジャヤナガル　㋓明　㋔朝鮮　㋕マラッカ　ⓐアデン　ⓑサマルカンド　ⓒラサ　ⓓ漢城　ⓔ鄭和

ス＝カン家と代々通婚関係を結んでいた有力な遊牧民族集団であった]が強大となり、明の皇帝を土木堡で捕らえ（⑬＿＿＿＿＿＿＿＿）、北京を包囲した。この頃から明は対外的に守勢に転じ、**長城**を改修して北方民族の侵入に備えた。

交易の活発化 Q▶ 世界的な商業の発展は、明の朝貢体制にどのような影響をおよぼしたのだろうか。

　16世紀に入ると、東南アジアではコショウなど香辛料の輸出が急激に増大した。その一因はアジアの富を求めるヨーロッパ勢力の進出であり、これによりアジア諸地域は、大陸をこえた大規模な交易・交流の舞台となった。なかでも①＿＿＿＿＿＿＿＿＿＿は、大砲や鉄砲などの強力な②＿＿＿＿＿＿を備え[②＿＿＿＿は中国起源だったが、15世紀にヨーロッパで改良され、大きな威力をもつようになった]、16世紀初めに③＿＿＿＿＿＿＿＿＿を占領した。しかし、ムスリム商人はスマトラ島やジャワ島に新たな交易の拠点をつくり、ポルトガルに対抗した。明の朝貢体制のもとでは、マラッカや琉球のように領土の小さな国も中継貿易で栄えることができたが、競争の激化とともに、特産品を生み出す広い後背地と強い軍事力をもつ国が交易の主役となっていった。

　16世紀半ばに中国の周辺では、北方の❹＿＿＿＿＿＿＿＿[当時④＿＿＿＿を統合した⑤＿＿＿＿＿＿＿（1507頃～82）は、しばしば長城をこえて侵入し、1550年には北京を包囲した]や東南沿岸の❻＿＿＿＿＿[16世紀の倭寇を後期倭寇と呼ぶのに対し、14世紀の倭寇を前期倭寇という]の活動が激化して明を苦しめたが（❼＿＿＿＿＿）、それは交易の利益を求める人々が明の統制政策を打破しようとする動きであった。その動きには、モンゴル人や日本人のみならず、多くの中国人が加わ

史料 鄭暁『**今言**』(1566年)
　近年の東南地域の倭寇には、おおむね①＿＿＿＿＿の人が多い。力が強く胆力もあり、知恵もある者は往々にして賊となる。……彼らは荒々しく勇敢であるが、出世の手段もなく生計の道もないため、よほど道徳的な人間でなければ苦しい生活には我慢できず、暴れまわって気を晴らそうとするのである。そこでこっそり故郷を離れ、異民族に寝返る。倭奴（日本人の蔑称）は華人を耳目（情報源）とし、華人は倭奴を爪牙（実行部隊）とする。……ましてや中国と外国とのあいだでは華人が倭奴を②＿＿＿＿をおこなえば、生産地と購買地のあいだは品物の価格が大きく異なり、数倍の利益が得られる。いまこれを禁止しようとしても、なんとかして交通しようとし、利益の道がふさがれれば反乱の発端が開かれ、たがいに誘い合って叛徒は日ごとに増加するだろう。現実的な③＿＿＿＿＿政策をとらなければ、数年後に大きな反乱がおこり、手の付けようもなくなるだろう。(岸本美緒訳)

解答 ⑬土木の変
交易の活発化▶①ポルトガル　②火器　③マラッカ　❹モンゴル　⑤アルタン＝ハーン　❻倭寇
❼北虜南倭
史料 ①中国　②交易　③寛容

っており、日本の五島列島などを拠点に活動した中国出身の⑧＿＿＿＿は、倭寇の有名な頭目の一人であった[16世紀半ば、日本の⑨＿＿＿＿に鉄砲を伝えたポルトガル人の乗ってきた船も、⑧＿＿＿＿のものであったといわれる]。

　このような状況に直面して、明は従来の交易統制政策を⑩＿＿＿＿し、モンゴルとのあいだに交易場を設けるとともに、⑪＿＿＿＿をゆるめて民間人の海上交易を許した。その結果、当時急速に生産をのばした日本の⑫＿＿＿＿、ついでアメリカ大陸のスペイン植民地で採掘された⑫＿＿＿が大量に中国に流入した。民間交易の活発化とともに、東アジア・東南アジアにおける明の権威は弱まって朝貢体制は崩壊に向かい、貿易の利益を求める勢力がその軍事力を背景に競争する実力抗争の時代となった。

明代後期の社会と文化　**Q▶** 明代後期の中国の社会・経済・文化は、世界の商業の活発化とどのように関係していたのだろうか。

　国際商業の活発化は、中国国内の商工業の発展をうながした。この時期に綿織物や❶＿＿＿＿などの家内制手工業が発展した長江下流域では、人口に比べて穀物が不足するようになり、長江中流域の❷＿＿＿＿（現在の湖北・湖南省）が新たな穀倉地帯として成長した[宋代には長江下流域が穀倉地帯として成長し「蘇湖(江浙)熟すれば天下足る」と称せられたのに対し、明代後期には「❷＿＿＿＿熟すれば天下足る」といわれるようになった]。江西省の❸＿＿＿＿に代表される**陶磁器**も生産をのばし、生糸とともに、ヨーロッパやアメリカ大陸にまで販路を広げた。

　海外からの銀の流入により、中国では銀が主要な貨幣となり、16世紀には、各種の税や労役を銀に一本化して納入する❹＿＿＿＿＿＿の改革が実施された。しかし、軍事費の増大により重税を課された農民の生活は苦しく、商工業発展の利益はもっぱら商人や官僚の手に流れ込んだ。❺＿＿＿＿商人や❻＿＿＿＿（新安）商人など、明の政府と結びついて塩の専売などで利益を得た**特権商人**は、全国的に活動して巨大な富を築いた。また、大都市には、同郷出身者や同業者の互助・親睦をはかるための❼＿＿＿＿や❽＿＿＿＿もつくられた。富裕な商人や❾＿＿＿＿[科挙の合格者や官僚経験者は、郷里の名士として勢力をもった。このような人々を❾＿＿＿＿という]は都市に居住し、庭園の建設や骨董の収集など文化生活を楽しんだ。

　商業の発展とともに、木版印刷による書物の出版も急増し、科挙の参考書や小説、

商業・技術関係の実用書などが多数出版されて、書物の購買層は広がった。『⑩_____演義』『⑪_____』『西遊記』などの**小説**が普及し、講談や芝居も都市を中心に庶民の人気を得た。儒学のなかでは、16世紀初めに王守仁(⑫_____)が、無学な庶民や子どもでも本来その心のなかに真正の道徳をもっていると主張し、外面的な知識や修養に頼る当時の朱子学の傾向を批判して、学者のみならず庶民のあいだにも広い支持を得た(⑬_____)。

明末には、科学技術への関心も高まった。『⑭_____』(李時珍著)、『⑮_____』(徐光啓編)、『⑯_____』(宋応星著)などの**科学技術書**がつくられ、日本など東アジア諸国にも影響を与えた。当時の科学技術の発展には、16世紀半ば以降東アジアに来航したキリスト教宣教師の活動も重要な役割を果たした。日本でのキリスト教普及の基礎を築いたイエズス会の⑰_____は、中国布教をめざしたが実現せず、その後、16世紀末以降に⑱_____らが中国に入って布教をおこなった。日本ではキリスト教が庶民層にまで広まったが、中国では、ヨーロッパの科学技術に関心をもつ士大夫層がキリスト教を受け入れた。リッチが作製した「⑲_____」は、中国に新しい地理知識を広め、日本などにも伝えられた。また、西洋暦法による『⑳_____』や、「ユークリッド幾何学」の翻訳である『幾何原本』も刊行された。

東南アジアの動向　Q▶この時期、東南アジアで台頭した新興勢力には、どのような共通点があるだろうか。

16世紀の東南アジアでは、①_____に占領された②_____のようにヨーロッパ勢力の支配下に入った地域もあった。ポルトガルに続いて東南アジアに進出した**スペイン**は、フィリピンを占領し、③_____を拠点として交易をおこなった。スペイン支配下のアメリカ大陸で採掘された銀が③_____へと運ばれ、おもに中国に流入した。アジアからは中国の生糸や陶磁器、南アジア産綿布などが③_____経由でアメリカ大陸に運ばれた。

一方、同時期の東南アジアには、交易の利益やヨーロッパから伝来した新式の火器など、外国との交流を利用して、強力な国家を建設した国々もあった。諸島部では、④_____王国や⑤_____王国などのイスラーム国家が、香辛料などの交易の利益を基盤に成長した。インドシナ半島では、タイの⑥

(解答) ⑩三国志　⑪水滸伝　⑫王陽明　⑬陽明学　⑭本草綱目　⑮農政全書　⑯天工開物　⑰ザビエル　⑱マテオ＝リッチ　⑲坤輿万国全図　⑳崇禎暦書
東南アジアの動向▶①ポルトガル　②マラッカ　③マニラ　④アチェ　⑤マタラム　⑥アユタヤ

　　　　　朝やビルマの⑦　　　　　　　　　朝など上座部仏教を奉ずる国々が、米や鹿皮の輸出で繁栄した。

東アジアの新興勢力

Q▶ この時期に東アジアに生まれた新興勢力のあいだには、どのような共通点があるだろうか。

　日本では、織田信長・❶　　　　　　　　　　が南蛮貿易の利益を得つつ、新式の鉄砲などの火器を活用して日本の統一を進めた。①　　　　　　　　　　はさらに領土の拡大をめざして朝鮮に侵攻した[日本では②　　　　　　・　　　　　　の役、朝鮮では③　　　　・　　　　　倭乱という]。しかし、明の援軍や朝鮮の❹　　　　　　　　が率いた水軍、民間の義兵などの抵抗を受け、秀吉の死とともに日本軍は撤退した。秀吉の死後、実権を握って江戸幕府を開いた徳川家康は、東南アジアに❺　　　　　　　　　を派遣し、香木・鹿皮などの東南アジア物産や、中国の生糸・絹織物を輸入した。東南アジアの各地では、中国の貿易商人による華人街に加えて、日本人による日本町もつくられた。

　日本の銀と中国の生糸の交易は大きな利益をもたらすものであったが、倭寇を警戒する明は、海禁をゆるめたのちも日中間の⑥　　　　　　　　　　を許さなかった。そのため、日中の密貿易商人に加えて、⑦　　　　　　　[19世紀末に正式にポルトガル植民地となったが、1999年に中国に返還された]を拠点としたポルトガルや⑧　　　　　　に拠点を築いた**オランダ**など、ヨーロッパ勢力が中継貿易の利益を得ようと争った。しかし江戸幕府は、幕府の統治の基礎を固めるため、キリスト教禁止や交易統制を強化し、1630年代に日本人の海外渡航やポルトガル人の来航を禁じた(いわゆる「❾　　　　　　　」[「⑨　　　　　　」の語は、19世紀初め、ヨーロッパ諸国の通商要求が強まるなかで、1630年代以来の対外関係統制政策を指すものとして用いられるようになった])。

　一方、中国の東北地方には、農牧・狩猟生活を営む❿　　　　　(ジュシェン、のち⑪　　　　と改称[⑪　　　　(マンジュ)とは、⑩　　　　　　人がみずから名づけた民族名である。また、のちに⑪　　　　人発祥の地である中国東北地方は「マンチュリア(満洲)」と呼ばれるようになった])が住み、明の支配を受けていたが、この地方でも薬用人参や毛皮の交易が盛んになり、その利益をめぐる⑩　　　　　　諸集団の争いが激化した。そのなかで16世紀末、⑫　　　　　　　　(太祖)が女真の統一に成功し、1616年に建国して国号を⓭　　　　(後金)とした[12世紀建国の金と区別して後金と呼ばれる。また、満洲語の

解答　⑦タウングー
東アジアの新興勢力▶❶豊臣秀吉　②文禄・慶長　③壬辰・丁酉　❹李舜臣　❺朱印船
⑥直接交易　❼マカオ　⑧台湾　❾鎖国　❿女真　⑪満洲　⑫ヌルハチ　⓭金

国号はアイシン（金の意）とされた］。⑫＿＿＿＿＿＿＿＿は、⑭＿＿＿＿＿＿［満洲人の血縁・地

縁集団を再編制した軍事・行政組織で、8つの軍団が、それぞれ色と縁どりの有無で区別される旗

を標識とした］の編制や満洲文字の制作など、独自の国家建設を進め、明との戦争を

開始した。第2代の⑮＿＿＿＿＿＿（太宗）は、内モンゴル［モンゴル高原のうち、

ゴビ砂漠の北側を外モンゴル、南側を内モンゴルという］の⑯＿＿＿＿＿＿＿＿を従えると、

支配下の満洲人・漢人・モンゴル人に推戴されて36年に皇帝と称し、国号を⑰＿＿＿＿

と定めた。

　北虜南倭に続き、朝鮮半島や東北地方での戦争によって、明の財政難は深刻化し

た。⑱＿＿＿＿帝時代の初期、実権を握った⑲＿＿＿＿＿＿は中央集権の強化によ

る財政の立て直しを試みたが、かえって地方出身の官僚たちの反発をまねき、

⑳＿＿＿派［江蘇省無錫の⑳＿＿＿＿＿書院の関係者が政府批判の中心になったので、このよう

に呼ばれた］と非⑳＿＿＿派との党争によって政治は混乱した。重税と飢饉のため

に各地で農民反乱がおこり、明は㉑＿＿＿＿＿の反乱軍に北京を占領されて滅亡

した（1644年）。

2　ヨーロッパの海洋進出とアメリカ大陸の変容

Q▶ ヨーロッパの海洋進出は、諸地域にどのような影響を与えたのだろうか。

ヨーロッパの海洋進出

Q▶ ヨーロッパの人々は、なぜ遠洋に乗り出していったのだろうか。

　13〜14世紀の地中海では、イタリア諸都市の商人が活発に交易をおこなっていた。

①＿＿＿＿＿＿や新型の帆船が実用化され、天文学や地理学の知識も増えたため、

イタリア商人は地中海からジブラルタル海峡を抜けてフランドル地方と直接交易す

るまでに活動の場を広げた。交易品のうち、とくにアジア産の②＿＿＿＿＿は重

宝されたが、東地中海に勢力を拡大していたオスマン帝国を経由して輸入されたた

め高価であった。このため香辛料を直接手に入れる交易路の開拓は、魅力的な事業

となった。

　同じ頃、イベリア半島では、イスラーム教徒に対する中世以来の国土回復運動（レ

コンキスタ）が進行しており、大西洋への出口がキリスト教諸国によって確保され

るとともに、領土のいっそうの拡大とキリスト教布教の熱意が高まっていた［とりわ

解答 ⑭八旗　⑮ホンタイジ　⑯チャハル　⑰清　⑱万暦　⑲張居正　⑳東林　㉑李自成
ヨーロッパの海洋進出▶ ①羅針盤　②香辛料

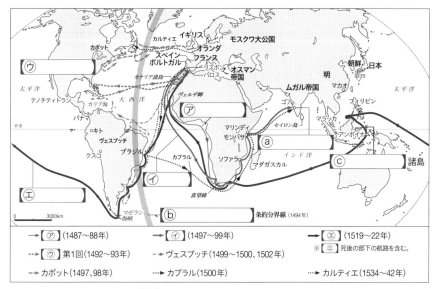

地図 ヨーロッパ人による航海と探検

け、15世紀半ばにビザンツ帝国がオスマン帝国に滅ぼされたため、遠方の未知の地にいるとされた
キリスト教徒と連携してイスラーム勢力を挟撃する構想は刺激的であった。また、『③ ....
........................』(『東方見聞録』)に記された「黄金の国」のイメージもヨーロッパ人の意欲をかき
立てた]。このため15〜16世紀のヨーロッパ諸国は、ポルトガル・スペインを先頭に
大西洋に乗り出して、④ .... を開拓し、また南北アメリカ大陸に
到達してこの地を征服することになった。

ヨーロッパのアジア参入

Q▶ ヨーロッパの人々の進出は、アジアに何をもたらしたのだろうか。

ポルトガルは、15世紀に入るとムスリム支配下の北アフリカに進出し、また「航
海王子」とも呼ばれた❶ ....や② ....のもとでア
フリカ西岸の探検をおこない、さらに、アジア航路の開拓を目的に南大西洋へ探検
隊を派遣した。1488年、❸ ....が④ ....
に到達して、アフリカ南端を確認した。98年には❺ ....
........................がインドに到達し、ヨーロッパとインドを直結する航路がはじめ

解答 ③世界の記述 ④アジア航路
ヨーロッパのアジア参入▶❶エンリケ ②ジョアン2世 ❸バルトロメウ＝ディアス ④喜望峰
❺ヴァスコ＝ダ＝ガマ
地図 ⑦ディアス ⑧ガマ ⑨コロンブス ⑩マゼラン ⓐカリカット ⓑトルデシリャス
ⓒマルク(モルッカ)

て開かれた[ヨーロッパ人が海洋に進出した15世紀から16世紀は、大航海時代とも呼ばれる]。

　ポルトガルはインドの⑥＿＿＿＿＿を根拠地とし、東南アジアにも進出して香辛料などのアジア物産をもち帰ったが、かわりに輸出する商品をもたなかったため、アジア内での中継貿易にも乗り出した。彼らは現地で交易網を発達させていたムスリム商人を火器の力で圧倒しつつ、各地に要塞や商館を築いて、16世紀前半にインド洋で活発な交易をおこなった。さらに同世紀後半から東アジアにも進出して、1557年に⑦＿＿＿＿＿の居住権を得て中国との交易の拠点としたほか、⑧＿＿＿＿＿を拠点に日本とも交易した。ポルトガルの交易網はアジアのほぼ全域におよび、その拠点にはカトリックの教会も設置され、レコンキスタとそれに続くカトリック改革の勢いに乗って布教もおこなわれた。

ヨーロッパのアメリカ「発見」と征服

Q▶ 中南米の先住民が短期間でスペイン人に征服されたのは、なぜだろうか。

　ポルトガルに遅れをとったスペインは、大西洋を横断してアジアに向かう❶＿＿＿＿＿の計画[①＿＿＿＿＿は、②＿＿＿＿＿の地球球体説をもとに、この計画を立てた]を後援し、彼の船団は1492年にカリブ海の島に到着した。彼はその後、今日のアメリカ大陸にも上陸したが、そこを「インド」と信じ、その住民を③＿＿＿＿＿と呼んだ。この「発見」に刺激されて、各国の探検隊が同地に派遣された。❹＿＿＿＿＿は、ここがアジアではなく未知の「新世界」であるととなえ、アメリカの呼び名の起源となった。また、イギリス王の支援を受けたカボットは北米大陸を探検し、フランス人カルティエは⑤＿＿＿＿＿に到達した。一方、ポルトガル人❻＿＿＿＿＿はインドに向かう途中で⑦＿＿＿＿＿に漂着した[これら一連の探検事業は、のちに中南米でスペイン・ポルトガルが、北米ではイギリス・フランスがその地の支配権を主張する根拠とされた]。さらに⑧＿＿＿＿＿は南北アメリカが地続きであることを確認し、ヨーロッパ人としてはじめて太平洋にも到達した。他方でスペインはアジア航路の探索も続け、❾＿＿＿＿＿の計画を支援した結果、彼の船隊は南アメリカ南端を経て、初の世界一周を達成した(1522年)[❾＿＿＿＿＿の船隊が到着したことを足がかりに、スペインは、16世紀後半からフィリピンの植民地化を進めた]。

　コロンブス以降に中南米へ上陸したスペイン人の「征服者」(⑩＿＿＿＿＿

解答 ⑥ゴア　⑦マカオ　⑧平戸
ヨーロッパのアメリカ「発見」と征服▶❶コロンブス　②トスカネリ　③インディオ(インディアン)　❹アメリゴ＝ヴェスプッチ　⑤カナダ　❻カブラル　⑦ブラジル　⑧バルボア　❾マゼラン　⑩コンキスタドール

　　　　　　　）たちは、先住民の文明の豊かな財宝を知ると、その略奪に熱中した。「征服者」は少人数だったが、火器や騎兵を駆使し、また先住民の被支配部族の反乱を煽って、❶　　　　　　　がメキシコで⑫　　　　　　　王国を、つづいて⑬　　　　　　　がペルーで⑭　　　　　　　帝国を滅ぼした［スペイン人がもちこんだ⑮　　　　　　　も、先住民に大きな打撃を与えた。なお、北米大陸に入植したイギリス人・フランス人・オランダ人も、武力で先住民から土地を奪った］。

　財宝を奪いつくすと、「征服者」たちは王室の認可を受けて、キリスト教布教の義務と引きかえに先住民を使役し、彼らに貢納・賦役を課した（⑯　　　　　　　制）。さらに、⑰　　　　　　　（現在のボリビア）やメキシコで銀山が発見されると、採掘のために先住民を強制労働に用いることも認められた。こうした過酷な支配やヨーロッパからもちこまれた⑮　　　　　　　によって先住民が激減すると、王室は⑯　　　　　　　制を廃止し、入植者に土地を与えて農業開発を進めた。その労働力として、アフリカから⑱　　　　　　　が奴隷として運び込まれた［高い致死率をもった⑮　　　　　　　の１つであるマラリアに対して、⑱　　　　　　　は抵抗力が強かった］。また、ポルトガル領のブラジルでは、先住民の搾取よりも入植と土地の開発が重視されたが、ここにも多数の⑱　　　　　　　奴隷が運び込まれた［西インド諸島でも、17世紀にスペイン・イギリス・フランス・オランダなどが⑱　　　　　　　奴隷を用いた大農園を築き、砂糖や⑲　　　　　　　などを大規模に生産した］。

　このようにして、中南米はスペイン・ポルトガルの広大な植民地となり、そこでは副王（総督）をはじめとする本国から派遣された官僚と、「征服者」にかわって新たに入植し、黒人奴隷を用いた大農園（⑳　　　　　　　　　　　　　　　）を開発・経営する白人地主の２者を支配集団とする社会が確立されていった。また、支配された先住民・黒人のあいだにもカトリックの信仰が広まった。なおスペインは、㉑　　　　　　　の㉒　　　　　　　を拠点に、㉓　　　　　　　船を用いて太平洋を横断する交易ルートを開き、これによってメキシコの㉔　　　　　　　と中国物産が交易されることになった。

解答 ❶コルテス　⑫アステカ　⑬ピサロ　⑭インカ　⑮疫病　⑯エンコミエンダ　⑰ポトシ　⑱黒人　⑲コーヒー　⑳プランテーション　㉑フィリピン　㉒マニラ　㉓ガレオン　㉔銀

「世界の一体化」と大西洋世界の形成

Q▶ 16世紀に一体化が始まった「世界」は、どのような性格をもっていたのだろうか。

ヨーロッパ人が海洋に進出したことで、世界の諸地域が交易を通じて結びつけられ、「**世界の❶**_____」が始まった。ただし、その影響は、ヨーロッパ・アジア・中南米で異なっていた。ヨーロッパでは、国際商業が経済の柱の1つとなり、また、その中心は地中海沿岸から大西洋沿岸地域に移動した(**❷**_____)。アジアでは、ヨーロッパ人は既存の交易網に参入して利益をあげ、さらに大量の銀と引きかえにアジア物産をもち帰った。彼らはヨーロッパとアジアの経済を密接に結びつけたが、アジアの政治秩序や文化にただちに大きな影響を与えたわけではなかった[この一方で、ヨーロッパ人がアジアと中南米を結びつけたため、アジアにも中南米の農作物がもちこまれ、また中国の絹織物や陶磁器などが中南米に送られた]。

これに対して中南米では、ヨーロッパ人は先住民の文明を滅ぼしたうえに、様々な動植物・病原体をもちこんだ。さらに自分たちが入植するとともに黒人奴隷も運び込み、またキリスト教を広めるなど、現地の社会を根本的にかえてしまった。その一方で、中南米から様々な農作物がもちこまれてヨーロッパ社会に大きな影響をおよぼし[**③**_____・サツマイモ・トウガラシ・インゲン豆・**④**_____・ピーナッツ・トウモロコシ・タバコ・カボチャ・カカオなどがヨーロッパに根づいた。逆に、サトウキビやコーヒーなどが「新大陸」にもちこまれた。また、梅毒などの疫病がヨーロッパおよびアジアに伝わった]、銀や**⑤**_____などの中南米の産物がヨーロッパの産物と大規模に交易される関係も始まった。こうして、一体化しつつあった世界の一角に「**❻**_____ **世界**」が出現し、ヨーロッパと南北アメリカ大陸は、のちに北アメリカで植民地が発展するにともなって、結びつきの度合いをいっそう強めていった。

解答 **「世界の一体化」と大西洋世界の形成**▶❶一体化　❷商業革命　③ジャガイモ　④トマト　⑤砂糖　❻大西洋

第10章 アジアの諸帝国の繁栄

「世界の一体化」にともなって国際交易が発展するなか、アジアでは、オスマン帝国・サファヴィー朝・ムガル帝国・清朝など、広大な領土をもつ諸帝国が繁栄した。

Q▶ これらの諸帝国に共通することは何だろうか。また、それぞれどのような特徴があったのだろうか。

1 オスマン帝国とサファヴィー朝

Q▶ オスマン帝国の領土となった諸地域は、どのように結びついていたのだろうか。

オスマン帝国の成立

Q▶ オスマン帝国の基礎は、どのように築かれたのだろうか。

　14世紀初め頃、イル゠ハン国の支配から独立したトルコ系の諸政権とビザンツ帝国が攻防するアナトリア西部に、オスマンを始祖とする国家が誕生した。この国家は君主であるスルタンを中心にバルカン半島で勢力を広げ、❶＿＿＿＿＿＿＿＿帝国へと発展した。バヤジット1世は、1402年に西進してきたティムールとのアンカラの戦いに敗れたが、後継者らがまもなく勢力を回復させた。とくに❷＿＿＿＿＿＿＿＿＿は1453年にコンスタンティノープル（のちの❸＿＿＿＿＿＿）を攻略し、❹＿＿＿＿＿＿＿＿帝国を滅ぼした。これ以後、オスマン帝国は長い歴史をもつこの都市を首都として、バルカン半島とアナトリアに中央集権的な支配をしいた［オスマン帝国は、ビザンツ帝国から引き継いだ中央集権的な統治制度と、トルコ的な軍事力をあわせもつ国家として、強大化した］。

　オスマン帝国初期の拡大を支えたのは、トルコ系の騎士（シパーヒー）だった。帝国は彼らに征服地の農地の徴税権などを分与するかわりに軍役を課し（❺＿＿＿＿＿＿＿制［❺＿＿＿＿＿＿＿＿＿＿制は、ビザンツ帝国のプロノイア制や、西アジアのイクター制の流れをくんでいる］）、中央政府に結びつけた。その一方で、帝国は支配地域のキリスト教徒から人材を登用し、「❻＿＿＿＿＿＿＿＿＿＿＿＿」として厚遇した［大宰相のような要職の多くも「❻＿＿＿＿＿＿＿＿＿＿＿＿＿」が占めた。また、オスマン帝国の常備軍は「❻＿＿＿＿＿＿＿＿＿＿＿＿＿」からなり、鉄砲や大砲などの火器で武装した歩兵部隊（❼＿＿＿＿＿＿＿＿＿）などが編制された］。また、先進的なイランの書記技術を導入し、ウラマーを司法や行政に活用する体制を整えた［イラン

解答　オスマン帝国の成立▶❶オスマン　❷メフメト2世　❸イスタンブル　❹ビザンツ
❺ティマール　❻スルタンの奴隷　❼イェニチェリ

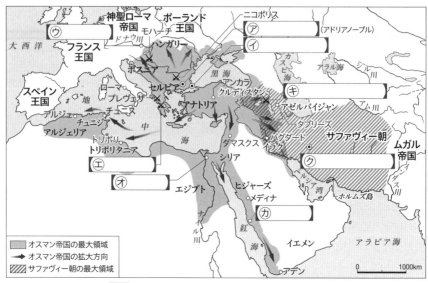

地図 オスマン帝国とサファヴィー朝の最大領域

ではイル゠ハン国の時代に簿記術が発達した。それを学んだオスマン帝国の書記たちは、新領土の農民と農産物に関する調査をおこない、支配に貢献した]。

オスマン帝国の拡大

Q▶ オスマン帝国の拡大は、どのように進んだのだろうか。

16世紀に入ると、西アジアでは、エジプト・シリアをおさめるマムルーク朝、バルカン半島・アナトリア西部のオスマン帝国、イラン高原に台頭したサファヴィー朝が覇権を競った。オスマン帝国は①＿＿＿＿＿＿＿のもとでサファヴィー朝と争い、アナトリア東部を支配下に入れた。さらに帝国は南進し、1517年に②＿＿＿＿＿＿＿朝を滅ぼしてシリア・エジプトを領有するとともに、それまでマムルーク朝が保持していたイスラーム教の両聖都❸＿＿＿＿と❹＿＿＿＿の保護権も獲得した。

オスマン帝国は、つづく❺＿＿＿＿＿＿＿のもとでも積極的な拡大政策を推し進めた。彼はハンガリーを征服し、ハプスブルク家がおさめるオーストリアの⑥＿＿＿＿＿まで軍を進めた[この1529年の⑥＿＿＿＿＿包囲戦

解答 **オスマン帝国の拡大▶**①セリム１世 ②マムルーク ❸メッカ ❹メディナ(❸・❹順不同) ❺スレイマン１世 ⑥ウィーン
地図 ㋐エディルネ ㋑イスタンブル ㋒ウィーン ㋓レパント ㋔カイロ ㋕メッカ ㋖チャルディラーン ㋗イスファハーン

（第1次）はヨーロッパ諸国に衝撃を与え、以後もオスマン帝国はヨーロッパの国際関係に影響を与え続けた]。また、新たに海軍を編制し、ヴェネツィアなどの艦隊を破って（❼＿＿＿＿＿＿＿＿＿＿＿＿の海戦）、北アフリカに至る地中海の制海権を得た[のちオスマン海軍は1571年に⑧＿＿＿＿＿＿＿＿＿＿の海戦でスペインやヴェネツィアなどに敗れるが、まもなく勢力を回復して、地中海の制海権を維持した]。さらに、サファヴィー朝とイラク地方の領有を争ってバグダードを獲得するとともに、紅海を経てインド洋にも艦隊を派遣した。

拡大後のオスマン帝国下の社会

Q▶ オスマン帝国はどのような統治をおこない、人々はどのように暮らしていたのだろうか。

17世紀になると、オスマン帝国の東西への拡大は終わり、領土は安定した。それにともなって、帝国の税制はティマール制から❶＿＿＿＿＿＿＿＿＿＿制へと変化した。徴税請負は中央政府の官僚やウラマー、さらに軍人たちによって担われた。しかし、18世紀になると徴税請負制下の周辺地域で富と権力の集中が進み、各地に有力者（②＿＿＿＿＿＿＿＿＿＿＿＿）が台頭した。

オスマン帝国の人々は、③＿＿＿＿＿＿＿＿＿＿とそれを補完するスルタンの法（④＿＿＿＿＿＿＿）[④＿＿＿＿＿＿＿は、徴税や住民の義務など、統治に関わる分野を規定した]）のもとに暮らした。また、イスラーム法はキリスト教徒やユダヤ教徒に対する支配の原則も定めていたため、帝国支配下の両教徒は、それぞれの宗教共同体の法に従って暮らすことを保障され、イスラーム教徒と共存した[これはイスラーム諸王朝に共通する仕組みであるが、オスマン帝国の場合、とくに⑤＿＿＿＿＿＿制と呼ぶこともある]。

オスマン帝国内では、東西交易や首都イスタンブルでの需要などから、各地に毛織物・綿布・生糸・絨毯などの特産品が生まれ、都市が成長した。商品の生産・販売にあたる都市の商工業者は、宗教の区別をこえて組合（⑥＿＿＿＿＿＿＿＿＿＿）を構成した。一方、長距離交易や首都への物品の供給に従事する者には特権が与えられ、そこではキリスト教徒やユダヤ教徒の大商人も活躍した。また、帝国とヨーロッパとの交易では、スルタンから商業活動や居住の自由などの❼＿＿＿＿＿＿＿＿＿＿＿＿と呼ばれた特権を認められたヨーロッパ商人が活躍した[オスマン帝国を経由して、ヨーロッパに⑧＿＿＿＿＿＿＿や絨毯、チューリップ、軍楽隊の

解答 ❼プレヴェザ　⑧レパント
拡大後のオスマン帝国下の社会▶❶徴税請負　②アーヤーン　③イスラーム法　④カーヌーン
⑤ミッレト　⑥エスナーフ　❼カピチュレーション　⑧コーヒー

音楽などの文物も伝わった]。

　オスマン帝国の都市では、様々な民族や宗教が共存し、音楽・芸能・食文化などで融合が進んだ。建築においても、ビザンツ帝国のハギア＝ソフィア聖堂などにならったドームを特徴とするオスマン帝国様式のモスクが各地に建設された。一方、絵画や文学では、優美なイラン文化の影響を強く受けた作品が生み出された。

サファヴィー朝とイラン社会

Q▶ サファヴィー朝のもとで、イラン社会はどのように変化したのだろうか。

　15世紀後半、イラン高原北西部やアナトリア東部のトルコ系遊牧民のあいだでは、過激な神秘主義(スーフィズム)を掲げるサファヴィー教団が支持を広げた。教主①＿＿＿＿＿＿＿＿＿＿＿＿＿(1世)は騎馬軍団を率いてイラン高原全域に勢力を拡大し、16世紀初めに、タブリーズを占領して❷＿＿＿＿＿＿＿＿朝を建てた。

　サファヴィー朝は、アナトリア東部やイラクの支配をめぐってオスマン帝国と争った。しかし、王朝の騎馬軍団は③＿＿＿＿＿＿＿＿＿＿＿＿の戦い(1514年)で鉄砲や大砲を駆使したオスマン軍に敗れ、アナトリア東部はオスマン帝国に帰属した。またスレイマン1世にはイラク地方を奪われた。

　サファヴィー朝の支配者(④＿＿＿＿＿＿)は、トルコ系遊牧民の支配層に支えられる一方、在地のイラン人の官僚も重用し、両者の協力を得て都市と農村を統治した。16世紀後半に即位した❺＿＿＿＿＿＿＿＿＿＿は、部族単位のトルコ系騎馬軍団をおぎなうものとして、オスマン帝国にならって奴隷軍人からなる王直属の軍団を編制し[彼らは、おもにコーカサス出身のグルジア人やアルメニア人であった]、オスマン帝国から一時的にイラクを奪い返すなど、サファヴィー朝の最盛期を現出させた。

　さらにアッバース1世は、イラン中部の❻＿＿＿＿＿＿＿＿＿＿＿＿＿＿を新たな首都とした。⑥＿＿＿＿＿＿＿は「⑦＿＿＿＿＿＿＿＿＿」とうたわれるほど繁栄し、庭園や彩色タイルのモスクなどが都市を飾った。また、詩・絵画・工芸などの芸術が発達した。手工業の分野では、イラン産の⑧＿＿＿＿＿がとくに高値で取引され、それを用いて織られた絨毯なども各地で重用された[イラン産の⑧＿＿＿＿＿は、オスマン帝国の地中海岸の都市にもたらされ、ヨーロッパ商人により購入され

解答 **サファヴィー朝とイラン社会▶**①イスマーイール　❷サファヴィー　③チャルディラーン　④シャー　❺アッバース1世　❻イスファハーン　⑦世界の半分　⑧絹糸

た]。

　宗教面では、サファヴィー朝の支配層は、建国当初の独自の信仰にかえてシーア派の穏健な一派である❾ _____ 派[❾ _____ 派は、12代目の「隠れイマーム（指導者）」がいつか再臨して、この世に正義をもたらすとする思想をもつ]の教えを受け入れ、シリアから宗教家をまねくなどしてシーア派信仰の整備につとめた。この結果、しだいにイランやアゼルバイジャンにシーア派信仰が浸透した。

2　ムガル帝国の興隆

Q▶ ムガル帝国の興隆と衰退は、南アジアにどのような影響をもたらしたのだろうか。

ムガル帝国の成立とインド＝イスラーム文化

Q▶ ムガル帝国において、ヒンドゥー教徒とイスラーム教徒はどのような関係だったのだろうか。

　16世紀前半の南アジアでは、中央アジア出身でティムールの子孫である❶ _____ が、カーブルを拠点にして北インドに進出した[❶ _____ は支配者としてすぐれていただけではなく、ペルシア語やアラビア語の教養にも深く、彼の回想録である『❷ _____ 』はトルコ語系のチャガタイ語による散文を代表する作品である]。彼は1526年の❸ _____ の戦いにおいて鉄砲や大砲などの火器を使用し、デリー＝スルタン朝最後の❹ _____ 朝に勝利をおさめ、イスラーム王朝である❺ _____ 帝国[❺ _____ の名称は「モンゴル」を意味する語句が転化したものだが、その由来については諸説がある]の基礎を築いた。

　ムガル帝国の実質的な建設者は、第3代皇帝❻ _____ である。❻ _____ は支配階層の組織化をはかり、彼らに官位を与えて等級づけ、それに応じて維持すべき騎兵・騎馬数と給与を定める❼ _____ 制を導入した。さらに、全国の土地を測量して徴税をおこなう制度を導入し、中央集権的な統治機構を整え、また首都を❽ _____ に移した。

　15〜16世紀には、イスラーム教と❾ _____ 教との融合をはかる信仰が生まれた。不可触民への差別を批判し、人類が根本的に1つであることを説いた❿ _____ や、カーストの区別なく解脱できると説いて、⓫ _____ 教の開祖となった⓬ _____ が登場した。

解答　❾十二イマーム
ムガル帝国の成立とインド＝イスラーム文化▶❶バーブル　❷バーブル＝ナーマ
❸パーニーパット　❹ロディー　❺ムガル　❻アクバル　❼マンサブダール　❽アグラ
❾ヒンドゥー　❿カビール　⓫シク　⓬ナーナク

アクバルは、信仰と統治の両面でヒンドゥー教徒とイスラーム教徒の融和をはかって支配の基盤を固めようとし、非イスラーム教徒に課されていた**⓭**＿＿＿＿（ジズヤ）を廃止して、ヒンドゥー勢力を味方につけた。

文化面でも融合への積極的な動きがみられた。ムガル宮廷にはイラン出身者や南アジア各地の画家がまねかれ、**細密画**を含む装飾写本が多数生み出された。各地の王の宮廷では、地方語による作品が生み出されるとともに、**⓮**＿＿＿＿＿＿語への翻訳が進んだ。公用語のペルシア語と地方語がまざった**⓯**＿＿＿

＿＿語も誕生した［**⓯**＿＿＿＿＿＿＿語は、現在パキスタンの国語となっている］。建築においても、インド様式とイスラーム様式が融合した**タージ＝マハル**などの壮大な建築物がつくられた。

デカン高原には、14世紀にヒンドゥー王朝の**⓰**＿＿＿＿＿＿＿王国が誕生し、インド洋交易を通じて西アジアから**⓱**＿＿を大量に入手して軍事力を高め、南インドにおいて支配を拡大した。しかし、イスラーム勢力との抗争によって17世紀には衰退し、その後、南インド各地で地方勢力の自立化が進んだ。

インド地方勢力の台頭

Q▶ ムガル帝国の衰退には、どのような要因があったのだろうか。

ムガル帝国は、第6代皇帝**❶**＿＿＿＿＿＿＿＿＿＿＿の時代に最大の領土となった。しかし、その治世には支配の弱体化も進んだ。ムガル支配層は、農村や都市で展開されていた活発な商品生産には積極的に関わらず、地租の徴収を強化するだけであった。また、イスラーム教に深く帰依した**❶**＿＿＿＿＿＿＿＿は、ヒンドゥー教寺院の破壊を命じたり、**❷**＿＿＿＿＿**を復活**するなどして、ヒンドゥー教徒からの反発をまねいた。

こうしたなか、各地で農民反乱が生じ、また地方勢力が着実に力をつけて独立への動きを示した。西インドではヒンドゥー国家の建設をめざす**❸**＿＿＿＿＿＿**王国**が登場し、西北インドではシク教徒が強大化した。18世紀初めにアウラングゼーブが死去すると、ムガル帝国は解体に向かい、ベンガルやデカンなど、各地に独立政権が生まれた。

解答 ⓭人頭税　⓮ペルシア　⓯ウルドゥー　⓰ヴィジャヤナガル　⓱馬
インド地方勢力の台頭▶❶アウラングゼーブ　**❷**人頭税　**❸**マラーター

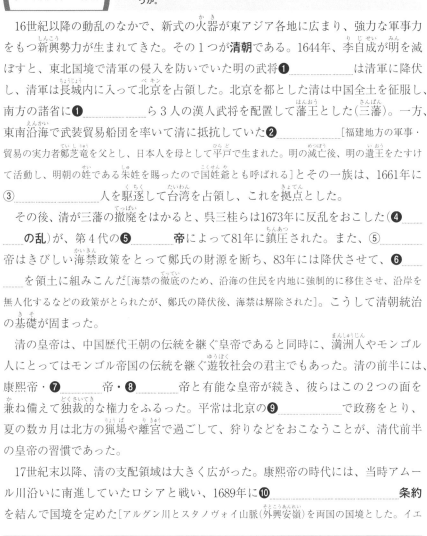

3 清代の中国と隣接諸地域

Q▶ 清代の政治と社会の特徴は何だろうか。また、清朝の皇帝が従来の中国王朝の皇帝と異なるのはどのような点だろうか。

多民族国家・清朝

Q▶ 清朝の領土にはどのような民族が含まれ、どのように統治されていたのだろうか。

　16世紀以降の動乱のなかで、新式の火器が東アジア各地に広まり、強力な軍事力をもつ新興勢力が生まれてきた。その１つが**清朝**である。1644年、李自成が明を滅ぼすと、東北国境で清軍の侵入を防いでいた明の武将❶＿＿＿＿＿＿は清軍に降伏し、清軍は長城内に入って北京を占領した。北京を都とした清は中国全土を征服し、南方の諸省に❶＿＿＿＿＿ら３人の漢人武将を配置して藩王とした(三藩)。一方、東南沿海で武装貿易船団を率いて清に抵抗していた❷＿＿＿＿＿＿[福建地方の軍事・貿易の実力者鄭芝竜を父とし、日本人を母として平戸で生まれた。明の滅亡後、明の遺王をたすけて活動し、明朝の姓である朱姓を賜ったので国姓爺とも呼ばれる]とその一族は、1661年に③＿＿＿＿＿＿人を駆逐して台湾を占領し、これを拠点とした。

　その後、清が三藩の撤廃をはかると、呉三桂らは1673年に反乱をおこした(❹＿＿＿＿＿の乱)が、第４代の❺＿＿＿＿帝によって81年に鎮圧された。また、⑤帝はきびしい海禁政策をとって鄭氏の財源を断ち、83年には降伏させて、❻＿＿＿＿＿を領土に組みこんだ[海禁の徹底のため、沿海の住民を内地に強制的に移住させ、沿岸を無人化するなどの政策がとられたが、鄭氏の降伏後、海禁は解除された]。こうして清朝統治の基礎が固まった。

　清の皇帝は、中国歴代王朝の伝統を継ぐ皇帝であると同時に、満洲人やモンゴル人にとってはモンゴル帝国の伝統を継ぐ遊牧社会の君主でもあった。清の前半には、康熙帝・❼＿＿＿＿帝・❽＿＿＿＿＿帝と有能な皇帝が続き、彼らはこの２つの面を兼ね備えて独裁的な権力をふるった。平常は北京の❾＿＿＿＿＿で政務をとり、夏の数カ月は北方の猟場や離宮で過ごして、狩りなどをおこなうことが、清代前半の皇帝の習慣であった。

　17世紀末以降、清の支配領域は大きく広がった。康熙帝の時代には、当時アムール川沿いに南進していたロシアと戦い、1689年に❿＿＿＿＿＿条約を結んで国境を定めた[アルグン川とスタノヴォイ山脈(外興安嶺)を両国の国境とした。イエ

解答　多民族国家・清朝▶❶呉三桂　**❷**鄭成功　**③**オランダ　**❹**三藩　**❺**康熙　**❻**台湾　**❼**雍正　**❽**乾隆　**❾**紫禁城　**❿**ネルチンスク

ズス会士も通訳として会議に参与し、ヨーロッパの国際法に準拠した対等の形式で条約が結ばれた]。また、ジュンガル[オイラト系の集団で、17世紀に天山山脈西北の草原地帯からトルキスタン・青海・チベットや外モンゴルに進出し、中央ユーラシアに最後の遊牧帝国を築いた]を破って外モンゴルを支配するとともに、モンゴル人に大きな影響力をもつチベット仏教の本拠地であるチベットにも勢力をのばし、チベット仏教の守護者の地位をめぐってジュンガルと対立した。乾隆帝の時代には、ジュンガルを滅ぼして東トルキスタン全域を占領し、これを「**⓫**＿＿＿＿＿」(「新しい領土」の意味)と名づけた。

　清の広大な領土のうち、直轄領とされたのは、中国内地・東北地方・台湾であり、モンゴル・**⑫**＿＿＿＿・チベット・**⓫**＿＿＿＿は**⓭**＿＿＿＿として**⓮**＿＿＿＿に統轄された。モンゴルではモンゴル王侯が、チベットでは黄帽派は**チベット仏教**の指導者**⓯**＿＿＿＿＿＿＿＿＿[14世紀から15世紀初めに、**⓰**＿＿＿＿(1357〜1419)が開いた黄帽派チベット仏教の教主。16世紀後半にモンゴルのアルタン＝ハーンが黄帽派に帰依し、ダライ＝ラマ(ダライは大海、ラマは師の意)の称号を贈ってから、代々この名称で呼ばれるようになった。ダライ＝ラマをはじめとするチベット仏教の高僧は**⓱**＿＿＿＿といわれ、その地位は転生(生まれかわり)によって受け継がれるものとされた]らが、新疆ではウイグル人有力者(**⓲**＿＿＿＿)が、現地の支配者として存続し、清朝の派遣する監督官とともに、それぞれの地方を支配した。清朝はこれら藩部の習慣や宗教にはほとんど干渉せず、とくにチベット仏教は手厚く保護して、モンゴル人やチベット人の支持を得ようとした。

清と東アジア・東南アジア

Q▶ 明代と清代とでは、周辺諸国と中国との関係にどのような違いがみられるだろうか。

　清の最盛期には、東アジア・東南アジアの諸国が清に朝貢をおこなっており、清はこれら諸国を理念上、**①**＿＿＿＿とみなしていた。しかし、各国の内部では、それぞれ独特の国家意識が成長していた。

　16世紀以降の**朝鮮**では、科挙制のなかで**❷**＿＿＿＿といわれる有力な家柄が官僚の大部分を占めるようになり、政治上の実権をめぐって党争を繰り返した。この党争は**③**＿＿＿＿学の学派争いとも深く結びついていた。**④**＿＿＿＿＿＿＿の侵攻で大きな被害を受けた朝鮮では、明の救援に対する恩義の意識が強かったが、明の滅亡に先だち、清の侵攻を受けて、その朝貢国とならざるをえなかった。しかし、

解答 ⓫新疆 ⑫青海 ⓭藩部 ⓮理藩院 ⓯ダライ＝ラマ ⓰ツォンカパ ⓱活仏 ⓲ベグ
清と東アジア・東南アジア▶ ①属国 ❷両班 ③朱子 ❹豊臣秀吉

北方民族出身の清に対する両班の反発は強く、朝鮮こそ明を継ぐ正統な中国文化の継承者だとする「⑤＿＿＿＿＿＿＿」の意識から、❻＿＿＿＿＿＿の儀礼が中国以上に厳格に守られた。

　琉球は、17世紀初めに薩摩の大名⑦＿＿＿＿＿氏の攻撃を受けてこれに服属したが、中国への朝貢は続け、日本と中国に「⑧＿＿＿＿＿」する状態となった。そのなかで、日本・中国双方の要素を含む琉球独特の文化が、⑨＿＿＿＿＿＿を中心に形成された。日本では、16世紀半ばに⑩＿＿＿＿＿貿易が途絶してからは、中国とのあいだに朝貢関係が復活することはなく、また1630年代の「鎖国」の後、江戸幕府は対外関係をきびしく統制した。しかし、⑪＿＿＿＿＿における中国・オランダとの貿易、⑫＿＿＿＿＿を通じての朝鮮との関係、薩摩藩・琉球を通じての中国との関係、松前藩を通じての⑬＿＿＿＿＿との交易など、隣接諸地域との交流は江戸時代を通じて続いた。幕府や諸大名の保護を受けて、朱子学を中心とする儒学が広く学ばれたが、一方で、日本独自の文化に対する関心も強まり、外来の儒学を排して日本古来の精神に戻ろうとする⑭＿＿＿＿＿が盛んになった。また、オランダを通じて流入した医学など西洋科学への関心も高まった。経済面では、従来は輸入に頼っていた生糸など手工業産品の国産化が進み、自立的な経済構造が形成されていった。

　東南アジアの諸島部では、17世紀末以降、現地政権が倒れて❺の支配が進んだ。一方、大陸部（インドシナ半島）では、ビルマのタウングー朝が南部の⑯＿＿＿＿＿人などの侵攻で倒れたのち、新たにコンバウン朝が成立したのをはじめとして、18世紀半ばから19世紀初めにかけて、タイのラタナコーシン朝（チャクリ朝）、ベトナムの阮朝など、新王朝がつぎつぎに成立した。これらの新王朝は、政治的基盤を固めるため名目的に清の冊封を受けたが、実際には中国と対等な自立した国であるという意識が強かった。18世紀の東南アジアでは、中国経済の活況とともに中国船による貿易が増大し、諸島部でも大陸部でも、中国からの移住者が経済面で大きな力を握った〔在外の中国系の人々は「華僑」とも呼ばれるが、「僑」とは仮住まいの意味である。現代では、移住先で国籍を得て代々定住する場合が多いことから、これら中国系の人々を「⑰＿＿＿＿＿」と称することが一般的となっている〕。彼らは時に現地政権の弾圧を受けることもあったが、会館などの相互扶助機関をつくって、東南アジア各地の社会に根づいていった。

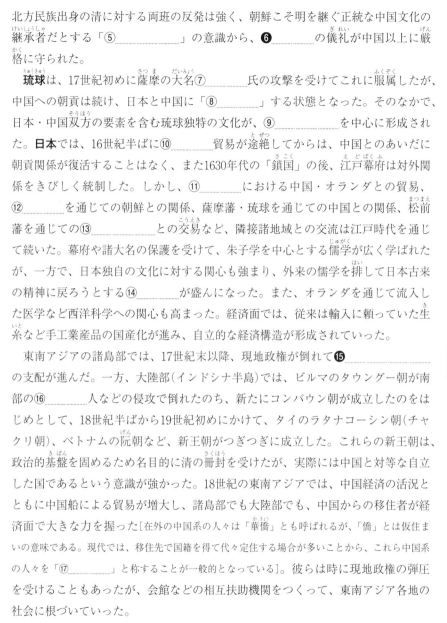

第10章

──────────────────────────────

解答　⑤小中華　❻儒教　⑦島津　⑧両属　⑨首里城　⑩勘合　⑪長崎　⑫対馬　⑬アイヌ
⑭国学　❺オランダ　⑯モン　⑰華人

Q▶ 漢人の社会や文化に対して、清朝はどのような態度をとったのだろうか。

人口や経済力で圧倒的な比重を占める漢人の居住地域(もとの明の領土)をどのように統治するかは、清朝にとって重要な課題であった。清朝は、科挙・官制などにおいては明の制度をほぼ受け継ぎ、儒学を振興して中国王朝の伝統を守る姿勢を示した。一方で、軍制では漢人で組織する❶＿＿＿＿＿＿のほかに、満洲・モンゴル・漢で構成される❷＿＿＿＿＿を要地に駐屯させた。また、中央官制の要職の定員は③＿＿＿・＿＿＿＿＿とし、皇帝直属の諮問機関の❹＿＿＿＿＿を設置するなど、独自の制度も創設した。さらに清朝は『❺＿＿＿＿＿＿＿』『❻＿＿＿＿＿＿』など、大規模な編纂事業をおこして学者を優遇する一方、反清的言論に対しては❼＿＿＿＿[書物のなかの反満・反清的な文字を摘発し、その作者をきびしく処罰した]や⑧＿＿＿＿を通じ、きびしく弾圧した。漢人男性には満洲人の髪形である❾＿＿＿も強制した。

台湾の鄭氏の降伏後、清朝は海禁を解除し、**海上貿易**は順調に発展した。生糸や陶磁器・茶などの輸出によって中国には❿＿＿が流れ込み、東南アジアに移住して商業活動をおこなう華人も増えた。18世紀半ばに、乾隆帝は治安上の理由からヨーロッパ船の来航を⓫＿＿＿**1港**に制限し、⓬＿＿＿＿という特定の商人たちに管理させたが、その後も貿易量は増え続けた。18世紀には政治の安定のもと、中国の人口は急増し、山地の開墾が進んだ。山地では⓭＿＿＿＿や藍などの商品作物がつくられ、また⓮＿＿＿＿＿やサツマイモなど、山地でも栽培可能な自給作物が山地での人口増を支えた[⓭＿＿＿・⓮＿＿＿・サツマイモなどはいずれも、アメリカ大陸から伝来した新作物であった]。税制では、18世紀初めの⓯＿＿＿＿**制**により、丁税(人頭税)が土地税に繰り込まれて制度の簡略化がはかられた。

文化面での清代の特徴は、精密さや繊細さという言葉で表すことができる。明清交替の動乱期を経験した⓰＿＿＿＿など清初の学者は、社会秩序を回復するには現実を離れた空論でなく、事実にもとづく実証的な研究が必要だと主張した。その主張は清代中期の学者に受け継がれ、儒学の経典の校訂や言語学的研究を精密におこなう⓱＿＿＿**学**が発達した。また、『⓲＿＿＿＿』など清代中期の長編小

解答　清代中国の社会と文化▶ ❶緑営　❷八旗　③満・漢同数　❹軍機処　❺康熙字典　❻四庫全書　❼文字の獄　⑧禁書　❾辮髪　❿銀　⓫広州　⓬行商　⓭タバコ　⓮トウモロコシ　⓯地丁銀　⓰顧炎武　⓱考証　⓲紅楼夢

説も細密な筆致で上流階級の生活を描写し、多くの読者をひきつけた。

　清朝は、⑲＿＿＿＿＿＿＿会の宣教師を技術者として活用した。暦の改訂をおこなった⑳＿＿＿＿＿＿＿＿＿＿＿＿＿、ヨーロッパの画法を紹介したり、㉑＿＿＿＿＿＿＿の設計に加わった㉒＿＿＿＿＿＿＿＿＿＿＿＿＿＿らはその例である。イエズス会宣教師は布教にあたって中国文化を重んじ、信者に祖先崇拝などの儀礼を認めたが、これに反対する他派の宣教師がローマ教皇に訴えたことから、㉓＿＿＿＿＿＿問題がおこった。教皇はイエズス会の布教方法を否定したため、これに反発した清朝は、雍正帝の時代に**キリスト教の布教を禁止**した。一方、宣教師たちがヨーロッパに伝えた儒教・科挙など中国の思想・制度や造園術などの文化は、ヨーロッパ人のなかに中国に対する関心を呼びおこし、中国と西洋を比較する政治論が戦わされるとともに、芸術のうえでも中国趣味（㉔＿＿＿＿＿＿＿＿＿）が流行した。

近世ヨーロッパ世界の動向

ヨーロッパは、経済的には海洋進出、精神的には宗教改革、政治的にはイタリア戦争を経て、中世とは明らかに異なる時代に移った。この時代をヨーロッパ史では近世と呼ぶ。

Q▶ それまでの時代と比べ、近世のヨーロッパは何が異なっていたのだろうか。

1 ルネサンス

Q▶ ルネサンスはどのような点で新しく、どのような点で古かったのだろうか。

ルネサンス運動 **Q▶** ルネサンスの動機はどのようなもので、また、その担い手はどのような人々だったのだろうか。

　中世末期のヨーロッパでは、①＿＿＿＿＿＿＿＿（ペスト）の大流行によって多くの死者が出たため、生ける者としての人間に以前よりも大きな価値が見出されるようになった。また、②＿＿＿＿＿＿＿＿＿＿圏から伝わった諸学問の影響を背景に、自然界に働きかける技術への関心が強まった。このため、自然とその一部である人間が肯定的なかたちで探究されるようになり、様々な発見がなされた［中世のキリスト教的人間観では、人は生まれながらに罪を負い、不浄で無力な存在とされた。他方で自然界は、神の被造物の最下位に位置する無価値なものとされ、恐怖の対象でもあった］。これらの動きをもとに、文芸・科学・芸術などの多様な方面で文化活動が展開されるようになり、これを❸＿＿＿＿＿＿＿＿＿＿（「再生」の意味）と総称する。ルネサンスを担った人々は、キリスト教は否定しなかったが、現世の文化を尊重し、そのもとでは❹＿＿＿＿＿＿＿＿＿＿＿＿＿＿＿に象徴される文芸や自然諸学に通じた「**万能人**」が理想とされた。ルネサンスは⑤＿＿＿＿＿＿＿＿＿などのイタリア諸都市で14世紀に始まって、16世紀までに西ヨーロッパ各地へと広まった。

　ルネサンスを推進したのは、中世後期以来発展した都市に住む教養人であった。ただし、その多くは⑥＿＿＿＿＿＿＿＿家などの大富豪やフランス王・ローマ教皇などの権力者の保護下で活動したため、ルネサンスは既存の社会体制を直接的に批判する運動とはならなかった。

解答 ルネサンス運動▶①黒死病 ②イスラーム ❸ルネサンス ❹レオナルド゠ダ゠ヴィンチ ⑤フィレンツェ ⑥メディチ

Q▶ ルネサンスを支えた精神にはどのような特徴があり、また後世に何を残したのだろうか。

　ルネサンスの目的の１つは、人が価値あるものとして現世を生きるための指針を得ることにあり、そのためにキリスト教以前の①＿＿＿＿＿＿＿・②＿＿＿＿＿＿＿の文化が探究された。文芸や思想面におけるこの動きを、**人文主義（❸＿＿＿＿＿＿＿＿＿＿＿＿）**という。中世の西ヨーロッパで①＿＿＿＿＿＿＿語は忘れられていたが、オスマン帝国の圧迫でビザンツ帝国から逃れた知識人によって伝えられた。**ペトラルカ**や❹＿＿＿＿＿＿＿＿＿＿＿＿＿をはじめとする人文主義者たちは、①＿＿＿＿＿＿＿＿語を学びつつ、さらに信仰と学問の言語として存続していたラテン語の知識を用いて、ヨーロッパ各地の修道院に死蔵されていた文献を解読し、古代のいきいきとした人間の姿を復活させた［その成果の１つに、⑤＿＿＿＿＿＿の再発見がある。また人文主義者は、写本の文言の検討によって文章の真偽を確認する手法を確立し、これはのちのヨーロッパにおける古典学・聖書学・歴史学の礎となった。古典学の発達の結果、古代ギリシアの文明をヨーロッパ文明の源流とする観念も成立した］。

　ルネサンスの探究は物質面にも向けられ、自然の隠された性質を解明しようとする動機のもと、中世以来の占星術や⑥＿＿＿＿術にもとづいてルネサンス期の科学が展開された。占星術は天文学の発達を導いて、宇宙の全体的秩序の一部をなすものとして天体の動きが観測された結果、トスカネリによって❼＿＿＿＿＿＿＿＿＿＿**説**が、さらに❽＿＿＿＿＿＿＿＿＿＿＿によって❾＿＿＿＿**説**がとなえられ、人々の世界観に大きな影響を与えた。錬金術は金属技術の発達をもたらし、後世の化学の基礎ともなった。この時期には、はじめて人体の解剖図も登場し、古代ギリシア以来の医学の権威がゆらぐとともに、人体が理想化されて描かれるようになった。

Q▶ 多方面におけるルネサンスの成果は、後世にどのような影響を与えたのだろうか。

　ルネサンスの精神のもと、その活動は様々な方面で展開された。建築では、古代建築の要素を取り入れて、均整と調和を重視する❶＿＿＿＿＿＿＿＿＿**様式**が成立し、建築はすべての学問を統合する最高の科学として称揚された。絵画では、油絵の技法が②＿＿＿＿法を用いて確立されて、近代絵画の基本である写実主義への道が開かれ、またキリスト教以外の主題も描かれるようになった。

第11章

解答　ルネサンスの精神▶ ①ギリシア　②ローマ　❸ヒューマニズム　❹ボッカチオ　⑤ホメロス　⑥錬金　❼地球球体　❽コペルニクス　❾地動
ルネサンスの広がり▶ ❶ルネサンス　②遠近

伊=イタリア　英=イギリス　仏=フランス　西=スペイン　独=ドイツ

【文芸】
ダンテ(伊)…『神曲』
ペトラルカ(伊)…『叙情詩集』
ボッカチオ(伊)…『①＿＿＿＿＿』
②＿＿＿＿＿＿＿(英)…『カンタベリ物語』
エラスムス(ネーデルラント)…『愚神礼賛』
モア(英)…『③＿＿＿＿＿＿＿』
ラブレー(仏)
　　…『ガルガンチュアとパンタグリュエルの物語』
④＿＿＿＿＿＿(仏)…『エセー(随想録)』
セルバンテス(西)…『ドン＝キホーテ』
シェークスピア(英)…『ヴェニスの商人』
　　　　　　　　　『ハムレット』

【美術】
⑤＿＿＿＿＿＿(伊)…「聖フランチェスコの生涯」

⑥＿＿＿＿＿＿兄弟(ネーデルラント)
　　　　　…ガン(ヘント)の祭壇画
ドナテルロ(伊)…「聖ジョルジオ像」
⑦＿＿＿＿＿＿(伊)…サンタ＝マリア大聖堂
　　　　　　　　ドーム
⑧＿＿＿＿＿＿(伊)…サン＝ピエトロ大聖堂
⑨＿＿＿＿＿＿(伊)…「ヴィーナスの誕生」
　　　　　　　　「春」
レオナルド＝ダ＝ヴィンチ(伊)
　　…「⑩＿＿＿＿＿＿」「モナ＝リザ」
⑪＿＿＿＿＿＿(独)…自画像、「四人の使徒」
⑫＿＿＿＿＿＿(伊)…「ダヴィデ像」
　　　　　　　　「最後の審判」
⑬＿＿＿＿＿＿(伊)…聖母子像、「アテネの学堂」
⑭＿＿＿＿＿＿(ネーデルラント)
　　　　　　　　…「農民の踊り」

　ルネサンス期には、一連の重要な発明もなされた。中国伝来の❸＿＿＿＿が改良され、鉄砲や大砲が発明された。また、これは従来の戦術を一変させ、騎士の没落をもたらした(❹＿＿＿＿＿＿＿＿＿)。中国から伝わった❺＿＿＿＿＿も、天体観測に頼っていた航海術を大きくかえて、ヨーロッパ人の海洋進出を可能とした。さらに、❻＿＿＿＿＿＿＿＿による❼＿＿＿＿＿術の改良と紙の普及によって可能となった大量の印刷物が、文芸の振興をあと押しし、その後の宗教改革の一助ともなった。

　人文主義のもとで、文芸でも豊かな成果が生み出された。❽＿＿＿＿＿＿による『神曲』が先駆となったように、ルネサンス期の文芸作品の多くは、ギリシア・ローマを模範としつつも、ラテン語ではなく各国語で著され、のちの国民文化の形成に貢献した。人文主義者を代表する❾＿＿＿＿＿＿＿は、人間はおろかしくとも幸福に生きていけるとし、謹厳さを誇る聖職者や学者を揶揄した。その友人の❿＿＿＿＿は『ユートピア』を著して、キリスト教の天国とは別の理想郷の可能性を示した。この時代には、人間の感情や肉体的欲求も肯定されるようになった。

解答　❸火器　❹軍事革命　❺羅針盤　❻グーテンベルク　❼活版印刷　❽ダンテ　❾エラスムス
❿モア
表　①デカメロン　②チョーサー　③ユートピア　④モンテーニュ　⑤ジョット
⑥ファン＝アイク　⑦ブルネレスキ　⑧ブラマンテ　⑨ボッティチェリ　⑩最後の晩餐
⑪デューラー　⑫ミケランジェロ　⑬ラファエロ　⑭ブリューゲル

⑪_____はほら話と猥雑な記述で、笑いを人間の本性の1つとして復権させようとし[中世のヨーロッパでは、庶民のあいだを除いて、声を立てて笑うことは忌避されていた]、**⑫**_____は人間の情念を歴史劇で描き出した。また、**⑬**_____は『ドン＝キホーテ』で、中世の騎士道を風刺した。

2 宗教改革

Q▶ 16～17世紀におけるヨーロッパの宗教分布は、どのようなものだったのだろうか。

宗教改革とルター
Q▶ それまで挫折続きだった教会改革の試みが、なぜ16世紀にはじめて実現したのだろうか。

　西欧中世末期のカトリック圏では、聖職者の贅沢や怠惰がめだった一方で、疫病や戦争による社会不安から一般信徒の信仰心は高まり、教会の改革を求める声が続いていた。ローマ教皇は14～15世紀に生じた改革の動きを異端として処断し、カトリック圏の一体性を保ったが、16世紀の運動は異端にとどめることができず、**宗教改革**が始まった。

　16世紀初めにメディチ家出身の教皇は、①_____大聖堂をルネサンス様式に改築する資金を得るために **②**_____を売り出した。教会によれば、人は生まれながらに罪を負った存在だが、教会に属して儀式を受け、善行を積むことで神に赦されて魂が救われるのであり、贖宥状の購入も善行の1つとされた。贖宥状に対してドイツの修道士**③**_____は、1517年に「**④**_____**の論題**」で異議をとなえ、大きな反響を呼んだ。つづいて③_____は、人は⑤_____を通して神に救われるのであり、真の信仰は、教会による導きではなく、信徒がみずから聖書を読むことで得られると主張した。また、修道院を否定したうえ、特別な人間とされてきた聖職者と一般信徒との区別を廃して(**⑥**_____**主義**)、聖職者は信徒によって選ばれるものとし、妻帯も許されるとした。

　ルターの主張は⑦_____教会を根本的に否定するものだったため、彼は教皇によって破門された。しかし、当時のドイツでは聖職者への不満とローマ教会への反感が高まっていたため、広範な社会層が彼を支持した[ドイツは政治的に分裂していたため、教皇による政治的干渉や財政上の搾取を受けやすく、「⑧_____

第11章

解答 ⑪ラブレー　⑫シェークスピア　⑬セルバンテス
宗教改革とルター▶①サン＝ピエトロ　❷贖宥状　❸ルター　❹九十五カ条　⑤信仰　❻万人司祭
⑦カトリック　⑧ローマの牝牛

＿＿＿＿＿」とも呼ばれた]。また、カトリック教会の守護者を自認していた神聖ローマ皇帝の**❾**＿＿＿＿＿＿＿＿は、東方からせまる**⓾**＿＿＿＿＿＿帝国との戦いに力を注がねばならず、帝国内の反皇帝勢力に強い姿勢でのぞむことができなかった。こうした事情のため、ルターは皇帝から説の撤回を求められたが、反皇帝派の諸侯に保護されて、思索と著述を続けることができた。

　ドイツの印刷術もルターの改革をあと押しした。とくにルターが『新約聖書』の**⑪**＿＿＿＿＿＿＿＿訳を完成したことで、彼の説は急速に広まった[ルネサンス期の文学が各国語で記されたことや、プロテスタント地域で各国語の聖書がつくられたことにより、ヨーロッパの識字率は向上した]。その影響のなか、ドイツの農民は、ルターの教えをさらに進めた説教師**⑫**＿＿＿＿＿＿＿＿＿＿を指導者に大規模な一揆をおこし、聖書に根拠が示されていないとして、農奴制の廃止を掲げるまでに急進化した（**⑬**＿＿＿＿＿＿＿**戦争**）。しかしルターは、農民が現世の利益のみを求めているとして一揆に反対し、また諸侯は領主としての立場から一揆を鎮圧した。

　その一方、諸侯のうちのルター派は、修道院の解散などの反カトリック政策を領邦内でとりつつ、同盟を結んで皇帝に対抗した。このため同盟と皇帝のあいだで宗教内戦がおこったが、1555年の**⑭**＿＿＿＿＿＿＿＿＿＿＿**の和議**で終結した。和議では、諸侯は自身の領邦の宗教をカトリックかルター派のどちらかに定める権利を得て、さらにルター派となる場合は、領邦内の教会の首長となり、教皇から自立して教会を監督することになった（**⑮**＿＿＿＿＿＿＿制）[領邦の臣民は君主の信仰に従うこととされ、万人司祭主義は崩れた]。宗教改革はこうして追認され、カトリック圏の一体性は崩れた。またルター派は、ドイツ以外ではおもに北欧に広まった。

カルヴァンと宗教改革の広がり

Q▶ カルヴァンの教えには、どのような特徴があったのだろうか。

　16世紀にはドイツ以外でも宗教改革が試みられ、これらの人々はルター派とあわせて**❶**＿＿＿＿＿＿＿＿＿＿と総称されるようになった[「①＿＿＿＿＿＿＿＿」の呼称は、16世紀前半に皇帝がいったんは認めていた信教の自由を取り消したことに対して、ルター派の諸侯が「抗議文」を出したことに由来する]。スイスでは、ルターの影響を受けた**❷**＿＿＿＿＿＿＿＿＿＿が、チューリヒで聖書にもとづいた信仰を説き、彼の教えはほかの都市にも広まった。さらにフランス出身の神学者

解答 ❾カール5世　**⓾**オスマン　**⑪**ドイツ語　**⑫**ミュンツァー　**⑬**ドイツ農民
⑭アウクスブルク　**⑮**領邦教会
カルヴァンと宗教改革の広がり▶❶プロテスタント　**❷**ツヴィングリ

❸＿＿＿＿＿＿＿＿が❹＿＿＿＿＿＿＿＿＿＿で指導をおこない、信仰のあつい
信徒を長老に選出して牧師と共同で教会を運営する教会制度（❺＿＿＿＿＿＿**主義**）を確
立した。教義においては、カルヴァンは聖書を重視して聖人への崇敬を廃し、さら
に神に救われるかどうかは、無力な人間の善行や信仰によるのではなく、あらかじ
め神によって定められているとする❻＿＿＿＿＿＿**説**をとなえた［人はその区別を知り得な
いが、堕落した人間が神に選ばれるはずはないため、規律と勤勉が救済の前提条件とされた。他方、
カトリックの教えでは、職業上の成功や出世は重視されず、また利益は慈善として社会に還元すべ
きとされていた］。こうしたカルヴァンの教会制度と教義は、商工業者や知識人の心
をとらえ、フランスや❼＿＿＿＿＿＿＿＿＿＿＿＿＿、イギリスなどに伝わった。
また西ヨーロッパ各地の宗教改革運動は、カルヴァン派の判断を仰ぐことも多く、
ジュネーヴはプロテスタントの中心地となった。

　イギリスでは、国王❽＿＿＿＿＿＿＿＿＿＿が宗教改革を主導した。彼は、王位
継承問題で教皇と対立すると、❾＿＿＿＿＿**法**（1534年）を定めてカトリック圏を離脱
し、これにより国王を首長とする**イギリス❿**＿＿＿＿＿が成立した［❽＿
＿＿＿＿＿＿＿はさらに国内の修道院を解散させ、その広大な土地を没収した］。その後、教義
面の改革が進められ、⓫＿＿＿＿＿＿＿＿＿＿＿＿が**統一法**（1559年）を制定し
てイギリスはプロテスタント国家となった。ただし、イギリスの宗教改革では、制
度や儀式にカトリック的な要素を残したため、のちに⓬＿＿＿＿＿＿＿＿
と呼ばれるグループが、改革の徹底化を求めることとなった。

カトリック改革とヨーロッパの宗教対立

Q▶カトリック改革には、どのような世界史的な意
義があるのだろうか。

　同じ頃、カトリック教会側でも独自の改革（❶＿＿＿＿＿＿＿＿＿＿［この
改革は対抗宗教改革とも呼ばれる］）が始まっており、宗教改革への対応がその動きを強
めた。1545年からは❷＿＿＿＿＿＿**公会議**が開かれ、ラテン語聖書の正統
性のほか、善行や儀式の意義、聖像の使用［これに対して、プロテスタント諸派は聖像や
聖画を重視せず、宗教改革が実現した地域では、それらが破壊されることも多かった］、聖母や
聖人への崇敬など、旧来のカトリック教義が再確認された。他方で教会規律につい
ては、贖宥状の販売は禁じられ、また聖職者の腐敗や怠慢への対策がたてられた。
こうしたカトリック教会の自己改革の動きは、文化面では動的で豪華な表現を特徴

――――――――――――――――――――――――――――――――――――――

解答 ❸カルヴァン　❹ジュネーヴ　❺長老　❻予定　❼ネーデルラント　❽ヘンリ８世　❾首長
❿国教会　⓫エリザベス１世　⓬ピューリタン
カトリック改革とヨーロッパの宗教対立▶❶カトリック改革　❷トリエント

とする❸＿＿＿＿＿＿　様式[③＿＿＿＿＿＿＿＿＿＿画家の代表としては、④＿＿＿＿＿＿

＿＿＿＿（1599〜1660）や⑤＿＿＿＿＿＿＿＿＿＿（1577〜1640）らが活躍した]を生み出

す要因の1つとなったが、教会は禁書目録を定め、宗教裁判を強化するなど、知の

弾圧者となった側面もあった。

　カトリック改革のうち、もっとも影響力をもったのが、❻＿＿＿＿＿＿＿＿＿

＿＿＿＿＿＿＿＿や❼＿＿＿＿＿＿＿＿＿らが結成した❽＿＿＿＿＿＿

＿＿＿＿の活動であった。⑧＿＿＿＿＿＿＿＿＿は、ほかの修道会とは異なり、慈善

活動よりも布教と教育に主眼をおいた。イエズス会士が、厳格な規律と強い使命感

のもとに各地で積極的に活動した結果、南欧へのプロテスタントの浸透は阻止され、

また南ドイツや東欧ではカトリックの復活もみられた。さらにイエズス会は、ヨー

ロッパの海外進出と連携して、中南米をはじめインドや中国、日本などアジア諸地

域でも布教をおこなった。こうした動きにほかの修道会もならったため、ヨーロッ

パ外へのキリスト教の浸透は、イギリスから北米大陸への移民や布教を除くと、18

世紀まではおもにカトリックによって進められた。

　宗教改革の結果、西欧のキリスト教世界は分裂した。カトリック・プロテスタン

ト両信徒の信仰心は強まり、16〜17世紀には双方のあいだに迫害や宗教による内戦

といった対立が生じた。また、こうした社会的緊張の高まりのなかで、ドイツなど

のように「❾＿＿＿＿＿＿＿＿＿」が盛んにおこなわれた地域もあった[中世のヨーロッ

パでは、占いや治療をおこなうものとして魔術使いは容認されていたが、近世には迫害の対象とな

り、数万の人々が殺された。その大半は女性であった]。

3 主権国家体制の成立

Q▶ ヨーロッパの主権国家体制と戦争は、どのように関連していたのだろうか。

イタリア戦争と主権国家体制　　**Q▶** 主権国家体制は、どのような経緯で成立したのだろうか。

　15世紀半ば以降の西ヨーロッパ諸国は、東方の①＿＿＿＿＿＿＿＿帝国に脅威を

感じる一方で[①＿＿＿＿＿＿＿帝国のヨーロッパに対する優位は、「トルコの脅威」と呼

ばれ、17世紀末まで続いた]、海洋に進出したほか、ヨーロッパ内でもそれぞれの勢力

拡大につとめた。その顕著な例が❷＿＿＿＿＿＿＿戦争である。この戦争は、フ

解答 ❸バロック　④ベラスケス　⑤ルーベンス　❻イグナティウス＝ロヨラ　❼ザビエル
❽イエズス会　❾魔女狩り
イタリア戦争と主権国家体制▶①オスマン　❷イタリア

ランス国王が領土拡大をめざしてイタリアに侵入し、これに神聖ローマ皇帝が対抗したことで始まった。この後もイタリアは、両国の勢力争いの場となって断続的に戦争に巻き込まれたため荒廃し[この結果、絶頂期にあったイタリアにおけるルネサンスは終焉に向かった]、諸国家の分断状況が固定された。こうした激動の渦中にあって、

❸_____は『君主論』を著して、統治においては人間の徳性に期待するのではなく、権力と利益を基本原理とすべきとして、政治学を刷新した。

　イタリア戦争期のヨーロッパを主導したのが、神聖ローマ皇帝❹_____（スペイン王⑤_____）である。❻_____

_____家出身の彼は、相続によって当時の西ヨーロッパの約半分を領土とし、古代以来の単一のヨーロッパ帝国の再興をめざした。しかし、オスマン帝国との戦いが重い負担となり、さらに宗教改革によって神聖ローマ帝国内の領邦国家の自立傾向が強まったため、その構想は潰え、彼は領土を長男と弟に二分して退位した[これによって⑥_____家はオーストリア系とスペイン系にわかれた]。

　その後のヨーロッパでは、個々の国家をこえた権力が成立することはなく、様々な規模・政治体制の国家が、形式上は対等な立場で国際社会を形成した。そこでは各国が激しい勢力争いを繰り広げたため、戦争が頻発した。そのため各国は、⑦_____を画定しながら、統治体制・機構を改編し中央に権力を集中させて住民への統制を強めるなど、国家としてのまとまりを追求した[その柱の1つが、戦費を捻出するための徴税機構の強化であり、多くの国で財政改革がおこなわれた]。こうした国家を❽_____、またそれが織りなす国際秩序を❽_____**体制**と呼び、これは16世紀半ばから17世紀半ばにかけて成立した。

　この時代の主権国家の典型例が、❾_____である[❾_____の一方、独立後のオランダ・スイスは共和国となり、ジェノヴァやヴェネツィアも中世以来の共和政を維持したように、ヨーロッパでは小規模の共和国も併存した]。近世ヨーロッパ各国の王権は、貴族をはじめとする諸身分の特権を抑制しつつ、地方の独立性を弱めて中央の統制下におき、さらに議会の活動を制限するなどして中央集権化を進めた[このため中世までとは異なり、近世のヨーロッパでは国王の暗殺や廃位は例外的なできごととなった]。その結果、国王が定住し、行政機能を集中させた首都が各国に成立して、宮廷や華やかな❿_____**文化**も生まれた。また、⓫_____**軍**や、国王の任命により中央

[解答] ❸マキァヴェリ　❹カール5世　⑤カルロス1世　⑥ハプスブルク　⑦国境　❽主権国家　❾絶対王政　❿宮廷　⓫常備

から地方へ派遣される**⓬**＿＿＿＿が、統治の新たな柱となった。

　主権国家体制は、原則上は諸国家の分立状態を意味したが、近世のヨーロッパにはいくつかの強国が現れて、他国に優越する覇権の立場を獲得した。すなわち16世紀後半のスペイン、17世紀半ばのオランダと同世紀末のフランス、18世紀後半のイギリスである。

ヨーロッパ諸国の動向

Q▶ 16世紀後半のスペイン・イギリス・フランスはどのような関係にあったのだろうか。

　スペインは、カール5世の長男**❶**＿＿＿＿＿＿＿＿の時代に最盛期を迎えた。フェリペは**②**＿＿＿＿＿＿・南イタリアも継承し、加えて王朝が断絶した**③**＿＿＿＿＿＿の王位も兼ねて、広大な植民地を含む「**④**＿＿＿の沈まぬ帝国」を手中にした。さらにフランスと講和してイタリア戦争を終結させる一方、1571年にオスマン帝国の海軍を**❺**＿＿＿＿＿＿の海戦で破り、西地中海へのイスラーム勢力の浸透を阻止した。またカトリックの盟主を自任して、イエズス会を支持しつつ、**⑥**＿＿＿＿＿＿によってプロテスタントを弾圧した。

　しかし、イタリア戦争の講和によってフランスとのあいだの人の移動が自由になり、スペイン領ネーデルラントに**⑦**＿＿＿＿＿＿派が広まると、彼らはフェリペのカトリック化政策に反発した。さらに従来の自治特権をフェリペに奪われた在地貴族の反抗が加わって、反乱へと展開した。**⑧**＿＿＿＿（のちのベルギー）はフェリペとの協調路線に転じたが、北部の**オランダ**は**⑨**＿＿＿＿＿＿＿＿の指導のもと、スペインに敵対する諸国の援助を受けて抵抗を続け〔ネーデルラント各州は、軍事同盟（**⑩**＿＿＿＿＿＿同盟）を結んでスペイン軍と対峙した。同盟の条文は、独立後のオランダの基本法に取り入れられた〕、1581年に独立を宣言した。スペインは豊かなこの地の独立を承認しなかったため戦争は長期化したが、財政難もあって1609年の休戦で事実上の独立を認めた（**⓫**＿＿＿＿戦争）。つづいてスペインはポルトガルとの同君連合も解消されたため、17世紀にその国力は急速に衰退していった。

　オランダ独立戦争を支援した国の1つが、**⓬**＿＿＿＿＿率いるイギリスであった。オランダでの戦況の打開をはかったフェリペは、イギリス侵

解答 ⓬官僚
ヨーロッパ諸国の動向▶❶フェリペ2世　**②**ネーデルラント　**③**ポルトガル　**④**太陽　**❺**レパント
⑥異端審問　**⑦**カルヴァン　**⑧**南部　**⑨**オラニエ公ウィレム　**⑩**ユトレヒト　**⓫**オランダ独立
⓬エリザベス1世

攻をめざして1588年に❸＿＿＿＿＿＿＿（アルマダ）を派遣したが、イギリス海軍はこれを撃退した[この海戦で活躍した軍人たちは、国王から特許を得て、スペインの中南米植民地やそこから銀を運ぶ船を襲う海賊としても活動していた]。当時はイギリスも本格的な海外進出を始めており、北米大陸への植民を試みたほか[最初の計画であるヴァージニア植民が失敗したのち、17世紀初めに建設された⑭＿＿＿＿＿＿＿が、最初の永続的な植民地となった]、国民的産業となっていた⑮＿＿＿＿＿＿製品の販路拡大やアジア物産を求めて、❻＿＿＿＿＿＿＿＿などの貿易特許会社を設立した。

　同じ頃、フランスはスペインに匹敵する大国であり、フランス王家とその周囲の諸国家に君臨したハプスブルク家との争いは、近世におけるヨーロッパ国際政治における基調の1つであった。一方、16世紀後半には、⑰＿＿＿＿＿＿＿＿と呼ばれたカルヴァン派の勢力拡大にともなって、国内各地でカトリックとの対立が深まり、⑰＿＿＿＿＿＿戦争と呼ばれる宗教内戦へと至った。長期にわたったこの内戦では、国王が暗殺されるなど王国の分解も危惧された。こうしたなか、ブルボン家の⑱＿＿＿＿＿＿＿が即位して⑲＿＿＿＿＿朝を開き、みずからカトリックに改宗する一方、⑳＿＿＿＿＿＿＿＿を発してユグノーに信仰の自由を与えた。こうして、国内では信仰よりも平和と国家の安定を尊重する立場が主流となり、フランスの宗教対立には一応の終止符が打たれた。

┃三十年戦争┃ Q▶ アウクスブルクの和議とウェストファリア条約で異なる点は何だろうか。

　16世紀ヨーロッパのもう1つの大国が神聖ローマ帝国であったが、その内部事情は中央集権化を困難としていた。①＿＿＿＿＿＿＿＿＿＿の和議以降も宗派対立が続き、また帝国の諸侯は、和議の宗教面で認められていた領邦の主権を政治面でも拡大しようとして、皇帝と対立していた。こうした二重の対立を背景として、②＿＿＿＿＿＿＿＿におけるプロテスタント貴族の反乱をきっかけに、❸＿＿＿＿＿＿＿（1618～48年）が勃発した[②＿＿＿＿＿は神聖ローマ帝国内の王国であり、皇帝が国王を兼ねることが通例であった。③＿＿＿＿＿＿時の皇帝は、イエズス会の影響を受けて強いカトリック信仰をもっていた]。この戦争では、バルト海地域での覇権をめざした④＿＿＿＿＿＿＿など多くのプロテスタント国家に

―――――――――――――

解答 ⑬無敵艦隊　⑭ジェームズタウン　⑮毛織物　⑯東インド会社　⑰ユグノー　⑱アンリ4世
⑲ブルボン　⑳ナントの王令
三十年戦争▶①アウクスブルク　②ベーメン　❸三十年戦争　④スウェーデン

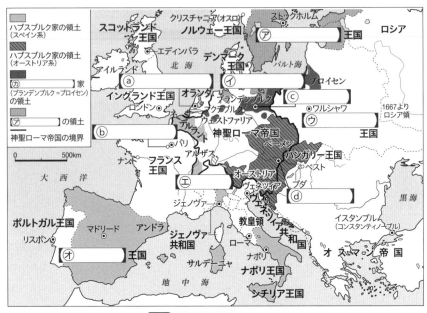

地図 17世紀半ばのヨーロッパ

加えて、ハプスブルク家の勢力を削ごうとしたカトリックの⑤＿＿＿＿＿＿＿＿＿も、反皇帝側で参戦した［皇帝軍の⑥＿＿＿＿＿＿＿＿＿＿＿（1583〜1634）や、スウェーデン王⑦＿＿＿＿＿＿＿＿＿（在位1611〜32）らの有能な軍人の活躍もあって、戦線は帝国北部から南部まで広がった］。そのため、戦争は当初の宗教対立から国家間の争いへと拡大した。また、火器など軍事革命の技術が駆使されたため、主戦場となったドイツは甚大な被害をこうむった。

　三十年戦争を終結させたのが、1648年の❽＿＿＿＿＿＿＿＿＿＿条約であった。この条約で⑨＿＿＿＿＿と⑩＿＿＿＿＿の独立が正式に認められたほか、神聖ローマ帝国で⑪＿＿＿＿＿＿＿派が公認され、各諸侯の領邦国家には独自の外交権が認められた。これにより主権を拡大した⑫＿＿＿＿国家が絶対王政の確立に向かった一方で、帝国は国家としては形骸化した。こうして、多数の国が調印する国際条約というかたちで保障されたことで、⑬＿＿＿＿＿＿体制が法的な裏付けを得て最終的に確立された。この体制のもと、17世紀後半

解答 ⑤フランス　⑥ヴァレンシュタイン　⑦グスタフ＝アドルフ　❽ウェストファリア
⑨オランダ　⑩スイス　⑪カルヴァン　⑫領邦　⑬主権国家
地図 ㋐スウェーデン　㋑西ポンメルン　㋒ポーランド　㋓スイス　㋔スペイン
㋖ホーエンツォレルン　ⓐアムステルダム　ⓑヴェルサイユ　ⓒベルリン　ⓓウィーン

に急速に台頭したのがオランダであった。

4 オランダ・イギリス・フランスの台頭

Q▶ オランダ・イギリス・フランスがそれぞれもった有利な点は何だろうか。

オランダの繁栄と英仏の挑戦

Q▶ 17世紀にオランダはなぜ経済的な覇権を築くことができ、また、なぜそれを失ったのだろうか。

　ネーデルラントでは、16世紀後半にはすでに漁業や干拓農業の技術が発達し、毛織物業はヨーロッパ最高の水準に達していた。国際商業でも、東欧のバルト海沿岸地域から①＿＿＿＿＿を輸入し、かわりにヨーロッパ各地の産品を輸出する中継貿易で栄えた。北部のオランダ(ネーデルラント連邦共和国)は、独立後も首都❷＿＿＿＿＿＿＿＿＿＿を中心に造船・貿易・金融でヨーロッパをリードした[17世紀半ばには、ヨーロッパの船舶の大半はオランダ製となり、またオランダが所有する船舶の数は、イギリスの3倍に達した]。こうした経済的繁栄により、17世紀のオランダはヨーロッパでもっとも都市化が進み、貴族や教会だけでなく都市の③＿＿＿＿＿(市民)も文化の保護者となった[④＿＿＿＿＿＿＿＿(1606〜69)らの画家は、市民からも依頼を受けて絵画を制作した]。また宗教と思想に寛大な雰囲気が広がり、学問や出版でもヨーロッパの中心となった。

　オランダは、❺＿＿＿＿＿＿＿＿＿＿＿＿＿などの貿易特許会社をおもな担い手として、カリブ海・アフリカ南部(⑥＿＿＿＿＿＿＿＿＿＿＿＿)・アジアなどに進出した。アジアではポルトガルの海上交易網を破壊し[以後ポルトガルは、ブラジルの開発と、ブラジルを中心とする大西洋での海上交易に注力した]、❼＿＿＿＿＿＿**事件**[インドネシアの⑦＿＿＿＿＿＿＿＿(アンボン)島において、日本人を含む多数のイギリス商館員らをオランダ人が殺害した事件]でイギリスを東南アジアから駆逐して、ジャワ島の❽＿＿＿＿＿＿＿＿(のちのジャカルタ)を拠点に香辛料交易を独占した。また日本との交易を維持し、大量の銀をもちだした。さらに北米大陸にも進出して、❾＿＿＿＿＿＿＿＿＿＿＿＿＿＿を中心とする植民地を建設した。

　しかし、オランダが海洋大国となると、イギリス・フランスから挑戦を受けた。両国はオランダの自由貿易を妨害する経済政策をとるとともに、イギリスは17世紀後半のイギリス＝オランダ(英蘭)戦争でニューアムステルダムを奪い[ニューアムス

解答 オランダの繁栄と英仏の挑戦▶①穀物 ❷アムステルダム ③ブルジョワ ④レンブラント ❺東インド会社 ⑥ケープ植民地 ❼アンボイナ ❽バタヴィア ❾ニューアムステルダム

テルダムは⑩＿＿＿＿＿＿＿＿＿＿＿＿＿と改称され、のち北アメリカの中心都市に成長した]、フランスは侵略戦争によって一時はオランダ本土の半分を占領した。この危機は統領オラニエ公⓫＿＿＿＿＿＿＿＿＿＿＿＿の指導で乗り切ったが、フランスの脅威は続いたため、ウィレムはイギリスの名誉革命によって同国国王ともなり、イギリス＝オランダ⑫＿＿＿＿＿＿＿を築いて対抗した。ウィレムの死後に⑫＿＿＿＿＿＿＿＿は解消されたが、18世紀にもオランダは、フランスとの対抗上、イギリスとの同盟関係を維持した。しかし、この同盟には自国の海軍力と貿易を制限する協定があったため、オランダの国力は衰退しはじめた。

イギリスの2つの革命

Q▶ イギリスの1640年代の革命が、他国からの干渉を受けなかったのはなぜだろうか。

　エリザベス1世死去後のイギリスは、スコットランドから国王（①＿＿＿＿＿＿＿＿＿＿＿＿＿＿）を迎え、両国は同君連合を形成した（❷＿＿＿＿朝）。イギリスでは中世以来、国王の統治に**議会**の同意が必要だった。しかし、国王③＿＿＿＿＿＿＿＿＿＿＿＿は、❹＿＿＿＿＿＿＿＿**説**［国王の権力は神に直接由来し、人民はもちろん、神聖ローマ皇帝やローマ教皇からも干渉されないとする理論。16世紀末にとなえられ、成立期の絶対王政を支えた］を奉じて絶対君主として統治したため、議会と対立した。議会は❺＿＿＿＿＿＿＿＿を発して国王権力の縮小を要求したが、国王は議会を解散し、以後11年間にわたって議会を開かなかった。1640年、国王が課税のために再び議会を招集すると、議会は逆に国王の権力の制約を決議した。国王が強硬手段で議会をおさえ込もうとしたため、42年に内戦が始まった。この内戦は革命となったが、⑥＿＿＿＿＿（宮廷）派に対峙した⑦＿＿＿＿＿（地方）派のなかに、国王によって信仰を迫害されていたピューリタンが多かったため、❽＿＿＿＿＿＿＿＿＿とも呼ばれる。

　議会派は、❾＿＿＿＿＿＿＿＿＿の指導のもとで王党派に勝利し、裁判を経て1649年に国王を処刑して、❿＿＿＿＿＿＿＿を開始した［また⑨＿＿＿＿＿＿＿は、王党派と結んでいた⑪＿＿＿＿＿＿＿＿＿とスコットランドを征服し、⑪＿＿＿＿＿＿＿＿＿ではカトリック勢力の土地を大規模に奪って、議会派の軍事費をまかなった］。また、国教会体制も大きく変更された。こうした動乱のさなか、思想家⑫＿＿＿＿＿＿＿は『リヴァイアサン』を著して、無政府状態の混乱を防ぐた

めには絶対的な権力も正当化されると説いて、主権国家を王権神授説とは異なるかたちで論じた。共和政期の重要な政策は、**⓭**＿＿＿＿＿＿**主義**[特権会社を設立して産業の育成と貿易の振興をはかり、また高い関税を設定して貿易収支の黒字を拡大し税収を増大させるなど、国家の財政と軍事基盤を強化しようとする様々な政策の総称]にもとづいてオランダの経済的覇権に対抗するために制定された**⓮**＿＿＿＿＿＿**法**[イギリスとその植民地に外国船を入れないこと、外国への輸出はイギリス船に限定することなどを規定し、オランダ船を排除しようとした]であり、これが3次にわたる**⓯**＿＿＿＿＿＿＿＿＿＿**戦争**のきっかけとなり、さらにその後約2世紀にわたってイギリスの海外貿易の基本方針となった。一方、国内では共和政が安定しなかったため、クロムウェルは軍事独裁体制をしいた。しかし国民は彼の厳格な統治を嫌い、その没後にチャールズ1世の子を亡命先のフランスから国王（**⑯**＿＿＿＿＿＿＿＿＿＿＿＿＿＿）として迎えた（**⑰**＿＿＿＿＿＿＿＿）。

⑯＿＿＿＿＿＿＿＿＿＿＿は議会と国教会を革命前のかたちに戻した一方で、議会は革命の経験から、国教会の立場を強めようとした[議会は1679年に**⑱**＿＿＿＿＿＿＿法を定め、国王による恣意的な逮捕を禁じ、人民の身柄の自由を保障した。同法は第二のマグナ＝カルタとも呼ばれた]。しかし王位継承者のカトリック信仰が発覚したため、継承資格をめぐって激しい争いが生じた[この争いを契機に、王権を重んじる**⑲**＿＿＿＿＿＿党と、議会を重んじる**⑳**＿＿＿＿＿＿＿党の2つの政治党派が生まれた]。カトリック信徒のまま即位した**㉑**＿＿＿＿＿＿＿＿＿＿＿＿は、議会の立法権を無視して統治をおこなった。また王は、フランスでプロテスタントを迫害していたルイ14世と親密な関係にあったことから、国民のあいだには、フランスへの従属とカトリック化への危機感が高まった。そこで1688年に、一部の政治指導者が王の娘婿のオラニエ公ウィレム3世をオランダからまねくと、ジェームズは国民の支持を失ってフランスに逃れた。翌89年、ウィレムは夫妻で即位し（**㉒**＿＿＿＿＿＿＿＿＿・**㉓**＿＿＿＿＿＿＿＿）、**㉔**＿＿＿＿＿＿法を定めてプロテスタント全般の信教の自由を保障しつつ、議会の要求を受け入れて**㉕**＿＿＿＿＿＿＿＿＿＿の制定に同意した。**㉕**＿＿＿＿＿＿＿＿＿＿は、立法や財政などにおいて議会の権限が国王の権力に優越することを宣言するものであり、ここにイギリスの立憲君主政が始まった（**㉖**＿＿＿＿＿＿＿＿）。この時期に**㉗**＿＿＿＿＿＿は『統治二論』を著し、

【解答】⓭重商 ⓮航海 ⓯イギリス＝オランダ（英蘭） ⑯チャールズ2世 ⑰王政復古 ⑱人身保護 ⑲トーリ ⑳ホイッグ ㉑ジェームズ2世 ㉒ウィリアム3世 ㉓メアリ2世 ㉔寛容 ㉕権利の章典 ㉖名誉革命 ㉗ロック

史料 権利の章典(抜粋)

議会の上下両院は……この王国の……古来の権利と自由を守り明らかにするために、次のように宣言する。

1. 王の権限によって、① ＿＿＿＿＿ の同意なく、法を停止できると主張する権力は、違法である。
4. 国王大権[君主がもつとされた特別の権限]と称して、① ＿＿＿＿＿ の承認なく、王の使用のために税金を課することは、違法である。
6. ① ＿＿＿＿＿ の同意なく、平時に国内で② ＿＿＿＿＿ を徴募し維持することは、法に反する。
8. 議員の選挙は自由でなければならない。
9. 議会での③ ＿＿＿＿＿ の自由、および討論・議事手続きについて、議会外のいかなる場でも弾劾されたり問題とされたりしてはならない。
13. あらゆる苦情の原因を正し、法を修正・強化・保持するために、議会は頻繁に開かれなければならない。

国王の権力の根源は人民からの信託にあるとする社会契約説をとなえて、専制におちいった権力に対する人民の抵抗権を正当化した[この主張は、のちのアメリカ独立革命・フランス革命の理論的よりどころとなった]。

オランダとの同君連合の解消後、1707年にイギリスはスコットランドと国家合同して❷⑧ ＿＿＿＿＿＿＿＿＿ **王国** を形成した[❷⑧ ＿＿＿＿＿＿＿＿＿ についても、「イギリス」の語を用いる。なおイギリスは、16世紀からアイルランドとも同君連合の関係にあった]。また14年に王朝がとだえると、血縁関係にもとづいてドイツから新王を迎えて、新たな同君連合を発足させた(❷⑨ ＿＿＿＿＿＿＿ 朝)。名誉革命後のイギリスは、議会と国王が権力を分有した点で近世でも例外的な政治体制をもった。さらに18世紀前半には、ホイッグ派議員の❸⓪ ＿＿＿＿＿＿＿ が首相となって、国王と議会の橋渡し役をつとめ、国政を指揮したが、世論と議会の信任を失うと後継首相にその座をゆずった。ここに、選挙と議決の結果を重視する❸① ＿＿＿＿＿＿＿ 制(責任内閣制)がイギリスに確立した[この政治体制は、その後各国の議会政治のモデルとなった。ただし、当時の有権者は成人男性の一部であり、議員も大半は貴族やジェントリなどの地主であった]。

フランスの絶対王政

Q▶ 近世フランスの強みと課題は、それぞれ何だろうか。

イギリスと対照的なかたちで近世に国家を発展させたのが、ブルボン朝下のフランスであった。17世紀初めのフランス最大の課題は、ユグノー戦争以来の宗教対立によって動揺した国王と政府の権威を確立することにあったため、国王① ＿＿＿＿＿

解答 ❷⑧グレートブリテン　❷⑨ハノーヴァー　❸⓪ウォルポール　❸①議院内閣
史料 ①議会　②常備軍　③言論
フランスの絶対王政▶ ①ルイ13世

　　　　は宰相②_____とともに、城塞などの貴族の私的軍事力を解体し、官僚を全国に派遣して統治にあたらせた。また、王権への制約となっていた議会（③_____）を停止した。フランスはこうして中央集権化を進める一方、外交面では三十年戦争に介入し、スペインと神聖ローマ帝国の両ハプスブルク家の勢力を抑えた。

　しかし、❹_____が幼少で即位し、その治世の初期に国政を率いたマザランが中央集権化をさらに進めると、自立性を失うことを恐れた貴族や地方の不満が高まった。とくに1648年に貴族らがおこした反乱（⑤_____の乱）は激しく、イギリスの革命にも影響を受けて全国三部会の開催などを要求し、パリを占領したが、政府によって鎮圧された。その後、ルイは半世紀以上にわたる親政を開始し、王権神授説を奉じて貴族への統制と官僚制を強化し、絶対王政をきわめた。「⑥_____」と呼ばれた彼の名声はヨーロッパ全域におよび、造営した巨大な❼_____は各国の宮殿・宮廷のモデルとされ、フランス語も外交・文化における国際語となった［国内でも、王立学術機関の⑧_____が定めた規範を受けて、フランス語文化が発達した。その代表が人文主義を継承した古典主義の戯曲であり、⑨_____（1622～73）らがすぐれた作品を生んだ。古典主義は美術にも広まり、バロック様式にかわる文化の主流となった］。

　ルイは経済面では、❿_____を登用して積極的な重商主義政策を展開し、オランダに対抗した。また東インド会社を改革・国営化してインドに進出したほか、カナダなど北米大陸への植民を本格化し、西インド諸島のプランテーションも拡大した。一方、宗教政策では⓫_____の廃止（1685年）によって、多数の⑫_____の国外流出をまねいた。

　ルイがもっとも力を注いだのが、王の威光を増す手段とみなした戦争であった。彼は⑬_____軍を大幅に増強し、当時のフランス陸軍はヨーロッパで最大・最強となったが、これに脅威を覚えた諸国による共同の対抗策の一環が、ウィレム（ウィリアム）3世によるイギリスとオランダの同君連合であった。これを阻止できなかったルイは、直系がとだえたスペインとの同君連合を画策したが、これにオランダ・イギリス・神聖ローマ帝国が反対し、⑭_____戦争が勃発した。この戦争の結果、⑮_____条約によって、スペインにブルボ

第11章

───────────────────────
解答 ②リシュリュー　③全国三部会　❹ルイ14世　⑤フロンド　⑥太陽王　❼ヴェルサイユ宮殿　⑧アカデミー＝フランセーズ　⑨モリエール　❿コルベール　⓫ナントの王令　⑫ユグノー　⑬常備　⑭スペイン継承　⑮ユトレヒト

ン家の王朝が成立したが、フランスとの同君連合化(どうくんれんごう)は認められず、また北米大陸の領土の一部をイギリスに割譲(かつじょう)したため、フランスの覇権(はけん)は失われた[⑭＿＿＿＿＿＿戦争は、⑮＿＿＿＿＿＿＿条約の翌年に結ばれた講和(こうわ)条約によって完全に終結した]。一方でスペインは、本国以外のヨーロッパ領土をすべて失って大国の地位から転落し、その後も大西洋の制海権(せいかいけん)を奪われて植民地貿易の権益(けんえき)を侵食されていった。

イギリスとフランスの覇権争い

Q▶ イギリスとフランスの覇権争いは、なぜグローバルな戦いになったのだろうか。

三十年戦争・スペイン継承戦争(けいしょう)によって、ハプスブルク家・ブルボン家それぞれの覇権が失われたのち、18世紀の西ヨーロッパ国際政治は、島国の利点をもった①＿＿＿＿＿＿＿と、最大の人口をもった②＿＿＿＿＿＿＿とのあいだの争いが基調となった[この時期の両国の争いは、③＿＿＿＿＿＿＿戦争と呼ばれることもある]。

この争いに勝利して、覇権を握ったのはイギリスであった。スペイン継承戦争によって、④＿＿＿＿＿＿＿などの地中海の要衝(ようしょう)を獲得したほか、北米大陸で領土を広げ、さらにスペインの広大な中南米植民地に黒人奴隷(どれい)を供給する特権(とっけん)も獲得して奴隷貿易をおこなった。つづいてイギリスは七年戦争(北アメリカでは❺＿＿＿＿＿＿＿戦争)に勝利して、❻＿＿＿＿条約によって北米大陸からフランス勢力を駆逐(くちく)し、西インド諸島でも植民地を拡大した[一連の戦争の費用をまかなうため、⑦＿＿＿＿＿＿＿銀行が設立され、巨額の国債(こくさい)の発行業務を担(にな)った。国債は豊かな民間資金をもとに、税金によって支払われた]。またこの時期にイギリスは、インド東北部(ベンガル地方)において広大な植民地を獲得し[イギリスはアンボイナ事件以降インドをアジア貿易の拠点(きょてん)とし、⑧＿＿＿＿＿・⑨＿＿＿＿＿・⑩＿＿＿＿＿＿＿に要塞(ようさい)や商館を築いた。同じ時期にフランスもインドに進出したため、両国の争いは七年戦争期まで続いた]、世界各地に広がる帝国を築いた(イギリス帝国)。

イギリスはとくに大西洋地域に積極的に進出し、⓫＿＿＿＿＿＿貿易を大規模に展開した。そこでは、武器や綿織物(めんおりもの)など本国の製品がアフリカに輸出され、そこで購入された⑫＿＿＿＿＿＿＿がカリブ海や北米大陸南部の⑬＿＿＿＿＿＿＿

解答 イギリスとフランスの覇権争い▶①イギリス ②フランス ③第2次英仏百年 ④ジブラルタル ❺フレンチ＝インディアン ❻パリ ⑦イングランド ⑧マドラス ⑨ボンベイ(⑧・⑨順不同) ⑩カルカッタ ⓫三角 ⑫黒人奴隷 ⑬プランテーション

に送りこまれるとともに、砂糖やタバコなどプランテーションの産品が本国にもち帰られた。

Q▶ 北欧・東欧諸国では、それぞれどのような改革がなされたのだろうか。

ポーランドとスウェーデン Q▶ ポーランドとスウェーデンは、主権国家体制のなかでどのような位置を占めていたのだろうか。

　近世の北欧・東欧諸国は、民族や宗派の異なる地域が同君連合によって結合した場合が多く、国家として不安定であった。またその多くが植民地をもたず、たがいの領土を奪い合ったので、諸国の興亡は西欧よりも激しかった。

　ポーランドはリトアニアと同君連合を形成し、近世初頭の東欧の大国だった。しかし、16世紀後半に王朝が絶えると貴族主体の❶＿＿＿＿＿＿**王政**に移行し、西欧の絶対王政とは異なる政治体制をとった。また、同世紀末に即位した国王はイエズス会の支持者であり、周辺地域のカトリック化に乗り出したが、スウェーデンでルター派の、ロシアではロシア正教徒の反発にあって失敗した[ロシアはギリシア正教を国教としていたが、その本拠地であったビザンツ帝国の衰退もあって、独自のロシア正教を発達させていた]。こうしたあいつぐ戦争でポーランドの財政は破綻し、中央集権化の試みも頓挫した。弱体化したポーランドは、18世紀後半に国土を周辺諸国によって奪われ（❷＿＿＿＿＿＿＿＿＿＿＿＿＿）、国家として消滅した[この危機に際して、1794年に③＿＿＿＿＿＿＿（1746〜1817）が蜂起して独立運動を試みたが、ロシアに鎮圧された]。

　一方、16世紀前半にデンマークの支配を脱して独立王国となった❹＿＿＿＿＿＿＿＿は、絶対王政化を開始し、三十年戦争ではドイツの要所にも領土を広げて、デンマークにかわってバルト海地域の覇権を握った。④＿＿＿＿＿＿＿＿は、経済的には製鉄が盛んだったが、ほかの北欧諸国と同様に人口が少なく、18世紀初めにバルト海への進出をはかるロシアとの北方戦争に敗北して、急速にその地位を低下させていった。

解答 **ポーランドとスウェーデン▶**❶選挙　❷ポーランド分割　③コシューシコ　❹スウェーデン

ロシアの大国化

Q▶ ロシアはどのようにして、ヨーロッパの主権国家体制に参入していったのだろうか。

　ロシアでは16世紀以降、モスクワ大公国の**❶**＿＿＿＿＿＿＿＿＿＿＿が、キプチャク＝ハン国分裂後の権力の空白を利用して、東方・南方に領土を広げた。また、彼は貴族を官僚に登用し、皇帝へ権力を集中するロシア型の絶対王政（**❷**＿＿＿＿＿＿＿＿＿＿）を開始した。ただし、当時のロシアは、バルト海や黒海にまで領土が達しておらず、独自の内陸的世界を形成していた。同世紀末にイヴァンが死去すると、ロシアは動乱の時代を迎えたが、17世紀初めに**❸**＿＿＿＿＿＿＿朝が成立し、新国王が選出されて混乱は終息した。

　17世紀半ばにロシアは、国境地帯の④＿＿＿＿＿＿＿を支援しつつ、ポーランドと争ってウクライナ地方を獲得した［④＿＿＿＿＿＿＿は、農奴制から逃れた農民を起源とする武装集団であり、ロシアの拡大にともなって、半自治権を与えられて国境警備の任にあたることもあったが、周辺地域の略奪もおこなった。⑤＿＿＿＿＿＿＿（1630～71）やプガチョフ（1742頃～75）など反乱をおこすコサックも現れたが鎮圧され、彼らの自治権は縮小されていった］。さらに、同世紀末に即位した**❻**＿＿＿＿＿＿＿（大帝）は、ロシアを大きく変化させた。彼は多くの専門家を西欧からまねいて軍事改革と先進技術の導入につとめ、社会慣習も西欧風に改めさせた。対外的にはバルト海地域への進出をはかり、バルト海沿岸に新首都⑦＿＿＿＿＿＿＿を築き、**❽**＿＿＿＿＿＿＿戦争でスウェーデンに勝利して同地域の覇権を握った［⑧＿＿＿＿＿＿＿戦争の勝利を受けて、イヴァン3世が用いていた皇帝の称号とロシアの帝国としての地位が、18世紀中に各国に承認されていった］。また東方でも⑨＿＿＿＿＿＿＿を経て極東に領土を広げ、中国の清と⑩＿＿＿＿＿＿＿条約を結んで国境を定め、通商を開いた。18世紀後半の**エカチェリーナ2世**は、日本にも使節を送ったほか、オスマン帝国から⑪＿＿＿＿＿＿＿半島を奪って黒海に進出する一方［これ以降、オスマン帝国の衰退と、それに乗じたロシアの勢力拡大が、ヨーロッパ国際政治における重要な問題となった］、弱体化していたポーランドをプロイセン・オーストリアとともに分割し、両国と直接に国境を接するようになった。

解答　ロシアの大国化▶❶イヴァン4世　**❷**ツァーリズム　**❸**ロマノフ　④コサック　⑤ステンカ＝ラージン　**❻**ピョートル1世　⑦ペテルブルク　**❽**北方　⑨シベリア　⑩ネルチンスク　⑪クリミア

18世紀の東欧においてロシアと並んで台頭したのが、❶＿＿＿＿＿＿＿＿＿＿と
オーストリアであった。プロイセンは、神聖ローマ帝国外の②＿＿＿＿＿＿＿＿＿＿
＿＿＿＿領から昇格したプロイセン公国と、帝国内の③＿＿＿＿＿＿＿＿＿＿＿＿
＿＿＿＿選帝侯国との同君連合によって成立したプロテスタント国家であり[この結
果、④＿＿＿＿＿＿＿＿＿＿＿＿＿＿＿＿＿＿＿＿家の当主が両国の君主となった]、三十年戦
争後に⑤＿＿＿＿＿＿＿＿＿＿＿＿＿＿＿＿＿（大選帝侯）が絶対
王政化に乗り出した。彼は常備軍を強化し、その費用として恒常的な課税を議会に
認めさせるかわりに、地方の領主貴族（❻＿＿＿＿＿＿＿＿＿）の農奴支配を正式に認
めた。また、中央政府と官僚制の強化を進め、さらにフランスから亡命したユグノ
ーを受け入れてその産業技術を活用した。その後、プロイセンは1701年に王国へと
昇格し、富国強兵策を進める一方、対外戦争を避けて財政の均衡を保った。

　他方、オーストリアは、ハプスブルク家の当主（オーストリア大公）が神聖ローマ
皇帝を兼ねて帝国の中核をなしてきたが、三十年戦争後の帝国の形骸化により、東
欧の一君主国に等しい存在となった。しかし、オーストリアは帝国を圧迫してきた
オスマン帝国を1683年のウィーン包囲戦（第2次）で撃退し、99年の❼＿＿＿＿＿
＿＿＿＿＿＿条約ではハンガリーなどを奪回して、威信を増大させた。ただし、
チェコ（チェック）人のベーメンに加えてマジャール人の⑧＿＿＿＿＿＿＿＿＿＿な
ど、非ドイツ系の人々を多数派とする地域を支配下にもったことは、その後の中央
集権化を進めるうえでの難題となった。

　こうしたなか、18世紀前半にハプスブルク家で男子の継承者がとだえると、皇女
❾＿＿＿＿＿＿＿＿＿＿＿＿＿が大公位を継承した[女性の皇帝は神聖ローマ帝国
では認められなかったが、ハプスブルク家では、男系がとだえた場合の女性による家門継承を定め
ていた。この継承を各国に承認させることは、18世紀前半のオーストリア外交の重要な課題となっ
た]。この動きに対して、プロイセンの強力な軍隊と健全な財政を引き継いだ❿
＿＿＿＿＿＿＿＿＿＿（大王）は、領土分割をもくろんで他国とともに異議
をとなえ、⓫＿＿＿＿＿＿＿＿＿＿＿戦争が勃発した。プロイセンはこ
れに勝利して、資源の豊かな⓬＿＿＿＿＿＿＿＿＿＿＿地方をオーストリアから

解答　プロイセンとオーストリアの動向▶❶プロイセン　**②**ドイツ騎士団　**③**ブランデンブルク
④ホーエンツォレルン　**⑤**フリードリヒ＝ヴィルヘルム　**❻**ユンカー　**❼**カルロヴィッツ
⑧ハンガリー　**❾**マリア＝テレジア　**❿**フリードリヒ2世　**⓫**オーストリア継承　**⓬**シュレジエン

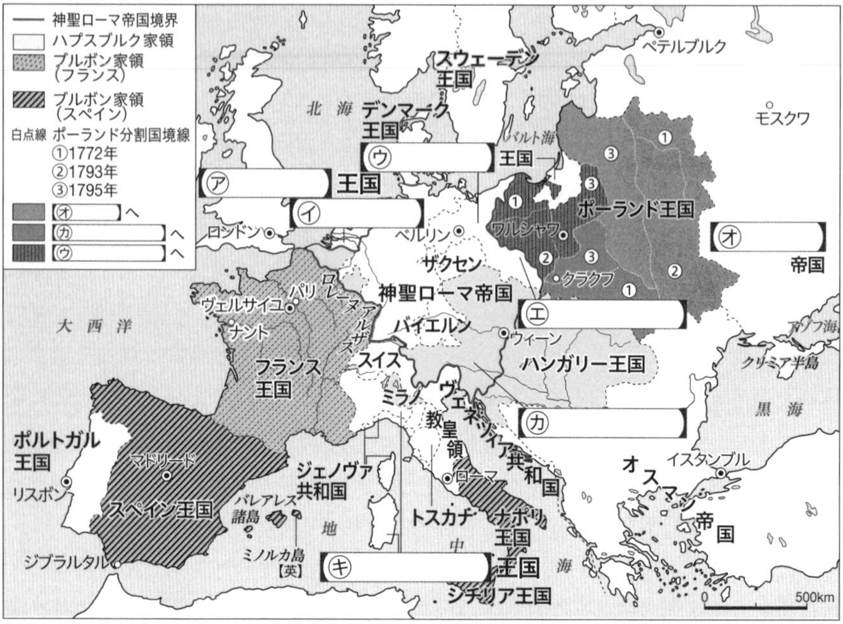
神聖ローマ帝国境界
ハプスブルク家領
ブルボン家領（フランス）
ブルボン家領（スペイン）
白点線 ポーランド分割国境線
①1772年
②1793年
③1795年
㋔　へ
㋕　へ
㋒　へ
ペテルブルク
スウェーデン王国
北海
デンマーク王国
バルト海
モスクワ
㋒　王国
㋐　王国
㋑
ロンドン
ベルリン
ワルシャワ
ポーランド王国
㋔　帝国
ザクセン
クラクフ
神聖ローマ帝国
パリ
ヴェルサイユ
ロレーヌ
アルザス
ナント
大西洋
㋓
バイエルン
ウィーン
スイス
フランス王国
ハンガリー王国
アゾフ海
クリミア半島
ミラノ
ヴェネツィア共和国
黒海
教皇領
㋕
ポルトガル王国
マドリード
リスボン
ジェノヴァ共和国
ローマ
イスタンブル
オスマン帝国
スペイン王国
バレアレス諸島
トスカナ
ナポリ王国
地中海
ミノルカ島【英】
ジブラルタル
㋖　王国
シチリア王国
500km

地図 18世紀半ばのヨーロッパ

奪って領土を大きく拡大した。このためオーストリアは、イタリア戦争以来の仇敵であったフランスと同盟し［覇権を争ってきたハプスブルク家とフランス王家が友好関係を結んだこのできごとは「⑬＿＿＿＿」とも呼ばれ、イギリス・プロイセン・ロシアの台頭による諸国の勢力関係の変化を反映していた］、プロイセンと⓮＿＿＿＿**戦争**を戦った。しかし、イギリスと同盟したプロイセンはこの戦争に辛勝して領土を維持し、さらにポーランド分割をおこなって、ヨーロッパの強国としての地位を確立した。一方のオーストリアでは、マリア＝テレジアが行財政・軍制・教育などを改革し、以後も大国としての地位を維持した。

啓蒙専制主義

Q▸ 啓蒙専制主義の特徴は、どのようなものだろうか。

プロイセン・オーストリア・ロシアのように東欧で勢力を広げた諸国は、❶＿＿＿＿**主義**と呼ばれる体制のもとで様々な改革を導入した。この体制では、

解答　⑬外交革命　⓮七年
啓蒙専制主義▶❶啓蒙専制
地図　㋐イギリス　㋑オランダ　㋒プロイセン　㋓シュレジエン　㋔ロシア　㋕オーストリア　㋖サルデーニャ

啓蒙思想の影響を受けた君主が、農業・商工業の奨励、死刑・拷問の廃止、初等教育の拡充、宗教的寛容の実現などの改革をおこない、臣民の幸福の増大も目的の1つに掲げられた。

　プロイセンのフリードリヒ2世は、「君主は②＿＿＿＿＿＿＿＿＿＿＿」と自称して一連の改革をおこなった。またアカデミーを復興し、繊細優美な③＿＿＿＿＿様式[18世紀のフランスを中心として発展した、室内装飾・絵画・建築などにおける美術様式]にもとづく④＿＿＿＿＿＿＿＿宮殿を造営して思想家ヴォルテールや音楽家⑤＿＿＿＿＿＿らをまねいたため、首都ベルリンは文化的にも発展した。オーストリアのマリア＝テレジアとその子❻＿＿＿＿＿＿＿＿＿＿も同様の改革をおこない、税制の改革や官僚制の整備も進める一方、カトリック教会への統制を強めて修道院を解散させた[一連の改革の結果、フランス革命時のオーストリアは、フランスに匹敵する人口を擁し、プロイセンの2倍の税収、およびヨーロッパ最大級の軍隊をもつにいたった]。文化的には、首都ウィーンは⑦＿＿＿＿＿＿＿＿＿ら音楽家が集う音楽の都となった。ロシアのエカチェリーナ2世は、文芸の保護や社会福祉・地方行政制度の充実なども改革に組み入れた。

　こうした改革を通して、プロイセン・オーストリア・ロシアはヨーロッパ国際政治における地位を向上させた。しかし、その統治体制は、イギリス・フランスなど西欧の先進国に対抗し、東欧の君主みずからがリーダーシップをとって富国強兵をめざすものであったため、⑧＿＿＿＿制など社会の根幹は変更されなかった[エカチェリーナ治世下のロシアでは農奴制はむしろ強化され、コサックの⑨＿＿＿＿＿を指導者とする農民反乱(1773～75年)をまねいた。ただし、オーストリアでは農奴解放が進められた]。

6 科学革命と啓蒙思想

Q▶ ルネサンスと科学革命は、社会に与えた影響という点においてどのように異なるのだろうか。

科学革命　**Q▶** 科学革命には、自然法則の発見のほかにどのような面があったのだろうか。

　中世後期のヨーロッパにおける自然探究は、古代ギリシアの著作にもとづいていた。しかし近世に入ると、南北アメリカ大陸の「発見」や錬金術・天文学の発達によって、自然界に関する古代の著作の権威は崩れ[一方、人文主義の発達もあって、人間

解答 ②国家第一の僕　③ロココ　④サンスーシ　⑤バッハ　❻ヨーゼフ2世　⑦モーツァルト
⑧身分　⑨プガチョフ

の性質や政治のあり方に関する古代の著作の影響力は存続した]、自然を新たに解釈しようとする動きが始まった。

17世紀のガリレイや❶＿＿＿＿＿＿＿らは、はじめて高精度の望遠鏡を駆使して観測データを集め、天体の運動法則を解明した。同じ頃に顕微鏡も発明され、肉眼ではみえない世界への探究も始まった。こうして観察の対象となる自然界そのものが拡大したが、そのうえで、観察と実験を経て自然界の諸現象にひそむ法則を解明し、さらに解明された法則を検証によって確認するという自然科学の基本的な手続きが確立された[現象から法則を発見する思考法は❷＿＿＿法、法則から現象を説明する思考法は❸＿＿＿法と呼ばれる]。またこの時代には、各種の科学協会やアカデミーが創設され、専門的な科学者が活動する場が整備されつつあった。こうした一連の変化を❹＿＿＿＿＿＿＿と呼ぶ。

科学革命の結果、ヨーロッパ人の自然観には根本的な変革がもたらされたが、こうして急速に進歩しはじめた自然科学は、自然界を人間が正確に認識していることを前提としていた。これを思想面で保証したのが、フランスの❺＿＿＿＿＿＿である。彼は、全能の神から生まれつき与えられた人間の理性が明晰に正しいと認めるものであれば、すべて真実とみなしてよいとした[こうした姿勢は、奇蹟を教義の柱の1つとするキリスト教への批判ともなった]。❺＿＿＿＿＿＿＿の哲学により、近世以降のヨーロッパ思想の柱の1つとなる、理性を万能視する❻＿＿＿主義が確立された。合理主義は秩序と調和を重んじる姿勢を生み、これは芸術における❼＿＿＿主義に反映された。❺＿＿＿＿＿＿＿の影響は全ヨーロッパに広がったが、これに対してイギリスの❽＿＿＿＿＿は、人間の思考では、生後に獲得される知識と経験が決定的な役割を果たし、思考の正確さも絶対的なものではなく確実性の違いにすぎないとして反対し、こうした姿勢は❾＿＿＿主義として確立された。さらに、ドイツの❿＿＿＿＿は合理主義と経験主義の2つの立場を統合しようと試み、⓫＿＿＿哲学への道を開いた[❿＿＿＿＿によれば、人間の理性は生来合理的な性質を備えているため、神や経験に頼らずとも自然界を秩序だったかたちで把握できるが、こうした理性を通じた認識は、対象の事物そのものを知ることにはならないとされた]。

人間の理性への信頼は、法学の分野でも広まった。現実に定められた法である実定法とは別の、理性を備えた人間に普遍的に共通するルールとして想定された

───────────────
解答　**科学革命**▶❶ニュートン　❷帰納　❸演繹　❹科学革命　❺デカルト　❻合理　❼古典
❽ロック　❾経験　❿カント　⓫観念論

17～18世紀の自然科学と哲学・社会科学

伊＝イタリア　英＝イギリス　仏＝フランス　独＝ドイツ

ガリレイ（伊）…望遠鏡の改良
① ＿＿＿＿＿（独）…惑星運行の法則
② ＿＿＿＿＿（英）…血液循環論
③ ＿＿＿＿＿（英）…気体力学
ニュートン（英）…万有引力の法則・『プリンキピア』
フック（英）…『ミクログラフィア』
④ ＿＿＿＿＿（スウェーデン）…植物分類学
⑤ ＿＿＿＿＿（仏）…燃焼理論
⑥ ＿＿＿＿＿（英）…種痘法
ラプラース（仏）…宇宙進化論

⑦ ＿＿＿＿＿（英）
　　　　　　　…『新オルガヌム』
デカルト（仏）…『⑧＿＿＿』
⑨ ＿＿＿＿＿（仏）…『パンセ（瞑想録）』
⑩ ＿＿＿＿＿（オランダ）…『エチカ（倫理学）』
⑪ ＿＿＿＿＿（独）…『単子論』
グロティウス（オランダ）…『⑫＿＿＿
　　　　　　　　　　　『戦争と平和の法』
ホッブズ（英）…『⑬＿＿＿』
ロック（英）…『⑭＿＿＿』
カント（独）…『⑮＿＿＿』

❶⑫＿＿＿＿＿法を探究しようとする試みが、⑬＿＿＿＿＿＿＿＿＿らによって始められた。また、⑭＿＿＿＿＿＿＿＿＿＿＿は自然法の理論を国家関係の分析に適用することで、**国際法**理論を創始した。

　また、科学革命や新しい哲学の発展を受けて、17世紀末から18世紀初めにかけての西欧では、古代人と現代人のどちらがすぐれているかの論争がおこった。これに現代人派が勝利したことで、西欧では⑮＿＿＿＿＿**主義**の考え方が優勢となり、人間の歴史も、よりよい時代に向かって無限に進歩していくことが可能であるとの考え方が広まった。

啓蒙思想

Q▶ 啓蒙思想は、どのような点で「実用の学」といえるのだろうか。

　17世紀の学知の展開は、おもに知識人のあいだでなされたものだったが、18世紀には、すべての人間を対象に、現実世界における幸福を増大させるために有用な知識を集積して広めようとする❶＿＿＿＿＿思想が広まった。啓蒙思想家たちは、そのために国境をこえて議論をおこない、為政者に直接働きかけたり、世論を通じて為政者に改革を要求したりした。

　人間の幸福を増やす手段の1つとされたのが物質的な富の増大であり、フランスのテュルゴや、『諸国民の富（国富論）』を著したイギリスの❷＿＿＿＿＿らは、人類社会とくに西欧諸国が、農耕を中心とした自給自足的な段階か

解答 ⑫自然 ⑬ホッブズ ⑭グロティウス ⑮進歩
啓蒙思想▶❶啓蒙 ❷アダム＝スミス
表 ①ケプラー ②ハーヴェー ③ボイル ④リンネ ⑤ラヴォワジェ ⑥ジェンナー
⑦フランシス＝ベーコン ⑧方法序説 ⑨パスカル ⑩スピノザ ⑪ライプニッツ ⑫海洋自由論
⑬リヴァイアサン ⑭統治二論 ⑮純粋理性批判

ら、分業と交換が世界規模で発達した商業段階へ移行しつつあると考え、❸_____

_____学を創始した[②_____は、各国が国際商業で

争う時代では、重商主義的な特権や規制は撤廃して、経済の不都合は市場の自動調節機能に任せる

ほうがよいとする④_____の政策をとなえた]。

　宗教面でも、ヴォルテールらの著作により、国家・君主の信仰とは異なる宗派の

キリスト教を容認する姿勢(❺_____)が広まり、宗教改革以来のヨ

ーロッパにおける宗教的迫害や対立はしだいに収束に向かった。

　政治および国家に関しては、権力者による抑圧を防ぎ、人間の自由を守るための

体制が様々に考案された。❻_____は『法の精神』を著し、

歴史上の諸国家・文明の考察を通じて、イギリスの立憲君主政を例に権力の分立と

王権の制限を主張した。他方で❼_____は、文明の進展がむしろ人間の自由

を制約していると考え、『社会契約論』を著して、各人が社会と契約してすべての

権利を譲渡したうえで、直接民主政のかたちで統治に参加することによって自由と

平等を回復すべきと論じた。

　啓蒙思想の最大の成果が百科事典である。18世紀には、フランスの❽_____

_____やダランベールらが編纂した『❾_____』のほか、各国で百科

事典が刊行された。博物館や植物園もこの時代に登場した。啓蒙思想は基本的に文

字・図像を通して広められたが、これは、書物に限らず新聞・雑誌などの出版業が

18世紀後半のヨーロッパで発達したことを背景としていた。こうした出版物は、ロ

ンドンやパリの⑩_____・⑪_____・クラブ・⑫

_____といった集いの場で読まれ、討論の対象となったことで、⓭_____の形

成をうながした。また、ヨーロッパ外への空想旅行記が流行し、デフォーの『ロビ

ンソン゠クルーソー』やスウィフトの『⑭_____』な

どがベストセラーとなった。

　啓蒙思想の推進役となった知識人は、啓蒙専制君主や開明的な貴族といった上流

階級だけでなく、⓯_____(市民)からも生まれていた。近世のブル

ジョワは都市の商業を基盤に富を蓄積し、上流階級の華やかな宮廷文化とは異なる

独自の文化を形成しはじめた。のちに彼らは経済力を基盤にして、各国で政治の主

役の座をめぐって国王ら旧来の支配階層と争った。これに対して、参政権をもたず、

──────────────────────────────

解答　❸古典派経済　④自由放任　❺宗教的寛容　❻モンテスキュー　❼ルソー　❽ディドロ
❾百科全書　⑩コーヒーハウス　⑪カフェ　⑫サロン　⓭世論　⑭ガリヴァー旅行記
⓯ブルジョワ

文筆に訴えることもなかった民衆は、食料価格・労働条件・課税などをめぐって、自分たちの意思表明の手段として暴動や一揆をおこした[これらは反乱や革命に直結するものではなかったが、その伝統は政治的蜂起や労働争議となって、近代に継承された]。

産業革命と環大西洋革命

近世の「世界の一体化」の一環として成立した大西洋世界では、18世紀半ば以降、経済的には産業革命、政治的にはアメリカ独立革命・フランス革命がおこった。

Q▶ 産業革命や環大西洋革命はどのように展開し、またおたがいにどのような関係にあったのだろうか。

1 産業革命

Q▶ 産業革命期のイギリスは、世界経済とどのように結びついていたのだろうか。

近世ヨーロッパ経済の動向

Q▶ 近世ヨーロッパ経済の動向に、海外貿易はどのような影響をおよぼしたのだろうか。

　ヨーロッパは近世に「①＿＿＿＿＿＿＿＿＿＿＿」を進めたが、その内部でも大きな経済的変化がおこっていた。その第一が、❷＿＿＿＿＿＿＿＿の拡大である。商業革命で台頭したオランダなどの大西洋岸諸国は、プロイセン・ポーランド・ロシアなどのバルト海沿岸地域から穀物を輸入するようになった。その結果、これらの地域では領主が大農場を経営して輸出向け穀物を生産する③＿＿＿＿＿＿制が広まり、農奴制も強化された［一方、西ヨーロッパの国々では農奴制は廃止されており、領主は農地を自由身分の農民に貸して収入を得ていた］。

　第二に、近世のヨーロッパ経済は❹＿＿＿＿と**停滞**を繰り返した。16世紀は、14世紀の黒死病（ペスト）の打撃からの復興期であり、人口が増加した。これにアメリカ大陸からの⑤＿＿＿の流入による物価上昇［16世紀の急激な価格上昇は「価格革命」と呼ばれることもある］が加わり、生産全般が刺激された。しかし17世紀に入ると、天候不順で凶作が続くとともに疫病が流行し、人口増加率は鈍化した。銀の流入も減って、経済は低調になった（「❻＿＿＿＿＿＿＿＿＿」）。18世紀には再び全般的な好況へと転じ、人口増加と価格上昇を受けて農業・商業・工業が活発化した。

　第三が、経済の活性化による❼＿＿＿＿の増大である。ヨーロッパ人の海洋進出以降、様々な異国の産品が到来するようになって、ヨーロッパは、都市の王侯・貴族やブルジョワを中心に高い消費需要をもつ社会へとかわった。これが顕著だったのがオランダ・イギリス・フランスであり、とくにイギリスは、18世紀に❽＿＿＿＿＿＿＿［⑧＿＿＿＿＿＿＿＿］を推進したのが、「囲い込み」と呼ばれる土地制度改革であり、

解答 **近世ヨーロッパ経済の動向▶**①世界の一体化　❷東西の地域差　③農場領主　❹拡大　⑤銀　❻17世紀の危機　❼消費　❽農業革命

これにより全土で村の共有地が私有地に転換されて、集約的な農業が可能となった]によって農業生産が拡大して、大量の非農業人口をやしなえるようになり、これが⑨_____化を促進した。さらにイギリスは、オランダ・フランスとの競争に勝利して世界各地に交易網を広げた結果、高度に商業化した社会に変質した。

イギリス産業革命と資本主義

Q▶ イギリス産業革命は、世界経済や社会にどのような影響を与えたのだろうか。

イギリスでは、17世紀に華やかな模様の①_____産綿織物が輸入され、人気商品となった。これにより主要工業の毛織物業が打撃を受けると、18世紀初めにはインド産綿織物の輸入が禁止された。しかし、綿織物の人気は衰えず、原料の綿花をインドから輸入して国内で綿織物を生産する動きも始まった。また、当時イギリスは広大な海外市場を獲得しており、とくに②_____戦争後には、綿織物の輸出をその一環とする❸_____貿易を大西洋で大規模に展開していた。

地図 産業革命時代のイギリス

（地図凡例）
世界初の旅客鉄道（1830年）／炭鉱（1800年頃）／鉄の産地／運河（1800年頃）／囲い込まれた土地の比率 20～50％・50％以上

スコットランド／エディンバラ／グラスゴー／ニューキャッスル／ランカシャー／リーズ／ヨークシャー／ヨーク／ハル／シェフィールド／ハンバ川／リンカン／ノッティンガム／ケンブリッジ／イングランド／セヴァン川／ブリストル／テムズ川／北海
⑦／⑦／⑦／⑦

こうして国内外で綿織物への需要が高まったことに加えて、イギリスでは科学革命を背景とする機械工学の伝統があり、さらに鉄鉱石や④_____などの資源にもめぐまれていた。これらの条件が重なって、18世紀後半のイギリスで種々の技術革新が生まれ、❺_____が始まることになった。

発明・改良・実用者	発明品	種別	発明年
ニューコメン	蒸気機関、ポンプ	動力装置	18世紀初め
ダービー	コークス製鉄法	製錬	1709年
①	飛び杼	織布機	1733年
②	多軸紡績機（ジェニー紡績機）	紡績機	1764年頃
③	蒸気機関の改良	動力装置	1769年
④	水力紡績機	紡績機	1769年
⑤	ミュール紡績機	紡績機	1779年
カートライト	力織機	織布機	1785年
フルトン	⑥	交通手段	1807年
スティーヴンソン	⑦	交通手段	1814年

表 綿工業・交通手段におけるおもな技術革新

第12章

解答 ⑨都市
イギリス産業革命と資本主義▶①インド ②七年 ❸三角 ④石炭 ❺産業革命
地図 ⑦リヴァプール ⑦マンチェスター ⑦バーミンガム ⑦ロンドン
表 ①ジョン=ケイ ②ハーグリーヴズ ③ワット ④アークライト ⑤クロンプトン
⑥蒸気船 ⑦蒸気機関車

一連の技術革新のなかでもっとも重要なのが、すでに炭坑で用いられていた**⑥**＿＿＿＿＿＿＿＿**の製造業への転用**である。ここに歴史上はじめて、**⑦**＿＿＿＿＿＿＿＿＿＿＿＿を動力源とする経済活動が本格的に始まった［蒸気機関は、19世紀前半には鉄道や船舶にも用いられるようになり、**⑧**＿＿＿＿＿＿＿＿をもたらした］。これによって、1つの工場当たりの生産力は急増したが、新しい機械の導入は多額の資金を必要とし、さらに不況による倒産も珍しくなかったため、工場主は安価な労働力を求めた［職を失った職人の一部は、**⑨**＿＿＿＿＿＿＿＿＿＿＿運動によって抵抗したが、弾圧された］。このように資本をもつ経営者（**⑩**＿＿＿＿＿）が、賃金労働者を工場で雇用し、利益の拡大を目的にほかの資本家と競争しながら自由に生産・販売する経営形態が登場した。またこうした工場では、職人の自律的な作業にかわって、機械の都合にあわせて**⑪**＿＿＿＿＿によって管理される労働形態が導入され、**⑫**＿＿＿＿＿と職場が分離した。産業革命は、こうした一連の技術革新と経営・労働形態の変革による**⑬**＿＿＿＿＿の増大であり、**⑭**＿＿＿＿＿＿＿＿＿などの新興工業都市で始まって、ほかの地域や産業にも波及した。この結果、**⑮**＿＿＿＿＿**主義**と呼ばれる経済体制が確立した［なお、産業革命の以前にも、国際商業などの分野で資本主義的な経済体制がみられた。これを**⑯**＿＿＿＿＿＿＿＿主義と呼ぶこともある］。

イギリスによる世界経済の再編成　Q▶16世紀に始まった「世界の一体化」は、イギリス産業革命によってどのように変化したのだろうか。

　産業革命によって綿製品の大量生産が可能になると、その販売のための新たな**①**＿＿＿＿と、拡大した生産を支えるための**②**＿＿＿＿の供給地が必要となった。このためイギリスは、**❸**＿＿＿＿＿＿＿＿**の再編成**に乗り出した。インドはその影響を強く受け、**④**＿＿＿＿＿＿＿＿＿＿＿による植民地化がさらに進められて［**④**＿＿＿＿＿＿＿＿＿＿は、貿易以外に徴税などの行政や軍事の権利も与えられ、一種の統治機関としてインドにおける植民地の経営にあたった］、綿製品の輸出市場とされた。これにより在来の農村手工業であった**⑤**＿＿＿＿業が衰退し、インドの綿花はイギリスへの輸出品としての性格を強めた［イギリスは、アメリカ合衆国南部からも綿花を原料として輸入した］。また、**⑥**＿＿＿＿＿の栽培が奨励され、中国に輸出された。

　イギリスは、公式な植民地とはならなかった国々に対しても、貿易協定や**⑦**＿＿＿＿条約を結んで貿易を強制した。その結果、独立後の中南米諸国はイギリス

解答　**⑥**蒸気機関　**⑦**化石エネルギー　**⑧**交通革命　**⑨**機械打ちこわし　**⑩**資本家　**⑪**時間　**⑫**家庭　**⑬**生産力　**⑭**マンチェスター　**⑮**資本　**⑯**商業資本
イギリスによる世界経済の再編成▶①市場　②原料　**❸**世界経済　④東インド会社　⑤綿織物　⑥アヘン　⑦不平等

綿製品の最大の市場となる一方、同地の経済は対価として輸出する貴金属の産出や農産物の生産に特化していった。また、イギリス綿製品がイランやオスマン帝国・エジプトなどにも大量に流入すると、これらの地域はヨーロッパ諸国への農産物の供給地となり、新たなかたちで世界経済に組み込まれた。さらに、イギリスは⑧＿＿＿の輸入のために莫大な貿易赤字を抱えていた中国[⑧＿＿＿はイギリス人の日常生活に不可欠なものだったが、当時、世界で⑧＿＿＿を大量に輸出していたのは中国のみであった]に対しても自由貿易の要求を強め、のちにアヘン戦争を引きおこした。

　こうして、イギリスは当時世界最大の工業生産国（「❾＿＿＿＿＿＿＿＿＿＿」）として「世界の一体化」を新たに推し進めた。また、イギリスが19世紀初めに⑩＿＿＿＿＿の輸出を解禁したこともあって、産業革命は同世紀前半に⑪＿＿＿＿・フランス・アメリカ合衆国北部・ドイツにも波及した[これらの国々は、のちに世界経済においてイギリスと並んで中心的な役割を占めることになった。また、19世紀後半には、イタリア・ロシア・北欧などに加えて、日本でも産業革命が始まった]。

2　アメリカ合衆国の独立と発展

Q▶ どのような歴史的経緯をたどってアメリカ合衆国は独立したのだろうか。

イギリスの北アメリカ植民地

Q▶ 北米大陸に建設されたヨーロッパ諸国の植民地の地理的分布は、どのように推移したのだろうか。

　北米大陸では、16世紀からスペインがメキシコ・フロリダを植民地としており、さらに17世紀には、イギリス人が東部沿岸地域に、フランス人がカナダや①＿＿＿＿＿に入植した[17世紀にはオランダも植民地を建設したが、イギリスとの戦争に敗れて撤退した]。フランス領植民地はヨーロッパ向けの毛皮を主要産業とし、広大な領域をもっていたが、人口ではイギリス領植民地と比べて劣勢で、❷＿＿＿戦争（北アメリカでは③＿＿＿＿＿＿＿＿＿戦争）の敗北によって崩壊した[この戦争の結果、カナダ・ルイジアナ東部・④＿＿＿＿＿はイギリス領となり、ルイジアナ西部は⑤＿＿＿＿領となった。なおルイジアナ西部は、ナポレオン期に再びフランス領となった]。

　イギリスの北アメリカ植民地は、様々な性格の小植民地からなっていた[北アメリカ植民地を構成する小植民地は17世紀以降に増加し、18世紀半ばには⑥＿＿に達した。人口・面

解答　⑧茶　❾世界の工場　⑩工業機械　⑪ベルギー
イギリスの北アメリカ植民地▶①ルイジアナ　❷七年　③フレンチ＝インディアン　④フロリダ
⑤スペイン　⑥13

積ともに最大の植民地がヴァージニアであった]。❼　　　　部およびニューヨークを中心とする**中部**では、当初は自営農民や小規模の商工業者が主体だったが、18世紀には新たな移民が加わって人口が急増し、林業・漁業のほか海運業が発達して、大西洋での貿易に従事する大商人も現れた。❽　　　　部では、黒人奴隷を用いたプランテーションが発達し、タバコやのちに❾　　　　　　がヨーロッパへ、米などが北米大陸の他地域やカリブ海の植民地へ輸出された。これらのイギリス領植民地は、強化された航海法によって本国の❿　　　　　　　　主義体制に組み込まれていたが[王政復古期に航海法の内容が追加され、植民地とヨーロッパ諸国との貿易および個々の植民地間の貿易は、本国を経由することが新たに義務づけられていた]、強力なイギリス海軍の保護を受けて、七年戦争後には本国の約3分の1の経済規模をもつまでに成長した。政治的には、それぞれの植民地は⑪　　　　　　をもち、ある程度の自治を認められていた[とくに北部の⑫　　　　　　　　　　　　　　　　　地域では、17世紀の宗教的迫害を逃れてきたピューリタンの伝統による独自意識が強かった]。また、⑬　　　　　　が設置され、新聞も発行されるなど、ヨーロッパを手本とした言論活動もみられた。

アメリカ合衆国の独立

Q▶独立直後と今日のアメリカ合衆国では、どのような共通点と相違点があるのだろうか。

　北アメリカ植民地では、七年戦争後も植民地人と①　　　　　　との土地をめぐる争いが続いたため、イギリス本国は植民地の西方への拡大を制限したが、フランスの脅威が除かれて本国への依存心を弱めていた植民地側は、この措置に不満をもった。こうしたなか、七年戦争で巨額の財政赤字を抱えた本国が植民地への課税強化のために❷　　　　　法を導入すると、植民地側は「❸　　　　　　　　　　　　　　　　」ととなえて反対運動を展開した[名誉革命以降のイギリスでは、財政（課税）は議会の権限だったが、植民地側は本国議会への議員選出を認められていなかった]。同法は撤回されたものの、ここに本国と植民地との根本的な対立が表面化した。

　つづいて本国が❹　　　　法などで植民地への統制を再び試みると[中国茶を輸入した東インド会社が植民地で有利に茶を販売できた一方で、植民地による中国茶の輸入への関税は残った]、植民地側は、この措置を植民地課税の再強化につながるものとみなして反発し、⑤　　　　　　　　　　事件をおこして実力行使に出た。これに対抗して本国が⑥　　　　　　港を軍事封鎖する強硬策をとったため、植民地側は1774年に

解答 ❼北　❽南　❾綿花　❿重商　⑪議会　⑫ニューイングランド　⑬大学
アメリカ合衆国の独立▶①先住民　❷印紙　❸代表なくして課税なし　❹茶　⑤ボストン茶会
⑥ボストン

ミシシッピ川以西のルイジアナ
1682～1763年 【b】 領
1763～1800年 【a】 領
1800～1803年 【b】 領
1803年以後合衆国領

ニューファンドランド

1713年以後
イギリス領

【ア】

ノヴァスコシア（アカディア）

【イ】

モントリオール
サラトガの戦い
(1777)

ニューヨーク

・コンコードの戦い(1775)

【ウ】

プリマス

【エ】

オハイオ川
山脈

ワシントン(1800)

【オ】 の戦い(1781)

ル

アパラチア

大 西 洋

7 4
8
9 6 5
10
11
12
13

フロリダ

ニューオーリンズ

メキシコ湾

0 500km

イギリスの13植民地
1 ニューハンプシャー ┐
2 【カ】   │ ニュー
3 ロードアイランド │ イング
4 コネティカット   ┘ ランド

5 ニュージャージー ┐
6 デラウェア   │ 中部
7 ニューヨーク   │ 植民地
8 ペンシルヴェニア ┘

9 メリーランド   ┐
10 ヴァージニア   │
11 ノースカロライナ │ 南部
12 サウスカロライナ │ 植民地
13 【キ】   ┘

【a】　植民地　▦1763年【a】獲得
イギリス植民地　▨1763年イギリス獲得
【b】　植民地
※各国植民地の境界地帯では領有関係はまだ
　確定していなかった（図は1756年時点）。

地図 植民地時代の北アメリカ東部(1750年頃)

各植民地の代表からなる**大陸会議**を開いて対応策を協議した。75年にボストン近辺で武力衝突が発生すると、同年の第2回大陸会議は13の植民地［ケベックやフロリダなど、会議に加わらなかった植民地もあった］が共同して戦争にのぞむことを決定し、❼＿＿＿＿＿＿＿＿を大陸軍の総司令官に任じた。当初植民地側は、国王への忠誠を維持し、戦いの目的として、植民地の人間がイギリス人としてもつ権利の確認を掲げていた。しかし、⑧＿＿＿＿＿＿が著した『⑨＿＿＿＿＿＿＿＿＿＿＿』が世論を独立に導いたこともあり、植民地側は76年に⑩＿＿＿＿＿＿＿らの起草による❶＿＿＿＿＿＿を発し、翌77年には❷＿＿＿＿＿＿と名乗った。

　独立戦争では、当初イギリスが優位に戦いを進めたが、フランス・⑬＿＿＿＿＿がアメリカ側で参戦し、さらにロシアなどが⑭＿＿＿＿＿同盟を結成してイギリス海軍の動きを制約したために戦況がかわり、⑮＿＿＿

（解答）❼ワシントン　⑧ペイン　⑨コモン＝センス　⑩ジェファソン　❶独立宣言
❷アメリカ合衆国　⑬スペイン　⑭武装中立　⑮ヨークタウン
（地図）⑦ケベック　⑦レキシントン　⑦ボストン　④フィラデルフィア　⑦ヨークタウン
⑦マサチューセッツ　④ジョージア　【a】スペイン　【b】フランス

＿＿＿＿の戦いでアメリカ・フランス連合軍が勝利した[義勇兵として大陸軍に加わったヨーロッパ人として、フランスの⑯＿＿＿＿＿＿や、ポーランドの⑰＿＿＿＿＿＿らがいた。後者はその後にポーランド分割に反対する独立運動で中心的な役割を果たした]。その結果、イギリスは1783年の**⑱＿＿＿＿　条約**で、アメリカ合衆国の独立を承認した[また、イギリスはミシシッピ川以東の広大な地域を合衆国にゆずり、フロリダをスペインに返還したが、カナダ地方は維持した]。

アメリカ合衆国の独立は、広大な共和国の誕生として、君主国の多かったヨーロッパに衝撃を与えた。また、独立宣言はロックの⑲＿＿＿権を論拠に反乱を正当化しつつ、新国家建設の目的として、すべて平等な人間が生来もっているはずの権利の実現を定めていた。新たな政治体制のもとでこうした理想を掲げた点で、アメリカ合衆国の独立は⑳＿＿＿としての性格ももつことになった。

アメリカ合衆国は、当初は旧13植民地が主権をもつ州となって、ゆるやかに連合する国家だった。しかし、独立直後の財政的困難を背景に、強力な中央政府の樹立が求められるようになった。このため各州の代表が1787年に憲法制定会議に招集され、ここで制定された**㉑＿＿＿＿＿**[会議での規定により、憲法は9州の批准を得て1788年に発効したが、全13州で批准されたのは90年であった]によって、アメリカ合衆国は、自治権をもつ各州を中央の連邦政府が統括する連邦共和国となった。連邦政府の根幹となったのが**㉒＿＿＿・㉓＿＿　議会・㉔＿＿＿**であり、それぞれが行政・立法・司法の権限をもつことで、合衆国は史上初の大統領制および㉕＿＿＿国家として出発した。

初代大統領⑦＿＿＿＿＿＿は、ヨーロッパへの政治的な関与を避けつつ、

解答 ⑯ラ＝ファイエット　⑰コシューシコ　⑱パリ　⑲抵抗　⑳革命　㉑合衆国憲法　㉒大統領　㉓連邦　㉔最高裁判所　㉕三権分立
史料 ①平等　②幸福　③同意　④廃止

新生国家の安定化につとめた。しかし、中央政府の権力を維持しようとする㉓

＿＿＿派と州の自立性を重視する㉖＿＿＿＿＿派とのあいだに対立が生じ、その後のア

メリカ政治上の争点となった。また、独立宣言における平等と自由の理想は、のち

に大西洋世界でおこる革命の指導原理となった。しかしその一方で、現実のアメリ

カ合衆国は、黒人奴隷制を存続させたり、先住民から土地を奪うなど、白人中心の

国家としての性格を強くもった。

3　フランス革命とナポレオンの支配

Q▶ フランス革命は、どのようにして「国民」を主役とする社会をつくり出したのだろうか。

フランス革命　　**Q▶** フランスの国家体制は、革命のなかでどのように変化したのだろうか。

ルイ14世期以来、フランスはヨーロッパを代表する絶対王政の国だったが、社会

は身分集団や特権団体によって分断され、また、地域ごとに行政・裁判制度や税制

が異なるなど、1つの国としての①＿＿＿＿性は弱かった。諸身分のうち、聖職者

の❷＿＿＿＿身分と貴族の❸＿＿＿＿身分が土地と公職をほぼ独占したが、税の大

半は人口の約9割を占める平民の❹＿＿＿身分が担っていた。④＿＿＿＿＿身分の

内部にも格差があり、都市と農村の民衆は生活苦に追われた一方で、⑤

＿＿＿＿＿は富を蓄えていたが、どちらも第一・第二身分に対する不満を強めて

いた[当時のフランス社会は、革命後に「旧体制(⑥

＿＿＿＿＿)」と呼ばれた]。

18世紀のフランスは、あいつぐ戦争で慢性的な財政赤字の状態にあり、とくにア

メリカ独立戦争の戦費が財政破綻をまねいたため、❼＿＿＿＿＿＿＿＿は第一・第

二身分への⑧＿＿＿＿を強化しようとした[これ以前にも、経済学者のテュルゴや銀行家の

⑨＿＿＿＿＿＿＿(1732〜1804)らが、国王に登用されて様々な行財政改革を試みたが、いずれ

も既得権益を守ろうとする反対派の抵抗にあって挫折した]。課税強化のため、17世紀初め

以来休止状態にあった❿＿＿＿＿＿＿＿が1789年に招集・開催されると、そ

れに向けて言論が自由化されたことを背景に、第一・第二身分の特権を批判する世

論が第三身分を中心に高揚した[とくに⑪＿＿＿＿＿＿(1748〜1836)が著した『第

三身分とは何か』は、第三身分が真のフランス国民であると説き、大きな影響力をもった]。特権

解答 ㉖州権
フランス革命▶ ①均質　❷第一　❸第二　❹第三　⑤ブルジョワ　⑥アンシャン゠レジーム
❼ルイ16世　⑧課税　⑨ネッケル　❿全国三部会　⑪シェイエス

身分の一部と第三身分の議員は全国三部会を離脱して、自分たちが真の国民代表であるとして⓬＿＿＿＿＿＿＿を自称し、憲法の制定を目的に掲げた。国王側が軍事力で国民議会を弾圧しようとすると、パリの民衆は自衛のため7月14日に⓭＿＿＿＿＿＿＿を攻撃して武器を奪い、さらに市長を独自に選出し、民兵部隊も組織した。国王は国民議会やパリ市の改革を承認し、ほかの都市でも同様の市政改革がおこなわれた。一方、政治的混乱のなかで、貴族（領主）に襲われると思い込んだ⓮＿＿＿＿＿が各地で蜂起し、貴族の屋敷を襲撃した。

　⓮＿＿＿＿＿の蜂起を受けて、国民議会は⓯＿＿＿＿＿＿の**廃止**を決定し、税負担の平等化や公職の開放などを定め［そのほかに、領主裁判権や賦役、教会による⓰＿＿＿＿＿＿税が無償廃止された。地代（小作料）は⓱＿＿＿＿＿での廃止とされたが、この条項ものちに改められ、農民の多くが無償で土地を手に入れた］、これによって蜂起は沈静化した。さらに議会は、⓲＿＿＿＿＿＿＿＿＿らの起草による⓳＿＿＿＿＿＿を発して［⓳＿＿＿＿＿＿の作成に際しては、ジェファソンからの助言もあった］、すべての人間の⓴＿＿＿＿と権利における㉑＿＿＿＿、国民の主権、㉒＿＿＿＿＿の不可侵などの理想を公示し、国王にも圧力を加えてこれを認めさせた。また議会は、㉓＿＿＿＿＿を廃止して国民の経済活動を自由化しつつ、全土に画一的な県制度をしき、全国一律の度量衡の導入も決定した［1799年に㉔＿＿＿＿法として正式に採用された］。さらにカトリック教会の聖職者を国家の管理下におき、主権者である国民への忠誠を要求した。こうしてフランス革命は、身分・特権といった格差や地域の相違を解消して、均質的な国民を主体とする㉕＿＿＿＿＿を築いていくことになった。1791年にはフランス史上最初の憲法が制定さ

れ、議会（㉖　　　　　　　　　　）と国王を柱とする㉗　　　　　　　　　　政が発足した
［議会は貴族院をもたない一院制だったが、選挙権には財産資格が課せられていた。また女性は、
当時そのおもな役割が家庭を守ることにあると考えられていたことから、選挙権をもたなかった］。

　一方で、王の弟をはじめ有力貴族の多くが周辺諸国に亡命して、革命への干渉を
働きかけていた。また国王一家も王妃の実家オーストリアに亡命を試みて失敗し、
国民の信頼を失った（㉘　　　　　　　　　　　　逃亡事件）。こうした動きを受けて
㉙　　　　　　　　　　　　がプロイセンと共同で介入姿勢をみせると、革命政府
は1792年に両国との戦争を開始した。これ以降、フランス革命の動向は周辺諸国と
の戦争の状況から影響を受けることとなる。当初フランス軍は指揮の乱れもあって
劣勢におちいった。しかし、この危機に各地から㉚　　　　　　がパリに集結し、
さらに敵との密通が疑われた国王の宮殿を民衆とともに攻撃して王を捕らえた
（㉛　　　　　　　　　事件）。これを受けて立法議会は王権を停止し、みずからも解
散して、男性普通選挙による㉜　　　　　　　　　　に権力を譲った。㉜　　　　　
　　　　　は共和政を宣言し（㉝　　　　　　　　　　）、その後、裁判を経て93年に旧国
王夫妻を㉞　　　　　　した。

　1793年には、イギリス・オランダとも戦争が始まり［イギリスをはじめとする周辺諸国
は、以後7度にわたる㉟　　　　　大同盟を結成してフランスに対抗したが、その多くはフランス
の軍事力の前に瓦解した］、軍事力を増強するために革命政府が㊱　　　　　制を導入す
ると［この措置は、傭兵や志願兵による国王の常備軍にかわって、徴兵による㊲　　　　　軍が近
代国家における軍隊の主力となる画期となった］、これに対する反乱がフランス西部でお
こった。また、カトリック教会や王政を復活させようとする動きも強まると、
㊳　　　　　　　　　らが国民公会内の㊴　　　　　　　　　　に権力を
集中して、革命に抵抗する勢力を弾圧する㊵　　　　　　　　　を展開した。㊵　　　　
　　　　期には、グレゴリウス暦にかわって㊶　　　　　暦が制定され、キリス
ト教にかわる国家宗教（㊷　　　　　崇拝の宗教）の導入が試みられるなど、脱キリス
ト教化の政策も進められた。しかし、軍事力の増強によって戦況が好転すると独裁
への不満が高まり、94年、政敵によるクーデタでロベスピエールらは逮捕・処刑さ
れ、恐怖政治は終了した（㊸　　　　　　　　　　　　　　　）。
　フランスが1794年に南ネーデルラントを併合すると、翌年オランダでもフランス

解答 ㉖立法議会　㉗立憲君主　㉘ヴァレンヌ　㉙オーストリア　㉚義勇兵　㉛8月10日
㉜国民公会　㉝第一共和政　㉞処刑　㉟対仏　㊱徴兵　㊲国民　㊳ロベスピエール　㊴公安委員会
㊵恐怖政治　㊶革命　㊷理性　㊸テルミドールの反動

を手本とする革命政府が成立した。その後フランスはほとんどの国と休戦し、対外関係の安定を受けて95年に国民公会は解散して、新たな政治体制（㊹ ）が発足した。しかし国内の分裂は根深く、新政府は権力の維持のため軍隊の力に頼り、㊺ 遠征・㊻ 遠征[イギリスとインドの連絡路を断つ目的でおこなわれたが、最終的に失敗した。この遠征の際に、㊼ が発見された]などをおこなった。こうしたなか、これらの遠征で名声を得たのが将軍㊽ であり、彼は99年にクーデタをおこして権力を握り、同年に憲法を発布した。この憲法では共和政と議会は存続したが、㊾ となったナポレオンに権力が集中された。まもなく憲法が国民投票で圧倒的多数により承認され、彼が実質的な国家元首として認められた（統領体制）ことで、フランス革命は終了した。

ナポレオンのヨーロッパ支配

Q▶ 人々がナポレオンの支配を受け入れたり、反発した理由は、それぞれどのようなものだったのだろうか。

エジプト遠征を受けて、1799年にはイギリスとの戦争が再開された。他方、ナポレオンは侵攻したイタリアなどに共和制の傀儡国家を築いて、自身の影響力を広げた[これらの傀儡国家では、革命の理想を実現する解放者としてナポレオンを歓迎した人々が、政府首班にすえられた]。また、ナポレオンは1801年にローマ教皇と① を結んでカトリックの復権を認めつつ、教会の国家への従属を追認させて国内の宗教体制を安定させた一方で、02年にはイギリスと講和（② の和約）して戦争を中止した。こうした国内外の安定化策が国民の支持を集めると、ナポレオンは第一統領の任期を終身制に変更し、革命期に混乱していた経済・財政を内政改革によって再建した。彼はさらに、民法典（❸ ）を制定して人権宣言の理想を法制化し[③ は国民生活の諸側面に人権宣言を浸透させた包括的な法典であり、現在までフランスで用いられているほか、各国の民法典の模範ともなった。ただし、両性平等の規定など、のちに修正された点もある]、フランス社会の近代化を進めた。こうしたナポレオンの強大な権力は後継者の問題を浮上させたが、彼は1804年に皇帝**ナポレオン１世**として即位し、世襲制をとることで解決をはかった（❹ ）[第一統領の終身制および皇帝即位も、国民投票によって圧倒的多数で追認された。このようにナポレオンも、主権者である国民の意向を無視すること

解答 ㊹総裁政府　㊺イタリア　㊻エジプト　㊼ロゼッタ＝ストーン　㊽ナポレオン＝ボナパルト　㊾第一統領
ナポレオンのヨーロッパ支配▶①政教協約　②アミアン　❸ナポレオン法典　❹第一帝政

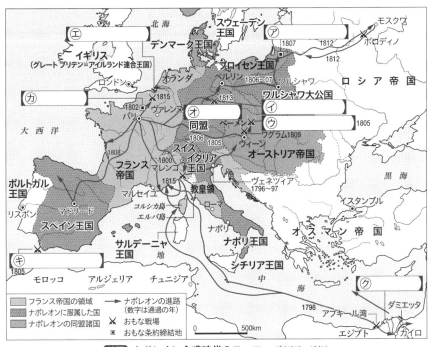

地図 ナポレオン全盛時代のヨーロッパ(1810～12年)

はなかった]。

　この間にヨーロッパ諸国との戦争が再び始まると、ナポレオンは1805年にオーストリアと⑤＿＿＿＿＿＿の連合軍に勝利し、イタリアでは傀儡国家を増やして半島全域を支配した。また、ドイツでは06年にほとんどの領邦国家を従属的な同盟国に編成して（**❻**＿＿＿＿＿＿**同盟**）、神聖ローマ帝国を崩壊させた。つづいてプロイセンにも勝利し[この敗北により領土と人口が半減されたプロイセンでは、政治家の⑦＿＿＿＿＿＿＿（1757～1831）や⑧＿＿＿＿＿＿＿＿＿＿（1750～1822）らによって種々の大規模な改革が始められ、同国が19世紀に台頭する基礎となった]、ドイツの大半を影響下においたうえで、分割されていたポーランド地方に傀儡国家の⑨＿＿＿＿＿＿＿＿国を設立し、さらにイベリア半島にも出兵して⑩＿＿＿＿＿＿を従属国とした。

　こうしてナポレオンはヨーロッパの主要国を屈服させ、残るイギリスに対しては、

⑪＿＿＿＿＿＿＿＿＿＿＿の海戦で敗れたことから経済戦をしかけ、ヨーロッパ諸国にイギリスとの貿易を禁じた（⑫＿＿＿＿＿＿令）。しかし、豊かなイギリスはこれに耐えた一方で、イギリスへの一次産品の輸出を禁じられた各国は苦しみ、経済力でもっとも劣る⑤＿＿＿＿＿が貿易を再開した。これを封じるため、ナポレオンは1812年に大軍を率いて⑤＿＿＿＿＿に遠征したが、大敗して権力の基盤である軍事力を失った。これに呼応して、フランス支配に抵抗する⑬＿＿＿＿＿＿＿＿＿＿＿が生まれていたドイツの同盟諸国では反ナポレオンの民衆蜂起がおこり、各政府もナポレオンから離反した。また、プロイセン・オーストリアはロシアとともに大軍を送り、⑭＿＿＿＿＿戦争（諸国民戦争）が始まった。これに敗れたナポレオンは退位し、フランスではルイ16世の弟が即位して（⑮＿＿＿＿＿）、立憲君主政を樹立した（**復古王政**）。

　しかしながら、フランス国民の多くは革命前の社会の復活を恐れ、また戦後処理のために開催されたウィーン会議ではヨーロッパ諸国が対立していた。この情勢をみたナポレオンは、1815年に再び権力を握ったが、まもなく⑯＿＿＿＿＿＿＿＿の戦いでイギリス・プロイセンなどに敗れて流刑となり、ヨーロッパはウィーン体制の時代に入った。

4 中南米諸国の独立

Q▶ 中南米諸国の独立は、どのような経緯をたどって実現したのだろうか。

環大西洋革命とハイチ革命

Q▶ 環大西洋革命のなかで、ハイチ革命はどのような特殊性をもつのだろうか。

　16世紀以来、中南米はヨーロッパ諸国の植民地だったが、フランス革命とナポレオンの支配によって本国が動揺した結果、19世紀前半の数十年間にほとんどの植民地で新国家が独立した。これらの独立運動はアメリカ独立革命やフランス革命からも影響を受けていたので［ラ゠ファイエットやジェファソンのように、アメリカ独立革命・フランス革命の両方に関わった者もいた。また、ボリバルもナポレオン期のヨーロッパに滞在し、啓蒙思想を吸収していた］、大西洋をまたぐこうした一連の変化を総称して❶＿＿＿＿＿＿＿＿＿と呼ぶ。

　中南米での最初の独立運動は、カリブ海のイスパニョーラ島西部にあるフランス

───────────────────────────

解答 ⑪トラファルガー　⑫大陸封鎖　⑬ナショナリズム　⑭解放　⑮ルイ18世　⑯ワーテルロー
環大西洋革命とハイチ革命▶❶環大西洋革命

186　第12章　産業革命と環大西洋革命

植民地②_____　　　　　　　　　[18世紀後半の②_____

は世界最大の砂糖・コーヒーの生産地であった]でおこった。母国の革命から人権宣言の
理想が伝わると、奴隷制プランテーションを経営していた白人と、白人・黒人の混
血[彼らは中南米において③_____と呼ばれた。そのほか、インディオ(先住民)と白
人の混血は④_____と呼ばれた]を中心とする自由民とが対立した。
これに人口の大多数を占めていた黒人奴隷の反乱が加わって❺

_____が始まり、まもなく黒人が権力を握った。こうした動きにイギリス・スペイン
が干渉したが[両国はサン＝ドマングの革命が周辺の自国植民地に波及することを恐れ、また豊
かなこの地の併合をもくろんでもいた]、フランス本国は1794年に世界初となる奴隷制の
廃止を決定し[フランス領における奴隷制は、ナポレオン時代の1802年に再び合法化されたのち、
1848年革命で最終的に廃止された]、黒人の⑥_____

_____が指導する自治政府の支持を得て両国を撃退した。その後サン＝ドマ
ングは、同地の確保と奴隷制の復活をもくろんでナポレオンが送った軍を退け、世
界ではじめて植民地支配を脱した黒人国家❼_____として1804年に独立した
[その後、⑦_____では1806年に共和政が宣言されたが、国家の分裂や欧米の干渉もあっ
て政治は安定しなかった。また、独立の承認と引きかえに、入植者から奪った財産に対する巨額の
賠償金をフランスに支払ったため、経済も停滞した]。

スペイン・ポルトガル植民地での独立運動

Q▶ この地域における独立運動には、どのよう
な共通点と相違点があったのだろうか。

ハイチ革命の一方、中南米の独立運動はおもに大陸側で展開され、その担い手は
❶_____(白人入植者の子孫)であった。彼らは地主として先住
民や黒人奴隷を支配した一方で、本国から派遣された植民地官僚に政治権力を握ら
れて不満をつのらせていた。また彼らの一部は、貿易商として、本国商人に有利だ
った重商主義的な貿易統制に反対していた。

ポルトガルの植民地であった❷_____は、ナポレオンの侵攻を受けて
本国王室がリオデジャネイロに避難し同地を首都としたのち、イギリスとの貿易が
拡大して経済的に発展した。国王はナポレオン戦争後に帰国し、立憲君主政国家を
発足させたが、ブラジルのクリオーリョは、本国からの干渉の復活や③_____制
廃止の強制を恐れて王太子を国家元首として擁立し、これに応じた王太子が1822年

解答 ②サン＝ドマング　③ムラート　④メスティーソ　❺ハイチ革命
⑥トゥサン＝ルヴェルチュール　❼ハイチ
スペイン・ポルトガル植民地での独立運動▶❶クリオーリョ　❷ブラジル　③奴隷

地図内のラベル:
- キューバ 1902
- ジャマイカ 1962
- ㋐
- 1804
- イスパニョーラ島
- ㋑ 1821
- ドミニカ共和国 1844（ハイチからの独立年）
- ベリーズ 1981
- グアテマラ 1821
- エルサルバドル 1821
- コスタリカ 1821
- ホンジュラス 1821
- ㋒ 1821(1)
- ガイアナ 1966
- スリナム 1975
- フランス領ギアナ
- ベネズエラ 1819(1830)
- ㋓ 1819(1830)
- パナマ 1903（コロンビアからの独立年）
- エクアドル 1822(1830)
- ㋕ 1821
- ㋔ 1821
- アマゾン川
- ㋖ 1822
- ボリビア 1825
- パラグアイ 1811
- チリ 1818
- ラプラタ川
- ㋗ 1816
- ウルグアイ 1828
- 大西洋
- 太平洋
- 赤道
- 0 1000km

凡例:
- 旧宗主国
  - スペイン
  - ポルトガル
  - イギリス
  - フランス
  - オランダ
- ━━ 中央アメリカ連邦（1823〜39）
- ┈┈ 大【㋓】（1819〜30）
- 数字 独立年

[地図] 中南米諸国の独立

に独立を宣言して、② ＿＿＿＿＿＿＿＿＿帝国が成立した［② ＿＿＿＿＿＿＿＿＿＿の独立は本格的な戦闘もなく達成され、帝政下で憲法も公布されたが、③ ＿＿＿＿制は維持された］。

　スペインの中南米植民地、とくにその南部では、本国においてフランス支配に抵抗する勢力が憲法を公布し、立憲君主政を宣言した（1812年）ことに刺激されて、各地のクリオーリョが自立への歩みを始めた。フランス支配からの解放後に本国はこれを阻止しようとしたが、植民地側は民兵隊を組織して独立戦争を開始した。兵力にまさる植民地側は戦争を優位に進め、1816年に❹ ＿＿＿＿＿＿＿＿＿＿＿＿＿＿、18年にチリが独立を宣言し、また指導者❺ ＿＿＿＿＿＿＿らの活躍もあって、❻ ＿＿＿＿＿＿＿＿＿＿（のちコロンビア・エクアドル・ベネズエラに分裂）やボリビア、ペルーも1820年前後に独立した。新独立国の大半は共和国となり、君主制・貴族制および奴隷制を廃止した［ただし先住民の立場は弱く、また独立後の中南米諸国では、ク

[解答] ❹アルゼンチン　❺ボリバル　❻大コロンビア
[地図] ㋐ハイチ　㋑メキシコ　㋒ニカラグア　㋓コロンビア　㋔ペルー　㋕ブラジル
㋖アルゼンチン

リオーリョによる支配が独裁政権となる例もあり、不安定な政治が続いた]。

　一方、スペイン植民地で最大の人口と富を有した❼＿＿＿＿＿＿＿では、独立
運動は⑧＿＿＿＿的な性格のものとなった。同地では、インディオやメスティーソ
などの被支配層が抑圧からの解放や独立を掲げて蜂起_{ほうき}したが、一部で白人の虐殺_{ぎゃくさつ}が
おこるなどしだいに過激化し、植民地政府軍によって鎮圧_{ちんあつ}された。他方、本国で停
止されていた1812年の憲法が復活すると、本国出身者やクリオーリョの支配層は、
これが植民地にも施行されてみずからの地位を失うことを恐れた。このため、彼ら
は結束して本国と決別し、白人主導の❼＿＿＿＿＿＿＿帝国を樹立した（1821年）
[皇帝として即位したのは、独立運動で活躍した軍人であった。しかし1823年に反乱がおこり、ア
メリカ合衆国型の連邦共和政国家に移行した]。

　中南米諸国の独立運動は、国際環境にもめぐまれた。大西洋の制海権_{せいかいけん}を握ってい
たイギリスは、独立国との⑨＿＿＿＿貿易に期待を寄せて運動を支援した。また、
ヨーロッパ諸国の関心が中南米に向けられたため、これを警戒したアメリカ合衆国
は、❿＿＿＿＿＿＿＿＿＿宣言を発して南北アメリカ大陸とヨーロッパの相互不干渉_{ふかんしょう}
をとなえ、ヨーロッパ側の動きを牽制_{けんせい}した[❿＿＿＿＿＿＿大統領（在任1817～25）が
表明したこの姿勢は、ワシントン政権期以来の外交政策を継承したものであり、❿＿＿＿
＿＿＿主義もしくは孤立_{こりつ}主義と呼ばれて、第一次世界大戦までヨーロッパに対するアメリカ外交の
基本方針となった]。

解答 ❼メキシコ　⑧保守　⑨自由　❿モンロー

イギリスの優位と欧米国民国家の形成

産業革命と環大西洋革命以後、欧米諸国は近代工業と国民主権をめざす政治改革によって国民国家の統合力の強化を進め、アジア諸地域もそれに対応する変容をうながされた。

Q▶ 国民国家と近代市民社会の形成は、欧米諸国においてどのように進んだのだろうか。

1 ウィーン体制とヨーロッパの政治・社会の変動

Q▶ ウィーン体制のもとで、ヨーロッパはフランス革命前からどのように変化したのだろうか。

ウィーン会議

Q▶ ウィーン会議の参加者たちは、何をめざしていたのだろうか。

1814年から15年にかけて、フランス革命・ナポレオンの大陸支配による激動の事後処理と新しい国際秩序の協議のため、オーストリアの首都①＿＿＿＿＿＿で国際会議が開かれた(❶＿＿＿＿＿＿＿＿**会議**)。会議には②＿＿＿＿＿＿帝国を除く、全ヨーロッパの支配者が参加したが、それは過去四半世紀間におこった変動の大きさを反映していた。

会議の議長となったオーストリア外相(のち宰相)❸＿＿＿＿＿＿＿＿＿＿＿＿は、ナポレオン支配の打倒に決定的役割を果たした列強間の意向のもとに協議を進めた[ウィーン会議では列強間の非公式協議で重要な決定がなされ、全参加国による総会は一度も開かれなかった]。フランスの④＿＿＿＿＿＿＿＿外相は、革命前の旧体制への復帰をめざす❺＿＿＿＿**主義**をとなえ、⑥＿＿＿＿＿＿＿王家の復帰を認めさせた。しかし、ほかの列強は激動後の現実に立って、正統主義よりもヨーロッパ世界の安定と自国領土の拡大を重視した。列強のなかでは海軍力・工業力にまさるイギリスと、強大な陸軍を保有するロシアが大きな影響力をもった。

会議の結果はウィーン議定書にまとめられ、ロシア皇帝は⑦＿＿＿＿＿＿国王を兼ねて支配領域を西方にのばし、プロイセンも東西に領土を拡大した。オーストリアは、オーストリア領⑧＿＿＿＿＿＿＿＿＿＿を立憲王国となったオランダにゆずったが、イタリア北部地域を併合して、自国領域の統合を果たした。スイスは⑨＿＿＿＿＿＿＿国となり、ドイツにはオーストリア・プロイセンや諸領邦の君主国、ハンブルクなどの自由市をゆるやかにまとめた❿＿＿＿＿＿＿

解答 ウィーン会議▶❶ウィーン ②オスマン ❸メッテルニヒ ④タレーラン ❺正統 ⑥ブルボン ⑦ポーランド ⑧ネーデルラント ⑨永世中立 ❿ドイツ連邦

が成立した。一方、イギリスは大陸での勢力均衡を実現させて本国の安全を確保し、旧オランダ領の⑪＿＿＿＿＿＿＿島や⑫＿＿＿＿＿＿＿などを得て、世界帝国への基礎を固めた。ロシア皇帝⑬＿＿＿＿＿＿＿＿＿＿＿はヨーロッパのほとんどの君主を参加させて、キリスト教精神にもとづいて友好を約した⑭＿＿＿＿同盟を結成した。

会議で成立した国際秩序は❶＿＿＿＿＿＿＿＿＿＿＿と呼ばれ、ロシア・イギリス・プロイセン・オーストリアが結成した❷＿＿＿＿同盟[1818年に⑰＿＿＿＿＿が加わって⑱＿＿＿＿同盟になった]の列強がこれを支えた（❸＿＿＿＿＿＿＿＿）。列強体制は、ナポレオンの大陸支配の経験から、一国だけがヨーロッパの覇権を握ることを阻止し、列強が協調してヨーロッパの国際秩序を維持して国際問題を調停するシステムであり、19世紀半ばの一時期を除いて、20世紀初めまで存続した。そのため、ほぼ1世紀のあいだ、ヨーロッパ中心部では比較的平和で安定した国際環境が維持され、先進地域での近代化と市民社会の発展が進むとともに、19世紀後半にはヨーロッパ列強は非ヨーロッパ世界への帝国主義的支配に向かうことになった。

立憲改革の進展とウィーン体制の動揺

Q▶ ウィーン体制を動揺させた政治・経済・社会的要因は、それぞれ何だろうか。

メッテルニヒらはウィーン体制を守るため、①＿＿＿＿＿＿主義[現行の政治・社会体制とその基礎となる思想の正当性をとなえ、それに対する批判や改革を求める思想・運動を否定する考えや運動。19世紀ではおもに自由主義と対決した]を掲げ、自由主義的改革運動や②＿＿＿＿＿＿＿＿＿＿＿＿＿＿＿＿[国民や民族といった歴史的共同体を重視し、「国民国家」の創出を主張する考えや運動。フランス革命後、ナポレオンの支配下におかれたヨーロッパ各地でまず広まり、19世紀では勢力均衡の考えと対立した]の運動を監視し、思想統制や蜂起・革命の武力制圧を実行した。しかし、改革・独立運動はおさまらず、ドイツの学生団体（③＿＿＿＿＿＿＿＿＿＿＿＿＿＿＿）やイタリアの④＿＿＿＿＿＿＿などの結社による自由主義的改革運動、スペインの立憲革命、さらにロシアでの⑤＿＿＿＿＿＿＿＿＿＿（十二月党員）の反乱などがあいついだ。これらの動きはいずれも鎮圧されたが、1821年から始まったオスマン帝国内の❻＿＿＿＿独立運動は、地中海やバルカン地域に利害関係をもつ列強の支持で、30年に独立を達成した。こうした改革・独立運動は中南米にも波及した。メッテルニヒはこ

[解答] ⑪セイロン　⑫ケープ植民地　⑬アレクサンドル1世　⑭神聖　❶ウィーン体制　❷四国
⑰フランス　⑱五国　❸列強体制
立憲改革の進展とウィーン体制の動揺▶①保守　②ナショナリズム　③ブルシェンシャフト
④カルボナリ　⑤デカブリスト　❻ギリシア

の動きも阻止しようとしたが、イギリスが中南米市場の開発を期待して独立を支持するなど列強の足なみが乱れ、失敗した。

　ブルボン朝が復権したフランスでは、絶対王政への復帰はできず、立憲君主政の統治になったが、きびしい制限選挙による反動政治が続いて国民の不満を高めた。ルイ18世を継いだ⑦＿＿＿＿＿＿＿＿＿＿＿＿＿は、1830年⑧＿＿＿＿＿＿＿＿
　　遠征によって国民の批判をそらそうとしたが、同年パリで⑨＿＿＿＿＿＿＿
がおきて国王は亡命した。後継の王には自由主義的とされたオルレアン家の⑩＿＿＿＿＿
＿＿＿＿＿＿＿＿＿＿が推され、⓫　　　　王政が成立した。⑨
＿＿＿＿＿＿＿＿の影響は各地に広がり、⓬＿＿＿＿＿＿＿＿＿はオランダから独立して翌31年に立憲王国となり、⑬＿＿＿＿＿＿＿＿＿やイタリアでも独立をめざす蜂起がおこったが失敗した。しかし、西欧諸国はメッテルニヒの抑圧的な保守主義に協調しなくなり、ウィーン体制の反動政治はオーストリア・ドイツなどの中欧・東欧地域に後退した。

　ドイツでは、ウィーン会議以前からプロイセンの農民解放や諸領邦での立憲政治が広がり、古い領主制・身分制・職業規制の廃止も進み、農民や職人層の自由が拡大した。1830〜40年代、フランスやドイツで鉄道建設事業が着手され、近代工業も育成されはじめ、市民層も統一的な国内市場の実現に関心を向けた。1834年には、プロイセンを中心にオーストリアを除く大部分の領邦が参加して、⓮
＿＿＿＿＿同盟が発足した。

イギリスの自由主義的改革

Q▶ 19世紀イギリスの政治的変化は、大陸のヨーロッパ諸国の場合とどのように異なっていたのだろうか。

　産業革命によって世界経済の中心となり、ナポレオン戦争でも勝利した19世紀のイギリスでは、国内で様々な❶＿＿＿＿＿＿主義的改革[①＿＿＿＿＿＿主義は、大陸ヨーロッパ諸国では憲法と議会の確立を目的としたが、イギリスでは、個人の自由な活動を重視し、それに対する障害を除くことをおもな目的とした]が進められた。イギリスはアイルランドと国家合同(1801年)して連合王国となっていたため、プロテスタント非国教徒[かつてのピューリタンをはじめとする、プロテスタントでありながらイギリス国教会に属さない信徒。ブルジョワ階層に多く、一定の影響力をもっていた]や②＿＿＿＿＿＿＿＿＿信徒への法的制約を最終的に撤廃して[②＿＿＿＿＿＿＿＿＿への法的制約の撤廃に際しては、アイルラン

解答 ⑦シャルル10世　⑧アルジェリア　⑨七月革命　⑩ルイ゠フィリップ　⓫七月　⓬ベルギー
⑬ポーランド　⓮ドイツ関税
イギリスの自由主義的改革▶❶自由　②カトリック

ドで③＿＿＿＿＿＿＿＿＿＿（1775〜1847）が率いた抗議運動が大きな役割を果たした〕、信仰を自由化した（1828〜29年）。また、④＿＿＿＿＿制への批判も高まり、1807年に④＿＿＿＿＿貿易を禁止し、さらに33年には植民地を含めた全領土で④＿＿＿＿＿制自体を廃止した〔イギリスに続いてアメリカやフランスも④＿＿＿＿＿貿易を禁止したが、両国領での④＿＿＿＿＿制はその後も存続した〕。

　イギリスは、1832年の❺＿＿＿＿＿＿＿＿＿＿＿＿＿＿＿によって選挙制度も改革し〔この改革による有権者の増加は小さかったが、名誉革命以来ほぼ変更のなかった選挙区制度が大きく改められた結果、「⑥＿＿＿＿＿＿＿＿＿」と呼ばれた極小選挙区が廃止され、1票の格差は縮小した〕、産業革命で成長していたブルジョワが国政に直接参加する道を開いたが、政治の実権は依然として国会議員の大多数を占めた地主階級の手中にあった。一方で労働者階級は、男性普通選挙制や議員の財産資格撤廃を要求に掲げて❼＿＿＿＿＿＿＿＿＿＿＿＿＿＿運動を展開したが、直接の成果を生み出せなかった。貿易も重要な改革領域であり、1813年に東インド会社の特権がインドとの貿易独占に関して廃止されたのち、33年には⑧＿＿＿＿＿貿易の独占が廃止されるとともに、⑨＿＿＿＿＿＿＿＿そのものも停止された（翌34年に実施）〔この結果、多くの商人が⑧＿＿＿＿＿貿易に参加することになったが、⑧＿＿＿＿＿は自由貿易を認めていなかった。そのために生じた不満が、イギリス国内でのアヘン戦争への支持の一因となった〕。他方でイギリスは46年に❿＿＿＿＿＿を廃止し〔❿＿＿＿＿＿は、外国産穀物の輸入を制限することで国内の農業生産者を保護する目的があったが、他方でパンの値段が下がりにくくなり、工場労働者などの消費者にとっては不利益に働いた〕、49年には⓫＿＿＿＿＿＿＿も廃止したことにより、**自由貿易体制**のもとで農業よりも工業を優先する国家へと方向を定めた。

社会主義思想の成立

Q▶イギリス・フランス・ドイツにおける社会主義思想はどのように比較できるのだろうか。

　資本主義のもとのヨーロッパ諸国では、全体としては生産力が増大してモノが豊かになった一方、身分間の法的な格差にかわって、富を蓄えた資本家と低賃金のままの労働者との①＿＿＿＿＿＿＿＿＿が新たな問題となった。労働者はストライキや暴動などで資本家に対抗したが、一部の知識人は、経済体制自体に矛盾があると考えて、これを是正する理論を模索し、実践も試みた。彼らの思想は総じて❷＿＿＿＿＿主義と呼ばれた。

解答 ③オコネル　④奴隷　❺第1回選挙法改正　⑥腐敗選挙区　❼チャーティスト　⑧中国
⑨貿易活動　❿穀物法　⓫航海法
社会主義思想の成立▶①経済格差　❷社会

イギリスの❸＿＿＿＿＿＿＿＿は、労働組合運動を指導したほか、労働者が工場経営や生活必需品の購入を共同でおこなう**協同組合**を組織した。彼は児童労働や夜間勤務の禁止もとなえ、その提言は1833年の④＿＿＿＿＿＿法に部分的ながら反映された。

　フランスでは［フランスの社会主義者は、資本主義の先進国イギリスを意識しながら未来社会を考えたため、彼らの理論は急進化する傾向が強かった］、❺＿＿＿＿＿＿＿＿＿が、労働者は職種をこえて全国的に連帯し社会の主役になるべきととなえ、❻＿＿＿＿＿＿＿＿＿は、国家の管理のもとで各人が能力に応じて働き、利益は平等に分配される経済体制を構想した。また⑦＿＿＿＿＿＿＿＿＿は、労働者の自発的な結合が将来的に国家に取ってかわること（無政府主義）で、私有財産制の不平等を和(やわ)らげることができるとした。

　社会主義思想を集大成したのが、ドイツの❽＿＿＿＿＿＿と❾＿＿＿＿＿＿であった。彼らは『❿＿＿＿＿＿＿＿＿』（1848年）を公刊して、土地や工場、銀行など経済の重要な要素を公有化するための社会革命が必要であると説いた。その後、マルクスは『⓫＿＿＿＿＿＿』（1867年に第一部）を著して、資本主義においては、労働者は自由な立場で労働してもその報酬を完全には受け取れない仕組み(さくしゅ)(搾取)があり、他方で資本家も利潤(りじゅん)を無限に拡大することはできないため、こうした無理のある経済体制はいずれ崩壊(ほうかい)すると論じて（❽＿＿＿＿＿＿**主義**）、大きな影響を与えた。また、両者は19世紀後半に労働者階級の国際的な連帯と革命運動を指導した。

　なお社会主義とは別に、慈善(じぜん)団体やキリスト教の教会は、生活改善や自助努力を労働者にうながすことで、彼らの境遇(きょうぐう)の向上を試みた［とくに飲酒の問題は重視され、各国で禁酒運動が組織された］。

1848年革命　　Q▶ヨーロッパにおいて、1848年革命の影響を受けなかった国や地域はどこだろうか。

　19世紀前半におけるヨーロッパの近代工業はなお発展段階で、旧制度から解放された貧しい農民や都市の下層民衆に、十分な雇用機会を提供できなかった。さらにこの時期はヨーロッパ全体で人口が上昇(こうしょう)したため、貧民層も増えて「①＿＿＿＿＿＿＿＿＿＿」と呼ばれる深刻な社会状況が広がった。こうした背景のもと、ヨーロッ

パ各地で政府や富裕市民層の責任を問う革命的気運が高まった。

　七月王政下のフランスでは、銀行家など一部の富裕層に富が集中し、多額納税者だけに選挙権を認める②＿＿＿＿＿＿＿による政治がおこなわれていた。それに反発した中小市民層や一般民衆のあいだには選挙権拡大運動が広がり、政府がこれを力でおさえようとすると、1848年２月にパリで**❸**＿＿＿＿＿**革命**がおこった。革命の結果、七月王政は倒れて共和政の臨時政府が樹立された(**❹**＿＿＿＿＿＿＿)。臨時政府には社会主義者の⑤＿＿＿＿＿＿＿＿＿や労働者の代表も入ったが、**❻**＿＿＿＿＿選挙制を実現させた市民層や農民は急進的な社会改革を望まず、選挙の結果、穏健共和派政府が成立した。パリの労働者はこれに反発して蜂起したが、制圧された。同年12月の大統領選挙ではナポレオン１世の甥の⑦＿＿＿＿＿＿＿＿＿＿＿が当選した。彼は51年、クーデタによって独裁権を握り、52年には国民投票で帝政を復活させ、**❽**＿＿＿＿＿を名乗った(**❾**＿＿＿＿＿＿＿)。

　二月革命はまもなくオーストリア・ドイツにも波及し、**❿**＿＿＿＿**革命**となった。オーストリアでは⑪＿＿＿＿＿＿＿が失脚し、プロイセンでは国王の譲歩で自由主義的政府が成立して、ウィーン体制は消滅した。その後、ドイツ諸邦の自由主義者らは統一国家と憲法制定のため、**⓬**＿＿＿＿＿**議会**に結集した。また、オーストリア帝国内のハンガリーやベーメン、イタリアでは、独立を求めるナショナリズム運動が広がった。こうした自由主義的改革運動と独立・自治を求めるナショナリズムが高揚する状況は、「**⓭**＿＿＿＿＿＿**の春**」と呼ばれ、**⓮**＿＿＿＿＿**革命**とも総称される。

　⑭＿＿＿＿＿革命は全ヨーロッパ的規模でおこったが、西欧諸国では国内の自由主義的改革が、東欧地域では民族運動による自治や独立の実現が主要目的で、相互の連携は少なく、以後東・西ヨーロッパがそれぞれ異なる政治・社会的方向に進む分岐点となった。

　革命運動内の分裂や対立をみて、一時後退した王権や保守勢力は反撃に転じた。プロイセンでは、国王がフランクフルト国民議会のドイツ皇帝推挙を拒否して、1850年には一方的に⑮＿＿＿＿＿憲法を発布した。一方、オーストリアやロシアは、多民族帝国を動揺させる民族運動を警戒した。ロシアはオーストリアに支援の軍を

第13章

派遣して⑯＿＿＿＿＿＿らの率いるハンガリーの民族運動を制圧したので、反革命の擁護者として「ヨーロッパの⑰＿＿＿＿＿」と呼ばれた。国内の革命運動をおさえたオーストリアは、一時認めた⑮＿＿＿＿＿憲法も撤回して、反動的な「⑱＿＿＿＿＿主義」体制に移った。

2 列強体制の動揺とヨーロッパの再編成

Q▶ 1850～70年代のヨーロッパ諸国の変革には、どのような共通点があったのだろうか。

クリミア戦争

Q▶ クリミア戦争において、ロシア・イギリス・フランスはそれぞれ何を求めたのだろうか。

ロシアは反革命の擁護者として国際的に有利な立場に立ったことから、伝統的な①＿＿＿＿＿政策を再開し、1853年にはギリシア正教徒保護の名目でオスマン帝国に宣戦した（❷＿＿＿＿＿＿戦争）。イギリス・フランスはロシアの地中海進出を阻止するためオスマン帝国を支援し、戦争はヨーロッパ列強同士の戦いになった。クリミア半島の③＿＿＿＿＿要塞をめぐる攻防の末にロシアは敗れ、56年の④＿＿＿＿＿条約で黒海の⑤＿＿＿＿＿化と1840年のロンドン会議の取決めを再確認させられ、南下政策を一時中断した。

　②＿＿＿＿＿戦争後、ロシアは国内改革に、またイギリスは⑥＿＿＿＿＿の大反乱への対応に追われ、ほかのヨーロッパ諸国も国内の政治・経済体制の整備に専念した。そのため国際問題での列強間の共同行動は難しくなり、列強体制の統制力は弱まった。それにより、1850～70年代は列強の干渉や規制から比較的自由な国際環境が生まれ、国内改革や国家統一など国境線の変更を引きおこすような大きな変革や内戦を含む戦争が多発した。

列強の新体制—ロシア・イギリス・フランスの対応

Q▶ 3国の諸改革にはどのような相違点があり、またその理由はそれぞれ何だろうか。

〈ロシアの大改革〉　クリミア戦争で敗北したロシアの❶＿＿＿＿＿は、専制体制と農奴制によるロシアの立ちおくれを認め、1861年に❷＿＿＿＿＿令を布告して、農奴に人格的自由を認めた。農民は土地を貴族領主から買い戻す必要があり、また土地は個人にではなく農村共同体（③＿＿＿＿＿）に引き渡されることが多かったが、これによって、皇帝は農民を直接支配下

解答 ⑯コシュート　⑰憲兵　⑱新絶対
クリミア戦争▶①南下　❷クリミア　③セヴァストーポリ　④パリ　⑤中立　⑥インド
列強の新体制—ロシア・イギリス・フランスの対応▶❶アレクサンドル2世　❷農奴解放
③ミール

に組み込むことができた。その後、皇帝は地方自治や教育制度などの近代化改革を実施したが、改革の気運（きうん）に乗じて④＿＿＿＿＿＿＿＿の民族主義者が蜂起（ほうき）すると、再び専制政治に戻った。

　工業がなお未成熟であったロシアでは、労働者層は少なく、社会改革の提唱者は都市の学生などの知識人層（⑤＿＿＿＿＿＿＿＿＿＿＿＿＿＿＿＿）が担（にな）った。彼らの一部は農民を啓蒙し、農村共同体を基盤（きばん）にすれば社会主義改革が可能と考え、「⑥＿＿＿＿＿＿＿＿＿＿（人民のなかへ）」を掲げて農民に働きかけたので⑦＿＿＿＿＿＿＿＿＿＿＿＿と呼ばれた。しかし農民は呼びかけにこたえず、失望したナロードニキの一部は要人⑧＿＿＿＿で専制を打倒しようと、皇帝や政府高官（こうかん）を暗殺した。

〈イギリス〉　19世紀のイギリスは、世界各地との貿易を拡大し続け、世界最大の商船隊と最強の海軍を維持した［イギリスは全世界の商船の3分の1を保有し、19世紀後半に蒸気船が主流となっても、この優位を維持した］。さらに蒸気鉄道が全国に普及（ふきゅう）し、地下鉄も開通した。蒸気鉄道は同世紀（どうせいき）半ばから世界各国に輸出され、電信の発達とあわせて地球上の交通・通信に革命的な変化をもたらした（⑨＿＿＿＿＿＿・通信革命）。首都のロンドンは世界最大の都市となり、商業および金融（きんゆう）を通じて世界経済に大きな影響力をふるった。このため、イギリスの通貨である⑩＿＿＿＿＿が世界の基軸（きじく）通貨として用いられるようになり、また、ロンドンのグリニッジ天文台の時刻が世界標準時とされた。

　イギリスの力の象徴となったのが世界初の⑪＿＿＿＿＿＿＿の開催（1851年）であり、国内のみならずヨーロッパ諸国からも多くの見物客（けんぶつきゃく）が訪れた。こうした実力を備えたイギリスが、大陸ヨーロッパとは直接に関与せずに各国の利害対立を調整することができたため、ナポレオン戦争以降のヨーロッパでは基本的に平和が維持された（「⑫＿＿＿＿＿＿＿＿＿＿＿＿」）。

　19世紀後半のイギリスでは、⑬＿＿＿＿＿＿＿＿＿＿＿＿＿の統治（とうち）のもと、⑭＿＿＿＿＿＿＿＿＿＿率いる⑮＿＿＿党と⑯＿＿＿＿率いる保守党が、総選挙の結果にもとづいて交互に政権を担当する典型的な議会政党政治がおこなわれた［⑮＿＿＿党は⑰＿＿＿＿＿党を、保守党は⑱＿＿＿＿党を起源としていた］。最大の政治問題は議会改革であり、⑲＿＿＿＿＿選挙法

解答　④ポーランド　⑤インテリゲンツィア　⑥ヴ＝ナロード　⑦ナロードニキ　⑧殺害（ばんこくはくらんかい）⑨交通革命　⑩ポンド　⑪万国博覧会　⑫パクス＝ブリタニカ　⑬ヴィクトリア女王⑭グラッドストン　⑮自由　⑯ディズレーリ　⑰ホイッグ　⑱トーリ　⑲第2回

第13章

改正（1867〜68年）で ⑳＿＿＿＿＿部の労働者の多くが、㉑＿＿＿＿＿＿＿選挙法改正（1884年）で㉒＿＿＿＿部の労働者の大部分が選挙権を獲得した[1885年には再び選挙区が大きく改編されたが、議会の上院（貴族院）が下院（庶民院）とほぼ同等の権限をもち続けるなど、地主の影響力は存続した。また女性参政権も実現しなかった]。しかし、こうして選挙権が拡大した一方で、当時のイギリスは従来の貴族制を維持し、貧富の差も大きい階級社会であった。また、主要な政治・社会思想であった自由主義を背景に、政府はこうした経済格差に対して直接介入することはなく、個人の社会的地位の上昇は、勤勉・節約などの自発的努力によるとされた。

　他方、連合王国下の㉓＿＿＿＿＿＿＿＿＿＿では、イギリス系人口の多い北部で産業革命がおこったが、南部は1840年代後半に大飢饉（㉔＿＿＿＿飢饉）に襲われ、これは19世紀のヨーロッパで最大の被害を出した災害となった[この飢饉ではアイルランド人口の約25%に達する死者と難民が生じた。難民の多くは㉕＿＿＿＿＿＿＿＿＿＿＿に渡り、ヨーロッパから合衆国への移民の一部をなした]。19世紀後半には、南部で農地紛争が激化したため、20世紀初めにかけて政府が地主制を解体した。その一方で独立を求める動きも強まり、1880〜90年代にグラッドストンが㉖＿＿＿＿＿＿＿＿＿＿＿＿＿＿を議会に提出したが、帝国の解体につながると危惧した一部の自由党員が反対して否決され、アイルランド問題は20世紀にもちこされることになった。

〈フランス第二帝政と第三共和政〉　フランスの第二帝政下では、㉗＿＿＿＿が自由貿易によって国内産業を育成するため、イギリスと通商条約を結び、イギリスにならってパリで二度も万国博覧会を開催した。また利害の異なる支持基盤をまとめるため、㉘＿＿＿＿＿＿＿＿の提案したスエズ運河建設を支援し、㉙＿＿＿＿＿＿戦争・イタリア統一戦争・㉚＿＿＿＿出兵などの積極的な対外政策を追求した。しかし、㉛＿＿＿＿＿＿＿遠征に失敗し、さらにビスマルクの挑発に乗って、1870年に㉜＿＿＿＿＿戦争（プロイセン＝フランス戦争）をおこし、みずから捕虜になる惨敗を喫したので、帝政は崩壊した。同年に㉝＿＿＿＿＿＿政府が成立して抗戦を続けたが、翌年には降伏した。

　屈辱的敗北と領土割譲を受け入れた講和に抗議して、1871年3月に社会主義者や

解答　⑳都市　㉑第3回　㉒農村　㉓アイルランド　㉔ジャガイモ　㉕アメリカ合衆国
㉖アイルランド自治法案　㉗ナポレオン3世　㉘レセップス　㉙第2次アヘン　㉚インドシナ
㉛メキシコ　㉜ドイツ＝フランス（独仏）　㉝臨時国防

パリ民衆が立ち上がり、史上はじめての革命的自治政府を樹立した(㉞_____)。しかし、㉞_____は国内では広い支持を得られず、パリを逃れた㉟_____の指導する臨時政府側の軍事力によって、まもなく倒された。

その後、国内では王党派と共和派のあいだで将来の政体をめぐる対立が続いた。1875年に㊱_____が制定されて㊲_____の基礎がすえられ[制定されたのは3つの基本法だが、それが㊲_____の最後まで続いたので、憲法と呼ばれている]、80年以降はフランス革命を原点とする国民統合が進んだ。

新国民国家の成立 **Q▶** ドイツとイタリアの国民国家成立には、どのような共通点と相違点があるだろうか。

〈**イタリアの統一**〉 分立状態が続いていたイタリアでは、1848年の二月革命後、❶_____[①_____はイタリア統一と共和政をめざす結社で、1843年に再結成された。「青年」は既存の政治への抗議の表現で、当時ポーランドやアイルランドなどにも同名の結社ができた。20世紀初めには、トルコやアラブ地域にも青年の名を付した結社が結成された]の❷_____も参加した③_____建設の動きや、サルデーニャ王国のオーストリアとの戦争による北イタリア統合の試みがあったが、いずれも失敗した。しかし、サルデーニャ王国は自由主義的立憲体制を守り、新国王④_____と首相❺_____のもとで、鉄道建設など近代的社会基盤の整備をはかった。王国はナポレオン3世と支援の⑥_____を結び、1859年に再度オーストリアと開戦した。王国は勝利して⑦_____を獲得し、翌年⑧_____・⑨_____をフランスにゆずって中部イタリアを併合した。同時に青年イタリア出身の❿_____が義勇軍を率いて⑪_____王国を占領し、サルデーニャ王にゆだねた。

この結果、1861年3月に⓬_____**王国**が成立し、サルデーニャ国王がイタリア国王位についた。さらにイタリアは66年にオーストリア領の⑬_____を、70年には⑭_____を併合して国家統一を実現し、71年にローマを首都とした。しかし、⑮_____・⑯_____などはオーストリア領にとどまったため、「⓱_____

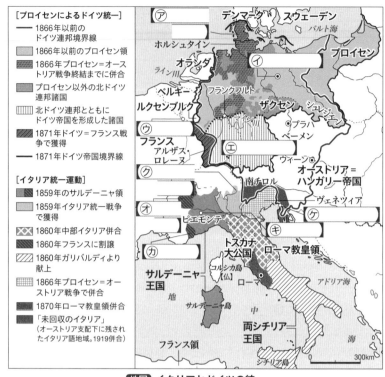

[プロイセンによるドイツ統一]
— 1866年以前の
　ドイツ連邦境界線
　1866年以前のプロイセン領
　1866年プロイセン=オース
　トリア戦争終結までに併合
　プロイセン以外の北ドイツ
　連邦諸国
　北ドイツ連邦とともに
　ドイツ帝国を形成した諸国
　1871年ドイツ=フランス戦
　争で獲得
— 1871年ドイツ帝国境界線

[イタリア統一運動]
　1859年のサルデーニャ領
　1859年イタリア統一戦争
　で獲得
　1860年中部イタリア併合
　1860年フランスに割譲
　1860年ガリバルディより
　献上
　1866年プロイセン=オー
　ストリア戦争で併合
　1870年ローマ教皇領併合
　「未回収のイタリア」
　（オーストリア支配下に残され
　たイタリア語地域。1919併合）

地図 イタリアとドイツの統一

＿＿＿＿＿」と呼ばれ、その奪回をめぐってオーストリアと長く対立することになった。
一方、教皇庁はヴァチカンにこもり、イタリア政府とは長く断交状態になった。

〈ドイツの統一〉　1848年革命後、フランクフルト国民議会でのドイツ統一をめぐる
対立は⓲＿＿＿＿＿＿＿＿**主義**的な自由主義憲法にまとまったが［⓲＿＿＿＿＿

＿＿＿主義はオーストリアを除きプロイセンを中心にドイツ統一をめざす考えで、それに対して、オ
ーストリアのドイツ人地域とベーメンを含めた統一案が⓳＿＿＿＿＿＿＿主義である］、プロ
イセン国王は国民議会の推挙によるドイツ皇帝位を拒否し、保守的姿勢を続けた。

　プロイセンでは、保守的な⓴＿＿＿＿＿＿＿層が主導する政府・軍部が優位に
立っていたが、産業革命の進展とともに市民層出身の自由主義者が台頭し、議会多
数派となった。このため政府と議会の対立が続き、国王は1862年ユンカー出身の保

解答 ⓲小ドイツ　⓳大ドイツ　⓴ユンカー
地図 ㋐シュレスヴィヒ　㋑ベルリン　㋒スダン　㋓バイエルン　㋔サヴォイア　㋕ニース
㋖トリノ　㋗ロンバルディア　㋘トリエステ

守強硬派❷_____を首相に任命した。㉑_____は、議会の反対を無視して軍の拡大をはかった（㉒_____ **政策**[㉑_____が1862年に議会で「現在の大問題は議会の演説や多数決ではなく、鉄（兵器）と血（兵士）によって解決される」と演説したことから、こう呼ばれた]）。64年、プロイセンはオーストリアとともに、㉓_____・㉔_____両州をめぐる対立から㉕_____と戦って勝利した。その後、両州の管理をめぐる紛争を理由として、66年にプロイセンはオーストリア・南ドイツ諸邦と戦って勝利した（㉖_____**戦争**）。これによってドイツ連邦は解体され、翌年プロイセンを盟主とする㉗_____が結成されて、南ドイツ諸邦とも同盟を結んだ。一連の勝利を受けて、自由主義者の多くがビスマルク支持に転じた。

　一方、ドイツから除外されたオーストリアは、非スラヴ系のマジャール人にハンガリー王国を認め、同君連合の㉘_____ **帝国**（二重帝国）として、帝国内のスラヴ系諸民族の自立要求をおさえようとした。しかし、スラヴ系の自立運動はその後も続き、二重帝国を動揺させる大きな要因になった。

　フランスのナポレオン3世は、プロイセンの強大化を阻止しようと、㉙_____ **戦争**を開始した。北ドイツ連邦と南ドイツ諸邦の支持を得たプロイセンはフランスを圧倒し、㉚_____でナポレオン3世を捕虜にした。1871年、ビスマルクは、フランスに㉛_____・㉜_____の割譲や高額の賠償金支払いを課した講和を結んだ。

ドイツ帝国とビスマルク外交

Q▶ 新統一国家の国民にドイツ人意識をもたせるため、ビスマルクはどのような政策をとったのだろうか。

　ドイツ＝フランス戦争中の1871年1月、プロイセン国王❶_____は②_____宮殿でドイツ諸侯によって③_____に推挙され、**ドイツ帝国**が成立した。帝国はドイツの諸邦で構成される④_____国家で、プロイセン国王が皇帝を兼ねた。各邦の政治の仕組みは以前のままであったが、⑤_____選挙は当時としては先進的な男性普通選挙制であった。しかし帝国議会の権限は制約され、帝国宰相は皇帝にのみ責任を負い、

解答 ㉑ビスマルク　㉒鉄血　㉓シュレスヴィヒ　㉔ホルシュタイン（㉓・㉔順不同）
㉕デンマーク　㉖プロイセン＝オーストリア〈普墺〉　㉗北ドイツ連邦　㉘オーストリア＝ハンガリー
㉙ドイツ＝フランス　㉚スダン　㉛アルザス　㉜ロレーヌ（㉛・㉜順不同）
ドイツ帝国とビスマルク外交▶❶ヴィルヘルム1世　②ヴェルサイユ　③ドイツ皇帝　④連邦
⑤帝国議会

独裁的権力を行使できた。

　帝国宰相となったビスマルクは、帝国の国民統合を進めるため、反プロイセン感情の強いバイエルンなどの南ドイツやプロイセン東部の旧ポーランド領のカトリック教徒を警戒し、「⑥＿＿＿＿＿＿＿＿＿＿」で抑圧した[ローマ教皇は、近代思想や近代国家の政教分離政策を批判していた。そのためビスマルクはカトリック教会の影響力を封じる抑圧策をとった。ドイツの自由主義者やプロテスタント系市民層は、それを「(近代)文化のための闘争」と呼んだ。しかし、カトリック教徒は結束を強めて対抗し、まもなく⑥＿＿＿＿＿＿＿＿＿は停止された]。また、工業の発展とともに増加する工業労働者階級へマルクス主義的社会主義運動(のちの⑦＿＿＿＿＿＿＿＿党[ドイツの社会主義運動は2つの党派が並存していたが、1875年に合同した。その後マルクス主義を受け入れて、弾圧に屈せず勢力を増大し、1890年に党名をドイツ⑦＿＿＿＿＿＿＿党とした])の影響が広がるのを防ぐため、⑧＿＿＿＿＿＿＿＿＿法を制定し、他方で労働者の支持を得るため、災害保険、疾病・養老保険などの⑨＿＿＿＿＿＿＿制度を導入した。

　外交面では、ビスマルクは⑩＿＿＿＿＿＿体制を再建させながら、ドイツへの報復を掲げるフランスをヨーロッパ内で孤立させる政策をとり、ドイツ・オーストリア・ロシアの⑪＿＿＿＿＿同盟(1873年)、ドイツ・オーストリア・イタリアの⑫＿＿＿＿＿同盟(82年)、ドイツ・ロシアの⑬＿＿＿＿＿＿条約(87年)などを結んで複雑な同盟網をつくりあげた。この国際体制は**ビスマルク体制**と呼ばれる。

　この間にも個々の列強の領土拡大政策は続いた。1875年、オスマン帝国のバルカン地域で農民反乱がおこり、翌年にはブルガリアの独立をめざす蜂起が続いた。ロシアはスラヴ系民族の反乱や蜂起を支持したが、オスマン政府がこれを武力で鎮圧したため、直接介入に乗り出し、77年オスマン帝国と開戦して、翌78年に勝利した(⑭＿＿＿＿＿＿＿＿戦争)。ロシアは講和条約である⑮＿＿＿＿＿＿＿条約でブルガリアを保護下におき、バルカン半島に進出した。

　しかし、オーストリア・イギリスがロシアの進出に反対したため、ビスマルクは⑯＿＿＿＿＿＿会議を開いて対立を調停し、サン＝ステファノ条約は破棄された[また、⑰＿＿＿＿＿・⑱＿＿＿＿＿・⑲＿＿＿＿＿の独立が承認され、⑳＿＿＿＿＿＿＿＿＿はオスマン帝国内の自治国とされた。イギリスは㉑＿＿＿＿＿＿の、オーストリアは㉒＿＿＿＿＿・＿＿＿＿＿

解答 ⑥文化闘争　⑦社会民主　⑧社会主義者鎮圧　⑨社会保険　⑩列強　⑪三帝　⑫三国　⑬再保障　⑭ロシア＝トルコ　⑮サン＝ステファノ　⑯ベルリン　⑰ルーマニア　⑱セルビア　⑲モンテネグロ　⑳ブルガリア　㉑キプロス　㉒ボスニア・ヘルツェゴヴィナ

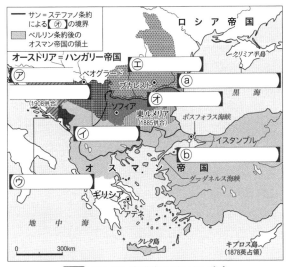

――― サン=ステファノ条約
による【オ】の境界

オスマン帝国の領土

ロシア帝国

オーストリア＝ハンガリー帝国

クリミア半島

ベオグラード

【ア】　【エ】

ブカレスト　　　　【a】

黒海

ソフィア

【オ】

東ルメリア
(1885併合)

ボスフォラス海峡

（1908併合）

【イ】

イスタンブル

オ　ス　マ　ン　帝　国

【b】

【ウ】

ダーダネルス海峡

ギリシア

ベルグラード

アテネ

地　中　海

クレタ島

キプロス島
(1878英占領)

0　　300km

地図 ベルリン会議後のバルカン半島

の占領と行政権を認められた。東ルメリア自治州は1885年以降、⑳_____が併合した]。ロシアは南下のねらいを阻止され、これ以後は中央アジア・東アジア方面で拡大を追求した。また、ビスマルクは1881年のフランスの㉓_____支配を支持するなど、列強の関心をヨーロッパ地域外への進出に向けさせて、ヨーロッパでの現状維持をはかった。

北欧地域の動向 **Q▶** 他のヨーロッパ諸国に比べて、北欧諸国が安定していたのはなぜだろうか。

18世紀においても北欧の強国とみなされた❶_____は、ロシア・プロイセンの台頭でその地位を失ったが[フィンランドも長く①_____領であったが、1809年にロシアに割譲された]、19世紀初めには立憲制議会主義を確立した。❷_____はウィーン会議によってスウェーデン領になったが、20世紀初めに国民投票で独立国家になった。❸_____もドイツ連邦に敗北して以後、農業・牧畜を中心とする経済基盤を安定させた。

スカンディナヴィア諸国と呼ばれるこれらの国々は、④_____制のもとでも議会の力が強く、政治的・経済的に安定して、外交面では列強主導の国際政

解答 ㉓チュニジア
北欧地域の動向▶ ❶スウェーデン　❷ノルウェー　❸デンマーク　④立憲君主
地図 ㋐ボスニア・ヘルツェゴヴィナ　㋑セルビア　㋒モンテネグロ　㋓ルーマニア
㋔ブルガリア　ⓐセヴァストーポリ　ⓑサン＝ステファノ

第13章

治から距離をおき、独自の平和路線をとる点で共通していた。

　19世紀後半、帝国・国民国家の国境が安定すると、国内統合も強まったが、一方で国境をこえて交流したり連帯する運動も増加した。なかでも社会主義運動は、1864年に各国の社会主義者が①＿＿＿＿＿＿＿で❷＿＿＿＿＿＿＿＿＿＿＿＿＿を結成して、労働運動に支えられた国際連帯運動のモデルになったが、70年代半ばに解散した。政治的運動以外にも、戦争犠牲者の救済のため❸＿＿＿＿＿＿＿＿＿＿**組織**が結成され、1896年にはスポーツを通じて国際交流と親善をはかる❹＿＿＿＿＿＿＿＿＿＿＿＿＿＿＿**大会**も始まった。国際運動の展開には、郵便・電信に関する国際機関の設立なども重要な基盤となった。

　なお、19世紀は政治的・宗教的迫害、貧困などからの脱出を求めて、ヨーロッパからおもに南北アメリカに移住する人々が増えた。⑤＿＿＿＿＿＿というかたちでのヨーロッパの文化的・経済的拡大と交流も、19世紀の重要な特色である。

3 アメリカ合衆国の発展

Q▶ アメリカ合衆国の急速な発展の要因は、どのようなものだったのだろうか。

　独立直後のアメリカ合衆国は、北米大陸の東部のみを領土としたが、その後フランスから❶＿＿＿＿＿＿＿＿＿＿を購入して領土を倍増したのち〔当時フランスを支配していたナポレオンは、サン＝ドマングを拠点にカリブ海から北米大陸中部に広がる帝国を築くことを構想していたが、ハイチ革命でこの構想が破れたため、①＿＿＿＿＿＿＿売却に踏みきった〕、スペインから②＿＿＿＿＿＿＿＿＿を購入して、カリブ海にも到達した。一方、合衆国は通商問題をめぐってイギリスと❸＿＿＿＿＿＿＿＿＿＿**戦争**をおこなった。戦争は戦前の状態を回復するかたちで講和されたが、結果として植民地期以来続いていた州ごとの独自意識が弱まり、アメリカ人としての自覚が強まった。また、戦争でイギリスからの工業製品の輸入がとだえたため、北部で④＿＿＿＿＿＿＿が促進された〔このため戦後に工業の保護を目的とする高率の輸

解答　**国際運動の進展**▶①ロンドン　❷第1インターナショナル　❸国際赤十字
❹国際オリンピック　⑤移民
アメリカ合衆国の領土拡大▶❶ルイジアナ　②フロリダ　❸アメリカ＝イギリス（米英）
④産業革命

入関税が設定され、工業が未発達で自由貿易を望む南部と北部との対立が生じることになった]。

戦争後、アメリカ合衆国は⑤＿＿＿＿＿＿＿＿＿宣言で外交方針を定めた。国内では、白人男性すべてに選挙権を与える州が増え、これを背景に、民衆の重視をとなえて⑥＿＿＿＿＿＿＿＿＿が大統領に当選した[⑥＿＿＿＿＿＿＿＿＿は、独立期以来の合衆国政治を担った政治家とは違い、西部出身で学歴もなかったが、独立独行の人間として新しい有権者から支持された。彼の任期の前後に、大統領選挙に投じられた票数は5倍以上に増加した]。彼の時代には、大統領のもつ国民一般の代表としての性格が強まり、合衆国政治の民主化が進んだ。一方、ジャクソン政権は狩猟経済を営む先住民の土地を安価で購入し、白人入植者に売却して農地に転換させた。さらに、これに応じない先住民には、新たに獲得した領土に⑦＿＿＿＿＿＿＿を設けて強制移住させる政策をとった。一部の先住民は武力で抵抗したが、鎮圧された。この結果、合衆国の農地は劇的に拡大したが、先住民の人口は激減した。

19世紀半ばには、アメリカ合衆国の西方への膨張（⑧＿＿＿＿＿運動）が、神に定められた「⑨＿＿＿＿＿＿＿＿＿＿＿」であるとのスローガンのもと、合衆国は⑩＿＿＿＿＿＿を併合した[⑩＿＿＿＿＿＿＿はメキシコの一部だったが、合衆国からの入植者を中心に独立したのち、合衆国への編入を求めていた]。これをきっかけに⑪＿＿＿＿＿＿＿＿＿＿＿＿＿＿**戦争**がおこると、合衆国は勝利し、⑫＿＿＿＿＿＿＿＿＿＿を獲得して領土を太平洋岸に広げた。直後に同地で金鉱が発見されると、国内や世界中から多数の人々が到来して（⑬＿＿＿＿＿＿＿＿＿）、西海岸地域は急速に発展した。この結果、合衆国は太平洋方面への関心を強め、19世紀半ばには、中国と正式な国交を開いたのち、⑭＿＿＿＿＿＿＿を日本に派遣して**日本の開国**を実現したほか、1867年にロシアから⑮＿＿＿＿＿＿＿を購入した。

アメリカ合衆国の西方への拡大は、⑯＿＿＿＿＿＿**制問題**をめぐる国内の対立を強めた。奴隷制は本来、独立宣言の理念に反しており、北部諸州では廃止されたが、奴隷制プランテーションを経済の基盤とする南部諸州が州の自治権を盾に反対したため、合衆国憲法では禁じられていなかった。南部の奴隷制は一時衰退したが[南部の主要な輸出作物だったタバコは、合衆国の独立後にイギリス市場を失っており、このため南部の農業は低迷していた]、18世紀末に⑰＿＿＿の種子から繊維を分離する新式の機械が発明さ

第13章

解答 ⑤モンロー ⑥ジャクソン ⑦保留地 ⑧西漸 ⑨明白なる運命 ⑩テキサス
⑪アメリカ＝メキシコ ⑫カリフォルニア ⑬ゴールドラッシュ ⑭ペリー ⑮アラスカ
⑯奴隷 ⑰綿

れると、大量の⑰　　　　をイギリスや北部の綿工業地帯に原料として販売できるようになったため、19世紀に再び拡大した。西部に新しい州が誕生するようになると〔西部の開拓地では自由人の男性人口が⑱　　　　人に達すると準州として自治政府を設け、⑲　　　　人に達すると、州に昇格して連邦への加入が許された〕、北部は人道主義の立場から新州での奴隷制に反対したが〔この頃、奴隷制を批判した⑳　　　　　(1811〜96)の『㉑　　　　　　　　　　　　　　　　　』がベストセラーとなった。ただし、北部の反対は奴隷制自体に向けられたものであり、黒人に対する差別意識は存在していた〕、南部は連邦議会での立場が弱くなることを恐れて、奴隷制を認めるように求めた。このため1820年には、奴隷制を認める新たな州は国土の南北のほぼ中間線以南のみとする妥協がはかられた(㉒　　　　　協定)。しかし、1854年にこの境界線より北の㉓　　　　　・㉔　　　　　　　　　の両準州について、奴隷制の可否は住民の投票で決定するとの法律が制定され、妥協は破られた。北部では奴隷制反対を掲げる㉕　　　　　党が発足し、南部では㉖　　　　　党〔㉖　　　　　党は、独立直後の州権派に起源をもち、ジャクソン期に全国政党として成立したが、南北戦争前には、南部の農場主の利害を反映して奴隷制を容認していた〕の一部が合衆国からの分離を主張するようにもなり、南北の対立が再燃した。

南北戦争　Q▶ 南北戦争で北部が勝利した要因は何だったのだろうか。

　1860年の大統領選では、奴隷制拡大をめぐって民主党が分裂し、共和党の❶　　　　　　が勝利した。①　　　　　　　　は、奴隷制を原理上は否定しつつも、南部での奴隷制の即時廃止にも反対する姿勢を示して、南部の分離を阻止しようとした。しかし、61年に南部の7州が❷　　　　　　　　(❸　　　　　)を発足させて、ここにアメリカ合衆国は分裂した。南北間で戦闘が始まると、南部連合にはさらに4州が加わり、合衆国北部の23州との❹　　　　　戦争(1861〜65年)〔この戦争は、アメリカ合衆国では「内戦(Civil War)」と呼ばれる〕となった。

　この戦争では、当初は士気が高く有能な指揮官の多い南部が優勢だったが、北部が人口と工業力の優位を活用しはじめると、戦線は膠着した。そこで北部は、1862年に西部公有地での開拓農民に土地を与える⑤　　　　　　　　　法を定めて西部諸州の支持を固め、さらに63年にはリンカンが❻　　　　

解答　⑱5千　⑲6万　⑳ストウ　㉑アンクル＝トムの小屋　㉒ミズーリ　㉓カンザス
㉔ネブラスカ　㉕共和　㉖民主
南北戦争▶❶リンカン　❷アメリカ連合国　❸南部連合　❹南北　⑤ホームステッド
❻奴隷解放宣言

を発して南部地域でも奴隷制を禁止し、国際世論も味方につけた［すでに南北戦争前から、イギリスやフランスをはじめとするヨーロッパ諸国でも、アメリカ合衆国の奴隷制に反対する運動が展開されていた］。北部は同年の❼＿＿＿＿＿＿＿＿＿の戦いに勝利して、以降は優勢を保ち、65年に南部の首都⑧＿＿＿＿＿＿＿＿＿を占領して南部を降伏させ、合衆国は再び統一された。南北戦争は、発達した火器や鉄道などの産業革命の産物が活用されたこともあり、**アメリカ史上最多の❾**を出す戦争となった［南北戦争の戦死者数は60万人以上にのぼった。これはのちの第一次・第二次世界大戦におけるアメリカ人の戦死者数の合計を大きく上回るものである］。

アメリカ合衆国の大国化

Q▶ アメリカ合衆国の歴史において、移民はどのような意味をもったのだろうか。

南北戦争後、荒廃した南部の再建と社会改革が北軍の占領下で進められた。北部の資本家が工業を導入し、また、合衆国憲法の修正によって**正式に奴隷制は❶**＿＿＿＿＿＿され、男性の解放黒人に投票権が与えられた［当時は自由人の女性も財産権や参政権で男性と差別されており、その是正を求める運動が南北戦争前から始まっていた。しかし、19世紀中に改革が実現したのは一部の州にとどまった］。しかし、黒人は法的には自由人となったものの、経済面では農地を与えられることはなく、多くは小作農として貧しい生活をおくった。他方で元南軍の兵士など一部の白人は、②＿＿＿＿＿＿＿＿＿＿＿＿＿＿＿＿＿（KKK）などの秘密結社を組織し、北軍の監視を逃れて黒人を迫害した。1870年代後半に北軍が南部占領を終了すると、南部では旧大農場主や白人の自営農民、新興産業資本家らが、民主党を通じて政治を主導するようになり、北部を地盤とする共和党に対抗した。また、南部諸州は1890年頃から州法などで黒人の投票権を制限したり、公共施設を人種別にわけるなどの③＿＿＿＿＿＿を制度化したため、憲法の条項は骨抜きにされた。

西部では、南北戦争中から入植者が増加し、牧畜業や小麦生産が発達して食料を東部の市場に供給したほか、ヨーロッパへの輸出も始まり、アメリカ合衆国は**世界最大級の❹**＿＿＿＿＿＿＿＿＿**力**をもつようになった。西部の発展にともない、東部と西部を結ぶ通信・交通機関も整備され、有線電信の開通につづき、1869年には最初の❺＿＿＿＿＿＿＿＿＿が完成した。一連の西漸運動の進展によって、90年代には❻＿＿＿＿＿＿＿＿＿（開拓の最前線地域）の**消滅**が宣言され、合衆

第13章

解答 ❼ゲティスバーグ　⑧リッチモンド　❾死者
アメリカ合衆国の大国化▶❶廃止　②クー＝クラックス＝クラン　③差別　❹農業生産
❺大陸横断鉄道　❻フロンティア

国が新興国から成熟した国へと完全に移行したことが明らかとなった。

　他方、広大な国土と天然資源にめぐまれたアメリカ合衆国は、石炭・石油・鉄鋼などの⑦_____も躍進させ、19世紀末にはイギリス・ドイツをしのぐ**世界最大の⑧_____国**ともなった。こうした合衆国の工業発展を支えたのは、急速に成長する独占企業とヨーロッパ各地から到来した❾_____であった。多くの⑨_____が到来した結果、19世紀を通じて合衆国の人口は10倍以上に増え［19世紀末以降には、日本からも移民が到来して、ハワイや合衆国本土の西岸地帯で肉体労働に従事した。こうした大量の移民流入が社会問題となったため、19世紀末から20世紀初めに合衆国は移民法による移民の制限を開始した］、大西洋沿岸地域のニューヨークなどは巨大都市に成長した。また、移民の多くは低賃金の非熟練労働に従事したが、事業に成功して一代で巨大な富を得る者もいた。こうして、アメリカ合衆国は激しい⑩_____と大きな貧富の差を抱える社会となった［1870年代の不況・低成長以降、合衆国各地で労働争議が続いたが、1886年に結成された⑪_____（AFL）は熟練工を主体とする穏健路線をとった。これに加えて個人の自主性を尊ぶ文化もあったため、合衆国では社会主義は大きな勢力とならなかった］。

4　19世紀欧米文化の展開と市民文化の繁栄

Q▶ 19世紀欧米の文化と現代の文化には、どのようなつながりがあるだろうか。

文化潮流の変遷と市民文化の成立
Q▶ 各時代での主流な文化について、その担い手や展開された場（空間）はどのように変化したのだろうか。

　フランス革命後、ヨーロッパでは皇帝・国王・貴族・高位聖職者などの上流社会が主導した宮廷（①_____）文化は後退した。19世紀に入ると市民層が担う❷_____**文化**が登場し、さらに同世紀後半には、❸_____**文化**の潮流が主流になり、文化を享受する人々も一部の特権階層から市民層へ、さらに国民一般へと広がった。しかし、先行文化の成果もそれぞれの国民・民族の言語文化や④_____にそって選択され、伝統として引き継がれた。国民文化は貴族文化・市民文化の融合の産物として成立し、学校教育や美術・建築・音楽・文学などを通じて、国民に国家の一員あるいは民族としての自覚を与え、⑤_____への統合を促進した。

　交通革命や、電信・電話、大衆新聞の登場などの⑥_____といった近

解答 ⑦重工業　⑧工業　❾移民　⑩競争　⑪アメリカ労働総同盟
文化潮流の変遷と市民文化の成立▶①貴族　❷市民　❸国民　④歴史　⑤国民国家　⑥通信革命

[出身地　仏＝フランス　独＝ドイツ　伊＝イタリア　英＝イギリス]

【美術】

① ［仏］…………「ナポレオンの戴冠式」

② ［仏］……「キオス島の虐殺」

カスパー＝フリードリヒ［独］…「月をながめる2人の男」

③ ［仏］………「石割り」

④ ［仏］………「落ち穂拾い」

⑤ ［仏］………「印象・日の出」

⑥ ［仏］…「ムーラン＝ド＝ラ＝
　　　　　　　ギャレット」

⑦ ［仏］　「サント＝ヴィクトワール山」

ゴーガン［仏］………「タヒチの女たち」

⑧ ［仏］………「考える人」（彫刻）

⑨ ［オランダ］………「ひまわり」

【音楽】

⑩ ［独］

シューベルト［オーストリア］

⑪ ［ポーランド］

ヴェルディ［伊］

ヴァーグナー［独］

ドビュッシー［仏］

チャイコフスキー［ロシア］

スメタナ［チェコ］

【文学】

⑫ ［独］………………『ファウスト』

ハイネ［独］………………『ドイツ冬物語』

グリム兄弟［独］…………『グリム童話集』

ディケンズ［英］………『オリヴァー＝トゥイスト』

⑬ ［仏］…『レ＝ミゼラブル』

⑭ ［仏］………『赤と黒』

⑮ ［仏］………『人間喜劇』

⑯ ［仏］………『悪の華』

⑰ ［仏］………『居酒屋』

⑱ ［ロシア］…『罪と罰』

⑲ ［ロシア］…『戦争と平和』

イプセン［ノルウェー］………『人形の家』

代諸科学にもとづく技術革新の飛躍的展開、さらに教育体制の整備も国民文化の浸透に貢献し、ヨーロッパの国民文化は19世紀末までには全体として❼

文明にまとまった。欧米列強の帝国主義による「世界の一体化」の進行とともに、ヨーロッパ近代文明は近代世界の基準とされ、世紀末には、世界を「欧米文明世界」、中国・インド・日本などの「文明途上世界」、アフリカなどの「未開世界」の3つに区分するヨーロッパ中心主義的な見方がとなえられた。

各国の国民文化の展開

Q▶ 国民文化は、国民国家形成にどのような影響を与えたのだろうか。

　フランス革命とナポレオンの大陸支配は、啓蒙思想や合理主義にもとづく改革や法体系をヨーロッパ各地に広めた。しかし、まもなく各地域固有の① 文化や慣習を無視した画一的な制度の導入、さらに軍事占領への反発と抵抗が広まった。この動きのなかから、それぞれの地域や② に固有な言語・歴史文化を見直して、民族精神や起源を見出そうとしたり、個人の感情や想像力を重視する多様な

解答 ❼ヨーロッパ近代

各国の国民文化の展開▶①伝統　②民族

表 ①ダヴィド　②ドラクロワ　③クールベ　④ミレー　⑤モネ　⑥ルノワール　⑦セザンヌ
⑧ロダン　⑨ゴッホ　⑩ベートーヴェン　⑪ショパン　⑫ゲーテ　⑬ヴィクトル＝ユゴー
⑭スタンダール　⑮バルザック　⑯ボードレール　⑰ゾラ　⑱ドストエフスキー　⑲トルストイ

思想や運動が生まれた。この文化的潮流を❸＿＿＿＿＿＿＿＿**主義**と呼んでいる。③

＿＿＿＿＿＿＿主義はとりわけ音楽・文学・芸術などの分野に大きな影響をおよぼし、国民文学や国民音楽に結実して国民文化の形成を推進した。

19世紀後半には、市民社会の成熟（せいじゅく）、近代科学・技術の急速な発展、工業化による社会階層の格差の広がりなどで、人々の意識も変化した。ロマン主義は現実の動向をみていないと批判され、社会や人間の抱える問題に向き合おうとする❹**主義（リアリズム）** が登場し、社会や人間を科学的に観察する❺＿＿＿＿＿＿**主義**も広がった。外光の観察から対象の描き方自体を見直そうとするフランス絵画の❻＿＿＿＿＿**派**も、この流れの1つである。

ナショナリズムと国民国家は、その正当性の根拠を民族や国家の歴史に求めたので、歴史への関心が高まった。ドイツの⑦＿＿＿＿＿＿＿＿は厳密な史料批判にもとづく実証主義的な**近代歴史学**の基礎をつくり、以後、人文・社会科学でも歴史的考察や分析方法が利用されるようになった。

近代諸科学の発展

Q▶ 近代諸科学が発展し、その成果が広まったのはなぜだろうか。

19世紀は近代科学が全面的に開花し、急速に発展した時代であった。その背景には、フランスやドイツで設立された大学や研究施設が研究・教育の拠点（きょてん）として各国に広まるとともに、近代科学の方法や成果が学ばれて、新たな発見や改善をうながしたことなどがあった。

哲学や政治・社会思想では、①＿＿＿＿＿＿＿が確立したドイツ観念論（かんねんろん）哲学が継（けい）承・発展されて、②＿＿＿＿＿＿＿＿の❸＿＿＿＿＿＿**哲学**やマルクスの④＿＿＿＿＿＿＿論を生み出した。資本主義が進んだイギリスでは、近代社会に生きる市民に指針を与える⑤＿＿＿＿＿＿＿＿の❻＿＿＿＿＿＿**主義**やスペンサーの経験論哲学があらわれた。経済学においても、イギリスではアダム＝スミスの流れを引く⑦＿＿＿＿＿＿、リカードらの❽＿＿＿＿＿＿＿＿**学**が、自由放任主義は経済発展をうながすと主張した。これに対して、ドイツの⑨＿＿＿＿＿＿＿は後発国の国民経済には国家の保護が必要と考え、⑩＿＿＿＿＿＿＿＿＿同盟の結成を説いた。

諸科学のなかでもとくに発展し、社会を変貌させたのは、自然科学と電機・化学など実用工業の分野であった。

解答 ❸ロマン　❹写実　❺自然　❻印象　⑦ランケ
近代諸科学の発展▶①カント　②ヘーゲル　❸弁証法（べんしょうほう）　④史的唯物（してきゆいぶつ）　⑤ベンサム　❻功利
⑦マルサス　❽古典派経済　⑨リスト　⑩ドイツ関税（かんぜい）

19世紀～20世紀初めの自然科学・技術・探検

独＝ドイツ　英＝イギリス　仏＝フランス　米＝アメリカ合衆国　伊＝イタリア

【自然科学と技術】

マイヤー[独]・ヘルムホルツ[独]
　……………………①　　　　　　　　の法則

②　　　　　　　[英] …電気化学・電磁気学

③　　　　　　　[独] …X線の発見

キュリー夫妻[仏, マリ＝キュリーはポーランド出身]
　………………………④　　　　　　　の発見

ダーウィン[英] ………⑤　　　　　　　の提唱

⑥　　　　　　　[オーストリア] …遺伝の法則の発見

パストゥール[仏] ……… 狂犬病予防接種の開発

コッホ[独] ……………… 結核菌・コレラ菌の発見

⑦　　　　　[米] ……… 電信機とモールス信号の発明

⑧　　　　　[米] ……… 電灯の発明

⑨　　　[米(英)＊] ……… 電話の発明

⑩　　　　　[伊] …無線電信の発明

⑪　　　　　　　[独] …ディーゼル＝エンジンの完成

⑫　　　　　[スウェーデン] …… ダイナマイトの発明

⑬　　　　　　　[米] …… プロペラ飛行機の発明

【地理学的学術調査と探検】

アフリカ探検

⑭　　　　　　　　　　[英] …南アフリカ調査

⑮　　　　　[米(英)＊] …アフリカ大陸横断

極地探検

⑯　　　　[米] …………… 北極点到達[1909]

⑰　　　　[ノルウェー] …南極点到達[1911]

中国奥地・中央アジア学術調査探検

ヘディン[スウェーデン] ………… 楼蘭の発掘

スタイン[英] ……………………… 敦煌の調査

[出身地]＊は[主要活動地(出身地)]

　自然科学では、⑪　　　　　　　　　による生物学の革新が、人文・社会科学にも、また社会全体にも大きな影響を与えた。彼が『⑫　　　　　　　　』で提唱した**進化論**は、人間が生物のなかで特別な存在ではなく、その一員にすぎないと指摘して、キリスト教にもとづく人間観を信じていた欧米の人々に衝撃を与え、激しい論争を巻きおこした。19世紀後半には⑬　　　　　　　や⑭　　　　　　　らによる細菌学や予防医学が近代医学の基礎を確立した。それとともに、⑮　　　　　　　　　の知識も広まり、幼児死亡率の低減や、平均寿命の伸長が進んだ。

　実用工業では、化学・電気通信・交通部門における発明や技術革新は、日常生活に直結するものが多く、人々の生活スタイルや移動方法を大きく変容させた。

　19世紀後半には、ヨーロッパ人になお未知であった世界や地域を踏査し、現地の資源と人々の状況を明らかにする**探検・調査**も盛んになった。それまで沿岸地域しか知られていなかったアフリカ内陸部の調査や、中国奥地・中央アジアの学術調査もおこなわれた。20世紀に入ると、最後の秘境と呼ばれた⑯　　　　　　　の探検も国の威信をかけて競われた。この結果、1880年代以降になると、欧米諸国は世界各地の

解答 ⑪ダーウィン　⑫種の起源　⑬コッホ　⑭パストゥール　⑮公衆衛生　⑯極地
表 ①エネルギー保存　②ファラデー　③レントゲン　④ラジウム　⑤進化論　⑥メンデル
⑦モース(モールス)　⑧エジソン　⑨ベル　⑩マルコーニ　⑪ディーゼル　⑫ノーベル
⑬ライト兄弟　⑭リヴィングストン　⑮スタンリー　⑯ピアリ　⑰アムンゼン

第13章

実状に関して多くの情報を得たが、それは各地の理解を深めただけでなく、欧米のみが近代化に成功し、先進的地位を占めたとの自負を強めることにもなった。

近代大都市文化の誕生　Q▶ 大都市文化によって、都市の景観はどのように変化したのだろうか。

　19世紀後半には、列強諸国の首都は近代化の進展や国家の威信を示す象徴的な場になった。フランス第二帝政期のオスマンによる①＿＿＿＿＿＿大改造やウィーンの都市計画はその先がけとなった。いずれも密集した古い街区や城壁を取り壊して街路を拡張し、②＿＿＿＿＿＿＿などの感染症の流行の一因となっていた非衛生的な家屋を近代的建築にかえ、③＿＿＿＿＿＿を普及させた。さらに④＿＿＿＿＿や電車を導入して都市交通網を整備するなどして、他都市のモデルとなった。ロンドンでは1851年に第1回万国博覧会が開催されたが、つづいてパリ、⑤＿＿＿＿＿＿でも万博が開かれ、近代産業の発展を伝え、首都の近代的変容を誇示した。首都には多数の聴衆を収容するコンサートホールや⑥＿＿＿＿＿・美術館・図書館などの文化・娯楽施設が拡充され、市民文化の成果の集積地になった。世紀末には一般大衆向けに多数の大衆紙が発行され、発行部数が100万を超える⑦＿＿＿＿も現れて、国内外の最新情報を伝えた。また、巨大な⑧＿＿＿＿＿＿や新たに映画館などの大衆商業・娯楽施設も増え、市民文化の成熟から⑨＿＿＿＿文化の萌芽がみえはじめた。

　生活・居住環境の快適さや便利さ、さらに情報や近代文化の発信地になった大都市は、農村から都市へ、中小都市から大都市への人の移動を加速させた。19世紀後半の都市化は、都市の数を増やしたことよりも、既存の都市が人口増によって大都市化した点に特徴があった。

解答 **近代大都市文化の誕生▶**①パリ　②コレラ　③上下水道　④地下鉄　⑤ウィーン　⑥博物館
⑦新聞　⑧デパート　⑨大衆

アジア諸地域の動揺

19世紀に入ると、ヨーロッパ諸国のアジアへの軍事・経済的な進出が強まり、アジア諸地域では従属化と植民地化が進む一方、体制を立て直す改革の動きが生まれた。

Q▶ ヨーロッパ諸国の進出に対して、各地の政権や人々はどのように対応したのだろうか。

1 西アジア地域の変容

Q▶ オスマン帝国・イラン・アフガニスタンとヨーロッパ列強との関係は、どのように展開したのだろうか。

オスマン帝国の動揺と「東方問題」

Q▶ オスマン帝国に動揺をもたらした要因には、何があるだろうか。

オスマン帝国は①＿＿＿＿＿＿＿＿＿＿＿＿条約以後、戦争よりも外交を重視して支配体制を維持したが、その支配は、18世紀半ばに周縁地域からゆらぎはじめた。アラビア半島の中央部では、原初期のイスラーム教への回帰を説く②＿＿＿＿＿＿派が豪族の③＿＿＿＿＿＿家と結んで自立し（❷＿＿＿＿＿運動）［彼らの国家は、19世紀初めには聖地メッカとメディナを占領し、興亡を繰り返したあと、現代のサウジアラビアに受け継がれた］、北方ではロシアとの戦争に敗北して、長く宗主権下にあった④＿＿＿＿＿＿＿＿＿＿国のロシアへの併合を許した。

19世紀に入ると、オスマン帝国領内の諸地域や民族の自立の動きが高まるとともに、列強の干渉と経済的な支配が強まった。豊かな農業生産力をもつ属州のエジプトでは、⑤＿＿＿＿＿＿＿＿の遠征軍が撤退した後の混乱期に、オスマン帝国の軍人❻＿＿＿＿＿＿＿＿＿が民衆の支持を得てエジプト⑦＿＿＿＿となり、綿花などの専売制を導入して富国強兵と殖産興業の政策を進めた。シリアでは、キリスト教徒のアラブ知識人を中心にアラビア語による⑧＿＿＿＿＿＿運動がおこり、のちのアラブ民族主義への道が開かれた。一方バルカン半島では、フランス革命の影響のもとで⑨＿＿＿＿＿＿の独立運動がおこり、列強の支援を受けて独立を達成すると、ほかの非ムスリム諸民族にも大きな刺激を与えた。

ムハンマド＝アリーは、オスマン帝国の要請に応じてワッハーブ運動やギリシア独立運動の鎮定に出兵し、その見返りに⑩＿＿＿＿＿の領有を求めた。しかし、それが拒否されると二度にわたって帝国と戦い、軍事力で圧倒した（❶＿

解答 オスマン帝国の動揺と「東方問題」 ▶①カルロヴィッツ ❷ワッハーブ ③サウード ④クリミア＝ハン ⑤ナポレオン ❻ムハンマド＝アリー ⑦総督 ⑧文芸復興 ⑨ギリシア ⑩シリア ❶エジプト＝トルコ

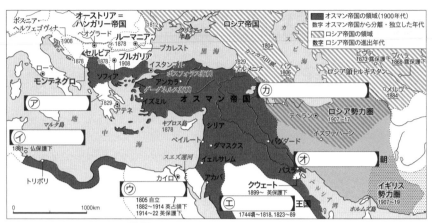

地図 19世紀の西アジアとバルカン半島

戦争)。これに対して、エジプトの強大化を望まない列強が介入し、1840年の⑫＿＿＿＿＿＿会議でムハンマド＝アリーに認められたのは、エジプト・スーダンの総督職の⑬＿＿＿＿権のみであった［これにより、⑥＿＿＿＿＿＿朝(1805～1952)が国際的に承認された。この国は1914年まではオスマン帝国の属州であったが、その後イギリスの保護国を経て、22年に王国となった］。

　このように、列強はオスマン帝国の動揺を利用して勢力の拡大をはかり、この間に成立した国際関係は、ヨーロッパ側からみて「❶＿＿＿＿問題」と呼ばれた。そのもとでは、⑮＿＿＿＿＿＿の獲得と地中海への進出を求めて南下政策を進めるロシアと、これを阻止しようとするイギリスなどとの対立が鮮明となった［とくに⑯＿＿＿＿＿＿・⑰＿＿＿＿＿＿両海峡の航行権が列強の対立点となり、ロンドン会議における海峡協定(1841年)では外国軍艦の両海峡航行が禁止され、ロシアの南下は阻止された］。

オスマン帝国の経済的な従属化

Q▶ オスマン帝国の列強への経済的な従属化は、どのように進行したのだろうか。

　産業革命を進める列強にとって、オスマン帝国は重要な市場であり、各国は①＿＿＿＿＿＿＿＿＿＿＿＿＿を拡大した通商条約を結んで権益を拡大していった［1838年のイギリスとの条約が最初のもので、イギリスに有利な関税率の設定など、

解答 ⑫ロンドン　⑬世襲　⑭東方　⑮不凍港　⑯ダーダネルス　⑰ボスフォラス(⑯・⑰順不同)
オスマン帝国の経済的な従属化▶①カピチュレーション
地図 ㋐ギリシア　㋑チュニジア　㋒エジプト　㋓ワッハーブ　㋔ガージャール
㋕トルコマンチャーイ

オスマン帝国には不利な②＿＿＿＿＿＿条約であった。イギリスは同様の条約を、まもなく中国とも結んだ]。ヨーロッパ資本の進出は急速に進み、綿花やタバコなどの商品作物の輸出の見返りにイギリスの安価な綿製品などが低関税で輸入されるようになると、帝国内の産業はしだいに没落した。属州のエジプトも、こうした通商条約が適用された結果、専売の利益と③＿＿＿＿＿＿＿を失って自立的な経済発展の道を閉ざされた。

　その後、エジプトは近代化を急ぎ、巨費を投じて④＿＿＿＿＿＿＿を建設したが(1869年開通)、莫大な債務を負ったためにイギリス・フランスの財務管理下におかれるようになった[イギリスは、財政危機におちいったエジプトから1875年にスエズ運河会社株の40%を購入して、運河の権益を手に入れた]。オスマン帝国も、⑤＿＿＿＿＿戦争での莫大な戦費以来、借款を重ねたため、1875年には財政が完全に⑥＿＿＿＿した。塩・タバコの専売税など、おもな税収は多国籍の債権者によるオスマン債務管理局に奪われ、帝国は列強への経済的な従属を強いられることとなった。

オスマン帝国の改革　Q▶ 危機に直面したオスマン帝国は、どのような改革をおこなったのだろうか。

　こうして内外の危機に直面したオスマン帝国は、19世紀初め以降、帝国の存続と強化をめざして①＿＿＿＿＿軍団の解体や近代的な常備軍の創設など一連の改革を進め、つづいて官僚の主導による司法・行政・財政・軍事にわたる大規模な西欧化改革(❷＿＿＿＿＿＿)を開始した。この改革は、宗教や民族の区別なく法の前での臣民の平等を認める❸＿＿＿＿＿主義のもとで、法治主義にもとづいた近代国家をめざすものであり、民族や宗派の問題を口実とした列強の干渉をかわすことも目的としていた。しかし、こうした改革によっても諸民族の離反を防ぐことはできず、ムスリムのあいだには西欧化や異教徒への優遇に対する反発もおこった。

　一連の改革は、1876年に大宰相④＿＿＿＿＿＿が起草した❺＿＿＿＿＿憲法(ミドハト憲法)の発布に結実し、翌年には間接選挙で選ばれた代議員による最初の議会が開かれた。しかし、議会の急進化を恐れたスルタンの❻＿＿＿＿＿＿は、おりからのロシア＝トルコ戦争を理由に議会を停会させ、憲法も機能を停止した(1878年)。戦争に敗れた

第14章

【解答】②不平等　③関税自主権　❹スエズ運河　⑤クリミア　⑥破綻
オスマン帝国の改革▶①イェニチェリ　❷タンジマート　❸オスマン　④ミドハト＝パシャ
❺オスマン帝国　❻アブデュルハミト2世

オスマン帝国はバルカン半島の領土の多くを失ったが、スルタンはイスラーム世界に君臨する⑦＿＿＿＿＿＿＿としての権威を帝国の内外に誇示しながら、長期にわたる専制をおこなった。以後、彼の治世に列強との戦争はおこらず、都市部では社会と文化の近代化が進行した。

イラン・アフガニスタンの動向
Q▶ ロシアとイギリスの競合関係は、この地域にどのような影響を与えたのだろうか。

　イランでは、サファヴィー朝が支配下のアフガン人の反乱によって崩壊したあと、18世紀末に①＿＿＿＿＿＿＿を首都とする❷＿＿＿＿＿＿＿＿＿＿朝がおこった。しかし、②＿＿＿＿＿＿＿朝は南進してきたロシアとの戦争に敗れ、ロシアの③＿＿＿＿＿＿＿を認め、関税自主権を失ったうえに、④＿＿＿＿＿＿＿＿＿＿の領土を割譲した（❺＿＿＿＿＿＿＿＿＿＿＿＿＿＿＿＿＿条約）。19世紀半ばには、社会不安や経済的な苦境を背景に、農民や商人、職人などからなる❻＿＿＿＿＿教徒［19世紀半ばのイランにおこった⑥＿＿＿教は、シーア派から生まれた新宗教で、千年ぶりの救世主（マフディー）の再臨を説き、社会的な弱者の保護や両性の平等のほか、租税や私有財産の廃止もとなえた］がガージャール朝の専制に対して各地で蜂起したが、政府軍によって鎮圧された。その後、政府は列強諸国に借款を重ね、電信線・鉄道の敷設、石油採掘、銀行開設などの⑦＿＿＿＿＿を譲渡していった。

　アフガニスタンでは、イランから自立した⑧＿＿＿＿＿＿＿人が18世紀半ばから独立を保っていたが、19世紀に入るとロシアとイギリスによる覇権争い（⑨＿＿＿＿＿＿＿＿＿＿［19世紀から20世紀初めの中央アジアをめぐるイギリスとロシアの覇権争いを、チェスの「大勝負」にたとえたことに由来する呼称。その後、両国は1907年の英露協商で手を結んだ］）に巻き込まれた。ロシアが中央アジアに進出してアフガニスタンにせまると、イギリスはインド植民地を守るために二度にわたってアフガニスタンに侵攻した（**第1次・第2次❿＿＿＿＿＿＿戦争**）。その結果、アフガニスタンは英露間の⑪＿＿＿＿国となり、イギリスはその外交権を確保するとともに、インド植民地との境界を定めた。

解答 ⑦カリフ
イラン・アフガニスタンの動向▶①テヘラン　❷ガージャール　③治外法権　④南コーカサス　❺トルコマンチャーイ　❻バーブ　⑦利権　⑧アフガン　⑨グレートゲーム　❿アフガン　⑪緩衝

2 南アジア・東南アジアの植民地化

Q▶ 南アジア・東南アジアの植民地化は、世界経済とどのような関係にあったのだろうか。

西欧勢力の進出とインドの植民地化

Q▶ ヨーロッパ各国の東インド会社は、南アジアでどのような活動をおこなったのだろうか。

　ヨーロッパの商業勢力の活動が本格化する17〜18世紀の南アジアでは、各地で政治・経済活動が活発化し、現地の地方勢力が伸張した。

　ヨーロッパ各国の❶_____のうち、オランダ東インド会社は②_____を拠点として、南アジアを含むアジア各地に商館を設置し、アジア諸地域間の交易やオランダ本国とを結ぶ取引をおこなった。他方、イギリス東インド会社は③_____や④_____などに商館をおき、また、フランス東インド会社は⑤_____を中心に活動して、どちらもおもにヨーロッパとの貿易をおこなった[これらのヨーロッパ商業勢力がインドで扱った商品のなかでもっとも重要であったのは⑥_____であり、その購入のために金や銀を大量にもちこんだ。このような対外交易の飛躍的拡大と貴金属の流入は、従来、農業生産物の現物での分配を基礎としてきたインド社会に大きな変化をもたらした]。

　⑦_____の没後、ムガル帝国は勢力を失い、かわりに各地の地方勢力が台頭した。それまで交易に従事していたヨーロッパの商業勢力も、18世紀半ばからは、とくにイギリスとフランスの東インド会社が、みずからこうした地方勢力の争いに介入して支配の拡張をもくろみ、たがいに激しく対立した。そうしたなかで、イギリス東インド会社は、❽_____**戦争**や❾_____の**戦い**においてフランスを破り、1763年の⑩_____条約でその優位を決定づけた。

　つづいて、イギリス東インド会社は、インド内部の諸政治勢力に対しても支配を広げた。まず東部では、1765年にベンガル・ビハール・オリッサの⑪_____権を獲得し、南部では、⑫_____王国との4次にわたる戦争（⑫_____戦争）に勝利をおさめた。さらに西部での3次にわたる❸_____**戦争**や、西北部での2次にわたる❹_____**王国**との戦争（⑭_____戦争）にもそれぞれ勝利した。こうして19世紀半ばまでに、会社はインド全域の制圧に成

解答 **西欧勢力の進出とインドの植民地化▶**❶東インド会社　②ジャワ　③マドラス　④カルカッタ　⑤ポンディシェリ　⑥綿布　⑦アウラングゼーブ　❽カーナティック　❾プラッシー　⑩パリ　⑪徴税　⑫マイソール　❸マラーター　❹シク

功し、支配地域の一部は外交権を奪うかたちで⑮_____として認めて間接統治し、それ以外を直接支配して、植民地化を完成させた。

植民地統治下のインド社会

> Q▶ イギリス東インド会社のインド支配は、どのようにおこなわれたのだろうか。

イギリス東インド会社の最大の目的は、より多くの富を効率よく徴収することにあった。最大の収入源は❶_____であり、徴収の方法として、政府と農民とのあいだを仲介するものに徴税を任せ、その仲介者に私的土地所有権を与える②_____制がベンガル管区などで導入された。しかし、②_____制がうまく機能しないこともあったため、南部のマドラス管区などでは、仲介者を排除して、国家的土地所有のもとで農民（ライヤット）に土地保有権を与えて徴税する③_____制が実施された。

これらの徴税制度の実施にともなう新たな土地制度の導入は、インド社会に深刻な影響を与えた。従来のインドの村落では、耕作者はもちろん、洗濯人や大工などの地域社会が必要とする様々な仕事に従事する人々が、それぞれ地域社会の総生産物の一定割合を現物で得る権利をもち、それを営んでいた。しかし、新制度のもとでは、一人だけが土地所有者として認定され、ほかの人々が従来もっていた権益は無視された。

インドが世界に誇っていた綿布生産も産業革命以降、イギリスの機械製綿布や綿糸が流入してインド製品を圧倒しはじめ、1810年代末には輸出入が④_____した。その結果、19世紀前半のインドは、綿花や⑤_____などの原材料をイギリスに輸出し、イギリスから工業製品を大量に輸入する立場へと転落した。インドは、それらの貿易赤字を中国への❻_____・綿花の輸出や〔❻_____収入は、19世紀半ばにはインド政府の歳入の15％を占め、20世紀初めの第一次世界大戦期に至っても重要な輸出商品であり続けた〕、東南アジア・アフリカへの綿製品輸出、イギリスへの一次産品輸出などによっておぎなう⑦_____的な貿易構造の形成で対応した。

このような貿易構造と経済体制の変化は、イギリスが⑧_____体制へと移行する動きと連関した変化でもあった。そのなかで、⑨_____の特権への批判が強まり、1813年の特許状改定で⑩_____との貿易独占が廃止された。つづく33年の特許状改定では、残されていた⑪_____の取引と⑫_____

解答 ⑮藩王国
植民地統治下のインド社会▶❶地税　②ザミンダーリー　③ライヤットワーリー　④逆転　⑤藍
❻アヘン　⑦多角　⑧自由貿易　⑨東インド会社　⑩インド　⑪茶　⑫中国

貿易の独占権が廃止されただけではなく、⑬＿＿＿＿＿＿そのものの停止が定められた（翌34年に実施）。こうして貿易から締め出された東インド会社は、インドの統治者へと変身することとなった。

インド大反乱とインド帝国の成立

Q▶ イギリスによるインドの直接統治には、どのような特徴があったのだろうか。

19世紀後半、北インドを中心にして、広範にわたる地域でインド人傭兵（❶＿＿＿＿＿＿）による**大反乱**（1857〜59年）が発生した。反乱の直接のきっかけは新式銃の弾薬包にあったが〔弾薬包は、口で嚙み切る必要があったが、そこにはヒンドゥー教徒にとって神聖な牛のあぶらと、ムスリムが忌み嫌う豚のあぶらが塗布してあった〕、背景には、②＿＿＿＿＿＿とりつぶし政策〔王に男子の継承者がいない場合には、養子を認めず、②＿＿＿＿＿＿をとりつぶして東インド会社が領地を併合する政策〕により没落した旧支配層が不満をもっていたことや、軍事的な植民地拡張の完成で①＿＿＿＿＿＿が解雇されるなど、人々に植民地支配への反感が広がっていたこともあった。

蜂起したシパーヒーは、名目だけの存在となっていた③＿＿＿＿＿＿皇帝を擁立して戦ったが、指揮系統の混乱やイギリスの軍事的立て直しにより、反乱はしだいに鎮圧された。1858年にはムガル皇帝が流刑に処せられ、③＿＿＿＿＿＿帝国は名実ともに滅亡した。

反乱を鎮圧したイギリスは、**東インド会社を**❹＿＿＿＿＿＿し、インドの直接統治に乗り出した。イギリス本国にはインド省と担当大臣がおかれ、インドではイギリス人⑤＿＿＿＿と参事会が政庁を統轄した。1877年には⑥＿＿＿＿＿＿女王がインド皇帝に即位し、総督は副王を兼任した。こうして、イギリス支配下でカルカッタを首都に❼＿＿＿＿**帝国**が成立し〔1911年に、首都はカルカッタから⑧＿＿＿＿＿へと移された〕、以後1947年の独立まで存続した。

この新しい体制のもとで、統一的な⑨＿＿＿の制定や高等裁判所の設置など、司法体制が整備された。大反乱を経て、従来の強圧的政策から、インド人同士の対立をつくり出す「⑩＿＿＿＿＿＿」と呼ばれる巧妙な政策への転換もはかられた。これに呼応して、インド社会のエリートたちのあいだに、軍事的な手段によるのではなく、官吏や弁護士などになり、植民地統治制度のなかに将来を見出そうとする者が現れるようになった〔官吏や専門職の育成のために、英語で教育をおこなう⑪＿＿＿＿＿な

第14章

解答 ⑬商業活動
インド大反乱とインド帝国の成立▶❶シパーヒー　②藩王国　③ムガル　❹解散　⑤総督
⑥ヴィクトリア　❼インド　⑧デリー　⑨刑法　⑩分割統治　⑪大学

どが各地に設立された]。

東南アジアの植民地化　Q▶ 東南アジアの植民地化は、どのように進んだのだろうか。

東南アジアにおいても、ヨーロッパ諸勢力は当初、商業権益の拡大をめざしたが、しだいに①＿＿＿＿＿の獲得をめざすようになった。獲得された領土では、農産物や鉱物資源の開発が積極的に進められ、それらの生産物は②＿＿＿＿＿＿＿＿＿に結びつけられた。

〈ジャワ〉　オランダは、③＿＿＿＿＿＿＿＿＿事件後、**ジャワ島**での領土獲得に取りかかった。各地の政治勢力は抵抗を試みたものの、18世紀半ばには④＿＿＿＿＿＿＿王国が滅ぼされ、ジャワの大半がオランダの支配下に入った。

オランダ東インド会社が18世紀末に⑤＿＿＿＿＿すると、ジャワはオランダ本国が直接支配した。19世紀に入ると、オランダ支配に対する大規模な反乱（⑥＿＿＿＿戦争）がおこり、その鎮圧で本国の財政状況が悪化した。オランダはその立て直しのために、⑦＿＿＿＿＿＿＿＿＿やサトウキビ・藍など商品作物の⑧＿＿＿＿＿＿＿＿＿＿を導入し［植民地政庁は、栽培すべき作物の種類や生産量などを指示し、作物の買い上げ価格を一方的に定めたことから、生産者はきわめて不利な立場におかれた］、莫大な利益をあげた。他方、農村では飢饉が頻発し、人々の生活が疲弊していった。

〈マレー半島・ビルマ〉　マレー半島とビルマ（ミャンマー）には**イギリス**が進出した。イギリスは、東南アジアから中国への貿易活動の拡大をねらい、18世紀末から19世紀初めにかけてマレー半島の港市を獲得し、さらに⑨＿＿＿＿＿＿＿＿を建設した。また、オランダと協定を結び、⑩＿＿＿＿＿＿＿＿＿を境界とする支配圏の分割を取り決めると、1826年にマレー半島の❶＿＿＿＿・❷＿＿＿・❾＿＿＿＿＿＿をまとめて❸＿＿＿＿＿＿に編成した。

1870年代に入ると、イギリスは東南アジアの領域的な支配に取りかかった。イギリスは、おもに出身地域別に組織されて対立していた華人秘密結社やマレー人スルタンたちのあいだの⑭＿＿＿をめぐる利権争いに介入し、軍事と外交の巧妙な政策によって支配地域を広げた。1895年には、マレー半島の一部の州に❺＿＿＿＿＿＿を結成させ、これと間接的に統治した半島部のほかの諸州や海峡植民

解答 **東南アジアの植民地化**▶①領土　②世界市場　③アンボイナ　④マタラム　⑤解散　⑥ジャワ　⑦コーヒー　⑧強制栽培制度　⑨シンガポール　⑩マラッカ海峡　⑪ペナン　⑫マラッカ　⑬海峡植民地　⑭錫　⑮マレー連合州

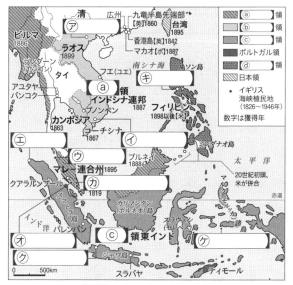

地図 東南アジアの植民地化

地をあわせて支配を確立し（⑯_____）、さらに北⑰_____
地域の諸州も支配した。20世紀に入ると、⑱_____が自動車生産に欠かせない有
力な商品となり、広大な未開地がゴムのプランテーションとして開発された。その
主力労働者としては、南⑲_____から大量の移民が導入された。

　ビルマでは、18世紀半ばにおこった❷⓪_____**朝**が全土の支配を確
立した。⓴_____朝はインド東北部の㉑_____にも進出し
たが、インドでの支配を固めつつあったイギリスは3次にわたる㉒_____**戦
争**（1824～86年）に勝利し、ビルマをインド帝国に併合した。

〈**フィリピン**〉　16世紀以来フィリピンに進出したスペインは、政教一致政策をとっ
て住民を㉓_____に強制改宗させたほか、地方統治のためにフィリ
ピン人を長（おさ）とする行政組織を築いた。19世紀に入って自由貿易を求める圧力が強ま
ると、スペイン本国はそれまでの閉鎖的な植民地政策を転換（てんかん）し、1834年にはマニラ
を各国に開港した。これにより、プランテーションにおいてサトウキビ・マニラ
麻（あさ）・タバコなど商品作物の生産が広がり、フィリピンは世界市場に組み込まれるこ

第14章

解答 ⑯英領マレー　⑰ボルネオ　⑱ゴム　⑲インド　⓴コンバウン　㉑アッサム　㉒ビルマ
㉓カトリック
地図 ㋐ハノイ　㋑サイゴン　㋒ペナン　㋓アチェ　㋔マラッカ　㋕シンガポール　㋖マニラ
㋗バタヴィア　㋘アンボイナ　ⓐイギリス　ⓑフランス　ⓒオランダ　ⓓスペイン

とになった。また、商人や高利貸しによる土地の集積が始まり、プランテーション
の開発が進んで㉔＿＿＿＿＿＿＿＿＿制が成立した。

〈ベトナム・カンボジア・ラオス〉　ベトナムは、16世紀以降、㉕＿＿＿＿朝の名目的な
支配のもとで政治勢力が南北に分裂していたが、圧政に苦しむ農民の不満を背景と
して1771年に㉖＿＿＿＿＿の乱がおこり、南北両政権が倒されて、統一がはかられた。
一方、これに対して㉗＿＿＿＿＿が、フランス人宣教師㉘＿＿＿＿＿＿＿が本
国で集めた義勇兵やタイ・ラオスなどの援助を受け、西山政権を倒して1802年に全
土を統一し、㉙＿＿＿＿＿を建てた。彼は清によって㉚＿＿＿＿＿＿国王に封ぜ
られ(04年)、清の制度を導入して、行政制度を整備した。

　19世紀半ばになると、フランスはカトリック教徒への迫害を理由にベトナムへの
軍事介入を開始し、1883年には全土を支配下においた[フランスはまずベトナム南部地域
を奪い(1867年)、領土拡大を進めた。これに対し、㉛＿＿＿＿＿＿(1837～1917)率いる㉜
＿＿＿＿＿がベトナム北部を根拠地に頑強に抵抗したが、フランスはこれを口実に北部に進出し、
㉝＿＿＿＿＿条約(83年)により北部と中部も支配下に入れた]。一方、清はベトナムへの
㉞＿＿＿＿＿権を主張して派兵し、84年に㉟＿＿＿＿戦争がおこった。その結果、清
は85年の天津条約でベトナムに対するフランスの保護権を承認した。ベトナムの植
民地化に成功したフランスは、1863年以来保護国としてきた㊱＿＿＿＿＿
＿＿＿＿とあわせて87年にフランス領㊲＿＿＿＿＿＿＿＿を成立させ、99年
には㊳＿＿＿＿＿も編入した。

タイの情勢　Q▶ タイはなぜ植民地化されなかったのだろうか。

　東南アジアのほとんどの地域がヨーロッパ諸国の植民地となるなか、植民地化の
圧力を唯一回避したのは**タイ**であった。
　タイでは18世紀の終わりに、①＿＿＿＿＿＿＿を首都として❷＿＿＿＿＿
＿＿＿朝(チャクリ朝)が創始された。同王朝では、王室による独占貿易が中
国をおもな相手としておこなわれていたが、ヨーロッパ勢力から門戸開放の圧力が
強まると、19世紀後半の③＿＿＿＿＿＿＿の時代に自由貿易の原則が確認さ
れて、つぎつぎと欧米諸国と外交関係が結ばれた。その結果、④＿＿の商品化が進
んで、チャオプラヤ川のデルタ地帯の開発が進んだ。つづく❺

解答 ㉔大土地所有　㉕黎　㉖西山　㉗阮福映　㉘ピニョー　㉙阮朝　㉚ベトナム(越南)
㉛劉永福　㉜黒旗軍　㉝フエ(ユエ)　㉞宗主　㉟清仏　㊱カンボジア　㊲インドシナ連邦
㊳ラオス
タイの情勢▶①バンコク　❷ラタナコーシン　③ラーマ4世　④米　❺チュラロンコン

　　　　　　　　　（ラーマ5世）は、イギリスとフランスとの勢力均衡策をたくみにとると同時に、外国人専門家をまねいて行政・司法組織などを改革し、また、外国への留学を奨励するなどして近代化を成功させて、植民地化を回避した。

3　東アジアの激動

Q▶ 19世紀における東アジア諸地域の変動によって何がかわり、また、何がかわらなかったのだろうか。

内外からの清朝の危機　　Q▶ 清朝の危機の原因はどこにあったのだろうか。

　18世紀の繁栄のなか、清朝治下の中国は、人口が1億数千万人から3億人に激増した。しかし、移民による内陸部の開発は限界に達し、土地不足による農民の貧困化も進んだ。18世紀末には①＿＿＿＿＿＿などの新開地で❷＿＿＿＿＿＿の乱が発生し、沿海部では海賊活動が活発化するなど、清朝の支配体制は動揺した。その後も人口増加は続き、19世紀半ばには約4億3千万人に達し、人口過剰のもたらす摩擦は拡大した。人口増加によって政府の業務が増えたのに対し、物価の上昇にあわせて③＿＿＿＿を増やせなかった清朝の財政規模は実質的に④＿＿＿＿＿＿していたため、政府の財政難は深刻化し、その⑤＿＿＿＿＿＿能力も低下した。

　対外関係では、18世紀後半、⑥＿＿＿＿＿における貿易は大幅に拡大していたが、それはイギリスへの⑦＿＿の輸出増大が背景にあった。イギリスから中国への輸出品が少なかったため、中国に大量の❽＿＿＿が流入したことは、清の繁栄を支えたが、イギリス本国で銀の流出を批判された東インド会社は、インド産の綿花、ついで⑨＿＿＿＿＿を中国に輸出した。

　19世紀にはアヘン貿易が拡大し、中国からイギリスへの⑦＿＿の輸出、イギリスからインドへの⑩＿＿製品の輸出とあわせてイギリス・インド・中国を結ぶ❶＿＿＿貿易が成立した。清はアヘン貿易を禁止していたが、取締りは機能せず、中国から銀が流出したことで財政難におちいった［当時の税金は銀を基準に決められていたが、農民の多くは銅銭で納税したため、銀と銅銭の交換レートが銀高になると、実質的に増税となり、税の不払いが増大した］。そこで清はきびしくアヘンを取り締まるため、1839年に❷＿＿＿＿＿＿を広州に派遣し、外国人商人の所有するアヘンを没収して廃棄した。イギリスはこれを口実に、18世紀末の❸＿＿＿＿＿＿＿＿＿＿使節団の派遣

解答　**内外からの清朝の危機▶** ①四川　❷白蓮教徒　③税収　④縮小　⑤秩序維持　⑥広州　⑦茶　❽銀　⑨アヘン　⑩綿　❶三角　❷林則徐　❸マカートニー

[1792年にイギリスは⑬＿＿＿＿＿＿＿＿＿を中国に派遣し、自由貿易や外交使節の交換を要求したが、⑭＿＿＿＿＿帝に拒否された]以来ねらっていた対等な外交関係の樹立と自由貿易の実現をはかり、1840年に❾＿＿＿＿＿＿＿戦争を引きおこした。

中国の開港と欧米諸国との条約

Q▶ 中国の開港の背景には何があり、開港はどのようなかたちで進んだのだろうか。

　イギリス軍は、アヘン戦争においてすぐれた兵器と戦術によって陸海ともに清軍を圧倒し、長江と大運河が交差する要地をおさえて南京にせまった。清は1842年に❶＿＿＿＿＿条約を締結し、②＿＿＿＿・寧波・福州・厦門・広州の開港、③＿＿＿＿島の割譲、賠償金の支払い、④＿＿＿＿＿を通じた貿易と徴税の廃止などを認めた。ついで43年には、⑤＿＿＿＿＿権[外国人が罪をおかした場合、被害者が中国人であっても、外国領事が裁判をおこなう権利]・協定関税制(⑥＿＿＿＿＿権の喪失)[清と外国の協定によって関税を定める制度。これにより外国側の同意がなければ清は関税を上げることができなくなった]・片務的⑦＿＿＿＿＿待遇[A国がB国と条約を結んだのち、C国と別の条約を結んだ場合、C国に与えた特権をB国にも与えることを⑦＿＿＿＿＿待遇という。対して、B国がA国に対して同じ義務をもたない場合、A国の方が不利な条件となり、これを片務的⑦＿＿＿＿＿待遇という]などを認める不平等条約[南京条約の追加条約である五港通商章程、⑧＿＿＿＿＿条約を指す]を締結し、アメリカ合衆国・フランスとも44年に⑨＿＿＿＿条約・⑩＿＿＿＿条約をそれぞれ結んで、イギリスと同等の権利を認めた。

　しかし、開港後の対外貿易は低迷し、外交交渉も停滞した。そこでイギリスは条約の改定をはかり、1856年、⑪＿＿＿＿＿事件[イギリス(香港)船籍を主張する船の中国人乗組員が、海賊容疑で清朝側に逮捕された事件]を契機にフランスとともに共同出兵して、❷＿＿＿＿＿戦争(アロー戦争)をおこした。英仏連合軍は広州をおさえ、さらに天津にせまって、58年に清と⑬＿＿＿＿条約を締結した。翌59年には、批准書交換の使節の入京を清軍が武力で阻止したことを口実に、英仏連合軍は戦闘を再開し、60年に北京を占領[この際に、英仏軍は⑭＿＿＿＿＿の離宮を略奪・破壊し、⑭＿＿＿＿＿は廃墟となった]して❺＿＿＿＿＿条約を結んだ。清は⑯＿＿＿＿＿の北京常駐、華北や長江流域などの⑰＿＿港の開港[華北の⑱＿＿＿、長江中流域の漢口や台湾などの諸港が開港された]、⑲＿＿＿＿＿＿＿布教の自由、

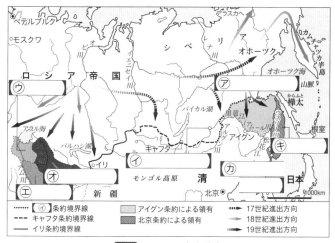

地図 ロシアの東方進出

⑳_____のイギリスへの割譲、外国人による税関の管理などを認め、関連協定でアヘン貿易も公認した。その結果、清は北京の外国使節に対応するため、はじめて外交機関である㉑_____を設立した。

　また、同時期にシベリア進出を強めていたロシアは、第2次アヘン戦争に乗じて1858年に㉒_____**条約**で黒竜江（こくりゅうこう）以北を、60年に**北京条約**（露清間）で㉓_____を獲得し、㉔_____港を開いて太平洋進出の根拠地（こんきょち）とした。ロシアは中央アジアでも南下をはかり、ウズベク人の諸ハン国［㉕_____国（1500〜1920）、㉖_____国（1512〜1920）、㉗_____国（1710頃〜1876）の3ヵ国］を制圧してロシア領トルキスタンを形成し、81年の㉘_____**条約**では中国との境界を有利に画定した［ロシアは新疆（しんきょう）におけるイスラーム教徒の反乱を契機にイリ地方を占領して清と対立したが、㉘_____条約によってイリから撤退（てったい）した］。

内乱と秩序の再編　Q▶ 清朝は、どのようにして国内の秩序を立て直したのだろうか。

　19世紀半ば、景気が悪化し社会不安が広がるなかで、人々は相互扶助のために

解答 ⑳九竜半島先端部（きゅうりゅう）　㉑総理各国事務衙門（がもん）（総理衙門）　㉒アイグン　㉓沿海州（えんかいしゅう）
㉔ウラジヴォストーク　㉕ブハラ＝ハン　㉖ヒヴァ＝ハン　㉗コーカンド＝ハン　㉘イリ
地図 ㋐スタノヴォイ　㋑ネルチンスク　㋒ヒヴァ　㋓ブハラ　㋔コーカンド
㋕ウラジヴォストーク　㋖沿海州

様々な集団に結集した。そうした集団を中心に、華北の農民による①＿＿＿＿や沿
海部の秘密結社などによる反乱が各地で勃発し、さらには雲南・貴州の少数民族、
陝西・甘粛・雲南の②＿＿＿＿＿＿＿教徒も蜂起したため、中国は大動乱の
時代に入った。そのなかで、最大の反乱勢力となったのが❸＿＿＿＿＿であ
る。太平天国は、❹＿＿＿＿＿を指導者として、キリスト教の影響を受けて⑤
＿＿で成立した宗教結社の⑥＿＿＿＿が挙兵して、1851年に打ちたてられた。
太平天国軍は、長江流域に移動するなかで勢力を急速に拡大し、53年に⑦＿＿＿
を占領して首都とした。さらに、清朝打倒を掲げて10年以上にわたって清と戦い、
同時期の諸反乱を含めて数千万人の死者を出す事態に至った。

　多発する反乱に対し、八旗・緑営といった清朝の常備軍だけでは対応できなかっ
たため、漢人官僚の❽＿＿＿＿・❾＿＿＿＿＿が率いた湘軍・⑩＿＿軍などの
義勇軍（⑪＿＿＿＿）が編制された。また第2次アヘン戦争の結果、目的を達成した
イギリス・フランスは清朝支持に転じ、⑫＿＿＿＿＿＿＿［イギリス軍人の⑬
＿＿＿＿（1833～85）ら外国人が指揮し、近代的な装備をした中国人の軍隊］の編制などによっ
て太平天国鎮圧に協力した。こうした義勇軍の活躍と列強の支援により、清は太平
天国をはじめとする諸反乱を鎮圧した。

　同治帝の即位後、⑭＿＿＿＿＿らが実権を掌握するなか、反乱鎮圧と対外関係
の改善にともない、清朝支配は安定へと向かった（⑮＿＿＿＿＿＿＿）。太平天国
鎮圧の際に欧米の近代兵器の威力を認識した李鴻章ら漢人官僚たちは、富国強兵を
はかり、兵器工場の設立や西洋式軍事教育の導入によって軍事力の近代化を進め、
さらに紡績会社・汽船会社の設立、鉱山開発、電信敷設などの近代化事業を推進し
た（⑯＿＿＿＿＿）。これらの近代化事業は、漢人官僚が反乱鎮圧の軍事費の
ために確保した流通税などの独自の財源を背景としていたため、中央集権ではなく、
分権的なかたちで進められた。また、大動乱で崩壊した社会秩序の回復に重点がお
かれたことから、中国の伝統的な道徳倫理を根本として西洋技術を利用するという
「⑰＿＿＿＿＿＿＿＿」の傾向が強く、政治・社会体制の変革は進まなかった。

日本・朝鮮の開港と東アジアの貿易拡大

Q▶ 東アジアの開港は、どのような影響をもたらし
たのだろうか。

　19世紀半ばの日本では、アメリカ合衆国の①＿＿＿＿＿＿の来航を機に、1854

解答　**内乱と秩序の再編**▶①捻軍　②イスラーム　❸太平天国　❹洪秀全　⑤広西　⑥上帝会
⑦南京　❽曾国藩　❾李鴻章（❽・❾順不同）　⑩淮　⑪郷勇　⑫常勝軍　⑬ゴードン　⑭西太后
⑮同治中興　⑯洋務運動　⑰中体西用
日本・朝鮮の開港と東アジアの貿易拡大▶①ペリー

（安政元）年に❷＿＿＿＿＿＿＿＿＿＿**条約**が結ばれ、さらに第２次アヘン戦争を背景として、58（安政５）年には不平等条約である❸＿＿＿＿＿＿＿＿＿＿**条約**が締結された。

　同じ頃、欧米諸国は朝鮮に対しても開国をせまったが、❹＿＿＿＿＿の摂政であった❺＿＿＿＿＿＿はこれを拒否し、攘夷につとめた。しかし、明治維新後の日本は1875年に❻＿＿＿＿＿**事件**を引きおこして朝鮮に開国をせまり、翌76年には不平等条約である❼＿＿＿＿＿＿＿＿**条規**によって⑧＿＿＿＿＿など３港を開港させた。

　中国を含めた一連の不平等条約で東アジア各地に⑨＿＿＿＿＿＿が設けられ、低関税の自由貿易がおしつけられたことにより、海上貿易は急速に拡大した。中国は生糸・茶の輸出拡大と⑩＿＿＿＿＿＿の輸入代替化による貿易黒字によって不景気を脱し［19世紀後半には、⑨＿＿＿＿＿＿＿＿＿＿の増加で⑩＿＿＿＿＿＿＿＿取引が拡大してその需要が高まり、四川・雲南・貴州などの西南地方、陝西・甘粛・山西などの西北地方といった中国内陸部で⑩＿＿＿＿＿＿＿が生産された。こうした国産の⑩＿＿＿＿＿＿＿はインド産を中国市場から駆逐していった］、欧米人主導で再編された税関の税収増大は清朝政府の財政を安定させ、反乱鎮圧や近代化事業にも寄与した。日本でも生糸・茶の輸出拡大が近代化に貢献した。また、中国の開港場で外国が行政権を得た⓫＿＿＿＿＿は、インフラ整備や欧米系商社・銀行の進出もあって発展し、⓬＿＿＿＿＿をはじめとして中国経済の中心となっていった。

　1870年代には、⓭＿＿＿＿＿の定期航路開設や⓮＿＿＿＿＿網の整備が進んでアジア間の関係が密接になり、インド産の綿糸や東南アジア産の米などの輸入によって東アジアと南アジア・東南アジアとの貿易も活性化した。さらに東南アジアの植民地化と開発の進展によって労働力の需要が高まるなか、華南沿海部の開港場から東南アジアへの出稼ぎ移民も増大し、一部は東南アジアに根づいて、華人人口は大幅に増大した。

明治維新と東アジア国際秩序の変容

Q▶ 欧米諸国の進出と日本の台頭は、東アジア諸国の関係にどのような影響を与えたのだろうか。

　日本では、条約締結を契機とする政治・経済的動揺のなかで、1867（慶応３）年に江戸幕府が政権を朝廷に返上し、翌68年には明治政府が成立して、政治体制が大きく転換した（❶＿＿＿＿＿＿＿＿）。明治政府は短期間で内乱（❷＿＿＿＿＿**戦争**・

（解答）❷日米和親　❸日米修好通商　❹高宗　❺大院君　❻江華島　❼日朝修好　⑧釜山
⑨開港場　⑩アヘン　⓫租界　⓬上海　⓭汽船　⓮電信
明治維新と東アジア国際秩序の変容▶❶明治維新　❷戊辰

❸_____戦争）を終結させ、内政改革により中央集権的な体制を整備しつつ、富国強兵をめざして軍事の近代化や産業振興を急速に進めた。政治体制も、89（明治22）年の❹_____憲法の公布と90（明治23）年の議会設置により立憲国家へと転換した。さらに、1875年にロシアと❺_____条約［全樺太をロシア領、全千島を日本領と定めた］を結んで北方の国境を定めるとともに、74年の❻_____［台湾に漂着した琉球の宮古島島民が台湾の先住民に殺害されたことを理由に、日本が台湾に出兵した事件。琉球人が日本人かどうか、台湾先住民が清朝支配下にあるかどうかが日清間で争点となった］や79年の❼_____領有［明治政府は❼_____を強制的に日本の領土に組み込んで清への朝貢をやめさせ、1879年に❽_____県を設置した］によって清に脅威を与え、朝鮮でも清と対立していくことになった。

　欧米列強の進出と日本の台頭による辺境の危機に対して、清はそれまで間接的な支配方式をとっていた新疆やチベットへの関与を強め、また漢人の移民を禁止していた東北地方への移民を奨励するようになった。同時に、理念的・形式的側面が強かった❾_____関係を実質的なものに変えようとして朝貢国に対する影響力の強化をはかったが、それは❿_____ではフランスと、朝鮮では日本との対立をまねいた。ベトナムでは北部での紛争を契機として1884年に⓫_____戦争が勃発し、清はフランスのベトナム支配を認めた。

　朝鮮では開港後、攘夷派と改革派の対立に加えて、改革派のなかでも日本に接近する⓬_____らの急進改革派と、清との関係を重視する⓭_____氏らの対立が続いていた。攘夷派の兵士による1882年の⓮_____［漢城（現在のソウル）でおこった軍隊の反乱。大院君を擁立して閔氏政権の要人を殺害し、日本公使館を襲撃したが、清軍に鎮圧された］が鎮圧されたのち、急進改革派による84年の⓯_____［漢城で急進改革派が日本の武力を背景に閔氏政権を倒した政変。清軍によって鎮圧され、閔氏政権が再建された］は失敗し、清と日本の対立が深まったため、両国は条約を結んで衝突を回避した［天津条約を締結して、両国軍の撤兵と、将来に出兵する際の事前通告を定めた］。しかし⓯_____後、清の朝鮮内政への関与は著しく強まり、これに対抗するために日本は軍事力を強化した。

　1894年、朝鮮で⓰_____戦争（東学の乱）［東学とは、1860年頃に⓱_____（1824～64）が創始した新宗教をいう。キリスト教の西学に対して、朝鮮在来の民間信仰に儒

解答 ❸西南（❷・❸順不同）　❹大日本帝国　❺樺太・千島交換　❻台湾出兵　❼琉球　❽沖縄　❾朝貢　❿ベトナム　⓫清仏　⓬金玉均　⓭閔　⓮壬午軍乱　⓯甲申政変　⓰甲午農民　⓱崔済愚

教・仏教・道教の３教などを融合したもので、排外的傾向をもっていた]が発生すると、日清両国が出兵して⓲_____戦争となった。これに敗れた清は、95年の⓳_____条約で、朝鮮の独立、賠償金２億両の支払い、⓴_____・㉑_____諸島および㉒_____半島の割譲[また1895年には、他国に占領されていないことを確認のうえ、尖閣諸島が日本の領土に編入された]、開港場における外国人の工場設置などを認めた。このうち遼東半島は㉓_____・ドイツ・フランスが干渉したため、中国に返還された（㉔_____）。日本は獲得した⓴_____に㉕_____を設置してはじめての植民地経営を開始し、台湾民衆の抵抗を武力でおさえ込みつつ、近代化政策を推進した[日本は㉖_____事業で土地所有権を確定して税収を確保し、交通・金融インフラの整備や製糖業などの産業の振興を進めたほか、近代的な教育制度を普及させた。一方で先住民を含めた住民の抵抗を徹底的に弾圧し、日本人と台湾人の差別も残った]。また、日本は同時に朝鮮半島への進出を強め、南下するロシアとの対立を深めていった。

解答 ⓲日清 ⓳下関 ⓴台湾 ㉑澎湖 ㉒遼東 ㉓ロシア ㉔三国干渉 ㉕台湾総督府
㉖土地調査

帝国主義とアジアの民族運動

世界分割の進展によって列強体制は二分化し、帝国主義に圧迫されたアジア・アフリカでは広範なナショナリズム運動が台頭した。

Q▶ 帝国主義はどのような動きだろうか。また、諸地域にどのような影響をおよぼしたのだろうか。

1 第2次産業革命と帝国主義

Q▶ 欧米列強が植民地や勢力圏の拡大を争ったのは、なぜだろうか。

第2次産業革命

Q▶ 新しく生まれた電気・化学製品は、人々の日常生活をどのようにかえたのだろうか。

産業革命で「世界の工場」の地位についたイギリスを追って、ヨーロッパ大陸諸国やアメリカ合衆国でも産業革命が進められた。19世紀後半には、近代科学の成果にもとづく新しい工業部門が欧米で発展し、❶＿＿＿＿＿や❷＿＿＿＿＿を動力源として重化学工業・電機工業、アルミニウムなどの非鉄金属部門が成長した。またその製品は国民の日常生活に直結し、生活スタイルに大きな影響を与えた。この変化は❸＿＿＿＿＿＿＿＿＿＿＿＿と呼ばれている。

これらの工業部門は巨額の資本を必要としたため、銀行資本と結ぶ少数の❹＿＿＿＿企業が市場を独占的に支配する傾向が現れた（金融資本）。また労働者は近代科学の基本的知識や専門資格を求められるようになり、これによって⑤＿＿＿＿＿の普及がうながされたが、他方で伝統的技術と古い労働形態が残る農業や中小企業は圧迫された。不況と低成長の時期が長く続いた1870年代以降、生活基盤を狭められた多くの人々が❻＿＿＿＿＿となって、ヨーロッパからアメリカ合衆国などへと渡った。

帝国主義

Q▶ 帝国主義の支配を受けた地域において、社会や文化はどのようにかわったのだろうか。

主要国で工業化が進み、相互の競争が激しくなると、資源供給地や輸出市場として①＿＿＿＿＿の重要性が見直され、一時は植民地不要論がとなえられたイギリスを含め、各国は新たな植民地の獲得を競い合うようになった。この背景には、欧米の近代的②＿＿＿力やそれに裏打ちされた③＿＿＿力の圧倒的な優位が明ら

解答 **第2次産業革命▶**❶石油　❷電気（❶・❷順不同）　❸第2次産業革命　❹巨大　⑤近代教育　❻移民

帝国主義▶①植民地　②工業　③軍事

かになり、非欧米地域の社会や文化を近代的発展から遅れた存在とみなす考えが広まったこともあった。1880年代以降、国家の統合力にすぐれたイギリス・フランス・ドイツなどの有力な列強は、アジア・アフリカに殺到し、現地の抵抗を武力で制圧しながら植民地や従属地域に組み込み、それぞれの勢力圏を打ちたてた。この動きが❹＿＿＿＿＿主義であり、ここから第一次世界大戦までの時期を、帝国主義時代と呼んでいる。

帝国主義時代の植民地・従属地域の支配は、特定の産物や資源、労働力の収奪にとどまらず、当該地域の伝統文化を排除し、経済・社会構造を改造させるなど、全体的かつ暴力的な性格を強めた。その結果、欧米列強の⑤＿＿＿＿＿や⑥＿＿＿＿が一方的におしつけられ、非欧米世界の変容と「世界の一体化」の深化は急速に進んだ。

なお、この時代には、近代産業の発展と国民統合の進み方の度合いによる列強間の格差も広がった。イギリス・フランス・ドイツは列強の上位に、国内の民族問題・地域格差などに直面するロシア・オーストリア・⑦＿＿＿＿＿＿＿＿は下位に位置づけられた。

帝国主義時代の欧米列強の政治と社会

Q▶ 各列強は、どのような国内事情をそれぞれ抱えていたのだろうか。

19世紀末、アジア・アフリカ世界の大部分が列強の勢力圏に組み込まれるなか、後発の帝国主義国であったドイツは、自国の植民地の経済価値が乏しいことから、植民地の❶＿＿＿＿＿＿＿（再分割）を要求した。さらに日本やアメリカ合衆国がそれぞれ東アジアや太平洋地域に新たな勢力圏を形成すると、イギリス・フランスなど先行する帝国主義国との緊張や対立が生まれた。ヨーロッパの列強体制はなお維持されたものの、やがて帝国主義的対立が列強間の覇権争いに発展すると、第一次世界大戦勃発の大きな要因になった。

ヨーロッパでは、19世紀末には長期の低成長期が終わり、以後好景気が持続して、のちに「②＿＿＿＿＿＿＿＿＿＿（すばらしい時代）」と回顧される一大繁栄期に入った。列強の首都を中心に市民文化が成熟し、マス゠メディアの登場によって現代的な③＿＿＿＿＿文化の様相も現れた。それらは各国民のあいだにヨーロッパ近代文明への自信と近代科学の進歩への確信を広めた。

解答 ❹帝国　⑤利益　⑥価値観　⑦イタリア
帝国主義時代の欧米列強の政治と社会▶❶再配分　②ベルエポック　③大衆

〈イギリス〉　19世紀半ば、イギリスは④＿＿＿＿＿＿**体制**を守りつつ広大な植民地帝国の維持と拡張を進めたが、その負担の大きさから、⑤＿＿＿＿＿＿＿など白人植民者が多い植民地を⑥＿＿＿＿＿＿として間接支配に切りかえた［1867年にカナダが、20世紀初めには⑦＿＿＿＿＿＿＿＿＿＿、ニュージーランド、⑧＿＿＿＿＿連邦が自治領になった］。1870年代以降の不況・低成長やほかの工業国との競合でその優位がゆらいだイギリスは、直轄支配を続けた植民地のなかでとくに重要だったインドの支配を確実にするため、1875年に保守党の⑨＿＿＿＿＿首相が⑩＿＿＿＿＿**会社の株を買収**して運河の経営権を握り、「インドへの道」を確保した。さらに、1880年代にはエジプトを支配下においた。また、⑪＿＿＿＿＿＿＿＿＿＿＿＿＿＿＿＿植民相はケープ植民地の⑫＿＿＿＿＿首相がとった拡張政策を引き継いで、**南アフリカ**（南ア、ブール）**戦争**をおこした。

　　国内では、⑬＿＿＿＿＿＿＿＿＿協会［1884年創設の知識人主体の社会主義団体。その改良主義的社会主義は⑬＿＿＿＿＿＿社会主義と呼ばれた］や労働組合が労働者主体の政党を求めて1900年に⑭＿＿＿＿＿＿＿＿＿を結成し、06年には⑮＿＿＿＿＿**党**となった。労働党はゆるやかな改革によって社会主義実現をめざす方針をとったため、05年に成立した自由党内閣は労働党の支援を得て社会改革に取り組み、11年に⑯＿＿＿＿＿法を制定した。さらにドイツに対抗する海軍拡張費の財源を富裕者への増税に求め、保守党の強い上院がこれに抵抗すると、同年に⑰＿＿＿＿＿**法**を成立させて、下院の法案決定権が上院に優先することを定めた。

　　また、自由党内閣は1914年に⑱＿＿＿＿＿＿＿＿**法**も成立させたが、イギリス系人口の多い北アイルランドは強く反対した。政府が第一次世界大戦勃発を理由に自治法実施を延期すると、アイルランド独立を求める強硬派は反発し、16年に武装蜂起したが制圧された。これをきっかけに、⑲＿＿＿＿＿＿**党**［1905年に結成されたアイルランドの民族主義政党で、党名はゲール語で「われら自身」の意味。アイルランドの独立を主張した］がその後の独立への動きを主導することになった。

〈フランス〉　1880年代から、フランスは豊かな中産階層に支えられた銀行の資本力を背景に帝国主義政策に乗り出し、インドシナ・アフリカに大植民地を築いた。ビ

解答　④自由貿易　⑤カナダ　⑥自治領　⑦オーストラリア　⑧南アフリカ　⑨ディズレーリ　⑩スエズ運河　⑪ジョゼフ＝チェンバレン　⑫ローズ　⑬フェビアン　⑭労働代表委員会　⑮労働　⑯国民保険　⑰議会　⑱アイルランド自治　⑲シン＝フェイン

スマルク体制による国際的孤立から抜け出した90年代以降は、⑳＿＿＿＿同盟や

㉑＿＿＿＿協商を結んでドイツに対抗した。

　国内では、1880〜90年代に㉒＿＿＿＿＿＿＿＿＿＿事件［元陸相㉒

＿＿＿＿＿＿（1837〜91）が右翼・保守勢力の支持を受けて、1889年に政権奪取をねらい失敗した

事件］や㉓＿＿＿＿＿＿＿＿事件［ユダヤ系陸軍将校㉓＿＿＿＿＿＿＿＿＿＿＿（1859〜

1935）のスパイ冤罪事件。ドイツのスパイとして流刑にされたが、作家の㉔＿＿＿＿＿ら共和政支持

派の救済運動で1906年に無罪となり、反ユダヤ主義・反共和政的傾向の軍部は信頼を失った。また、

この事件に衝撃を受けたユダヤ人ジャーナリストの㉕＿＿＿＿＿＿＿（1860〜1904）は、パレス

チナでのユダヤ人国家の建設をめざすシオニズム運動を開始した］など国論を二分する反共和

政の動きがあった。しかし、共和派政府はこれらの危機を切りぬけ、1905年に

㉖＿＿＿＿＿法を発布して㉗＿＿＿＿＿＿＿＿＿＿を安定させた。一時停滞し

ていた労働運動も活性化し、社会主義諸党派間の統合をめぐる論争がおこったが、

1905年に㉘＿＿＿＿＿＿＿党が結成されてまとまった。

〈ドイツ〉　1888年、ドイツでは若い㉙＿＿＿＿＿＿＿＿＿＿＿＿＿＿＿＿が即位した。

新皇帝は㉚＿＿＿＿＿＿＿＿を引退させ、躍進した工業力を背景に積極的な政

策に乗り出した。外交では、ロシアとの㉛＿＿＿＿＿条約を更新せず、「㉜

＿＿＿＿＿＿＿」を掲げて帝国主義政策を追求した［海軍の大拡張や中国での膠州湾租借な

どをおこなった］。市民層のあいだにも、国外のドイツ人を統合して大帝国建設をめ

ざす㉝＿＿＿＿＿＿＿＿＿＿主義の運動が広がり、世界政策を支援した。

　内政では、皇帝は労働者層の支持を期待して㉞＿＿＿＿＿＿＿＿＿＿＿＿法

を廃止したが、㉟＿＿＿＿＿＿＿党は勢力を広げ、1912年には帝国議会の第一党

になった。社会民主党は1890年以降マルクス主義にもとづき、革命による社会主義

実現を目標に掲げていたが、党内では、議会主義による社会改革をとなえる㊱＿＿

＿＿＿＿＿＿＿＿らの㊲＿＿＿＿＿主義が支持を広げていった。

〈ロシア〉　1890年代より、ロシアでは㊳＿＿＿＿＿＿＿＿＿などからの資本導入によ

って、都市を中心に近代産業が急速に成長した。しかし、工業や銀行の多くは外国

資本が握り、工場での労働条件も劣悪であった。国内市場の狭いロシアは、㊴

＿＿＿＿＿＿鉄道などの国家事業で国内開発を進め、東アジア・中央アジアやバル

カン方面への進出をはかった。

第15章

20世紀初めには、農奴解放後も地主への従属が続くことに抗議する農村部での農民運動や、工場労働者のストライキが広がった。知識人や社会主義者、さらに自由主義者からも専制体制の転換を求める声が高まり、マルクス主義を掲げる❹⓪＿＿＿＿＿党（創設後、❹①＿＿＿＿＿＿らの❹②＿＿＿＿＿＿＿＿と、プレハーノフらの❹③＿＿＿＿＿＿＿＿＿＿に分裂［❹②＿＿＿＿＿＿＿＿・❹③＿＿＿＿＿は、ロシア語でそれぞれ多数派・少数派を意味する。前者は、党を労働者・農民の指導による革命家集団にしようとし、後者は広く大衆に基礎をおいて、ゆるやかに革命を進めようとした]）や、ナロードニキの流れをくむ❹④＿＿＿＿＿＿＿（社会主義者・革命家党）が結成され、自由主義者ものちの❹⑤＿＿＿＿＿＿党につながる運動をおこした。

　1905年、❹⑥＿＿＿＿＿戦争の戦況悪化から❹⑦＿＿＿＿＿事件がおこると、農民蜂起・労働者のストライキ・民族運動などが全国的に発生した。モスクワにおける労働者の自治組織❹⑧＿＿＿＿＿＿＿＿＿＿（評議会）の武装蜂起や黒海艦隊の反乱がおこり、自由主義者も政治改革を要求した（❹⑨＿＿＿＿＿＿＿＿＿＿）。皇帝❺⓪＿＿＿＿＿＿＿＿＿＿＿は十月宣言を発して、立法権をもつ国会（❺①＿＿＿＿＿＿）の開設、市民的自由などを受け入れ、首相に工業化を推進する改革派の❺②＿＿＿＿＿＿を登用した。しかし、国会の立法権は制限されるとともに、選挙制度も不平等で、皇帝は革命運動が後退すると再び専制的姿勢に戻った。

　1906年、首相になった❺③＿＿＿＿＿＿＿＿＿＿＿は、帝政の支持基盤を安定させるため、農村共同体を解体して自営農民の創出をはかった。しかし、この試みは挫折し、農村社会はかえって動揺した。政府は国民の注意をそらすため、バルカン方面への南下政策を強めた。

〈アメリカ〉　19世紀末に世界最大の工業国になったアメリカ合衆国では、巨大企業の登場で自由競争が狭まり、また、❺④＿＿＿＿＿・❺⑤＿＿＿＿＿からの移民の増加によって都市部の貧困問題が表面化した。そのため20世紀初めの政府は、独占の規制や労働条件の改善など❺⑥＿＿＿＿主義と呼ばれた諸改革を実施する一方、海外への進出をめざす帝国主義的政策にも目を向けた。共和党の❺⑦＿＿＿＿＿大統領は、❺⑧＿＿＿＿＿＿の独立運動に乗じて1898年に❺⑨＿＿＿＿＿戦争をひきおこした。勝利した合衆国は❻⓪＿＿＿＿＿＿・

解答 ❹⓪ロシア社会民主労働　❹①レーニン　❹②ボリシェヴィキ　❹③メンシェヴィキ　❹④エスエル　❹⑤立憲民主　❹⑥日露　❹⑦血の日曜日　❹⑧ソヴィエト　❹⑨1905年革命　❺⓪ニコライ2世　❺①ドゥーマ　❺②ウィッテ　❺③ストルイピン　❺④東欧　❺⑤南欧　❺⑥革新　❺⑦マッキンリー　❺⑧キューバ　❺⑨アメリカ＝スペイン（米西）　❻⓪フィリピン

プエルトリコなどのスペイン植民地を獲得するとともに、財政・外交を制限する㉛_____条項でキューバを保護国化し、市場を拡大させた。

　一方で海外植民地の領有には国内の批判もあり、1899年に国務長官㉜_____が中国での㉝_____政策を提唱したように、経済進出を重視する政策もとられたが、マッキンリーを継いだ㉞_____大統領は中米諸国に干渉し(「㉟_____外交」)、パナマ運河の建設など積極的な㊱_____**政策**を推進した。つぎの㊲_____大統領は、中国の鉄道敷設や中米への投資による市場開拓を進めた(「ドル外交」)。

　1913年に大統領になった民主党の㊳_____は、「新しい自由」を掲げて、反トラスト法の強化、関税引き下げ、労働者保護立法などを実施し、対外政策ではアメリカ民主主義の道義的優位を説く「㊴_____外交」を推進した。しかし一方で、内戦状態のメキシコへ軍事介入したり、14年に開通した㊵_____の管理権を握るなど、中米やカリブ海域でのアメリカの覇権を確立した。

国際労働運動の発展

Q▶ 国際労働運動はなぜ再燃し、また、どのような特徴をもっていたのだろうか。

　1870年代の第1インターナショナル解散後、労働運動の国際的連携は停滞したが、80年代後半から欧米先進国の工業化の進展にともなって大衆的労働運動が活性化し、社会主義運動でも①_____主義思想が主流になって国際的連携の気運が再燃した。

　1889年には、②_____で各国の社会主義運動の組織が集まり、❸_____が結成された。参加組織は国ごとに1つの政党に限定され、ドイツ④_____党などを中心に[フランス⑤_____党・イギリス⑥_____党などが参加した]、帝国主義や軍国主義への反対運動を組織し、⑦_____時間労働制などの労働条件改善を訴えた。しかし、社会主義者のなかにも植民地統治を認めたり、自国の利害を擁護する傾向が現れ、しだいに第2インターの結束も崩れはじめた。

解答 ㉛プラット　㉜ジョン＝ヘイ　㉝門戸開放　㉞セオドア＝ローズヴェルト　㉟棍棒
㊱カリブ海　㊲タフト　㊳ウィルソン　㊴宣教師　㊵パナマ運河
国際労働運動の発展▶①マルクス　②パリ　❸第2インターナショナル(第2インター)
④社会民主　⑤社会　⑥労働　⑦8

Q▶ 列強による世界分割はどのように進められ、また、各地にどのような影響を与えたのだろうか。

アフリカの植民地化

Q▶ 列強の植民地化によって、アフリカの社会や文化はどのように変容したのだろうか。

19世紀前半まで、アフリカに関するヨーロッパ人の知識は奴隷貿易の拠点や地中海沿岸、アジア航路上の港などに限られていたが、同世紀半ばには中央部の探検が進められた[19世紀半ば、リヴィングストンや①＿＿＿＿＿＿＿＿＿の中央アフリカ探検により、現地の事情が明らかになった]。1880年代初め、コンゴ地域をめぐってヨーロッパ諸国が対立すると、ドイツの②＿＿＿＿＿＿＿は調停のために1884〜85年に❸＿＿＿＿＿＿＿＿＿**会議**を開いた。会議でベルギー国王の所有地として④＿＿＿＿＿＿＿国の設立とアフリカの植民地化の原則[ある地域を植民地とする場合、その地域でのヨーロッパ人の安全や商業活動を保証する（⑤＿＿＿＿支配）という原則と、沿岸地域の植民地は後背地も保有する（⑥＿＿＿＿画定）という原則]が合意されると、列強はアフリカに殺到し、大部分を分割して植民地とした。

イギリスは1880年代、エジプトの❼＿＿＿＿＿＿**運動**を制圧して事実上の⑧＿＿＿国とし、さらに南下して、スーダンでは❾＿＿＿＿＿**運動**を制圧した。一方アフリカ南部では、⑩＿＿＿＿植民地の⓫＿＿＿＿の指導で周辺地域への侵攻政策がとられた。1899年にイギリスは、⑫＿＿＿＿人[⑫＿＿＿＿＿人はケープ植民地のオランダ人の子孫で、ケープ植民地がイギリス領になると、北部に移動して⑬＿＿＿＿＿＿＿共和国と⑭＿＿＿＿＿自由国を建てた。両国で豊富な⑮＿＿＿＿＿＿と金が発見されて、ローズらに注目された]の⑬＿＿＿＿＿＿＿共和国・⑭＿＿＿＿＿自由国とのあいだに⓰＿＿＿＿**戦争**をおこし、激しい抵抗を排して、両国を併合した[これによってイギリスは、カイロと⑰＿＿＿＿＿＿＿をつなぎ、インドの⑱＿＿＿＿＿と結ぶ⑲＿＿＿政策を実現した]。

フランスは、1881年に⑳＿＿＿＿＿＿を保護国とし、サハラ砂漠地域らアフリカを横断して㉑＿＿＿＿・マダガスカル方面との連結をめざした。この計画はイギリスの縦断政策と衝突して1898年に㉒＿＿＿＿＿**事件**をお

解答 **アフリカの植民地化▶** ①スタンリー ②ビスマルク ❸ベルリン＝コンゴ ④コンゴ自由 ⑤実効 ⑥境界 ❼ウラービー ⑧保護 ❾マフディー ⑩ケープ ⓫ローズ ⑫ブール ⑬トランスヴァール ⑭オレンジ ⑮ダイヤモンド ⓰南アフリカ ⑰ケープタウン ⑱カルカッタ ⑲3C ⑳チュニジア ㉑ジブチ ㉒ファショダ

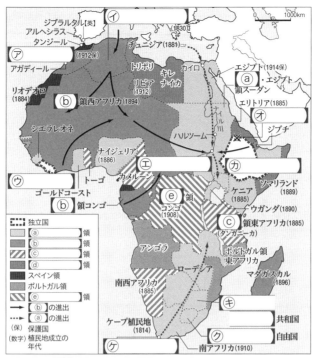

地図 アフリカにおける列強の植民地(20世紀初め)

こしたが、フランスが譲歩して解決した。その後、両国は接近して1904年に㉓⎯⎯⎯⎯

協商を結び、エジプトにおけるイギリスの支配的地位とモロッコでのフランスの優越的地位を認めあい、ドイツに対抗するようになった。

　ドイツのアフリカ植民地は有力な資源や市場価値に乏しかったため、ドイツは新たな植民地を求めて、フランスの㉔⎯⎯⎯⎯⎯⎯⎯⎯支配に挑戦し、1905年と11年の２度にわたって㉔⎯⎯⎯⎯**事件**をおこした。これはいずれもイギリスなどほかの列強の反対にあい、モロッコは12年にフランスの保護国になった。イタリアは1880年代に㉕⎯⎯⎯⎯⎯⎯・㉖⎯⎯⎯⎯⎯⎯⎯⎯を植民地とし、さらに㉗⎯⎯⎯⎯⎯⎯に侵攻したが、1896年の㉘⎯⎯⎯⎯の戦いで敗れて後退した。その後、1911〜12年に㉙⎯⎯⎯⎯⎯⎯⎯⎯戦争をおこしてオスマン帝国から㉚⎯⎯⎯(トリポリ・キレナイカ)を奪った。

解答 ㉓英仏　㉔モロッコ　㉕ソマリランド　㉖エリトリア　㉗エチオピア　㉘アドワ
㉙イタリア＝トルコ　㉚リビア
地図 ㋐モロッコ　㋑アルジェリア　㋒リベリア　㋓ファショダ　㋔アドワ　㋕エチオピア
㋖トランスヴァール　㋗オレンジ　㋘ケープタウン　ⓐイギリス　ⓑフランス　ⓒドイツ
ⓓイタリア　ⓔベルギー

20世紀初めには、アフリカ全土は、㉛＿＿＿＿＿＿＿＿帝国と㉜＿＿＿＿＿＿＿＿

共和国[アメリカ合衆国の解放奴隷を入植させて建国した国家]を除いて、列強の支配下におかれた。列強は現地の住民のつながりや交易網を無視し、経済的利害や戦略的重要性から現地に行政・治安機構を整え、沿岸部から後背地を含む人為的な㉝＿＿＿＿＿＿＿＿を定めた。アフリカの国家に多い直線に引かれた国境線はその結果である。また、住民をプランテーションや鉱山の過酷な労働に従事させるなど、その支配はアフリカの発展にはかりしれない被害と障害を残した。現地の人々は地域や固有の文化を守ろうと抵抗を続けたが、こうした抵抗運動はやがて㉞＿＿＿＿＿主義運動に成長して、20世紀の歴史を形成する大きな流れになった。

太平洋地域の分割　　Q▶ 列強による太平洋地域の植民地化は、どのように進められたのだろうか。

太平洋地域には、18世紀にイギリスが、19世紀にはフランス・ドイツ・アメリカ合衆国が進出した。**オーストラリア**はイギリス領となり、最初は流刑植民地だったが、19世紀半ばに金鉱が発見されると移民も増加して発展し、先住民の①＿＿＿＿＿＿＿＿は奥地に追われた。イギリスはさらに**ニュージーランド**なども領

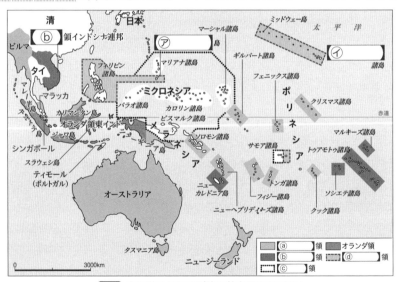

地図 太平洋における列強の勢力圏(20世紀初め)

解答 ㉛エチオピア　㉜リベリア　㉝境界線　㉞民族
太平洋地域の分割▶ ①アボリジニー
地図 ㋐グアム　㋑ハワイ　ⓐイギリス　ⓑフランス　ⓒドイツ　ⓓアメリカ

有したが、その際も先住民の②＿＿＿＿＿＿＿人の抵抗を武力でおさえ込んだ。ドイツは③＿＿＿＿＿＿＿＿＿＿諸島などメラネシアの一部とミクロネシアの諸島を獲得し、アメリカ合衆国は1898年のアメリカ＝スペイン戦争の結果、スペインから❹＿＿＿＿＿＿＿＿・❺＿＿＿＿＿＿＿を獲得したほか、同年に❻＿＿＿＿＿＿＿を併合した。

ラテンアメリカ諸国の従属と発展

Q▶ 独立後のブラジル・アルゼンチン・メキシコがたどった道の共通点と差異は、どのようなものだろうか。

中南米の①＿＿＿＿＿＿＿＿＿＿＿＿諸国[中南米地域は、19世紀半ばより①＿＿＿＿＿＿＿＿＿＿とも呼ばれるようになった]では、独立後も植民地期以来の大土地所有者や大商人が実権を握り、貧富の大きな格差が存続していた。加えて、国民の出自は多様で地域差も大きかったため、その統合は容易ではなかった。宗教面では、ほとんどの国で②＿＿＿＿＿＿＿教会が影響力を維持したが、政教分離を進めようとする自由主義者との対立がみられた。また、中央政府に対して地方有力者が反乱をおこしたり、軍人がクーデタを試みるなど、不安定な政治が続いた。

経済的には、19世紀末になると、欧米諸国での③＿＿＿＿＿＿＿の進展や食料需要の高まり、ラテンアメリカ諸国での鉄道・汽船の普及、冷凍技術の発達などの結果、農産物や原料の対欧米輸出が増加した[アルゼンチンの牛肉、ブラジルのコーヒー、キューバの④＿＿＿＿＿、チリの⑤＿＿＿＿＿（火薬の原料）などがあげられる]。その一方で欧米からの工業製品の輸入や投資も盛んであり、中米ではアメリカ合衆国の、南米では⑥＿＿＿＿＿＿の経済的影響が大きかった。なかでも合衆国は、1889年以降❼＿＿＿＿＿＿＿＿＿＿＿＿**会議**を定期的に開催して、ラテンアメリカへの影響力を強めていった。

❽＿＿＿＿＿＿＿＿＿では、帝政下で奴隷制が維持されたが、イギリスの圧力による奴隷貿易の廃止や、アメリカ合衆国での奴隷制廃止を経て、1888年に廃止が決定された[1886年にキューバでも奴隷制が完全廃止されており、ブラジルでの廃止の結果、南北アメリカで奴隷制は消滅した]。しかし、この措置は経済を混乱させて地主層の離反をまねき、これに乗じた共和派は翌89年に軍の一部を動かし、クーデタによって⑨＿＿＿＿＿政を確立した[1891年の憲法でブラジルは連邦共和国となったが、同国では軍がその後も政治的発言力をもつことになった]。

解答 ②マオリ ③ビスマルク ❹フィリピン ❺グアム ❻ハワイ
ラテンアメリカ諸国の従属と発展▶①ラテンアメリカ ②カトリック ③第2次産業革命 ④砂糖 ⑤硝石 ⑥イギリス ❼パン＝アメリカ ❽ブラジル ⑨共和

⓾＿＿＿＿＿＿＿＿＿＿＿では、独立後に中央政府と地方勢力が対立して政情不安が続いたが、19世紀末に安定した政権が樹立されると、移民の流入や投資が急増した[移民の招致は憲法で規定されており、20世紀初めの⓾＿＿＿＿＿＿＿＿＿では、全人口の30％が外国生まれとなった]。20世紀初めには世界有数の農産物輸出国に成長したが、民主化の遅れなどの政治的課題も残された。

メキシコでは、⑪＿＿＿＿＿＿＿＿＿＿＿＿＿＿＿戦争の敗北で国土が半減した衝撃で政治改革が始まり、1857年に自由主義的な憲法が公布されたが、保守派の反乱で内戦が始まった。保守派は劣勢におちいるとフランスに介入を求め、⑫＿＿＿＿＿＿＿＿＿＿＿＿は61年に軍を派遣して、64年には帝政を樹立させたが、アメリカの介入などもあって67年に撤退し、共和政が復活した。

その後、❸＿＿＿＿＿＿＿＿＿大統領による長期の独裁的な政治体制のもと、豊富な鉱物資源を背景に経済成長がはかられたが、経済格差も強まった。1910年には国内各地で農民も加わった蜂起がおこって❹＿＿＿＿＿＿＿＿＿＿＿が始まり、ディアス政権は倒されたが、新体制をめぐって内戦となった。アメリカ合衆国の介入もあって情勢は混乱したが、結局、17年に⑮＿＿＿＿＿＿＿が定められ、大統領の権限が強化される一方で、外国資本と教会財産が国有化された[その後、メキシコでは農民に土地が分配され、植民地期以来の大土地所有制が解体された]。

列強体制の二分化　　Q▶列強体制の枠組みは、どのようにかわっていったのだろうか。

ヴィルヘルム 2 世のもとで、ドイツはロシアとの①＿＿＿＿＿＿＿＿条約更新を見送り、海外進出に乗り出した。そのためロシアはフランスに接近して、1890年代前半に❷＿＿＿＿＿同盟を結んだ。これによってビスマルク体制は崩れ、列強関係は流動化した。ドイツは❸＿＿＿＿＿＿＿＿＿＿＿＿敷設を推進するとともに[これによってドイツは、ベルリン・④＿＿＿＿＿＿＿＿＿＿＿＿＿（イスタンブル）・バグダードを連結する⑤＿＿＿＿＿政策を進めた]、海軍拡張政策によってイギリスの覇権に挑戦した。20世紀に入ると、両国の⑥＿＿＿＿＿競争は激しさを増していった。

イギリスはどの国とも同盟関係をもたない「⑦＿＿＿＿＿＿＿＿＿＿＿＿」の立場をとっていたが、東アジアでのロシアの進出に備えて1902年に日本と❽＿＿＿＿同盟を結び、また、ドイツを警戒して04年にはフランスとの❾＿＿＿＿協商を成立

(**解答**) ⓾アルゼンチン　⑪アメリカ＝メキシコ　⑫ナポレオン 3 世　❸ディアス　❹メキシコ革命　⑮新憲法
列強体制の二分化▶①再保障　❷露仏　❸バグダード鉄道　④ビザンティウム　⑤3B　⑥建艦
⑦光栄ある孤立　❽日英　❾英仏

させた。ロシアは日露戦争に敗北すると、進出方向を東アジアから⑩＿＿＿＿＿
＿＿＿＿方面に転換し、ドイツやオーストリア、オスマン帝国と対立するようになった。
そのため、1907年に⑪＿＿＿＿＿**協商**を結んでイギリスと和解した。このイギリス・
フランス・ロシアの提携関係は⑫＿＿＿＿＿**協商**と呼ばれ、それぞれの植民地や勢力
圏の現状維持をはかるものであったが、それはやがてドイツを共通の脅威とする連
携になった。

　イタリアは**三国同盟**の一員であったが、「⑬＿＿＿＿＿＿＿＿＿＿＿＿＿＿＿＿＿」
をめぐってオーストリアとの対立を深め、⑭＿＿＿＿＿＿＿＿＿に接近したので、三
国同盟の実態はドイツ・オーストリアの二国同盟になり、ドイツはオーストリアの
地位の維持と安定を重視するようになった。同盟関係の変化と英独対立によって、
列強体制はドイツとイギリスをそれぞれの中心とする2つの陣営に分裂し、1910年
以降たがいに軍備拡大を競いあった。

3 アジア諸国の変革と民族運動

Q▶ アジア諸国の変革や民族運動は、何が原因で、またどのような結果をもたらしたのだろうか。

列強の中国進出と清朝

Q▶ 日清戦争は、中国にどのような影響を与えたのだろうか。

　日清戦争で同じ東アジアの日本に敗北したことは、中国の知識人に大きな衝撃を
与え、清朝の伝統的な内政・制度を変革する「❶＿＿＿＿＿」の考え方が広まった。
その中心となった❷＿＿＿＿＿は、日本やロシアにならった政治体制の改革をと
なえ、❸＿＿＿＿＿らはその宣伝につとめた。④＿＿＿＿＿帝の支持のもとで、
1898年に康有為らは憲法制定や議会開設などの改革を試みたが（❺＿＿＿＿＿
＿＿＿＿＿）、急激な改革は官僚の反対で実施されなかった。同年、④＿＿＿＿＿帝が実
権を⑥＿＿＿＿＿から奪おうとしたのに対して、⑥＿＿＿＿＿が先手を打って
クーデタをおこし、④＿＿＿＿＿帝は幽閉され、康有為・梁啓超らは日本に亡命して
改革は失敗に終わった（❼＿＿＿＿＿＿＿＿＿）。

　同じ頃、清の弱体化に乗じて列強は中国への進出を開始し、1896年にロシアが
❽＿＿＿＿＿**鉄道の敷設権**を獲得した。さらに98年にドイツが❾＿＿＿＿＿を租借
したのを契機に、ロシアは⑩＿＿＿＿＿で返還された⑪＿＿＿＿＿半島のうち

解答 ⑩バルカン　⑪英露　⑫三国　⑬未回収のイタリア　⑭フランス
列強の中国進出と清朝▶ ❶変法　❷康有為　❸梁啓超　④光緒　❺戊戌の変法　⑥西太后
❼戊戌の政変　❽東清　❾膠州湾　⑩三国干渉　⑪遼東

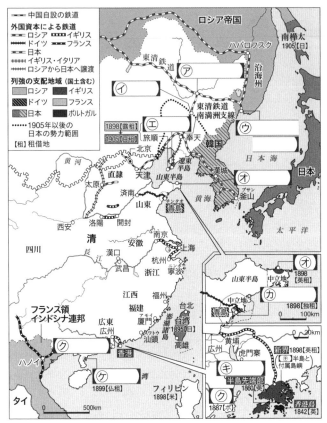

地図 東アジアにおける列強の進出

旅順・大連を、イギリスは⑫＿＿＿＿＿＿と⑬＿＿＿＿＿＿半島（新界）を、99年にはフランスが⑭＿＿＿＿＿＿を租借した。日清戦争の賠償金もあって財政難となった清に対する借款提供の担保として、列強は⑮＿＿＿＿＿・⑯＿＿＿＿＿の利権なども獲得し、勢力範囲を設定した[勢力範囲は租借地や獲得した利権を中心に設定された。大半の勢力範囲に実効性はなく、名目的なものであったが、中国の知識人に中国分割という危機感を与えた]。

アメリカ＝スペイン戦争で⑰＿＿＿＿＿＿＿を獲得したアメリカ合衆国は、中国進出に出遅れたため、国務長官⑱＿＿＿＿＿＿の名で中国の⑲＿＿＿・⑳＿＿＿＿＿＿＿＿および㉑＿＿＿＿＿＿を提唱した。こうした

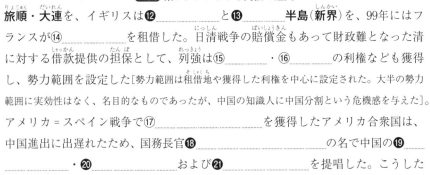

解答 ⑫威海衛 ⑬九竜 ⑭広州湾 ⑮鉱山 ⑯鉄道 ⑰フィリピン ⑱ジョン＝ヘイ
⑲門戸開放 ⑳機会均等 ㉑領土保全
地図 ⑦ハルビン ⑦長春 ⑦ウラジヴォストーク ⑦大連 ⑦威海衛 ⑦膠州湾 ⑦九竜
⑦マカオ ⑦広州

列強の進出は、中国の知識人に大きな危機感をいだかせた。なかでも梁啓超（りょうけいちょう）は、

㉒ _____［ダーウィンの進化論からヒントを得て、人間社会の進化を説明しようとする議論。様々な説のなかで、当時の中国に大きな影響を与えたのは「適者生存（てきしゃせいぞん）」（進歩に適応した者のみが生存競争において生き残る）という考え方であった］や日本のナショナリズムの影響を受けつつ、列強の進出を「中国分割の危機」であると訴え、明（みん）や清といった王朝名ではなく、国家の名称としての「㉓ _____」を創出し、中国ナショナリズムの誕生に貢献（こうけん）した。

　列強の進出にともなってキリスト教の布教（ふきょう）活動が盛んになると、宣教師（せんきょうし）の保護を求めてキリスト教に改宗する中国人も増加した。これに既存の秩序を維持しようとする地域エリートが対抗し、中国各地で反キリスト教運動による衝突事件（㉔ _____）が生じた。山東半島で結成された自衛組織の１つである❷⃝ _____は、鉄道施設やキリスト教会を破壊し、宣教師や中国人信徒を襲撃（しゅうげき）しつつ勢力を拡大した。1900年、義和団が北京（ペキン）に入ると、清朝保守派はこれと結んで列強に対して宣戦（せんせん）を布告した。列強は在留（ざいりゅう）外国人保護のために共同出兵し、日本とロシアを主力とする㉖ _____カ国連合軍が北京を占領して、在留外国人を救出した（❷⃝ _____ **戦争**）。翌01年に結ばれた㉗ _____で、敗北した清は当時の財政収入の４倍以上の４億５千万両（テール）という膨大（ぼうだい）な賠償金を支払うことや、北京付近への㉘ _____の駐屯（ちゅうとん）などを列強に認めることとなった。

日露戦争と韓国併合　　Q▶ 日露戦争は、東アジアにどのような影響をもたらしたのだろうか。

　日清戦争後、朝鮮は1897年に国号を❶ _____と改めて、独立国であることを示したが、日本とロシアがその支配権をめぐって争った。義和団戦争に際してロシア軍は中国東北地方を占領し、撤退（てったい）を求める日本との対立は激化した。同じ時期、イギリスは南下をもくろむロシアと中央アジアなどをめぐって対立していたが、❷ _____戦争で余裕がなくなっていたため、1902年に日本と❸ _____**同盟**を結び、アメリカ合衆国も日本を支援した。その後も朝鮮・中国東北地方をめぐる日露両国の対立は解消せず、日本は開戦を決意して04年に❹ _____**戦争**が始まった。日本軍は陸上では苦戦しながらも旅順や奉天（ほうてん）を占領し、海上では❺ _____海戦で勝利したが、国力は限界に達していた。ロシアも国内で

解答 ㉒社会進化論　㉓中国　㉔教案（きょうあん）　❷⃝義和団（ぎわだん）　㉖8　㉗北京議定書（ぎていしょ）　㉘外国軍隊
日露戦争と韓国併合▶ ❶大韓帝国（だいかん）　❷南アフリカ　❸日英　❹日露　❺日本海

3. アジア諸国の変革と民族運動　**243**

⑥＿＿＿＿＿＿＿＿＿＿＿＿＿＿＿が勃発して社会不安が高まっていた。そこで合衆国の⑦＿＿＿＿＿＿＿＿＿＿＿＿＿大統領の仲介によって05年に⑧＿＿＿＿＿＿

＿＿＿＿＿＿＿**条約**が締結され、日本は⑨＿＿＿＿＿＿＿＿の指導・監督権、遼東半島南

部の⑩＿＿＿＿＿権と東清鉄道南部の利権、⑪＿＿＿＿＿＿＿（サハリン）南部の領有権を獲

得した〔また1905年には、他国の領有権が主張されていないことを確認のうえ、竹島が日本の領土

に編入された〕。

ヨーロッパの大国ロシアに対する日本の勝利は、アジア諸国の民族運動に影響を

与えた。しかしその後、日本は1906年に⑫＿＿＿＿＿＿＿＿＿＿＿＿＿＿＿＿＿＿＿＿

を設立し〔日露戦争で得た東清鉄道支線の長春・旅順口間の利権をもとに設立された〕、中国東

北地方への経済進出を推進した。さらに日英同盟に加えて、07年には⑬＿＿＿＿＿＿**協**

約を結んで、韓国における優位を列強に認められた。

朝鮮半島では、日本は日露戦争開始以降、3次にわたる⑭＿＿＿＿＿＿**協約**を結ぶな

かで⑮＿＿＿＿＿＿＿＿を設置して韓国を保護国化し、支配を強めた〔第2次⑭＿＿＿＿＿協

約(1905年)にもとづいて設けられた統監は、日本政府を代表してソウルに常駐し、韓国の外交を監

督した。日本の朝鮮支配を推し進めた初代韓国統監の⑯＿＿＿＿＿＿＿＿＿(1841〜1909)は、1909

年にハルビンで⑰＿＿＿＿＿＿＿(1879〜1910)に暗殺された〕。これに対して韓国は、皇帝の

高宗が⑱＿＿＿＿＿＿の万国平和会議に密使を送って国際世論に訴えたがかえりみ

られず、武装抗日闘争(⑲＿＿＿＿＿＿＿＿)をおこなって抵抗したが、日本軍に鎮

圧された。日本は朝鮮支配に対する列強の黙認のもと、1910年に**韓国を**⑳＿＿＿＿＿＿

し、植民地とした。日本は㉑＿＿＿＿＿＿＿＿＿をソウル(京城)におき、憲兵を

利用した強権的な支配(武断政治)のもと、近代化政策を推し進めていった〔日本は土

地調査事業によって土地所有権を確定して安定した税収を確保するとともに、品種改良による米の

増産を進め、鉄道・道路などのインフラや近代的教育制度を整備した。一方で軍隊・憲兵・警察に

より民族運動をきびしく弾圧した〕。

1880年代から、日本では製糸業や綿紡績業などの工業化が進展し、欧米への生糸

の輸出が日本経済を支えたほか、中国からの綿花輸入と中国への綿糸輸出も増大し

た。日清戦争後、日本は㉒＿＿＿＿＿＿＿制を導入して通貨を安定させ、製鉄業など

の重工業も発展した。日露戦争後には、中国東北地方の大豆や朝鮮の米、台湾の

米・砂糖を輸入して、中国東北地方や朝鮮に綿布を輸出するなど、日本と東アジア

解答 ⑥1905年革命 ⑦セオドア＝ローズヴェルト ⑧ポーツマス ⑨韓国 ⑩租借 ⑪樺太
⑫南満洲鉄道株式会社 ⑬日露 ⑭日韓 ⑮統監府 ⑯伊藤博文 ⑰安重根 ⑱ハーグ
⑲義兵闘争 ⑳併合 ㉑朝鮮総督府 ㉒金本位

との経済関係はいっそう深まっていった。

清朝の改革と辛亥革命　　Q▶ 改革をおこなったにもかかわらず、清朝が倒れたのはなぜだろうか。

　義和団戦争に敗北した清朝では、保守的な勢力が後退し、新たな改革によって中央集権国家の確立がめざされた。これを❶＿＿＿＿＿＿＿＿という。清朝は官庁を再編したほか、1905年に❷＿＿＿＿**を廃止**して新たな学校制度の整備を始め、また安価で文化も近いと考えられた日本への留学生が激増した。軍事面でも近代化した新軍を編制したが、そのうち最強の❸＿＿＿＿＿は、❹＿＿＿＿＿＿が掌握した。外国企業に対抗するために実業振興も進められ、勃興しつつあった民間の中国企業をあと押しした。さらに、08年に清朝は❺＿＿＿＿**開設を公約**して立憲体制の整備を進め、憲法の雛型である❻＿＿＿＿＿＿＿を定めるとともに、国会や地方議会の前身を設置した。

　この間、海外の留学生や❼＿＿＿＿のなかには清朝に対する革命運動に参加するものも増え、日本では、❽＿＿＿＿らが分散していた革命諸団体を結集し[❽＿＿＿＿＿＿が1894年にハワイで結成した広東人中心の❾＿＿＿＿＿＿など、諸団体が存在した]、1905年に東京で❿＿＿＿＿＿＿＿を結成した。同盟会は⓫＿＿＿＿＿＿＿[清朝の打倒と民族の独立をめざ⓬＿＿＿＿主義、憲法にもとづく共和国建設をめざす⓭＿＿＿＿主義、経済的な不平等の改善を内容とする⓮＿＿＿＿主義からなった]を掲げて宣伝活動をおこない、梁啓超ら立憲派と激しく議論をかわしたが、中国南部を中心とする武装蜂起は失敗し、革命派の結束も弱まっていった。

　清朝は義和団戦争の賠償金もあって財政難に苦しみ、改革の経費を捻出するために増税をおこなわざるをえず、民衆の反発は高まった。また、立憲体制の整備が遅れたうえ、憲法大綱も中央政府の権限を強めるものであったため、地方有力者を中心とする立憲派の不満も高まった。こうしたなか、全国的な鉄道整備を進める清朝は、幹線鉄道を⓯＿＿＿＿し、外国からの⓰＿＿＿＿を得て鉄道を建設しようとした。しかし、これは外国から鉄道利権を回収して民営の鉄道建設に投資していた地方有力者の反発をまねき、1911年9月に⓱＿＿＿＿で暴動が発生した。この暴動を契機に10月には⓲＿＿＿＿で新軍のなかの革命派が蜂起して⓳＿＿＿＿が勃発し、これに中・南部の諸省が応じて、清朝からの独立を宣言した。独立

解答　**清朝の改革と辛亥革命▶❶**光緒新政　**❷**科挙　**❸**北洋軍　**❹**袁世凱　**❺**国会　**❻**憲法大綱　**❼**華人　**❽**孫文　**❾**興中会　**❿**中国同盟会　**⓫**三民主義　**⓬**民族　**⓭**民権　**⓮**民生　**⓯**国有化　**⓰**借款　**⓱**四川　**⓲**武昌　**⓳**辛亥革命

第15章

した諸省の代表は亡命先から帰国した孫文を⑳＿＿＿＿＿＿に選び、孫文は12年1月に南京で㉑＿＿＿＿＿＿の成立を宣言した。

　清朝は、③＿＿＿＿＿を握る④＿＿＿＿＿を起用して革命の鎮圧をはかったが、袁は列強の支持を得つつ革命勢力と取引して、清朝皇帝の退位と共和政維持を条件に、孫文から臨時大総統の地位をゆずり受けた。1912年2月に袁は**宣統帝**（㉒＿＿＿＿＿）を退位させて清朝を滅亡に追い込み、㉓＿＿＿＿＿で臨時大総統となって中国の実権を握った。しかし、自らの権限を強めて議会をおさえようとしたため、孫文らの㉔＿＿＿＿＿［中国同盟会を前身とする政党。1913年に解散させられると、孫文らは秘密結社の㉕＿＿＿＿＿党を結成し、19年にこれを改組して大衆政党の中国国民党とした］と対立した。孫文らの武装蜂起（㉖＿＿＿＿＿）が失敗すると、正式に大総統に就任した袁の独裁は進み、16年には㉗＿＿＿＿＿に即位しようとしたが、国民党系の地方軍人がおこした㉘＿＿＿＿＿や列強の反対で失敗した。袁は同年失意のうちに病死し、その後は部下の軍人たちが各地に割拠して、㉙＿＿＿＿＿事業を進めつつたがいに争う不安定な状況が続いた。

　中華民国は、清朝の領有していた地域をその領土としたが、辛亥革命を契機に周辺部でも独立の動きがおこり、1911年に㉚＿＿＿＿＿が独立を宣言し、13年にはチベットで㉛＿＿＿＿＿が独立を宣言した。その後、外モンゴルでは24年にソヴィエト連邦の影響下で㉜＿＿＿＿＿国が成立したが［モンゴル人民党は、ソヴィエト政府の赤軍の援助を得て、1921年に中華民国の影響力を排して独立を達成し、24年に人民共和国の成立を宣言した。当時は、ソ連以外で唯一の社会主義国であった］、そのほかの地域は中華民国のなかにとどまった。しかし、チベットは自立の動きを強めたうえ、新疆・内モンゴルでは住民の民族運動や軍事勢力の割拠、外国の干渉もあったため、中華民国への統合は強固なものではなかった。

インドにおける民族運動の形成

Q▶インドにおける民族運動は、どのような社会背景のもとに生まれたのだろうか。

　インド帝国の成立以後、イギリスは港と内陸を結ぶ①＿＿＿＿＿の建設を本格的に進め［インドの鉄道建設は、軍事目的の場合も多く、採算を度外視して19世紀後半に急速な勢いで進められた］、インドとヨーロッパをつなぐ電信網も整備した。また、プランテーションにおける世界市場向けのコーヒーや②＿＿＿＿＿などの生産や［南インドではコーヒーが、

解答 ⑳臨時大総統　㉑中華民国　㉒溥儀　㉓北京　㉔国民党　㉕中華革命　㉖第二革命　㉗皇帝　㉘第三革命　㉙近代化　㉚外モンゴル　㉛ダライ＝ラマ13世　㉜モンゴル人民共和
インドにおける民族運動の形成▶①鉄道　②茶

インド東北部のアッサム地方やセイロン島などでは②＿＿＿が栽培された]、③＿＿＿＿＿＿などの工業原料作物の生産も広がり、インドはイギリスを中心とした世界的な経済体制のなかに組み込まれていった。

　これらの経済発展は、イギリスの利害にあわせて進められたため、インドの人々に重い負担をもたらした。しかし、④＿＿＿＿＿＿＿＿＿[インド政庁は、インドの鉄道建設に対する利子保証分の費用のほか、インド内外でイギリス帝国の防衛に従事するインド軍の維持経費やイギリス本国でのインド支配に関わる行政経費などを、本国に対して負担した]と呼ばれるイギリスへの財政負担が増える一方で、インドでは開墾による耕地の拡大や灌漑基盤の整備が進み、さらに紡績業においては、インド人資本による工場制綿工業の発展もみられた。

　そのなかで、弁護士や技術者・官僚などの⑤＿＿＿＿＿＿＿層を中心に、イギリス人とのあいだの人種差別を経験することにより[たとえば、判事の権限についても差別があり、インド人判事がヨーロッパ人刑事犯を審理できるとする1883年に提出された法案は、インド在住のヨーロッパ人による激しい反対で、有名無実化されて可決された]、民族的な自覚をもつ階層が出現した。⑥＿＿＿＿＿＿＿＿＿を経験したイギリス側にも、インド人⑤＿＿＿＿＿＿を植民地支配の協力者として利用しようという発想が生まれた。その結果、インド人の意見を諮問する機関として、1885年に❼＿＿＿＿＿＿＿＿＿＿＿が結成された。

　国民会議は、当初は穏健な組織であったが、しだいに民族運動の中心となっていった。イギリスは、⑧＿＿＿＿＿＿＿＿＿とイスラームの両教徒を反目させて運動を分断することを意図して、1905年に、ベンガル州を両教徒がそれぞれ多数を占める東西２つの地域にわける❾＿＿＿＿＿＿＿＿＿＿＿＿令を発表した。これに対して、国民会議では、穏健派にかわって⑩＿＿＿＿＿＿＿らの急進派が主導権を握り、分割反対運動を展開した。1906年に⑪＿＿＿＿＿＿＿で開かれた大会では、⑫＿＿＿＿排斥・⑬＿＿＿＿＿＿（国産品愛用）・⑭＿＿＿＿＿（自治獲得）・民族教育の４綱領を決議して、植民地支配に真正面から対抗する姿勢を示し、国民会議は政治組織の⑮＿＿＿＿＿＿＿＿＿へと変貌した。一方、イスラーム教徒は、ベンガル分割令によって多数派の州が誕生する利点を説くインド総督の影響もあって、国民会議とは別に、同年に親英的な⓰

解答 ③綿花　④本国費　⑤エリート　⑥インド大反乱　❼インド国民会議　⑧ヒンドゥー　❾ベンガル分割　⑩ティラク　⑪カルカッタ　⑫英貨　⑬スワデーシ　⑭スワラージ　⑮国民会議派　⓰全インド＝ムスリム連盟

<u>を結成した。</u>

　ベンガル分割令によって急進化した民族運動を鎮静するため、イギリスは、懐柔策として一部のインド人を行政組織に参加させた。さらに、1911年にはベンガル分割令を撤回する一方、首都を反英運動の中心であったカルカッタから⑰

_____に移した。その結果、民族運動は一時的に停滞することとなった[この時期の民族運動は、知識人を中心として民衆とはかけ離れた根の浅い運動であったことが、停滞の大きな要因であった]。

▶ 東南アジアにおける民族運動の形成

Q▶ 東南アジア各地の民族運動には、一般的にどのような傾向があったのだろうか。

　東南アジアでは、①_____を除くすべての地域が植民地支配下にあった。いずれの地域でも、植民地支配に抵抗する運動がみられたが、多くは弾圧を受けて挫折していった。

　インドネシアに関して、オランダ本国では、インドネシア社会の窮乏に批判的な世論が形成され、②_____制度の廃止など、植民地政策の根本的見直しが急務となった。その結果、20世紀初めに「③_____政策」と呼ばれる新たな政策が開始され、キリスト教の布教や住民への福祉、現地への権力の委譲がうたわれた。その一環として、現地人官吏養成のための学校が多く設立され、現地有力者の子弟を中心に、オランダ語の教育や専門教育がほどこされた。そして、それらの教育を受けた知識人のあいだに、しだいに民族的な自覚が生まれていった。

　また、1911〜12年にかけて、現地のムスリム知識人により❹

_____（サレカット＝イスラム）が結成された。同盟は当初、現地人の相互扶助団体だったが、しだいに政治活動を活発化させ、1918〜20年の民族運動の高揚期には中心的役割を果たしたが、植民地政府の弾圧で組織は崩壊した。

　フィリピンでは、フィリピンやスペインで高等教育を受けたフィリピン人が、19世紀後半から、スペイン支配を批判して民衆の啓蒙活動を開始した。1880年代に入ると、❺_____らが民族意識をめざめさせる言論活動を開始し、1896年には**フィリピン革命**が始まった。98年にアメリカ＝スペイン戦争が勃発すると、❻_____を中心とする革命軍は、スペインの植民地支配からの解放を進め、99年1月にフィリピン共和国を樹立した。しかしアメリカ＝ス

解答 ⑰デリー
東南アジアにおける民族運動の形成▶①タイ　②強制栽培　③倫理　❹イスラーム同盟
❺ホセ＝リサール　❻アギナルド

ペイン戦争後、スペインとの条約によって領有権を得たアメリカ合衆国が同年2月にフィリピンへ侵攻し、❼＿＿＿＿＿＿＿＿＿＿＿＿＿＿＿＿＿＿戦争が勃発した。フィリピン共和国側は敗れ、合衆国は1902年から本格的な植民地統治を開始したが、その後も、❽＿＿＿＿＿＿＿＿＿を中心に各地で抵抗が続いた。

　ベトナムでは、❾＿＿＿＿＿＿＿＿＿＿＿＿＿＿＿＿＿＿を中心に、フランスからの独立と⑩＿＿＿＿＿＿＿＿制の樹立をめざす運動が組織され（1904年）、その後この組織は⑪＿＿＿＿＿＿＿と呼ばれるようになった。また、明治維新後に急速に近代化し、日露戦争に勝利するなど強国化を果たしつつあった⑫＿＿＿＿の姿に鼓舞されて、⑫＿＿＿＿から軍事援助を得ようとする活動や、⑫＿＿＿＿へ留学生を送って新しい学問や技術を学ばせようとする❶❸＿＿＿＿＿＿（東遊）運動も組織された。しかし、日本への留学生は、フランスとの提携を重視した日本政府によって国外退去となった。その後、独立運動は、中国の辛亥革命から刺激を受けて1912年に⑭＿＿＿＿で組織された⑮＿＿＿＿＿＿＿＿＿＿＿＿＿＿＿に引き継がれた。

西アジアの民族運動と立憲運動

Q▶ 西アジアにおける様々な民族運動には、どのような共通点がみられるだろうか。

　ヨーロッパ列強の進出と支配は、西アジアでも抵抗と変革を呼びおこした。なかでも❶＿＿＿＿＿＿＿＿＿＿＿＿＿＿＿＿＿＿は、帝国主義とイスラーム諸国での専制をともに批判し、エジプトやイランなどの民族運動に大きな影響を与えた。

　エジプトでは、イギリス・フランスの支配に抵抗して、1881年に軍人の❷＿＿＿＿＿＿＿＿＿＿が「 ③＿＿＿＿＿＿＿＿＿＿＿＿＿＿＿＿＿＿＿＿＿＿＿＿＿＿＿＿＿＿＿＿＿」をとなえて立憲制の樹立と議会の開設を求め、これは国民的な運動に発展した（❷＿＿＿＿＿＿＿＿＿運動）。しかし、イギリスは軍事力によって運動を鎮圧し、エジプトを事実上の④＿＿＿＿国とした。南のスーダンでは、ムハンマド＝アフマドが81年に反乱をおこし、ゴードン総督を敗死させてハルツームを中心に国家を築いたが、98年にはイギリス軍の攻撃で崩壊した（❺＿＿＿＿＿＿＿＿運動〔ムハンマド＝アフマドはみずからを⑤＿＿＿＿＿＿（救世主）と称し、独自の教説によって支持を広げ、反エジプト・反イギリス闘争を指導した〕）。

　イランでは、政府がイギリスの会社にタバコの独占利権を譲渡したことに反対して、19世紀末に国民的な❻＿＿＿＿＿＿＿＿＿＿＿＿運動がおこり、

解答 ❼フィリピン＝アメリカ　❽ムスリム　❾ファン＝ボイ＝チャウ　⑩立憲君主　⑪維新会
⑫日本　❸ドンズー　⑭広州　⑮ベトナム光復会
西アジアの民族運動と立憲運動▶❶アフガーニー　❷ウラービー　③エジプト人のためのエジプト
④保護　❺マフディー　❻タバコ＝ボイコット

政府は利権の譲渡を撤回した。これを機にイラン人の民族意識が高まり、政府の専制を批判する立憲運動へと発展した。1906年に最初の国民議会が開かれ、翌年には憲法が公布された（**❼**＿＿＿＿＿＿＿＿＿＿）が、英露協商でイラン北部を勢力圏としたロシアの軍事介入によって、革命は挫折した。

　オスマン帝国でも、**⑧**＿＿＿＿＿＿＿＿＿＿＿＿＿＿の専制に反対する知識人や将校（「**⑨**＿＿＿＿＿＿＿＿＿」）が、1908年に政府にせまって議会と憲法を復活させた（**❿**＿＿＿＿＿＿＿＿）。新体制への期待は高かったが、イタリア＝トルコ戦争やバルカン戦争のなかで政権は安定しなかった。こうしたなか、新聞・雑誌などの言論や結社の活動によって**⓫**＿＿＿＿＿＿＿**主義**が生まれ［国民を統合するにはオスマン主義やパン＝イスラーム主義では不十分であり、民族意識にめざめたトルコ人が主体となって国を支えるべきとする考え方。その背景には、中央ユーラシアから西アジアに至るトルコ人の歴史の解明が進んだこともあった］、それは帝国内のアラブ民族主義にも刺激を与えることになった。

解答　❼立憲革命　⑧アブデュルハミト2世　⑨青年トルコ人　❿青年トルコ革命　⓫トルコ民族

第一次世界大戦と世界の変容

勢力圏の拡大を競う列強間の対立は、第一次世界大戦をもたらした。この史上初の総力戦の結果、国際秩序と各国の政治・社会は大きな変容をとげた。

Q▶ 第一次世界大戦は、世界にどのような変容をもたらしたのだろうか。

1 第一次世界大戦とロシア革命

Q▶ 第一次世界大戦とロシア革命は、どのように展開したのだろうか。

バルカン半島の危機

Q▶ バルカン半島で緊張が高まった背景は、どのようなものだったのだろうか。

20世紀初めのヨーロッパの列強体制は、ドイツの強大化を警戒するイギリス・フランス・ロシアと、ドイツ・オーストリアという2つの陣営の対立に向かっていた。対立の焦点は、バルカン半島であった。とくにオーストリアは、スラヴ系国家である①＿＿＿＿＿＿＿＿＿が台頭して、自国内やバルカン半島のスラヴ人地域に影響力を増すことを危惧していた。1908年に②＿＿＿＿＿＿＿＿＿＿＿がおこってオスマン帝国が混乱すると[ベルリン会議で自治を認められていた③＿＿＿＿＿＿＿は、この時に独立を宣言し、翌1909年国際的に独立を承認された]、オーストリアはベルリン会議で行政権を得ていた④＿＿＿＿＿＿＿・＿＿＿＿＿＿＿を併合したが、セルビアはこれに反発した。

バルカン半島の緊張の背景には、ドイツ・オーストリアの⑤＿＿＿＿＿＿＿主義と、ロシア・セルビアの⑥＿＿＿＿＿＿＿＿＿主義[スラヴ人の連帯と統一をめざす思想・運動。バルカン方面への進出をはかるロシアが運動を主導していた]との対立もあった。ロシアは日露戦争の敗北後、外交の主軸を極東からバルカン半島に移していた。1912年、ロシアの後援で、セルビア・③＿＿＿＿＿＿＿・⑦＿＿＿＿＿＿＿・⑧＿＿＿＿＿＿＿が❾＿＿＿＿＿＿＿を結成した。同盟は、⑩＿＿＿＿＿＿＿＿＿戦争に乗じてオスマン帝国に宣戦し、翌年に勝利した(⓫＿＿＿＿＿＿＿**戦争**)。しかし、獲得した領土の分配をめぐり、まもなくブルガリアとほかのバルカン同盟諸国などのあいだで戦争がおこった(⓬＿＿＿＿＿＿＿**戦争**)。これに敗北した

解答 **バルカン半島の危機▶**①セルビア　②青年トルコ革命　③ブルガリア
④ボスニア・ヘルツェゴヴィナ　⑤パン＝ゲルマン　⑥パン＝スラヴ　⑦モンテネグロ
⑧ギリシア　❾バルカン同盟　⑩イタリア＝トルコ　⓫第1次バルカン　⓬第2次バルカン

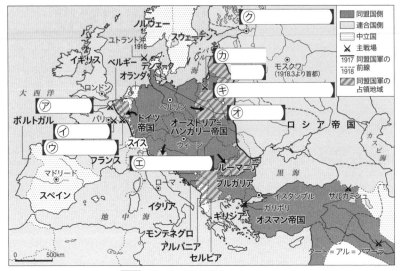

地図 第一次世界大戦中のヨーロッパ

ブルガリアは、ドイツ側陣営に接近した。

　こうして列強の陣営間対立と、新興諸国間の競合が複雑にからみあい、緊張が高まったバルカン半島は、「**❸**＿＿＿＿＿＿＿＿＿＿＿＿＿＿＿＿＿＿＿＿」と呼ばれた。

第一次世界大戦の勃発　**Q▶** 歴史上はじめての世界大戦は、どのように始まったのだろうか。

　1914年、ボスニア・ヘルツェゴヴィナの中心都市①＿＿＿＿＿＿＿＿＿＿で、オーストリアの帝位継承者夫妻がセルビア人により暗殺された（**❶**＿＿＿＿＿＿＿＿事件）。ドイツの支持を受けたオーストリアは、②＿＿＿＿＿＿＿＿にきびしい最後通牒を発し、7月末に宣戦した。同じ正教国としてセルビアを後援するロシアが総動員令を発すると、ドイツはロシアに宣戦した。フランスとイギリスもロシア側で参戦し、こうして**第一次世界大戦**が始まった。

　開戦直後、ドイツ軍は③＿＿＿＿＿＿＿の中立を無視して侵入し、さらにフランスに侵攻してパリにせまったが、**❹**＿＿＿＿＿＿の戦いでフランス・イギリス両軍により阻止された。これ以降、西部戦線は**❺**＿＿＿戦による膠着状態におちいった。東部戦線では、ドイツ軍が緒戦の**❻**＿＿＿＿＿＿＿＿＿＿の戦いで

解答 ❸ヨーロッパの火薬庫
第一次世界大戦の勃発▶ ❶サライェヴォ　②セルビア　③ベルギー　❹マルヌ　❺塹壕
❻タンネンベルク
地図 ㋐ソンム　㋑マルヌ　㋒ヴェルダン　㋓サライェヴォ　㋔キール　㋕タンネンベルク
㋖ブレスト＝リトフスク　㋗ペトログラード

ロシア軍を撃破した。

　イギリス・フランス・ロシア側は❼＿＿＿＿＿＿（**連合国**）、ドイツ・オーストリア側は❽＿＿＿＿＿＿と呼ばれた。日本は開戦後まもなく協商国側に加わり、ついでオスマン帝国と⑨＿＿＿＿＿＿が同盟国側で参戦した。⑩＿＿＿＿＿は三国同盟にもかかわらず当初は中立で、1915年には⑪＿＿＿＿＿条約[協商国はこの秘密条約で、大戦への参戦と引きかえに、⑩＿＿＿＿＿へ「未回収のイタリア」やフィウメの獲得を約束した]を秘密裏に締結して協商国側で参戦した[ヨーロッパで中立を終戦まで維持した国は、北欧諸国やスイスなど、わずかであった]。

戦時外交と総力戦　Q▶ 戦時外交はどのような特徴をもっていたのだろうか。また、総力戦とはどのような戦争だったのだろうか。

　第一次世界大戦中、列強は、①＿＿＿＿＿条約にもとづく❷＿＿＿＿＿を繰り広げた。現地住民の意思を無視して領土の分割を取り決め[協商国がイタリアと結んだ③＿＿＿＿＿＿条約や、イギリス・フランス・ロシア間でオスマン帝国領の分割を取り決めた④＿＿＿＿＿＿協定などが代表的な例である]、また、自治や独立を約束して植民地や民族独立運動から支援を得ようとした。とくにイギリスは、アラブ人とユダヤ人の双方に、協力の代償としてオスマン帝国領内での国家建設を約束して、⑤＿＿＿＿＿＿問題の原因をつくった。

　開戦時には、多くの人々が、従来の戦争と同様に第一次世界大戦も短期で決着がつくと考えていたが、実際には予期せぬ長期戦となった。また、大戦は前線での戦闘のみによって勝敗が決するのではなく、一般社会（⑥＿＿＿＿＿）も戦争遂行に動員される史上初の❼＿＿＿＿＿となった。総力戦体制のもとで、各国政府は企業の生産活動を管理し、⑧＿＿＿＿＿を導入するなど、国民生活を統制したが、この経験はのちに社会主義をはじめとする計画経済の源流となった。各国が、第2次産業革命以来発展させていた工業力を最大限に発揮したことも、大戦の長期戦化・総力戦化の背景にあった。さらに大戦では、機関銃のほか、⑨＿＿＿＿＿・⑩＿＿＿＿＿・毒ガスといった**新兵器**が本格的に投入された。

　国民国家の形成が進んでいた国々で、政府や諸政党がたがいに協力する⓫＿＿＿＿＿**体制**がつくられたことも、総力戦体制を支えた[1917年にイギリス王家は、それまでのドイツ系の名称から、王宮所在地の名称をとってウィンザー家に改称した（ウィンザー

解答 ❼協商国　❽同盟国　⑨ブルガリア　⑩イタリア　⑪ロンドン
戦時外交と総力戦▶①秘密　❷戦時外交　③ロンドン　④サイクス・ピコ　⑤パレスチナ　⑥銃後
❼総力戦　⑧配給制　⑨戦車　⑩飛行機　⓫挙国一致

朝）。このこともイギリスにおける挙国一致体制の形成に貢献した]。各国の社会主義政党も自国の政府を支持し、⑫＿＿＿＿＿＿＿＿＿＿＿＿＿＿＿＿＿は崩壊した。また、多民族国家として国内の統合力が弱かったオーストリアやロシアは、総力戦には不利であった[1916年夏にロシアでは、動員に抵抗する中央アジア諸民族の蜂起がおこった]。

　総力戦では、植民地の現地人も、兵士や労働者として動員された。⑬＿＿＿＿＿＿＿もまた、出征した男性にかわって様々な職場に進出した。

大戦の結果　　Q▶ 大戦はどのように終わり、どのような結果をもたらしたのだろうか。

　①＿＿＿＿＿＿＿＿＿＿＿＿＿＿＿＿は当初、第一次世界大戦に中立であったが、イギリスの海上封鎖に対してドイツが②＿＿＿＿＿＿＿＿＿＿＿＿＿作戦[これによりドイツは、アメリカなど中立国の船舶も攻撃対象に含めた]の実施に踏みきると、自国民の保護のために1917年4月に協商国側で参戦した。また、戦時外交に批判的なアメリカ合衆国の**ウィルソン**大統領は、1918年初めに民主的講和の必要を国際世論に呼びかけた（「❸＿＿＿＿＿＿＿＿＿＿＿」）。

　1917年のロシア革命で成立した④＿＿＿＿＿＿＿＿＿＿＿政権は、18年3月、広大な領土の放棄と多額の賠償金を条件に、同盟国と❺＿＿＿＿＿＿＿＿＿＿＿＿＿＿＿条約を結んで講和した。これにより同盟国は東部戦線の兵力の多くを西部戦線に振り向けたが、アメリカ合衆国が加わった協商国側の優位を崩せなかった。秋には同盟国側の国々はつぎつぎと降伏し、オーストリアは各民族の国家へと解体した。11月、ドイツでは❻＿＿＿＿＿＿＿＿**軍港の水兵反乱**をきっかけに❼＿＿＿＿＿＿＿＿＿＿＿＿がおこって全国に広がり、帝政は倒れてヴィルヘルム2世は亡命した。成立した臨時政府は降伏し、こうして人類初の総力戦は終わった。

　開戦前、ヨーロッパは自他ともに文明の頂点として認識されていたが、大戦によりヨーロッパ人同士が凄惨な戦いを繰り広げたことで、その認識は大きく後退した。また、主戦場となったヨーロッパは、戦勝国と敗戦国の区別なく疲弊した。こうして、国際秩序における⑧＿＿＿＿＿＿＿＿＿＿中心主義は過去のものとなり、かわりにアメリカ合衆国や日本、社会主義政権のロシア（ソ連）が新たに台頭した[⑨＿＿＿＿＿＿＿＿『西洋の没落』（第1巻は1918年、第2巻は22年の刊行）が世界的ベス

解答 ⑫第2インターナショナル　⑬女性
大戦の結果▶ ①アメリカ合衆国　②無制限潜水艦　❸十四カ条　④ソヴィエト
❺ブレスト＝リトフスク　❻キール　❼ドイツ革命　⑧ヨーロッパ　⑨シュペングラー

トセラーとなったことも、ヨーロッパの地位の低下を背景としていた。ただし、同書はヨーロッパ文明が成熟に達したと論じており、その没落をとなえていたのではない]。戦争に動員された⑩＿＿＿＿＿＿＿の人々は、権利意識を高め、独立運動を活発化させた。総力戦遂行の一翼を担った女性も、戦時中から戦後にかけて一連の国々で⑪＿＿＿＿＿権を勝ち取った。ただし男性が復員すると、多くの女性は家庭に戻ることを強いられた。

ロシア革命

Q▶ ロシア革命はどのようにおこり、どのような歴史的意義をもったのだろうか。

第一次世界大戦中の1917年3月、前線での敗退と食料危機を背景に、首都①＿＿＿＿＿[開戦後、ドイツ風のペテルブルクからロシア風の①＿＿＿＿＿＿＿＿＿＿＿に改称された]で労働者と兵士が反乱をおこすと、②＿＿＿＿＿＿＿＿＿＿は退位し、帝政は倒れた（❸＿＿＿＿＿＿＿[当時のロシアでは、西欧の暦（グレゴリウス暦）より13日遅れたユリウス暦を使っていた。そのため、ロシアでは二月革命と呼ばれる]）。自由主義者が主導する**臨時政府**は、言論の自由などの改革を実行する一方、戦争を継続した。これに対して、社会主義政党のメンシェヴィキやエスエルを中心に、労働者や兵士からなる④＿＿＿＿＿＿＿＿＿（評議会）が各地に組織され、民主的な条件で講和を実現するよう臨時政府に圧力をかけた[労働者や兵士の支持を得た④＿＿＿＿＿＿＿＿＿が臨時政府とあい並ぶこの状態は、二重権力と呼ばれた]。

4月、ボリシェヴィキの指導者❺＿＿＿＿＿＿＿＿が亡命先のスイスから帰国して⑥＿＿＿＿＿＿＿＿＿を発表し、戦争の即時終結や臨時政府の打倒、社会主義政権の樹立をとなえると、労働者のあいだで支持を広めた。労働者は臨時政府を無視して工場を管理下におき、農民も土地の分配を求めて蜂起した。また、ウクライナ人などの諸民族も自立の動きを強めた。混乱の深まりを恐れるメンシェヴィキとエスエルは自由主義者と連立政権をつくり、エスエルの❼＿＿＿＿＿＿が臨時政府の首相となった。しかし、各地のソヴィエトではボリシェヴィキの支持者が増加した。

11月、レーニンと⑧＿＿＿＿＿＿＿＿＿＿に指導されたボリシェヴィキは、ペトログラードで武装蜂起をおこし、臨時政府を倒して史上初の社会主義政権を樹立した（❾＿＿＿＿＿＿＿）。このソヴィエト政権は、「⑩＿＿＿＿に関する布告」により、

解答 ⑩植民地　⑪女性参政
ロシア革命▶ ①ペトログラード　②ニコライ2世　❸二月（三月）革命　④ソヴィエト　❺レーニン　⑥四月テーゼ　❼ケレンスキー　⑧トロツキー　❾十月（十一月）革命　⑩平和

⑪＿＿＿＿・⑫＿＿＿＿・⑬＿＿＿＿＿＿＿＿＿の原則で即時に講和交渉を始めるよう交戦国に呼びかけた。また、「⑭＿＿＿＿に関する布告」により、土地の私的所有を廃止した。しかし、講和の呼びかけには同盟国しか応じず、ウィルソンは「十四カ条」によって布告に対抗した。

　1917年末に実施された⑮＿＿＿＿＿＿＿会議の選挙で、農民が伝統的に支持するエスエルが第一党になると、レーニンは翌18年1月に同会議を解散した。3月、ソヴィエト政権は⑯＿＿＿＿＿＿＿＿＿＿条約を結び、⑰＿＿＿＿＿＿＿＿＿＿に首都を移して社会主義政策を断行した。しかし、旧ロシア軍の軍人や農民など諸勢力との⑱＿＿＿＿が始まり、革命の波及を恐れる協商国も、チェコスロヴァキア軍団[同軍団は、ロシアに投降したオーストリア軍のチェコ人・スロヴァキア人からなり、協商国側で戦うために極東へ移動中であった。彼らは1918年5月、ソヴィエト政権に対して反乱をおこした]の救出を名目に軍隊を派遣して反ソヴィエト勢力を支援すると（⑲＿＿＿＿＿戦争）、ソヴィエト政権は⑳＿＿＿＿＿を創設して対抗した。

　内戦中、レーニンは㉑＿＿＿＿党（1918年にボリシェヴィキから改称）による㉒＿＿＿＿独裁を確立した。経済面では計画経済を導入し、工業・銀行・貿易の国家管理を実現した（㉓＿＿＿＿主義）[また、ソヴィエト政権は㉔＿＿＿＿＿＿（非常委員会）という秘密警察を設置し、住民をきびしい監視下においた。さらに農村からは武力によって食料を徴発した]。1919年には、社会主義革命を世界に広げる目的で、㉕＿＿＿＿＿＿＿＿＿（共産主義インターナショナル、第3インターナショナル）を創設した。実際には、社会主義革命が波及することはなかったが、ロシアで社会主義政権が成立したことは、世界中で㉖＿＿＿＿運動や反植民地運動を活性化させ、支配層に危機感をいだかせた。21年初めまでに赤軍は内戦を勝ちぬき、ソヴィエト政権は旧ロシア帝国領の大半に支配を広げた。しかし、戦時共産主義に対する農民・労働者の抗議行動が広がったため、レーニンは㉗＿＿＿＿＿＿＿＿（ネップ）を宣言して㉘＿＿＿＿経済の導入に踏みきった。

──────────────────────────────
解答　⑪無併合　⑫無償金　⑬民族自決　⑭土地　⑮憲法制定　⑯ブレスト＝リトフスク
⑰モスクワ　⑱内戦　⑲対ソ干渉　⑳赤軍　㉑共産　㉒一党　㉓戦時共産　㉔チェカ
㉕コミンテルン　㉖労働　㉗新経済政策　㉘市場

2 ヴェルサイユ体制下の欧米諸国

Q▶ 第一次世界大戦後に成立した国際秩序はどのようなものだったのだろうか。また、欧米各国ではどのような変化がおこったのだろうか。

ヴェルサイユ体制とワシントン体制

Q▶ 第一次世界大戦後の新たな国際秩序は、何にもとづいて、どのように形成されたのだろうか。

1919年1月、① _____ に連合国代表が集まり、第一次世界大戦の講和会議が開催された。アメリカ合衆国の② _____ 大統領は「❸ _____

_____」を掲げ、公正な講和の実現や植民地統治における現地人の意思の尊重などを主張したが、イギリスやフランスの抵抗により一部しか実現しなかった。イギリス・フランス両国は植民地支配の維持を望み、ドイツにもきびしい条件を提示した。同年6月に連合国がドイツと調印した❹ _____ [連合国は、オーストリアと⑤ _____ 条約(1919年9月)、ブルガリアと⑥ _____ 条約(19年11月)、ハンガリーと⑦ _____ 条約(20年6月)、オスマン帝国と⑧ _____ 条約(20年8月)を、それぞれパリ近郊で調印した]では、**巨額の賠償金**[1921年に、当時のドイツにおける国民総生産(GNP)の20年分に相当する⑨ _____ 億金マルクに決定された]の支払い、⑩ _____ の放棄、大幅な軍備制限、⑪ _____ 制の廃止がドイツに課された。さらに、⑫ _____ ・⑬ _____ はフランスに割譲され、⑭ _____ が非武装化された。

パリ講和会議では、ロシア帝国とオーストリア=ハンガリー帝国の解体によって、ポーランド・フィンランド・エストニア・ラトヴィア・⑮ _____ ・⑯ _____ の独立が承認された。敗戦国となったハンガリーも独立し、オーストリアはドイツ人地域のみの小国となった。また、バル

史料 ウィルソンの「十四カ条」(概要)

1. ① _____ の廃止
2. 海洋の自由
3. 関税障壁の廃止
4. 軍備の縮小
5. 植民地問題の公正な解決
6. ロシアの完全独立とロシアからの撤兵
7. ベルギーの主権回復

8. ② _____ ・③ _____ のフランスへの返還
9. イタリア国境の再調整
10. オーストリア=ハンガリー帝国における民族④ _____
11. バルカン諸国の独立
12. オスマン帝国支配下の諸民族の④ _____
13. ポーランドの独立
14. ⑤ _____ 機構の設立

解答 ヴェルサイユ体制とワシントン体制▶①パリ ②ウィルソン ❸十四カ条
❹ヴェルサイユ条約 ⑤サン=ジェルマン ⑥ヌイイ ⑦トリアノン ⑧セーヴル ⑨1320
⑩全植民地 ⑪徴兵 ⑫アルザス ⑬ロレーヌ(⑫・⑬順不同) ⑭ラインラント ⑮リトアニア
⑯チェコスロヴァキア
史料 ①秘密外交 ②アルザス ③ロレーヌ ④自治 ⑤国際平和

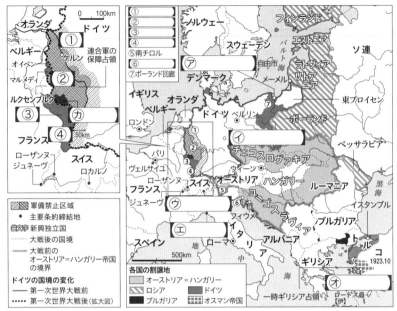

地図 第一次世界大戦後のヨーロッパ

カン半島ではセルブ＝クロアート＝スロヴェーン王国(のち⑰_____
_____)が成立した。これらの国々の成立は、「十四カ条」をきっかけに広まった⑱_____の理念にもとづいていた。しかし、諸民族が複雑に混住する東欧・バルカンの国々は、領土紛争や少数民族問題を抱えることとなった。

　一方、民族自決の理念はアジア・アフリカ地域には適用されず、ドイツの植民地や旧オスマン帝国の領土の大半も、⑲_____という名目で戦勝国に配分され、⑳_____主義が維持された。アラビア半島では㉑_____が王国を建てたものの、旧オスマン帝国領のシリアは㉒_____の、イラク・トランスヨルダン・パレスチナは㉓_____の⑲_____下に入った。また、旧ドイツ植民地の南太平洋の島々のうち、赤道以北のものは㉔_____の⑲_____領となり、中国のドイツ租借地に対する権益も㉔_____が継承した。アジア・アフリカの人々はこうした結果に失望し、朝

鮮の三・一独立運動や中国の五・四運動など、各地で抗議運動をおこした。植民地主義に対する抗議運動が世界規模で連動しつつあったことが、この時期の新たな特徴である。

また、「十四カ条」やヴェルサイユ条約にもとづいて、史上初の国際㉕＿＿＿＿＿＿である㉖＿＿＿＿＿＿が1920年に創設された。連盟はスイスの㉗＿＿＿＿＿＿＿＿に本部をおき、㉘＿＿＿＿・理事会・連盟事務局を中心に運営され、㉙＿＿＿＿＿＿＿＿＿と常設国際司法裁判所が付置された。イギリス・フランス・イタリア・日本が連盟の常任理事国となったが、アメリカ合衆国は、戦後に国内で㉚＿＿＿主義が強まったため参加しなかった。ドイツをはじめとする敗戦国やソヴィエト＝ロシアの参加が認められなかったことも、連盟の影響力を低めた。さらに、連盟は侵略国家に対して経済㉛＿＿＿＿をおこなうことができた一方、軍事㉛＿＿＿＿の手段はもたず、議決方法に総会での㉜＿＿＿＿一致を採用したことも、その紛争解決能力をそこねた。ただし、中小国間の紛争調停や難民支援などでは成果をあげた。パリ講和会議を通して成立したヨーロッパの新国際秩序は、㉝＿＿＿＿＿＿＿＿と呼ばれる。

アジア・太平洋地域でも戦後秩序を確立するため、1921〜22年にアメリカ合衆国の主導で、イギリス・日本・中国など9カ国が参加する㉞＿＿＿＿＿＿会議が開かれた。会議では主要国の㉟＿＿＿＿艦の保有トン数と保有比率を定めた㊱＿＿＿＿＿＿＿＿＿条約が締結され、アメリカと日本の台頭を反映して、主力艦の保有比率はイギリス・アメリカ・日本のあいだで㊲＿・＿・＿とされた［フランスとイタリアはいずれも1.67とされた］。会議はさらに㊳＿＿＿＿＿＿条約を締結し、㊴＿＿の主権尊重と門戸開放の原則を確認した。また、太平洋諸島の現状維持を定めた㊵＿＿＿＿条約も結ばれ、これにともない㊶＿＿＿同盟は解消された。ワシントン会議で成立した秩序は、㉞＿＿＿＿＿＿体制と呼ばれる。ヴェルサイユ・ワシントン両体制が、1920年代の国際秩序の柱となった。

イギリスとフランスは大戦後、委任統治領を組み入れて海外領土を増やしたが、大戦で受けた経済的打撃によって不況に苦しんだ。

イギリスでは、総力戦の負担を担った広範な国民、とくに女性に対して、政治参加の平等を実現すべきという認識が大戦中から広まっていた。大戦末期の1918年、第❶＿＿＿回選挙法改正により、男性普通選挙が導入され、女性参政権も認められた［男性は21歳以上、女性は②＿＿＿歳以上が参政権を得た。1928年の第③＿＿＿回選挙法改正で、両性とも21歳以上に拡大された］。戦後の選挙では④＿＿＿＿＿党が躍進し、24年には同党党首❺＿＿＿＿＿＿＿＿＿を首班とする、自由党との連立内閣が実現した。

カナダ・オーストラリア・ニュージーランドなどの自治領も、大戦に参加したことで発言力を高めた。1931年の❻＿＿＿＿＿＿＿＿＿＿＿＿＿＿＿によって自治領は本国と対等の地位を認められ、イギリス帝国は⑦＿＿＿＿＿＿＿＿＿（コモンウェルス）に再編された。他方で、長く差別的な待遇を受けてきたアイルランドでは、1916年の蜂起後に独立運動が高揚し、独立戦争を経て、22年に❽＿＿＿＿＿＿＿＿が成立した。これは独立国ではなく自治領であり、北部の⑨＿＿＿＿＿＿＿＿地方も含まれていなかったため、独立を求める動きはやまなかった。37年、アイルランドは独自の憲法を定めて❿＿＿＿＿を国名とし、事実上、連邦から離脱した。

大戦の主戦場となったフランスでは、対独報復を求める世論が強く、ドイツの復活への恐れも大きかった。ドイツの賠償金支払いがとどこおったことを理由に、1923年にフランスはベルギーを誘ってドイツの⓫＿＿＿＿＿工業地帯を占領したため、ヨーロッパの緊張は高まった。しかし、フランスに対する国際的批判が高まると、25年にはドイツとの和解路線をとるフランス外相⓬＿＿＿＿＿＿＿の主導でルールからの撤兵が実現した。

革命と敗戦で混乱したドイツでは、諸政治勢力が激しく衝突した。1919年初めには社会主義革命をめざすドイツ共産党が蜂起したが、社会民主党政権は軍部などの保守勢力と提携し、これを鎮圧した［ドイツ共産党は、反戦を掲げる社会民主党左派が組織したスパルタクス団を中心として、戦後に結成された。しかし、指導者の⓭＿＿＿＿

解答　西欧諸国の模索▶❶ 4　②30　③5　④労働　❺マクドナルド　❻ウェストミンスター憲章　⑦イギリス連邦　❽アイルランド自由国　⑨アルスター　❿エール　⓫ルール　⓬ブリアン　⓭ローザ＝ルクセンブルク

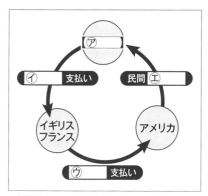

整理 ドーズ案成立後の資本の国際的循環

(1871～1919)
と ⑭ 　　　　　　　　　　　　　　　(1871～
1919)は、1919年初め、共産党の蜂起が鎮圧された
際に右翼軍人に暗殺された]。同年、ヴァイマ
ルで開かれた国民議会では、社会民主党の
⑮ 　　　　　　　　　　　　　が大統領に選ばれ、
社会権や両性平等の普通選挙権などを規定
した、民主的な憲法(⑯
　　　　　　　　　)が採択された。これ以降の
ドイツは ⑰

と呼ばれる。

　右派・軍部の共和制への反発でヴァイマル共和国の政局は安定せず、賠償金支払
いのために経済も回復しなかった[ヴェルサイユ条約に対する不満はドイツ国民に広く共有
されていた。1925年にエーベルトが死去すると、第一次世界大戦中の陸軍参謀総長⑱
　　　　　　　　　　　　(在任1925～34)が大統領に選出されたことも、その表れである]。さら
にルール占領に⑲ 　　　　　　運動で抵抗したため生産が低下し、激しいインフレ
ーションが進んだ。しかし、1923年に首相となった⑳
　　　　　　は、㉑ 　　　　　　　　　　　　を発行してインフレを鎮静し、さらに
アメリカの協力を得て賠償金支払いの緩和とアメリカ資本の導入にも成功して、経
済を立て直した[1924年、各国経済界の専門家の提案(㉒ 　　　　　案)を受けて、連合国は
ドイツの賠償支払い額を当面軽減し、アメリカ資本によるドイツ経済復興を決定した。29年、総額
を圧縮し、支払い期間も延長した最終支払い案(㉓ 　　　　　　　案)が決定され、32年には賠償総
額が30億金マルクに減額された]。

国際協調と軍縮の進展

Q▶ 1920年代の前半と後半で、国際協調をめぐる動きはどのように変化し
たのだろうか。

　大戦後のヨーロッパでは、講和内容に変更を加えようとする動きや武力紛争も各
地であいついだ。イタリアでは、ロンドン条約に反して① 　　　　　　　　がユー
ゴスラヴィア領となったことへの反発が高まり、1919年に急進派が一時的に①
　　　　　を占領した。また、領土拡大をねらう② 　　　　　　　　がトルコに

解答 ⑭リープクネヒト ⑮エーベルト ⑯ヴァイマル憲法 ⑰ヴァイマル共和国
⑱ヒンデンブルク ⑲不服従 ⑳シュトレーゼマン ㉑レンテンマルク ㉒ドーズ ㉓ヤング
国際協調と軍縮の進展▶①フィウメ ②ギリシア
整理 ⑦ドイツ ⑦賠償 ⑨戦債 ④資本

侵攻したが、③＿＿＿＿＿＿＿＿＿＿＿＿＿＿＿＿＿の率いる抵抗運動はこれを撃退し、セーヴル条約にかえて連合国と④＿＿＿＿＿＿＿＿＿条約を結んだ。20年にはポーランドがソヴィエト＝ロシアを攻撃し、西ウクライナなどを獲得した（⑤＿＿＿＿＿＿＿＿＿＿＿＿＿＿戦争）。なかでもルール占領を頂点とするフランスとドイツの対立は、ヨーロッパの緊張をとくに高めた。

　しかし、緊張の高まりは、**国際協調**の模索をうながすことにもつながった。1925年、ドイツ外相となったシュトレーゼマンは、フランス外相のブリアンと協力して、英・仏・独・伊・ベルギーなどによる地域安全保障条約である**❻＿＿＿＿＿条約**を成立させた。これによりラインラントの非武装化が再確認され、ドイツの孤立化を基調とするヨーロッパの戦後秩序に転換が訪れた。また、翌年にドイツは⑦＿＿＿＿＿＿＿＿＿＿に加入した。さらに、28年にはブリアンとアメリカ国務長官⑧＿＿＿＿＿＿＿＿の主導で、国際紛争解決の手段としての戦争を禁止する**❾＿＿＿条約**が成立した［当初15カ国によって調印され、のちに63カ国に拡大した。この条約は、当時の国際協調の気運を象徴するものであった］。

イタリアのファシズム　**Q▶ イタリアにおいて、ファシズム体制はどのように成立したのだろうか。**

　イタリアは戦勝国であったが、期待していた①＿＿＿＿拡張がパリ講和会議で実現できなかったため、世論は大戦の結果に不満をいだいた。戦争の負担を負って権利意識を高めた民衆層と、地主・工場主・軍部・官僚などの支配層の対立も激化した。インフレーションが進むなかで、ロシア革命の影響を受けて、北イタリアでは労働者が②＿＿＿＿＿＿＿運動を展開し、農民も各地で土地を占拠した。大地主は一部の復員兵とともに武力でこの運動に対抗し、国内に混乱が広がった。

　社会対立が激化するなかで、極端なナショナリズムや暴力による秩序の回復を掲げる**❸＿＿＿＿＿＿＿**と、彼によって1919年に結成された**❹＿＿＿＿＿党**が、安定を求める支配層の支持を集めた。22年、ムッソリーニが「**❺＿＿＿＿＿**」を敢行すると、国王はこの行動を受け入れ、彼を首相に任命した。ムッソリーニはイタリア共産党や労働組合などの反対勢力を弾圧して、26年にはファシスト党による一党独裁を成立させた。

　こうしてイタリアには、極端なナショナリズム、指導者崇拝、一党独裁、批判勢

力の暴力的封じ込めなどを特徴とする、**❻**＿＿＿＿＿＿＿＿＿**体制**が成立した[イ

タリアの⑥＿＿＿＿＿＿＿＿＿、ソ連の共産党独裁、ドイツのナチ党独裁をあわせて、⑦＿

＿＿＿＿主義と呼ぶこともある。⑧＿＿＿＿＿＿＿＿＿＿＿（特定の世界観）の確立、言論・思想

統制、指導者崇拝、一党独裁、大衆動員などがその特徴である]。この体制は、独裁を築く一

方、職場や自治体を通じて団体旅行をはじめとする余暇活動を組織するなどして、

労働者を含む広範な国民を統合することに力を注いだ。国民のナショナリズムをか

りたてる拡張主義的な対外政策もとり、1924年にフィウメを併合し、26年には

⑨＿＿＿＿＿＿＿＿＿を保護国化した。さらに29年にローマ教皇庁と**❿**＿

＿＿＿＿**条約**を結び、⑪＿＿＿＿＿＿＿＿＿＿＿＿としてローマ教皇領の独立を

認めることで、国内統一のさまたげであったイタリア国家と教皇庁との対立も解消

した。

東欧・バルカン諸国の動揺

Q▶ 東欧・バルカン半島の新興国はどのような困難に直面し、どのような体制を築いたのだろうか。

諸帝国の周縁部であった東欧・バルカン半島の新興国は、チェコスロヴァキアを

除いて①＿＿＿＿＿国であり、大戦後の世界的不況で経済的に大きな影響を受けた。

政治的にもこれらの諸国は、少数民族問題を抱えて不安定であった。②＿＿＿＿＿

＿＿＿＿＿＿＿＿＿では議会政治が安定したものの、1920年代末までに

多くの国では③＿＿＿＿＿主義体制が成立した[大地主などの伝統的な支配層に依拠しながら、

指導者が強権的な統治をおこなう体制を③＿＿＿＿＿主義体制と呼ぶ。全体主義と似ているが、明

確なイデオロギーがなく、大衆動員の要素も弱いなど、異なる面もある]。

ポーランドはソヴィエト＝ロシアとの戦争で領土を拡大したが、議会政治は早く

から混乱し、1926年に独立運動の指導者④＿＿＿＿＿＿＿＿＿がクーデタで実権

を握った。ハンガリーでは1919年に革命によって社会主義体制が成立したものの、

短期間で倒れて権威主義体制が確立した。バルカン地域では、セルビアなど南スラ

ヴ系民族が⑤＿＿＿＿＿＿＿＿＿＿＿＿

王国としてまとまり、29年に「南スラヴ人の国」を意味する⑥＿＿＿＿＿

＿＿＿＿＿＿＿に国名を改称した。

国際的には、ポーランド・チェコスロヴァキア・ルーマニアなどが、フランスと

提携することでヴェルサイユ体制の維持をはかった[パリ講和会議で領土の多くを喪失し

[解答] **❻**ファシズム **⑦**全体 **⑧**イデオロギー **⑨**アルバニア **❿**ラテラノ **⑪**ヴァチカン市国
東欧・バルカン諸国の動揺▶①農業 ②チェコスロヴァキア ③権威 ④ピウスツキ
⑤セルブ＝クロアート＝スロヴェーン ⑥ユーゴスラヴィア

たハンガリーによる失地回復運動への警戒が、この動きの背景の１つであった]。

ソ連の成立　Q▶ 1920年代のソ連は、どのような歩みをたどったのだろうか。

　ソヴィエト＝ロシアは内戦で荒廃したが、①＿＿＿＿＿＿＿＿のもとで市場経済が導入されると商業・流通が復活し、1920年代後半までに戦前の経済水準にまで回復をとげた。1922年末には、内戦中に成立した②＿＿＿＿＿＿＿・③＿＿＿＿＿＿＿・④＿＿＿＿＿＿＿＿＿＿＿＿の３つの共和国がソヴィエト＝ロシアと結合することで、❺＿＿＿＿＿＿＿＿＿＿＿＿＿＿＿＿＿＿＿＿が成立した[その後、第二次世界大戦を経て、ソ連邦を構成する共和国の数は15となった]。

　1924年にレーニンが死去すると後継者争いがおこり、ソ連１国で社会主義建設は可能であるとする⑥＿＿＿＿＿＿＿＿＿論をとなえる❼＿＿＿＿＿＿＿＿が、世界革命路線を主張する⑧＿＿＿＿＿＿＿＿を追放して、実権を握った。これにより⑨＿＿＿＿＿＿＿＿も、世界革命の推進よりもソ連の擁護を優先するようになった。一方で、1922年の⑩＿＿＿＿＿＿条約によってドイツから国家承認を受けたことを皮切りにして、ソ連の国際社会への復帰が進んだ。

　ネップにより経済は回復したものの、市場経済のもとで失業者が増大し、加えて農民が国家に穀物を売り惜しむようになると、スターリンはネップにかえて全面的な社会主義建設に踏みきり、1928年に⓫＿＿＿＿＿＿＿＿＿＿＿＿＿＿を開始した。工業では、労働者層・青年層の支持を得て、工場建設・生産拡大・重工業化が推進された。農業では、農民は集団農場（⑫＿＿＿＿＿＿＿＿＿＿）・国営農場（⑬＿＿＿＿＿＿＿＿＿）[⑫＿＿＿＿＿＿＿は、土地・農具・家畜を共有する農民の共同農業経営組織で、⑬＿＿＿＿＿＿＿＿は農業経営のモデルとなる国営の大規模農場である]に強制的に編入されて機械化・集団化が進められるとともに、低価格での穀物供出を義務づけられ、抵抗すると逮捕・追放された。農業集団化は1930年代半ばまでにほぼ完了したが、その過程で農業は混乱し、農村には飢餓と大量の餓死者がもたらされた。

アメリカ合衆国の繁栄　Q▶ 大戦後のアメリカ社会の特徴は、どのようなものだったのだろうか。

　第一次世界大戦中、アメリカ合衆国は戦場とならず、連合国に物資・借款（戦債）

解答　ソ連の成立▶①ネップ　②ウクライナ　③ベラルーシ（②・③順不同）　④ザカフカース　❺ソヴィエト社会主義共和国連邦（ソ連邦、ソ連）　⑥一国社会主義　❼スターリン　⑧トロツキー　⑨コミンテルン　⑩ラパロ　⓫第１次五カ年計画　⑫コルホーズ　⑬ソフホーズ

を提供して大きな利益をあげ、戦後は債務国から❶＿＿＿＿国に転じて、国際金融市場の中心の１つとなった。大戦後、国内で②＿＿＿＿＿主義が強まった合衆国は国際連盟に参加せず、また国内市場を③＿＿＿＿＿政策で守り、旧連合国が求めた戦債返済の免除も拒否したため、ヨーロッパ経済には重い負担となった。一方、軍縮や不戦条約などの国際協調は推進し、1920年代後半になると④＿＿＿＿案や⑤＿＿＿＿＿案による賠償問題の解決を進めて、ヨーロッパの安定に寄与した。

国内では、大戦中に多くの⑥＿＿＿＿が軍需生産などに協力し、1920年に女性参政権が認められた。21年からは３代12年にわたり⑦＿＿＿＿党政権が続き、自由放任政策がとられ、20年代の合衆国経済は繁栄を謳歌した。この時期に、**大量❽＿＿＿＿・大量❾＿＿＿＿・大衆文化**を特徴とする❿＿＿＿社会が本格的な展開を始めた。流れ作業と部品の規格化により、⑪＿＿＿＿車や家庭電化製品などが大量かつ安価に生産され、消費意欲をかき立てるネオンなどの広告による宣伝のもと、信用販売(月賦)により広範な家庭で購入された。また、サラリーマンや公務員などの都市中間層が社会の中心層となり、⑫＿＿＿＿・⑬＿＿＿＿・スポーツ観戦などの大衆文化を支えた。

一方で、戦後の合衆国では、伝統的な白人社会の価値観も強調され、保守的な傾向が強まった。⑭＿＿＿＿法が制定されたほか、黒人や移民などを攻撃するクー＝クラックス＝クランも活発化した。1924年に成立した⓯＿＿＿**法**では、東欧系や南欧系の移民の流入が制限され、日本を含むアジア系移民の流入が事実上禁止された。

3 アジア・アフリカ地域の民族運動

Q▶ 第一次世界大戦後に高まったアジア・アフリカ地域の民族運動には、どのような特徴や共通性があるのだろうか。

第一次世界大戦と東アジア

Q▶ 第一次世界大戦は、東アジアの政治・経済・文化にどのような影響を与えたのだろうか。

第一次世界大戦によりヨーロッパの工業製品の流入が減少し、軍需が増大したことは、東アジアに空前の好景気をもたらした。日本は不況と日露戦争以来の財政危機を脱し、生糸と綿織物の輸出増大によって繊維産業が発展したのみならず、重化学工業も大幅に拡大し、①＿＿＿＿＿額は農業生産額を追い抜いた。中国で

解答 アメリカ合衆国の繁栄▶❶債権 ②孤立 ③高関税 ④ドーズ ⑤ヤング ⑥女性 ⑦共和 ❽生産 ❾消費 ❿大衆 ⑪フォード ⑫ラジオ ⑬映画 ⑭禁酒 ⓯移民
第一次世界大戦と東アジア▶①工業生産

も綿紡績業や製糸業などの軽工業を中心として中国企業が成長したほか、大戦後には日本の綿紡績業も中国へ大規模に進出した。両国では都市労働者が増大し、学生などの青年知識人も増加した。都市を中心としてマスメディアが発達するなか、大戦にともなうヨーロッパの衰退、戦後処理問題における②＿＿＿＿＿＿＿の提起、ロシア革命の勃発といったできごとは知識人や労働者に大きな影響を与え、東アジア各地では社会運動と民族運動が活性化した。

　日本では、政治の民主化を求める風潮が高まり（③＿＿＿＿＿＿＿＿＿＿＿＿）、1918（大正7）年の④＿＿＿＿＿＿と世論の高まりを経て、同年には**政党内閣**が成立した。社会運動が勃興し、社会主義勢力のなかではマルクス主義の影響力も強まった。普通選挙を求める運動が高まるなか、25（大正14）年に⑤＿＿＿＿**法**が成立したが、共産主義の拡大に対応するための⑥＿＿＿＿＿＿＿＿**法**も同年に成立した。

　中国では、辛亥革命後の政治的な混乱に対して、根本的な社会変革をめざす新文化運動が始まった。⑦＿＿＿＿＿＿＿らが創刊した『⑧＿＿＿＿＿＿』は、「民主と科学」を掲げて中国社会の革新と旧弊の打破を訴えた。⑨＿＿＿＿＿が同誌上で⑩＿＿＿（口語）**文学**をとなえたことから⑪＿＿＿＿＿＿＿も始まり、⑫＿＿＿＿＿は『狂人日記』『⑬＿＿＿＿＿＿＿』などの作品で中国社会の病弊を描いた。新文化運動の中心となっていた⑭＿＿＿＿大学ではロシア革命後、⑮＿＿＿＿＿＿らによってマルクス主義の研究が始まり［当初は日本の社会主義者の著作を経由して、マルクス主義の受容が始まった］、その受容が進んでいった。

日本の進出と東アジアの民族運動

Q▶ 日本の勢力拡大に対して、中国・朝鮮の人々はどのように対応したのだろうか。

　第一次世界大戦によってヨーロッパ列強が東アジアから後退したことは、日本が同地への進出を拡大する契機となった。大戦勃発後まもなくドイツに宣戦した日本は、中国内のドイツ租借地の膠州湾（①＿＿＿＿＿＿）や、青島と済南を結ぶ鉄道、および太平洋上のドイツ領②＿＿＿＿＿＿＿を占領した。さらに1915（大正4）年1月、中国に対して山東のドイツ利権の継承など③＿＿＿＿＿＿＿＿＿＿＿**の要求**を突きつけた。中国の主権をそこなうとして④＿＿＿＿＿＿政権は抵抗したが、日本は軍事的圧力をかけて要求の大半を認めさせた［要求は東北地方や山東半島の権益の維持がおもな

解答 ②民族自決　③大正デモクラシー　④米騒動　⑤普通選挙　⑥治安維持　⑦陳独秀
⑧新青年　⑨胡適　⑩白話　⑪文学革命　⑫魯迅　⑬阿Ｑ正伝　⑭北京　⑮李大釗
日本の進出と東アジアの民族運動▶①青島　②南洋諸島　❸二十一カ条　④袁世凱

内容で、日本人顧問を中央政府に入れるという秘密条項は、中国側が公表してイギリス・アメリカの反発をまねいたため、撤回された]。これは中国人の強い反発をまねき、日中関係を悪化させた。大戦末期に日本は列強の対ソ干渉戦争（❺＿＿＿＿＿＿＿＿＿**出兵**）に加わったが、他国の撤退後も軍をとどめて内外の批判を浴び、22年にようやく撤退した。

　日本の強権的な支配が続く朝鮮では、ロシア革命や民族自決の潮流に呼応して独立運動が活性化し、1919年3月に「❻＿＿＿＿＿＿＿＿＿」をとなえるデモがソウルで始まり、朝鮮全土に広まった（❼＿＿＿＿＿＿＿＿＿＿＿＿＿＿）。朝鮮総督府は警察・憲兵・軍隊を動員して運動を徹底的に弾圧したが、この運動に衝撃を受け、❽＿＿＿＿政治をゆるめて「❾＿＿＿＿**政治**」と呼ばれる同化政策に転換した。運動はまた、4月に⓾＿＿＿＿＿＿＿＿＿＿政府が上海で結成されるきっかけとなった［朝鮮の独立運動諸団体を統合して⑪＿＿＿＿＿を首班に結成されたが、諸外国の承認は得られず、内部対立から弱体化した］。

　1919年のパリ講和会議で、日本は山東のドイツ権益の継承と赤道以北のドイツ領南洋諸島の⑫＿＿＿＿＿＿＿権を得たが、中国は二十一カ条の取り消しや山東のドイツ権益の返還を認められなかった。これに抗議して同年5月4日に⑬＿＿＿＿の学生を中心とするデモがおこなわれ、これは日本商品排斥やストライキをうながし、都市部の幅広い層を巻き込む全国的な運動に拡大した（⓮＿＿＿＿＿＿＿）［運動の影響もあり、パリの中国代表団は、中国政府の指示に従わず、⑮＿＿＿＿＿＿条約に調印しなかった］。

　第一次世界大戦後に成立した国際連盟では、日本は⑯＿＿＿＿理事国となって国際的地位を向上させた。しかし、東アジアにおいて日本の勢力が急速に拡大したことにより、アメリカ合衆国やイギリスなどの列強との利害調整が必要となり、⑰＿＿＿＿＿＿会議における⑱＿＿＿＿＿条約で中国の主権尊重と領土保全が約束されたほか、日中間交渉で⑲＿＿＿のドイツ利権が中国に返還された。

南京国民政府の成立と共産党

Q▶ 南京国民政府による中国統一は、どのように達成されたのだろうか。

　ソヴィエト＝ロシアは、1919年に外務人民委員代理①＿＿＿＿＿＿＿＿＿の名で、旧ロシア帝国が中国に有した利権の放棄を宣言し［実際には、中国は多くの利権を回収済みであり、ソヴィエト＝ロシアが放棄した特権はなかった］、中国人に歓迎された。また、

解答 ❺シベリア　❻独立万歳　❼三・一独立運動　❽武断　❾文化　⓾大韓民国臨時
⑪李承晩　⑫委任統治　⑬北京　⓮五・四運動　⑮ヴェルサイユ　⑯常任　⑰ワシントン
⑱九カ国　⑲山東
南京国民政府の成立と共産党▶①カラハン

コミンテルンは中国の社会主義者の組織化をはかり、21年に② ＿＿＿＿＿＿＿＿を指導者とする❸ ＿＿＿＿＿＿党が成立した。19年に成立した❹ ＿＿＿＿＿＿党を率いる⑤ ＿＿＿＿は、広州に拠点をおき、ソ連に接近してその顧問を受け入れ、「⑥ ＿＿＿・⑦ ＿＿＿・⑧ ＿＿＿＿＿」[ソ連と提携し、共産党を受け入れ、労働者・農民を支援する、という意味]の方針をとった。24年には国民党を改組し、中国共産党員が共産党籍を残したまま国民党に入党することを認めた(**第１次❾**＿＿＿＿＿＿＿)[同時期に、ソ連にならって党の軍隊が編制された]。25年に孫文は病死したが、上海の日系紡績工場における労働争議をきっかけに広がった❿＿＿＿＿＿＿＿[会社側によるスト労働者射殺に抗議するデモ隊が、５月30日に上海の租界警察と衝突して十数人の死者を出したことから、運動が全国的に拡大した]は、⑪ ＿＿＿＿＿＿＿主義を掲げる国民党の追い風になり、７月には⑫ ＿＿＿＿に国民政府が成立した。翌26年７月、❸ ＿＿＿＿＿＿率いる⑭ ＿＿＿＿＿軍は、各地に割拠する軍事勢力を打倒して中国統一をめざす⓯ ＿＿＿＿＿を開始し、共産党の指導する農民運動や労働運動の支援もあり、27年３月に上海・⑯ ＿＿＿＿を占領した。しかし、国民党内では左派・共産党とこれに反対する右派との対立が激しくなっていたうえ、運動の過激化への資本家[上海において有力な浙江・江蘇出身の資本家は、浙江出身の蔣介石による労働運動の抑制に期待し、蔣と提携した]・商工業者らの反発は強まり、列強の懸念も高まった。そこで右派の蔣介石は、同年４月に⑰ ＿＿＿＿＿＿＿＿＿をおこして共産党を弾圧し、新たに⑯ ＿＿＿＿に**国民政府**を建てて主席となった。

　1928年に北伐は再開され、国民革命軍は北京にせまったが、その際に日本人居留民保護を口実に⑱ ＿＿＿＿＿をおこなっていた日本軍と済南で衝突した。この事件は国民政府と日本の関係の悪化をまねいた。一方、東北地方を拠点とする奉天派の⑲ ＿＿＿＿＿は日本の支援を受けていたが、しだいに自立政策をとって日本軍(⑳ ＿＿＿＿)と対立した。関東軍の一部は、張作霖が北伐軍に敗れて北京から撤退する途中に列車を㉑ ＿＿＿＿して殺害し、東北地方の支配をはかった。しかし、この謀略は失敗し、張作霖の息子の㉒ ＿＿＿＿＿＿は日本に対抗して国民政府の東北支配を認めたため、国民政府の全国統一はひとまず達成された[国民党内部の対立は依然として激しく、地方に割拠する勢力も残存したため、この時点では中国の実質的な統合には至らなかった]。

解答 ②陳独秀 ❸中国共産 ❹中国国民 ⑤孫文 ⑥連ソ ⑦容共 ⑧扶助工農 ❾国共合作 ❿五・三〇運動 ⑪反帝国 ⑫広州 ❸蔣介石 ⑭国民革命 ⓯北伐 ⑯南京 ⑰上海クーデタ ⑱山東出兵 ⑲張作霖 ⑳関東軍 ㉑爆破 ㉒張学良

1927年の国共合作崩壊後、中国共産党は都市などで蜂起を試みたが失敗し、華中・華南の山岳地帯の農村に逃れて根拠地を建設した。㉓＿＿＿＿＿の率いる㉔＿＿＿＿＿が築いた根拠地はしだいに拡大し、31年には江西省瑞金を首都とする㉕＿＿＿＿＿＿＿＿＿＿＿政府が成立した。これに対して国民政府は繰り返し包囲攻撃をおこなったが、制圧することはできなかった。

インドにおける民族運動の展開

Q▶ 第一次世界大戦後、インドの民族運動はどのように展開したのだろうか。

第一次世界大戦中、イギリスは国際世論におされて、インドに①＿＿＿＿＿を約束した。しかし、大戦後の❷＿＿＿＿＿＿＿＿＿＿＿＿＿＿法は、州行政の一部をインド人にゆだねただけであった。また同年、強圧的な❸＿＿＿＿＿＿法が制定され、パンジャーブ地方の④＿＿＿＿＿＿＿＿＿＿＿＿では、イギリス軍が民衆の抗議集会に発砲して多数の死傷者を出す事件も発生した。これらはインド民衆の激しい反発を呼んだ。

植民地政府の圧制に対し、❺＿＿＿＿＿＿を掲げて民衆の指導者となったのが❻＿＿＿＿＿＿＿＿＿であった[⑥＿＿＿＿＿＿＿＿は、南アフリカでのインド人移民への差別撤廃運動に勝利をおさめて1915年に帰国し、熱狂的な歓迎を受けた]。彼は、1920年の国民会議派大会で❼＿＿＿＿＿運動を提示し、民族運動をエリートだけでなく民衆も加わる運動へと脱皮させた[インドのムスリムは、大戦後にオスマン帝国の⑧＿＿＿＿＿＿＿＿の擁護を訴えるかたちで反英運動を展開し、これに国民会議派も同調することによって、宗教の別をこえた民族運動となった]。しかし、運動はガンディーの理想通りには進まず、農民による警官殺害事件が発生したために中止された(1922年)。これにより運動方針の対立が生じ、宗派対立も深刻化したため、民族運動は混乱し、ムスリムは反国民会議派・親イギリス路線を歩むことになった。

1927年、新たなインド統治法を制定するための憲政改革調査委員会(⑨＿＿＿＿＿委員会)にインド人が含まれていなかったことから、民族運動は再び激化し、29年には国民会議派内の❿＿＿＿＿ら急進派が完全独立(⓫＿＿＿＿＿＿＿＿＿＿＿)を決議した。運動に呼び戻されたガンディーは、30年に「⓬＿＿＿＿＿＿」を組織した。これに対し、イギリスはインドの様々な勢力をロンドンに招集し、⑬＿＿＿＿＿会議を開いてインドの将来の地位を論議させようと

第16章

解答 ㉓毛沢東 ㉔紅軍 ㉕中華ソヴィエト共和国臨時
インドにおける民族運動の展開▶①自治 ❷1919年インド統治 ❸ローラット
④アムリットサール ❺非暴力 ❻ガンディー ❼非協力 ⑧カリフ ⑨サイモン ❿ネルー
⓫プールナ＝スワラージ ⓬塩の行進 ⑬円卓

した。しかし合意は成立せず、⑬＿＿＿＿＿＿会議で中止されていた非協力運動は32年に再開された。

　こうしたなかで成立した⓮＿＿＿＿＿＿＿＿＿＿＿＿＿＿法では、州政治はインド人に委譲されることになったが、中央の財政・防衛・外交はイギリスが掌握し続け、完全独立とはほど遠いものであった。1937年に同法のもとで州選挙がおこなわれ、多くの州で⑮＿＿＿＿＿＿＿＿派が政権を獲得した。またムスリムが多数を占める州では、ムスリムを首班とする地域政党が勝利をおさめた。こうしたなか、⓰＿＿＿＿＿＿＿＿＿を指導者とする⑰＿＿＿＿＿＿＿＿＿＿は、40年、新たにイスラーム国家⑱＿＿＿＿＿＿＿＿の建設を目標に掲げた。

　第二次世界大戦が始まると、イギリスは再びインドに協力を求めたが、国民会議派は完全独立を要求し、非協力運動を続けた。政府はこれを弾圧し、国民会議派を非合法化して、ガンディーらの指導者を投獄した。

東南アジアにおける民族運動の展開

Q▶ 第一次世界大戦後、東南アジア各地の民族運動はどのように展開したのだろうか。

　オランダ支配下の**インドネシア**では、1920年に結成された①＿＿＿＿＿＿＿＿党が独立をとなえた。同党が弾圧によってほぼ壊滅したのちは、オランダから帰国した留学生たちが、運動の指導権を握った。27年には❷＿＿＿＿＿＿＿を党首とする❸＿＿＿＿＿＿＿＿＿＿党が結成され、翌年にインドネシアという統一された祖国・民族・言語をめざす宣言がなされた。

　フランス支配下にあった**インドシナ**では、1925年に❹＿＿＿＿＿＿＿＿がベトナム⑤＿＿＿＿＿＿＿＿＿＿会を結成し、それを母体に、30年にベトナム共産党(同年10月に❻＿＿＿＿＿＿＿＿党に改称)が成立した。党は、徹底的な弾圧を受けながらも、農村を拠点に武装闘争を展開した。また、イギリスが支配する**ビルマ**では、1920年代から民族運動が始まり、僧侶による啓蒙運動や❼＿＿＿＿＿＿党と呼ばれる急進的民族主義勢力の台頭がみられた。

　アメリカ合衆国が統治するフィリピンでは、1907年に議会が開設され、立法や行政においてはフィリピン人への権限委譲が進められた。しかし、経済面では合衆国への輸出に大きく依存した商品作物生産が進んだため、窮乏化した農民たちは反乱を繰り返した。その結果、34年に⑧＿＿＿＿＿＿＿＿＿＿＿法が成立し、翌

解答 ⓮1935年インド統治　⑮国民会議　⓰ジンナー　⑰全インド＝ムスリム連盟　⑱パキスタン
東南アジアにおける民族運動の展開▶①インドネシア共産　❷スカルノ　❸インドネシア国民
❹ホー＝チ＝ミン　⑤青年革命同志　❻インドシナ共産　❼タキン　⑧フィリピン独立

年**⑨**＿＿＿＿＿＿**政府**が発足した。**タイ**では、王による専制的統治が続いていたが、財政的混乱や王族支配への批判が高まり、32年の**⑩**＿＿＿＿＿＿＿＿によって王制から立憲君主制となった。

こうした状況のもとで、東南アジアは、1941年末から太平洋戦争に巻き込まれ、多くが**⑪**＿＿＿＿＿軍の侵攻に直面することになった。

西アジアの民族運動

Q▶ 第一次世界大戦は、西アジアの政治地図をどのように塗りかえたのだろうか。

オスマン帝国は、第一次世界大戦で同盟国側に立って参戦して敗れた結果、列強による国土分割の危機に直面した。これに対して、軍人の**❶**＿＿＿＿＿＿＿＿＿＿（のちの**❷**＿＿＿＿＿＿＿＿＿＿＿）がトルコ人の主権と国土を守るために抵抗運動を指導し、1920年、**③**＿＿＿＿＿＿＿＿にトルコ**④**＿＿＿＿＿を組織した。

侵攻してきたギリシア軍を1922年に撃退したムスタファ＝ケマルは、**⑤**＿＿＿＿＿＿制を廃止してオスマン帝国との決別を明らかにする一方、23年に連合国と**❻**＿＿＿＿＿＿＿**条約**を結んで新たに国境を定め、治外法権の廃止と関税自主権の回復を実現して、**⑦**＿＿＿＿＿＿＿＿＿＿を樹立した（**トルコ革命**）。ケマルは大統領となり、国家主導の産業育成、カリフ制の廃止と政教分離、文字改革［アラビア文字にかえて**⑧**＿＿＿＿＿字を採用し、トルコ語の母音をすべて表記できるようにした］、**⑨**＿＿＿＿＿暦の採用、**⑩**＿＿＿＿＿＿権の実施などの近代化政策を強力に推進するとともに、歴史と言語を軸とする**⑪**＿＿＿＿＿＿＿主義の育成と強化をめざした。

イランは大戦に際して中立を宣言したが、大戦中は事実上イギリスとロシアの占領下におかれた。戦後の混乱期に軍人の**⑫**＿＿＿＿＿＿＿＿＿＿が実権を握り、1925年に**⑬**＿＿＿＿＿＿＿朝を廃して**⑭**＿＿＿朝を開き、みずから**⑮**＿＿＿＿＿（国王）を称した。彼はトルコと同じく近代化政策を推進し、国名を他称のペルシアから**⑯**＿＿＿＿＿に改めるなど、イラン民族主義を鼓舞したが、国内の石油利権はなおイギリスが保有した。アフガニスタンは、イギリスと戦って完全な独立を果たし（第３次**⑰**＿＿＿＿＿戦争）、立憲君主制のもとで近代化に着手した。しかし、近代化に反対する国内の勢力との緊張が続

第16章

解答 ⑨独立準備 **⑩**立憲革命 **⑪**日本
西アジアの民族運動▶❶ムスタファ＝ケマル **❷**アタテュルク **③**アンカラ **④**大国民議会
⑤スルタン **❻**ローザンヌ **⑦**トルコ共和国 **⑧**ローマ **⑨**太陽 **⑩**女性参政 **⑪**トルコ民族
⑫レザー＝ハーン **⑬**ガージャール **⑭**パフレヴィー **⑮**シャー **⑯**イラン **⑰**アフガン

いた。

　アラブ地域では、アラビア半島においてかつての王国の再興(さいこう)をめざす❶<u>　　　　　　　　　　　　</u>が、イギリスと同盟を結びながら、ワッハーブ派の勢力を率いて頭角(とうかく)を現した。彼は、大戦中からアラブ独立運動を指導してきたヒジャーズ王国の⑲<u>　　　　　　　　</u>を破り、半島の大部分を統一して1932年に⑳<u>　　　　　　　　</u>王国を建てた。まもなく国内で莫大な石油資源が発見されると、同国の戦略的な重要性は著しく高まった。

　大戦の開始とともにイギリスの保護国となっていたエジプトでは、戦後に全国的な反英独立運動がおこり(㉑<u>　　　　　　　　　　　　</u>)、1922年にイギリスは条件つきの独立を認めて、立憲君主制の㉒<u>　　　　　　　　</u>国が成立した。しかし、イギリスは㉓<u>　　　　　　　　</u>の支配権など多くの特権(とっけん)を維持したので、エジプト人による抗議が続いた。

　また、㉔<u>　　　　　　</u>はイギリスの、㉕<u>　　　　　　</u>はフランスの委任統治(とうち)下におかれたのち、それぞれ独立を達成していった[㉔<u>　　　　　</u>は、1932年に王国として独立した。㉕<u>　　　　　</u>では、41年に㉖<u>　　　　　</u>が分離されて43年に共和国として独立した。また第二次世界大戦後には、46年に㉕<u>　　　　　</u>が共和国として、同年にトランスヨルダンも王国として独立した]。しかし、それらの国境線は列強の思惑(れっきょう)(おもわく)によって定められたものであり、アラブ地域はいくつもの国境線で分断されることになった。

　もっとも大きな矛盾(むじゅん)が生じたのはパレスチナである。イギリスは大戦中、1915年の㉗<u>　　　　　　　　　</u>**協定**によってアラブ人にオスマン帝国からの独立を約束する一方、17年の㉘<u>　　　　　　</u>**宣言**ではパレスチナへの復帰をめざすユダヤ人の㉙<u>　　　　　　　　　</u>運動を支援する姿勢を示し、双方(そうほう)から協力を得ようとした。こうしたあい反する約束に加えて、大戦後にパレスチナはイギリスの㉚<u>　　　　　　　</u>領となったため、アラブ・ユダヤの両民族はそれぞれの権利を主張して対立し、現在まで続く深刻な**パレスチナ問題**が生まれることになった。

アフリカの民族運動　Q▶ アフリカの民族運動は、どのように展開したのだろうか。

　20世紀初めまでに大半の地域が植民地化されたアフリカでは、19世紀から各地で

解答 ⑱イブン＝サウード　⑲フセイン(フサイン)　⑳サウジアラビア　㉑1919年革命
㉒エジプト王　㉓スエズ運河　㉔イラク　㉕シリア　㉖レバノン　㉗フセイン・マクマホン
㉘バルフォア　㉙シオニズム　㉚委任統治

抵抗運動がおきていた。20世紀に入ると、南アフリカで1912年に❶＿＿＿＿＿＿＿＿＿＿会議(ANC)が創設され、人種差別撤廃をめざす運動が始まった。第一次世界大戦が終わると、世界の民族運動の波がアフリカ各地にも広がり、自治や独立をめざす組織が設立された。

　アフリカでの民族運動とは別に、19世紀末から、おもにアメリカ合衆国とカリブ海地域のアフリカ系知識人を中心として、欧米を舞台とした②＿＿＿＿＿＿＿＿＿＿＿＿＿と呼ばれる解放運動が生まれていた。1900年に③＿＿＿＿＿＿＿＿で開かれた❹＿＿＿＿＿＿＿＿＿＿会議では、西欧植民地主義への抗議と人種差別への反対がとなえられた。第一次世界大戦後の19年の会議では、アフリカの植民地における漸進的・段階的自治の推進などが決議された。

　この両者の運動は、第二次世界大戦後に合体し、ガーナのエンクルマ(ンクルマ)らを指導者として、アフリカの解放と統一をめざす運動へと発展した。

第二次世界大戦と新しい国際秩序の形成

世界恐慌をきっかけに国際関係は緊張し、第二次世界大戦へと至った。戦後には、国際連合が設立された一方で、勝者となった米ソを中心に東西陣営の対立が始まった。

Q▶ 第二次世界大戦によって世界はどのようにかわり、また、何がかわらなかったのだろうか。

1 世界恐慌とヴェルサイユ体制の破壊

Q▶ 世界恐慌に際して各国はどのように対応し、また、国際関係はどのように変化したのだろうか。

世界恐慌とその影響

Q▶ なぜ世界恐慌はおこり、どのような影響をおよぼしたのだろうか。

　1929年10月、ウォール街の❶＿＿＿＿＿＿＿＿＿＿＿＿で株価が暴落したことから、アメリカ合衆国は空前の恐慌におちいった。工業生産の急落や企業の倒産、商業・貿易の不振が広がり、金融機関の閉鎖・倒産があいついで、労働者の4人に1人が失業した。恐慌がアメリカでおこった背景には、株や債権などの❷＿＿＿＿ブームが過熱していたこと、世界的な❸＿＿＿＿＿不況により農民の購買力が落ちていたこと、過剰生産により商品供給の過多が生じていたことなどがあった。世界経済・金融の中心であるアメリカでおこった恐慌は❹＿＿＿＿＿＿＿に発展し、とくにヨーロッパでは、アメリカ資本が支えていたドイツ経済の悪化でさらに深刻化した。

　世界恐慌は、各国における社会対立を激化させ、政治情勢を不安定にした。各国政府は自国の問題を最優先するようになり、1920年代後半に醸成された❺＿＿＿＿＿の気運は後退した。30年代の国際関係は対立を基調とするようになり、とくに❻＿＿＿＿＿＿諸国［1930年代には、❻＿＿＿＿＿＿という用語は、イタリア＝❻＿＿＿＿＿＿＿＿だけではなく、ナチス＝ドイツなど、類似の運動や国家体制も指すようになった］の台頭は、世界平和にとっての深刻な脅威となった。

アメリカのニューディール

Q▶ ニューディール政策は、どのような特徴をもっていたのだろうか。

　世界恐慌がおこった当初、アメリカ合衆国では、市場になるべく介入すべきでないという自由放任主義の考えが強く、政府は十分な対応をとれなかった。1931年に

解答　世界恐慌とその影響▶❶ニューヨーク株式市場　❷投機　❸農業　❹世界恐慌　❺国際協調
❻ファシズム

は共和党出身の① _____ 大統領が、賠償・戦債支払いの1年間停止
（② _____ ）を宣言したが、回復への効
果はなかった。しかし、32年の選挙で当選した民主党の❸ _____
_____ 大統領は、積極的な市場への介入を打ち出
して、❹ _____ （新規まき直し）と呼ばれる経済政策を実行
した。

　ローズヴェルト政権は、銀行の救済をはかるとともに、金の流出を防ぐために
⑤ _____ 制から離脱した[⑤ _____ 制では、金が貨幣価値の基準となり、それ
ぞれの国の貨幣流通量は各国の金保有量に左右される。世界恐慌以後、各国は⑤ _____ 制
を離れ、各政府が貨幣の流通量を管理できる管理通貨制度へと移行した]。また、❻ _____
_____ 法（AAA）で農業生産を調整し、農産物の価格を引き上げて農民の生活を
安定させ、❼ _____ 法（NIRA）では工業製品の価格協定を公認し、
産業の復興をうながした。さらに⑧ _____ 川流域開発公社（TVA）に代表
される**公共事業**によって、失業者を減らそうとした。他方、1935年の❾ _____
_____ 法によって労働者の団結権と団体交渉権を認め、労働組合の結成をうなが
した結果、38年に❿ _____ （CIO）が成立した。これらの政
策による経済復興の効果は限られていたが、ローズヴェルトはラジオ放送を通じて
個々の家庭に直接に語りかけるなど、強力なリーダーシップを発揮して国民の不安
を和らげ、民主主義を堅持した。

> ### ブロック経済　Q▶ ブロック経済は、世界経済にどのような影響をもたらしたのだろうか。

　イギリスでは、恐慌対策に取り組む第2次① _____ 労働党内
閣が、失業保険の削減を含む緊縮財政を提案したが、労働党自体は反対して彼を除
名した。これに対してマクドナルドは、保守党などの協力を得て❷ _____
_____ **内閣**を改めてつくり、財政削減を実施し、金本位制から離脱した。さらに、
1932年の❸ _____ **会議**では、イギリス連邦内の関税を下げ、連邦外
の国には高関税を課す④ _____ ＝ブロック（ポンド＝ブロック）
が形成された。これは、自国通貨を軸にして植民地と経済圏をつくり、他国の商品
を排除する❺ _____ の先がけとなった。フランスも自国の植民

解答　アメリカのニューディール▶ ①フーヴァー　②フーヴァー＝モラトリアム
❸フランクリン＝ローズヴェルト　❹ニューディール　⑤金本位　❻農業調整　❼全国産業復興
⑧テネシー　❾ワグナー　❿産業別組合会議
ブロック経済▶ ①マクドナルド　❷挙国一致　❸オタワ連邦　④スターリング　❺ブロック経済

地を囲い込んで⑥＿＿＿＿＿＝ブロックを築き、経済の安定をはかった。

　アメリカ合衆国のローズヴェルト政権は、キューバへの内政干渉をひかえるとともに、ラテンアメリカ諸国をドル経済圏に組み入れ、さらに1934年にはキューバの⑦＿＿＿＿＿条項も廃止した（「⑧＿＿＿外交」）。また、1933年にロンドンで開かれた世界経済会議では、合衆国は財政支出を容易にするために金本位制への復帰を拒否したが、これは世界経済のブロック化を助長する結果となった。

　こうしてイギリス・フランス・アメリカ合衆国が、ブロック経済の構築を推し進めると、ブロック間の対立が高まり、通商に頼る中小諸国を苦しめた。他方で世界経済のブロック化は、広大な植民地をもたず、ブロックをつくれない⑨＿＿＿・イタリア・⑩＿＿＿などが、拡張主義に向かう要因ともなった。

ナチス＝ドイツ

> **Q▶ ナチス＝ドイツの体制はどのように成立し、また、その政策はどのようなものだったのだろうか。**

　アメリカ合衆国についで恐慌の被害が大きかったドイツでは、1930年の選挙でヴァイマル共和国の議会政治を攻撃する❶＿＿＿党（国民社会主義ドイツ労働者党）［①＿＿＿党は政敵がつけた呼称。また、①＿＿＿党員や①＿＿＿関連組織メンバーのことをナチスとも呼ぶ］と②＿＿＿党が伸張した。ナチ党は、第一次世界大戦後に❸＿＿＿＿＿を指導者として発展した政党で、イタリアのファシズムなどに学び、❹＿＿＿人排斥を掲げる人種差別主義、ヴェルサイユ条約の破棄、⑤＿＿＿＿＿の建設による国民生活の安定をとなえた。過激な現状否定を訴えるナチ党は、当初は泡沫政党にすぎなかった。しかし、世界恐慌によって失業者が増えるなかで労働運動と共産党が勢力をのばし、社会不安も広がると、ナチ党の政治宣伝は農民や都市の⑥＿＿＿層のあいだで熱心に受け入れられるようになった。また、保守的な産業界や軍部もナチ党に期待した。32年の選挙でナチ党は第一党になり、翌33年1月、ヒトラーはヒンデンブルク大統領によって首相に任命された。

　新政府は⑦＿＿＿＿＿事件を利用して共産党を弾圧し、国会も圧倒的多数で❽＿＿＿法を成立させ、政府に立法権をゆだねた。数カ月のうちに、ナチ党以外の政党や労働組合は解散させられ、**一党独裁**が実現した。教育や文化を含む社会の全領域がきびしく統制されて、政治的反対派は秘密警察（ゲシュタポ）や⑨＿＿＿隊（SS）によって⑩＿＿＿＿＿に送られ、ユダ

【解答】⑥フラン　⑦プラット　⑧善隣　⑨ドイツ　⑩日本
ナチス＝ドイツ▶❶ナチ　②共産　❸ヒトラー　❹ユダヤ　⑤民族共同体　⑥中産
⑦国会議事堂放火　❽全権委任　⑨親衛　⑩強制収容所

ヤ人も激しい暴力や差別にさらされた[このため、多数の民主主義者やユダヤ人などが国外に亡命した。亡命者のなかには、ノーベル文学賞作家の⑪＿＿＿＿＿＿＿＿＿＿＿（1875～1955）や、ノーベル物理学賞を受賞した⑫＿＿＿＿＿＿＿＿＿＿＿＿らがいた]。

1934年、ヒンデンブルクが死去すると、ヒトラーは大統領の権限もあわせもつ⑬＿＿＿＿＿（フューラー）を名乗り、独裁者となった。ナチス＝ドイツは、計画経済などソ連の社会主義から学んだ⑭＿＿＿＿＿＿計画を策定し、軍需工業を拡張して失業者を急速に減らした。さらに、⑮＿＿＿＿＿＿＿＿＿＿（自動車専用道路）建設などの大規模な⑯＿＿＿＿＿事業の成果も喧伝した[ただし、アウトバーンの建設はナチ党政権以前にすでに計画されていたもので、その効果も限定的であった]。また、イタリアのファシズムにならって団体旅行などのレクリエーションを組織したほか、⑰＿＿＿＿＿事業の整備[ナチス＝ドイツの福祉事業は、多産家庭に対する補助金など、保守的な家庭観・女性観にもとづいていた]やラジオ放送など大衆娯楽の拡充につとめた。一般のドイツ国民は、これらの政策を歓迎した。

ソ連の計画経済とスターリン体制

Q▶ ソ連の計画経済は、資本主義諸国にどのような影響を与えたのだろうか。

ソ連は①＿＿＿＿＿経済を採用し、世界経済との結びつきも少なかったため、世界恐慌の打撃をさほど受けず、工業化に邁進した。ソ連の工業化は量を重視したため、その製品の質は低かったが、世界恐慌に苦しむ資本主義諸国に強い印象を与えた。②＿＿＿＿＿経済は予測不可能で不安定なため、計画経済を取り入れるべきとする考え方は、ナチス＝ドイツ、アメリカ合衆国のローズヴェルト政権、日本などで受け入れられた[日本では一部の官僚のあいだで計画経済への関心が強まり、③＿＿＿＿＿＿では実際に五カ年計画が実施された]。

1936年にソ連は、信教の自由や民族間の平等など、民主的な内容を盛り込んだ新憲法（❹＿＿＿＿＿＿＿＿＿憲法）を制定した。しかし、スターリン崇拝のもと、住民は低水準の生活環境に苦しみ、政治的自由もなかった。さらに、ドイツや日本のスパイと疑われた無実の市民が大量に逮捕され、銃殺されるか、収容所での強制労働に従事させられた。

第17章

解答 ⑪トーマス＝マン　⑫アインシュタイン　⑬総統　⑭四カ年　⑮アウトバーン　⑯公共
⑰福祉
ソ連の計画経済とスターリン体制▶①計画　②市場　③満洲国　❹スターリン

　1920年代の日本では、普通選挙の導入によって二大政党制が誕生したが、経済的には大戦後の輸出の不振による不況が続いていた。1927年に①＿＿＿＿恐慌が発生し、世界恐慌の拡大期には本格的な不況におちいった。民衆は政権争いを続ける既成政党への不満を強め、また、総力戦体制の構築をめざしていた②＿＿＿＿は、大陸での権益確保を主張するとともに、政府の外交姿勢を「軟弱外交」として批判した[当時は幣原喜重郎(1872〜1951)が外相をつとめ、中国への内政不干渉や国際協調を方針としていた③＿＿＿＿外交]。

　こうしたなか、中国では国権回復の動きが高まっていたため、日本の軍部は危機感をいだき、武力による中国東北地方の支配をめざした。日本の④＿＿＿＿は、1931(昭和6)年9月に中国東北地方の⑤＿＿＿＿で鉄道を爆破し、これを口実に軍事行動をおこして東北地方の大半を占領した(⑥＿＿＿＿)。日本への反発から上海でも日中間の緊張が高まり、32(昭和7)年1月には⑦＿＿＿＿が勃発した。日本の軍事行動に対して、中国は国際連盟に訴え、⑧＿＿＿＿調査団が派遣された。関東軍は既成事実化をはかって、同年3月に清朝最後の皇帝の⑨＿＿＿＿を執政にすえて⑩＿＿＿＿を建国させた。リットン調査団の報告にもとづいて、連盟は東北地方における日本の権益を認めつつも⑩＿＿＿＿を支持しなかったため、33(昭和8)年3月、日本は⑪＿＿＿＿を通告した。関東軍はさらに⑫＿＿＿＿方面に侵攻して北京(当時は北平)近くまでせまり、5月に中国側に停戦協定をおしつけた。日本国内では、テロやクーデタ事件[1932(昭和7)年の⑬＿＿＿＿事件、36(昭和11)年の⑭＿＿＿＿事件などを指す]があいついで政党政治が後退し、軍部の政治的影響力が強まった。

　一方、中国の国民政府は、1928〜30年にかけて⑮＿＿＿＿の回復を達成して財源を確保するとともに、中国統一を進め、満洲事変などの日本の軍事行動への対応よりも中国共産党との戦いに力を入れた。34年には共産党軍の根拠地を包囲して⑯＿＿＿＿からの撤退に追い込んだが、共産党軍は国民党軍の追撃を逃れ、最終的に陝西省に到達して根拠地を設け[瑞金から陝西省への行軍は、のちに「⑰＿＿＿＿」と呼ばれるようになった]、⑱＿＿＿＿を指導者とする体制を整えた。また、

解答　満洲事変と日中戦争 ▶ ①金融　②軍部　③幣原　④関東軍　⑤柳条湖　⑥満洲事変
⑦上海事変　⑧リットン　⑨溥儀　⑩満洲国　⑪国際連盟脱退　⑫熱河　⑬五・一五　⑭二・二六
⑮関税自主権　⑯瑞金　⑰長征　⑱毛沢東

世界恐慌の影響を強く受けて通貨が不安定となり、中国経済は悪化したため、国民政府は通貨の安定をめざして、イギリス・アメリカ合衆国の支援のもとで**通貨の** ⓳＿＿＿＿＿を進めた[それまでの中国の通貨は銀を基軸としていたが、世界恐慌を契機に中国から銀が流出し、経済が混乱した。紙幣は各銀行が発行し、通貨価値や通用範囲が不安定であったため、国民政府は銀にかえて四大銀行が発券する銀行券を法定通貨(⓴＿＿＿＿＿)と定め、貨幣の統一を推し進めた。一方、日本は通貨の統一を妨害した]。

　こうした国民政府による政治的・経済的な統一の進展に対して、日本の軍部は華北を国民政府の支配から切り離す政策を進めたため[日本は、河北省東部に、国民政府から分離した㉑＿＿＿＿＿自治政府(1935～38)を設置した]、中国国内における抗日運動はいっそう強まった。1935年にはコミンテルンの方針にもとづいて中国共産党が㉒＿＿＿＿＿を出し、㉓＿＿＿＿＿戦線の結成を呼びかけた。これを受けて㉔＿＿＿＿＿は、36年に共産党攻撃をうながしに来た蔣介石を捕らえ、抗日と内戦停止を求める㉕＿＿＿＿**事件**を引きおこし、蔣も説得を受け入れて国共の内戦は停止された。

　1937(昭和12)年7月の㉖＿＿＿＿＿**事件**[1937年7月7日夜、北京郊外の㉖＿＿＿＿＿で発生した日中両軍の武力衝突事件]をきっかけに、日本軍は華北での軍事行動を拡大し、8月には上海でも戦闘が始まって、日中は全面戦争に突入した(㉗＿＿＿＿＿**戦争**)。日本軍は12月には㉘＿＿＿＿＿を占領したが、その際に多数の中国人を殺害し(㉘＿＿＿＿＿事件)、国際的に非難された。中国では同年9月に**第2次**㉙＿＿＿＿＿が成立し、国民政府は武漢、ついで㉚＿＿＿＿＿に政府を移して、ソ連・アメリカ合衆国・イギリスなどの援助を受けながら内陸で抵抗を続けた。日本軍は、38(昭和13)年10月までに華北に加えて武漢など長江沿岸の主要都市や広州をはじめとする沿海部を占領し、中国経済の中心部を掌握したが、奥地の㉚＿＿＿＿＿までは侵攻できず、戦争は持久戦となった。日本軍は都市とそれを結ぶ交通路をおさえたものの、広大な農村地帯の支配はできず、華北の農村部を中心に共産党の支配地域が拡大した。40(昭和15)年に日本は㉛＿＿＿＿＿建設を掲げ、**重慶政府**に対抗して南京に㉜＿＿＿＿＿を首班とする親日政権を設立したが、中国民衆の支持を得られず、戦争解決の展望はみられなかった。また、日本のこうした動きに対して、東アジアとの自由な貿易関係を主張していた㉝＿＿＿＿＿

［解答］⓳統一　⓴法幣　㉑冀東防共　㉒八・一宣言　㉓民族統一　㉔張学良　㉕西安　㉖盧溝橋　㉗日中　㉘南京　㉙国共合作　㉚重慶　㉛東亜新秩序　㉜汪兆銘　㉝アメリカ合衆国

_____は反発し、日米両国の対立も深まった。

Q▶ ファシズム諸国の攻勢を受けて、国際政治はどのように展開したのだろうか。

　国内体制を固めた①_____＝ドイツは、1933年、軍備平等権が認められないことを理由に国際連盟から②_____し、35年には住民投票によって③_____地方を編入した［有力な炭坑(たんこう)地帯である③_____地方は、ヴェルサイユ条約によって15年間国際連盟の管理下におかれ、産出した石炭を賠償(ばいしょう)としてフランスに提供したあと、住民投票によって帰属(きぞく)を決定することになっていた］。同年、ナチス＝ドイツが④_____制の復活と❺_____を宣言すると、イギリス・フランス・イタリアは抗議した。しかし、まもなくイギリスはドイツと⑥_____協定を結び、事実上再軍備を追認(ついにん)した。

　世界恐慌(きょうこう)からの活路を対外拡張に求めるイタリアも、1935年に❼_____に侵攻し、翌年には併合(へいごう)した。国際連盟はこの侵略行為に対して初の⑧_____制裁(せいさい)を宣言したものの、イギリスやフランスはイタリアを刺激することを避けるため、禁輸品目から石油など重要な物資が外され、制裁は実質的な効果をあげられなかった。こうした国際世論(よろん)の反発を受けるなかで、イタリアはドイツに接近した。

　ファシズム諸国の脅威(きょうい)の高まりは、それ以外の諸国とソ連との関係改善をもたらした。1933年にアメリカ合衆国のローズヴェルト政権はソ連を承認し、翌34年にソ連は国際連盟に加盟した。さらに35年には⑨_____条約が締結された。しかし翌36年、この条約締結を理由にして、ドイツは⑩_____条約を破棄(はき)して⓫_____に軍を進駐(しんちゅう)させ、ヴェルサイユ体制の破壊を進めた。

　ソ連が指導するコミンテルンは、反ファシズムの立場で広範(こうはん)な連帯を呼びかける⓬_____戦術を打ち出した。その成果として、フランスでは1936年、社会党・急進社会党に共産党が協力して、社会党の⓭_____を首相とする⓬_____内閣が成立した。さらに、同年にスペインでも人民戦線政府が成立した。しかし、スペイン人民戦線政府に対して、地主層(じぬしそう)などの保守勢力を率いる⓮_____将軍が反乱をおこし、⓯_____が始まった。

解答 ファシズム諸国の攻勢と枢軸の形成▶①ナチス　②脱退　③ザール　④徴兵(ちょうへい)　❺再軍備　⑥海軍　❼エチオピア　⑧経済　⑨仏ソ相互援助　⑩ロカルノ　⓫ラインラント　⓬人民戦線　⓭ブルム　⓮フランコ　⓯スペイン内戦

ドイツとイタリアがフランコ側に軍事支援をおこなったのに対して、ドイツを刺激したくないイギリスは非介入路線をとった。フランス人民戦線内閣も、スペイン内戦への対応をめぐって分裂・崩壊した。スペイン人民戦線政府側にはソ連が武器援助をおこない、欧米などから結集した国際⑯＿＿＿＿＿も支援をおこなったが[国際義勇軍などには、アメリカ合衆国の⑰＿＿＿＿＿（1899～1961）、フランスのマルロー（1901～76）、イギリスの⑱＿＿＿＿＿（1903～50）ら著名な作家も参加し、それぞれ内戦を描いた作品を残している]、内戦は39年にフランコ側が勝利して終わった。

　人民戦線結成などの国際的な反ファシズム運動に対抗して、1936年に日本とドイツは防共協定を結び、37年にはイタリアも参加して⑲＿＿＿＿協定に拡大された。イタリアは同年、日本・ドイツにならって国際連盟を脱退した。こうして、ヴェルサイユ・ワシントン両体制に挑戦する日本・ドイツ・イタリアは、⑳＿＿＿＿＿を結成するに至った。

2　第二次世界大戦

Q▶ 第二次世界大戦はどのような対立の構図をもち、どのように展開したのだろうか。

ナチス＝ドイツの侵略と開戦

Q▶ 開戦前夜、各国はナチス＝ドイツの拡張政策にどのように対応したのだろうか。

　ヒトラー率いるドイツは「民族自決」を大義名分に掲げ、1938年3月に❶＿＿＿＿＿を併合し、9月にはドイツ人が多く居住する、チェコスロヴァキアの❷＿＿＿＿＿地方の割譲を要求した。戦争の回避を望むイギリスの③＿＿＿＿＿首相は、ドイツの矛先がソ連に向かうことも期待しながら、フランスとともに、ドイツに譲歩する❹＿＿＿政策をとった。9月末、イギリス・フランス・ドイツ・イタリアは❺＿＿＿＿＿会談を開き、チェコスロヴァキアの参加なしに、ズデーテン地方のドイツへの割譲を認めた。しかし、ヒトラーはこれに満足せず、翌39年3月に⑥＿＿＿＿＿を独立させて従属国とし、チェコを保護領としてドイツに編入した（チェコスロヴァキア❼＿＿＿＿＿）。さらにポーランドにも、⑧＿＿＿＿＿（現グダンスク）の返還、⑨＿＿＿＿＿での鉄道敷設権などを要求した[旧ドイツ帝国領⑧＿＿＿＿＿は、ヴェルサイユ条約によって国際連盟が

解答 ⑯義勇軍　⑰ヘミングウェー　⑱オーウェル　⑲三国防共　⑳三国枢軸
ナチス＝ドイツの侵略と開戦▶❶オーストリア　❷ズデーテン　③ネヴィル＝チェンバレン
❹宥和　❺ミュンヘン　⑥スロヴァキア　❼解体　⑧ダンツィヒ　⑨ポーランド回廊

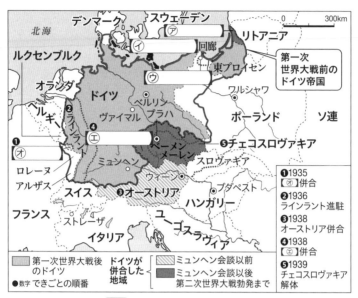

地図中のラベル：

北海
デンマーク　スウェーデン
ルクセンブルク　⑦　⑦　リトアニア
（イ）　回廊
⑦　東プロイセン
第一次世界大戦前のドイツ帝国
オランダ　ドイツ　ワルシャワ
ベルリン
ベルギー　ヴァイマル　プラハ　ポーランド　ソ連
ラインラント　②　④　エ
①　オ　ベーメン・メーレン
ロレーヌ　ミュンヘン　⑤チェコスロヴァキア
アルザス　スロヴァキア
スイス　③オーストリア　ウィーン　ブダペスト
フランス　ストレーザ　ハンガリー
イタリア　ユーゴスラヴィア

0　300km

凡例：
第一次世界大戦後のドイツ
●数字　できごとの順番
ドイツが併合した地域
ミュンヘン会談以前
ミュンヘン会談以後　第二次世界大戦勃発まで

❶1935　【オ】併合
❷1936　ラインラント進駐
❸1938　オーストリア併合
❹1938　【エ】併合
❺1939　チェコスロヴァキア解体

地図　ナチス゠ドイツの領土拡大

管理する自由市となったが、ポーランドの強い影響下にあった。また同条約によって、旧ドイツ帝国領の、本土と東プロイセンをつなぐ海沿いの地域が、ポーランドに割譲されており、この地域は⑨＿＿＿＿＿＿＿＿＿＿＿＿＿＿と呼ばれた]。イタリアも、こうした状況をみて39年4月に⑩＿＿＿＿＿＿＿＿を併合した。

　ヨーロッパの緊張が高まるなか、ソ連はイギリス・フランスの宥和<ruby>宥和<rt>ゆうわ</rt></ruby>政策に不信を強め、ドイツとの提携へと方針を転換<ruby>転換<rt>てんかん</rt></ruby>した。1939年8月末、⓫＿＿＿＿＿＿＿＿＿＿＿＿条約[同条約には、独ソ両国間でのポーランドの分割と、東ヨーロッパでのそれぞれの勢力圏を定めた秘密議定書<ruby>秘密議定書<rt>ひみつぎていしょ</rt></ruby>が付属していた]の締結が発表されると世界中が驚愕<ruby>驚愕<rt>きょうがく</rt></ruby>した。ソ連との安全保障を得たドイツは、9月1日、⓬＿＿＿＿＿＿＿＿＿**への侵攻**を開始した。イギリス・フランスはドイツに宣戦<ruby>宣戦<rt>せんせん</rt></ruby>し、⓭＿＿＿＿＿＿＿＿＿＿＿＿が始まった。

ヨーロッパの戦争　　Q▶第二次世界大戦は、ヨーロッパではどのように進展したのだろうか。

　ポーランドは、ドイツ軍、また①＿＿＿＿軍の侵攻によって短期間で敗北し、領

（解答）⑩アルバニア　⓫独ソ不可侵<ruby>不可侵<rt>ふかしん</rt></ruby>　⓬ポーランド　⓭第二次世界大戦
ヨーロッパの戦争▶①ソ連
（地図）⑦メーメル　⑦ポーランド　⑦ダンツィヒ　⑦ズデーテン　⑦ザール

土は独ソ両国に分割された。さらに、ソ連は1939年11月に安全保障の名目で❷_____

に宣戦し［国際連盟はこのソ連＝②_____戦争

（冬戦争ともいう）に対してソ連を③_____したが、連盟自体が機能不全におちいっていたため、

効果はなかった。②_____は、1940年に国境地帯の領土をソ連に割譲させ

られた］、40年には、独ソ不可侵条約の秘密議定書にもとづいて④_____

_____（エストニア・ラトヴィア・リトアニア）を併合した。また、ルーマニアからも

⑤_____を割譲させた。

　イギリスとフランスは、開戦後も水面下でドイツに宥和的な姿勢をとり続け、西

部戦線ではほぼ戦闘がなかった。しかし1940年春、ドイツが⑥_____

_____と⑦_____に侵攻して、北海方面からの脅威が現実になると、

ようやく宥和政策の破綻が明確になり、イギリスでは対独強硬論をとなえる❽_____

_____がチェンバレンにかわって首相となった。進撃を続けるドイツは、

⑨_____と⑩_____を降伏させ、6月にはフランスを敗北させ

た。ドイツの優勢をみて、イタリアもドイツ側で参戦した。フランスの第三共和政

は崩壊して、国土の北半はドイツに占領され、南半は⑪_____を首班とする

親独の⑫_____**政府**が統治した。一方、軍人の⑬_____は

ロンドンに亡命政府（⑭_____政府）をつくって抵抗を呼びかけ、

やがてフランス国内では⑮_____**運動**が始まった。

　ドイツはまた、イギリス軍と戦うイタリアを支援するため北アフリカに軍を派遣

し、さらにバルカン半島へと勢力圏を広げ［ドイツは、権威主義体制をしていたハンガ

リー・ルーマニア・ブルガリアを自陣営に引き入れた］、1941年春までに⑯_____

_____とギリシアも制圧した。こうして同年半ばには、ヨーロッパ

全土はほぼドイツ側の支配下に入り、イギリスだけが、激しい空襲を受けながらも

ドイツ軍の上陸を阻止した［ヨーロッパで中立を維持できたのは、エール（アイルランド）・ス

ペイン・ポルトガル・スウェーデン・スイスなどであった］。

独ソ戦　**Q▶独ソ戦は、第二次世界大戦にどのような展開を新たにもたらしたのだろうか。**

　独ソ不可侵条約の締結後も、ヒトラーはソ連を「劣等人種」の国とみなしていた。

1941年6月、ドイツ軍は突如ソ連に侵攻して❶_____を開始し、不意をつか

（解答）❷フィンランド　③除名　④バルト3国　⑤ベッサラビア　⑥デンマーク　⑦ノルウェー
❽チャーチル　⑨オランダ　⑩ベルギー　⑪ペタン　⑫ヴィシー　⑬ド＝ゴール　⑭自由フランス
⑮レジスタンス　⑯ユーゴスラヴィア
独ソ戦▶❶独ソ戦

れたソ連軍は後退を重ねた。同年末にドイツ軍はモスクワ郊外にせまったが、ソ連軍は大きな損害を出しながらも押し返した。独ソ戦をきっかけに、英ソ両国は同盟を結んだ。中立国であったが反ファシズムの姿勢を明確にしていたアメリカ合衆国も、41年3月に成立した②＿＿＿＿＿＿＿法にもとづいて、イギリスとソ連に武器・軍需品を送った。

　また、独ソ戦の勃発はヨーロッパのユダヤ人をロシア方面に追放するというナチス＝ドイツの構想を実行不可能とし、それにかわってユダヤ人の③＿＿＿＿政策が実行に移された。④＿＿＿＿＿＿＿＿＿＿（現ポーランドのオシフィエンチム）などの**強制収容所**に、ヨーロッパ中からユダヤ人が移送されてガス室などで殺害され、数百万人が犠牲となった（⑤＿＿＿＿＿＿＿＿＿＿）。政治犯に加えて、障害者・同性愛者・⑥＿＿＿＿（ジプシー）[⑥＿＿＿＿（ジプシー）は、ヨーロッパ各地に暮らす民族集団で、その出自はインドと考えられている。定住生活をとらなかったことなどが理由となって、彼らは各国で差別を受けていた]らも、ナチス＝ドイツによって組織的に殺害された。

太平洋戦争

Q▶ 太平洋戦争の開戦により、第二次世界大戦の性格はどのようにかわったのだろうか。

　日中戦争の長期化で国力を消耗させた日本は、状況を打開するために南方への進出を企てた。1940(昭和15)年9月、フランスの敗北に乗じてフランス領インドシナ①＿＿＿部に軍を派遣し、また三国防共協定を❷＿＿＿＿＿＿＿＿＿＿同盟へと発展させた。41(昭和16)年4月には、北方の安全確保のためソ連と❸＿＿＿＿条約を結んだ。ソ連にとっては、当時バルカン半島に進出してきたドイツとの関係が緊張していたため、日本とドイツによる挟撃を避けるねらいがあった。さらに日本は、41年7月フランス領インドシナ④＿＿＿部にも軍を進めた。

　日本の動きに危機感を強めていたアメリカ合衆国は、日本の南方進出を牽制して対日⑤＿＿＿＿輸出の禁止を決定し、イギリス・オランダもこれに同調した[日本の軍部などは、こうした動きを、3国と中国のアルファベット表記の頭文字を組み合わせて「⑥＿＿＿＿＿＿＿＿＿包囲陣」と呼んだ]。衝突を回避するための日米交渉が行き詰まると、1941年12月8日、日本軍は⑦＿＿＿＿＿半島に軍を上陸させる一方、ハワイの❽＿＿＿＿＿＿＿（**真珠湾**）にある米海軍基地を攻撃して、合衆国・

解答 ②武器貸与　③絶滅　④アウシュヴィッツ　⑤ホロコースト　⑥ロマ
太平洋戦争▶①北　❷日独伊三国　❸日ソ中立　④南　⑤石油　⑥ABCD　⑦マレー
❽パールハーバー

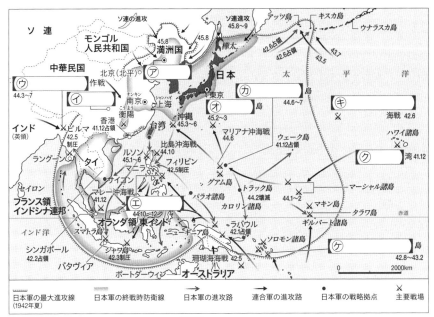

地図中のラベル:

ソ連 / モンゴル人民共和国 / 満洲国 / ソ連の進攻 45.8 / ソ連進攻 45.8〜9 / アッツ島 / キスカ島 / ウナラスカ島 / 樺太 / 42.6占領 42.6占領 43.7 43.5 / 中華民国 / 北京(北平) / 作戦 / 【ア】新京 / 日本 / 太平洋 / 44.3〜7 / 【ウ】インパール / 【イ】重慶 / ナンキン南京 / こうよう衡陽 / シャンハイ上海 / 東京 / 【カ】サイパン 島 44.6〜7 / 【キ】ミッドウェー 海戦 42.6 / インド(英領) / 香港 41.12占領 / ビルマ / 42.5制圧 / 沖縄 45.3〜6 / 【オ】硫黄 島 45.2〜3 / マリアナ沖海戦 44.6 / ウェーク島 41.12占領 / ハワイ諸島 / 【ク】真珠 湾 41.12 / ラングーン / タイ / 台湾 / 比島沖海戦44.10 / ルソン島 45.1〜6 / マニラ / フィリピン 42.5制圧 / グアム島 / トラック島 44.1〜2壊滅 / マーシャル諸島 / マキン島 / 赤道 / セイロン / フランス領インドシナ連邦 / サイゴン / マレー沖海戦 41.12 / 【エ】レイテ 44.10〜12 / パラオ諸島 / カロリン諸島 / ギルバート諸島 / タラワ島 / インド洋 / シンガポール 42.2占領 / スマトラ島 / ジャワ島 42.3制圧 / 【エ】 / ニューギニア島 / ラバウル 42.1占領 / ソロモン諸島 / 【ケ】ガダルカナル 島 42.8〜43.2 / 0 2000km / バタヴィア / オランダ領東インド / ポートダーウィン / 珊瑚海海戦 42.5 / オーストラリア

凡例：
〰〰 日本軍の最大進攻線(1942年夏) / ▬ 日本軍の終戦時防衛線 / → 日本軍の進攻路 / ⇒ 連合軍の進攻路 / ● 日本軍の戦略拠点 / ✕ 主要戦場

地図 太平洋戦争

イギリスに宣戦し、❾＿＿＿＿＿＿戦争に突入した。ドイツ・イタリアもこの時に合衆国に宣戦した。こうして第二次世界大戦は全世界に広がる戦争となった。

　開戦後半年間で、日本は香港・マレー半島・❿＿＿＿＿＿＿＿＿＿＿・オランダ領東インド・フィリピン・ビルマを支配下におさめた。また「⓫＿＿＿＿＿＿圏」をとなえ、各地に親日的な体制を設立させた［フィリピン・ビルマで親日政権を設立させ、インドネシアでは親日組織をつくらせた。また、インドシナ・⓬＿＿＿＿＿には日本との協力を表明させた］。国内では開戦後、軍部の権力が強大になり、言論や報道がきびしく統制された。一方、すでに1930年代末から「⓭＿＿＿＿＿＿＿＿」などの皇民化政策が進められた朝鮮では、多数の労働者が⓮＿＿＿＿的に日本本土に送られ、1943年には⓯＿＿＿＿制も施行された。台湾でも皇民化政策が進められ、⓯＿＿＿制もおこなわれた。

　日本の東南アジア占領は、同地における欧米諸国の植民地支配を破壊することとなった。しかし日本は、「アジア解放」の名目とは裏腹に、新たな支配者として

解答 ❾太平洋　❿シンガポール　⓫大東亜共栄　⓬タイ　⓭創氏改名　⓮強制　⓯徴兵
地図 ㋐新京　㋑重慶　㋒インパール　㋓レイテ　㋔硫黄　㋕サイパン　㋖ミッドウェー　㋗真珠　㋘ガダルカナル

⑯＿＿＿＿をしき、資源の収奪や、日本語教育・神社参拝の強制などを推し進めた。さらにシンガポールやマレー半島、フィリピンでは住民への残虐行為や捕虜を含む強制労働が多発したため、住民の激しい反感を呼び、日本軍は各地で抵抗運動に直面した。資源や工業生産力などでのアメリカ合衆国との国力差も歴然としており、1942(昭和17)年6月に❶＿＿＿＿＿＿＿＿**海戦**で大敗すると、日本は戦争の主導権を失った。

枢軸諸国の敗北　Q▶枢軸諸国は、どのような経緯をたどって敗北へと至ったのだろうか。

　1941年に独ソ戦、ついで太平洋戦争が始まったことで、ドイツ・イタリア・日本などの❶＿＿＿＿国と、イギリス・アメリカ合衆国・ソ連・中国などの❷＿＿＿＿国との対決という第二次世界大戦の構図が固まった。42年後半から連合国軍は総反撃に移り、43年初めにソ連軍は❸＿＿＿＿＿＿＿＿＿＿＿＿(現ヴォルゴグラード)でドイツ軍を破り、以後ドイツは後退を重ねた。6月、スターリンは④＿＿＿＿＿＿＿＿＿＿を解散し、イギリス・合衆国との協力体制をより確実にした。同年夏以降、ドイツ軍は防戦一方に追い込まれた。イタリアでも連合国軍がシチリアに上陸すると、⑤＿＿＿＿＿＿＿＿＿は失脚し、9月に**イタリア新政府**(⑥＿＿＿＿＿政府)が❼＿＿＿＿＿**降伏**した[直後にイタリアへ進軍したドイツ軍により⑤＿＿＿＿＿＿＿＿＿は救出され、イタリア北部・中部に再び政権を築いたが、45年4月に同政権は崩壊し、ムッソリーニも⑧＿＿＿＿＿＿＿(抵抗運動参加者)により処刑された]。

史料 大西洋憲章(1941年、抜粋)

第2、両国(アメリカ合衆国・イギリス)は、関係する人民の自由に表明された願望に合致しない、いかなる①＿＿＿の変更も欲しない。

第3、両国は、すべての人民が、彼らがそのもとで生活する②＿＿＿を選択する権利を尊重する。両国は、主権および自治を強奪された者にそれらが回復されることを希望する。

第4、両国は、現存する義務に対して正当な尊重を払いつつ、あらゆる国家が、大国小国を問わず、また勝者敗者にかかわらず、経済的繁栄に必要とされる世界の③＿＿＿および原料の均等な開放を享受すべく努力する。

第6、ナチスの独裁体制の最終的崩壊後、両国は、すべての国民が、彼ら自身の国境内で安全に居住することを可能とし、すべての国のすべての人が恐怖と④＿＿＿から解放されて、その生命を全うすることを保障するような平和が確立されることを希望する。

(歴史学研究会編『世界史史料10』)

解答 ⑯軍政　⑰ミッドウェー
枢軸諸国の敗北▶❶枢軸　❷連合　❸スターリングラード　④コミンテルン　⑤ムッソリーニ
⑥バドリオ　❼無条件　⑧パルチザン
史料 ①領土　②政体　③通商　④欠乏

これより前の1941年8月、ローズヴェルトとチャーチルによる会談で発表された

❾＿＿＿＿＿＿＿＿＿＿＿は、その後にソ連など26カ国が加わり、42年1月の❿＿＿＿＿＿

＿＿＿＿＿＿宣言で戦後構想の原則として確認された。43年11月、ローズヴェ

ルト・チャーチル・蔣介石のカイロ会談で対日処理方針を定めた⓫＿＿＿＿＿＿**宣**

言が合意され、さらにローズヴェルト・チャーチル・スターリンの⓬＿＿＿＿＿＿＿

＿＿**会談**では、連合国軍の北フランス上陸作戦が協議された。これにもとづいて、

44年6月に⓭＿＿＿＿＿＿＿＿＿＿＿＿指揮下の連合国軍が⓮＿＿＿＿＿＿

＿＿＿＿＿＿**に上陸**した。連合国軍は8月にはパリを解放し、帰国した⓯＿＿＿＿

＿＿＿＿＿＿は臨時政府を組織した。並行してソ連軍も、東欧諸国に進軍して、ド

イツ軍を駆逐していった。

1945年2月、米・英・ソ首脳はクリミア半島の⓰＿＿＿＿＿＿で会談し、⓰＿

＿＿＿**協定**を結んで、ドイツ処理の大綱や、秘密条項としてドイツ降伏後3カ月

以内の⓱＿＿＿＿＿の対日参戦などを決めた[このときローズヴェルトは、ソ連による対日参

戦と引きかえに、南樺太・千島のソ連領有を認めた]。空襲で多くの都市や交通網を破壊さ

れたドイツは、同年には総崩れとなった。4月末にヒトラーは自殺し、ベルリンは

占領され、5月7日に**ドイツは**⓲＿＿＿＿＿＿**降伏**した。

日本は、太平洋地域で敗退を重ね、とくに1944(昭和19)年夏に⓳＿＿＿＿＿

＿＿島を奪われてからは、本土空襲がしだいに本格化していった。45(昭和20)年6

月には、⓴＿＿＿＿＿**本島がアメリカ軍に占領**された。7月、㉑＿＿＿＿

＿＿（4月に病死したローズヴェルトにかわり昇格）、チャーチル（選挙で敗北し、

途中で労働党アトリーと交替）、スターリンがベルリン郊外のポツダムで会談し、

ドイツ管理問題を協議するとともに、日本の降伏を求める㉒＿＿＿＿＿＿**宣言**

を発表した。日本がこれを黙殺する一方、アメリカ合衆国は8月6日㉓＿＿＿＿に、

9日には㉔＿＿＿＿に㉕＿＿＿＿**爆弾を投下**した[㉕＿＿＿＿爆弾によって、広島では約

14万人(1945年12月末時点)、長崎では7万人以上(1950年7月時点)の市民が死亡した]。同時に

ソ連はヤルタ協定にもとづき、日ソ中立条約の規定を無視して、8月8日日本に

㉖＿＿＿＿＿し、中国東北地方・朝鮮・南樺太・千島列島に侵攻した[ソ連は1945年4月、

日ソ中立条約破棄を日本に通告したが、規定では条約は破棄通告後1年間は有効であった。ソ連に

降伏した軍人や一部の居留民ら約60万人が㉗＿＿＿＿＿＿＿＿＿をはじめとするソ連各地に長期間

解答 ❾大西洋憲章 ❿連合国共同 ⓫カイロ ⓬テヘラン ⓭アイゼンハワー
⓮ノルマンディー ⓯ド＝ゴール ⓰ヤルタ ⓱ソ連 ⓲無条件 ⓳サイパン ⓴沖縄
㉑トルーマン ㉒ポツダム ㉓広島 ㉔長崎 ㉕原子 ㉖宣戦 ㉗シベリア

抑留され、悪条件下での労働などによって多くの死者を出した]。14日、日本は**ポツダム宣言**を❷⑧　　　　**して無条件降伏**し、15日に天皇の玉音放送により国民にも明らかにした。こうして数千万人が命を落とし、多数の難民と孤児をもたらした、史上最大の戦争は終わった。

大戦の特徴と結果

Q▶ 第二次世界大戦と第一次世界大戦を比べた時、その違いはどのような点にみられるだろうか。

　第二次世界大戦は、**異なる政治・社会体制間の❶**　　　　　を競うという、第一次世界大戦にはない特徴をおびた。ファシズムに対抗して、民主主義の優位を標榜する連合国が勝利したことは、戦後の世界で**❷**　　　　**主義が拡大**する重要な一歩となった。一方、連合国陣営のなかで、アメリカ合衆国とならんでソ連が中心的な役割を果たした結果、戦後の国際政治では、両国を盟主とする資本主義と社会主義の争いが展開することになった。

　❸　　　　**・**　　　　　　　　**地域が主戦場の１つ**となったことも、第二次大戦の新たな特徴である。その背景には、第一次大戦後、国際政治に占める日本と合衆国の役割が増大し、アジア・太平洋地域をめぐる両国の主導権争いも激化したこと、さらに満洲事変以来、中国が日本に粘り強い抵抗を続けたことがあげられる。総じて第二次大戦の結果、ヨーロッパは戦場となったばかりでなく、その植民地支配体制も弱体化して、国際政治上の比重を大きく低下させた。その一方で、中国をはじめとするアジア諸地域は、欧米諸国や日本の支配・圧力に抵抗するなかで、**④**　　　　　　　　　　　を高め、戦後の国際政治で自己の立場を強力に主張することとなった。

　総力戦としての第二次大戦は、兵器の破壊・殺傷能力が飛躍的に増加したこともあり、第一次大戦よりもさらに多くの犠牲者をもたらした。とくに戦争末期に原子爆弾が開発され、実際に使用されたことは、**❺**　　　　　　　**の脅威**を戦後世界にもたらすこととなった。他方で、第一次大戦と同様、第二次大戦は、総力戦を担った様々な社会層への権利の拡大へとつながった。女性への参政権付与をはじめとする**両性の❻**　　　　**化**は、大戦後にいっそう多くの地域で実現された。

解答 ❷⑧受諾
大戦の特徴と結果▶❶優劣　**❷**民主　**❸**アジア・太平洋　**④**ナショナリズム　**❺**核戦争　**❻**同権

Q▶ 大戦後に設立された国際連合の特徴は、どのような点にあるだろうか。また新たに形成された国際秩序には、どのような課題があったのだろうか。

戦後国際秩序の形成

Q▶ 戦後の国際秩序は、どのような構想のもとに形成されたのだろうか。

①_____を具体化するため、1944年8月〜10月、米・英・ソ・中は②_____会議を開き、③_____憲章の原案をまとめた。これが45年4月〜6月の④_____会議で採択され、同年10月に❸_____が発足した[1948年の第3回総会では、人種・性・宗教などによる差別を禁止した⑤_____宣言が採択された]。原加盟国は51カ国で、本部はニューヨークにおかれた。国際連盟の理想主義が機能不全をまねいた反省から、国際連合では加盟国間の平等をはかりつつも、現実の力関係が制度に反映された。対等な全加盟国によって構成され、意思決定を⑥_____とする**総会**をおく一方で、❼_____会(安保理)には強い権限が与えられ、常任理事国である米・英・ソ・仏・中の5大国は❽_____権を行使できた。また、経済制裁のみならず⑨_____的手段による紛争解決をおこなえるようにもなった。さらに、国際連合は⑩_____(国際連合教育科学文化機関)・国際労働機関(⑪_____)・世界保健機関(⑫_____)などの専門機関と連携して、様々な分野で国際協力を進めることとなった。

国際金融・経済面での協力体制を築くために、1944年7月、連合国の代表はアメリカ合衆国の⑬_____に集まり、❹_____(IMF)と⑮_____銀行(IBRD、世界銀行)の設立に合意し、45年12月に両組織は発足した。また、関税などの貿易障壁の撤廃をうながす協定は、47年10月に「**関税と貿易に関する一般協定**」(⑯_____)として成立した。これらは、ブロック経済によって世界経済が分断された戦前の反省をふまえ、貿易の自由化によって世界平和を支えることを目的とした。さらに、アメリカ合衆国の圧倒的な経済力を支えにして、⑰_____を基軸通貨とする❸_____・**本位制**が導入された[金1オンス(約31.1グラム)=35ドルと定めた。各国通貨とドルの換算も、固定相場制によって一定とされた]。この新たな国際経済の仕組みを**ブレトン=ウッ**

解答 戦後国際秩序の形成▶①大西洋憲章　②ダンバートン=オークス　❸国際連合　❹サンフランシスコ　⑤世界人権　⑥多数決　❼安全保障理事　❽拒否　⑨軍事　⑩ユネスコ　⑪ILO　⑫WHO　⑬ブレトン=ウッズ　❹国際通貨基金　⑮国際復興開発　⑯GATT　⑰ドル　❸金・ドル

ズ体制と呼ぶ。

　敗戦国の戦後処理について、ドイツでは、米・英・ソ・仏の**4国による⑲**___

___**占領**と共同管理、旧首都⑳___の分割管理、民主化の徹底などが

実行された。同時に、㉑___に**国際軍事裁判所**が設置され、

ナチス＝ドイツ指導者の戦争犯罪が追及された[旧枢軸国のイタリア・ハンガリー・ブル

ガリア・ルーマニア・フィンランドとは1947年に㉒___講和条約が結ばれた。ドイツは敗戦

により政府が消滅し、その後、東西に分割されたため、講和条約締結は後回しにされた]。また、

㉓___はドイツと分離されて4国の共同管理下におかれた。

日本はアメリカ軍による事実上の単独占領下におかれ、㉔___の解散・女性解

放・㉕___改革・財閥解体などの民主的改革が実施された。さらに、東京に

㉖___**国際軍事裁判所**が設置されて戦争犯罪が裁かれ、㉗___元

首相ら7名が死刑判決を受けた。1946(昭和21)年11月には、**主権在民**・基本的人権

の尊重・象徴天皇制・戦争放棄をうたった㉘___**憲法**が公布され、翌47年

5月に施行された。

米ソ冷戦の始まり　　Q▶「**冷戦**」は、どのようにして始まったのだろうか。

　第二次世界大戦で破壊された西欧では、①___の再建を求める民衆層の声が、

戦後政治に強い影響を与えた。イギリスでは1945年7月の選挙で②___党が圧

勝し、❸___が首相になった。労働党政権は重要産業の④___化

を進めるとともに、「⑤___」と称された社

会福祉制度の充実をはかった。フランスでは、46年10月に❻___**共和政**が発足

した。イタリアでは、46年の国民投票の結果、王政が廃止されて❼___**政**とな

った。またフランス・イタリアでは、大戦中の抵抗運動で重要な役割を担った

⑧___党が勢力をのばした。エールは49年にイギリス連邦から正式に離脱し、

❾___となった。他方、東ヨーロッパの国々は、大戦末期か

らのソ連軍の進駐によってその勢力下におかれた。

　西欧での共産党勢力の伸張と、東欧でのソ連支配により、アメリカ合衆国はソ連

への警戒心を強めた[1946年、イギリスの前首相⑩___は、ソ連がバルト

海からアドリア海まで「⑪___」をおろしていると批判し、のちの「冷戦」

解答 ⑲分割　⑳ベルリン　㉑ニュルンベルク　㉒パリ　㉓オーストリア　㉔軍隊　㉕農地
㉖極東　㉗東条英機　㉘日本国
米ソ冷戦の始まり▶①生活　②労働　❸アトリー　④国有　⑤ゆりかごから墓場まで　❻第四
❼共和　⑧共産　❾アイルランド　⑩チャーチル　⑪鉄のカーテン

を先どりする演説をおこなった]。1947年、⑫＿＿＿＿＿＿＿における王党派と共産党派の内戦をきっかけにして、米・ソの対立は本格的なものとなった。財政難に苦しむイギリスが、王党派の支援から手を引くと、⑬＿＿＿＿＿＿＿米大統領はソ連勢力の拡張に対する「封（ふう）じ込め」政策（⑭

＿＿＿＿＿＿）を宣言して、ギリシアの内戦に介入した。ついで⑮

＿＿＿＿国務長官が、ヨーロッパ復興のための財政支援計画（⑯

＿＿＿＿＿＿）を発表した。西欧諸国がこれを受け入れたほか、チェコスロヴァキアなどいくつかの東欧諸国にも同様の動きがあったが、ソ連はそれを拒否させた。ソ連は陣営（じんえい）の結束をはかり、47年9月に各国共産党の情報交換機関として⑰

＿＿＿＿＿＿（共産党情報局）を結成した。

　こうして、アメリカ合衆国を盟主（めいしゅ）とする資本主義陣営（西側）と、ソ連を盟主とする社会主義陣営（東側）のあいだで、「⑱＿＿＿＿＿」と呼ばれる緊張状態が高まっていった。冷戦はたんなる勢力争いではなく、資本主義と社会主義の優劣（ゆうれつ）をめぐる世界観の対立であった。米・ソは、自身の体制こそが経済成長と繁栄をもたらすと主張するとともに、西側は⑲＿＿＿＿を、東側は⑳＿＿＿＿を、自陣営の長所としてそれぞれ強調した。

東西ヨーロッパの分断　Q▶ 冷戦のもとで東西ヨーロッパの分断はどのように進んだのだろうか。

　東欧の①＿＿＿＿＿＿＿＿・ハンガリー・②＿＿＿＿＿＿・ブルガリア・アルバニアでは、ソ連のあと押しを受けた共産党により、❸

主義と呼ばれる社会主義体制が築かれ、土地改革と計画経済が導入された。1948年2月、議会制民主主義を堅持（けんじ）していた❹＿＿＿＿＿＿＿＿＿＿＿でも、共産党がクーデタによって実権を掌握（しょうあく）した。一方、❺＿＿＿＿＿＿＿率いるパルチザンによってナチス＝ドイツからの自力（じりき）解放に成功した⑥

＿＿＿＿は、ソ連支配に反発して自主路線をとったため、48年にコミンフォルムから⑦＿＿＿＿された。

　ソ連による東欧支配の強化に対抗して、西欧5カ国［イギリス・フランス・ベネルクス3国（ベルギー・オランダ・ルクセンブルク）の5カ国］は、1948年3月、❽

＿＿＿＿＿条約（ブリュッセル条約）を結んだ。49年4月には、アメリカ

解答 ⑫ギリシア　⑬トルーマン　⑭トルーマン＝ドクトリン　⑮マーシャル
⑯マーシャル＝プラン　⑰コミンフォルム　⑱冷戦　⑲自由　⑳平等
東西ヨーロッパの分断▶①ポーランド　②ルーマニア　❸人民民主　❹チェコスロヴァキア
❺ティトー　❻ユーゴスラヴィア　⑦除名　❽西ヨーロッパ連合

合衆国とカナダを含めた西側12カ国が❾＿＿＿＿＿＿＿＿＿＿**機構（NATO）**を結成し、武力侵略に対して共同で防衛することをとりきめた。合衆国の積極姿勢は、かつてヨーロッパ情勢に介入しなかったためにナチス＝ドイツの強大化をまねいたことへの反省をふまえていた。他方、ソ連と東欧諸国は、49年1月、マーシャル＝プランとブレトン＝ウッズ体制に対抗して、経済相互援助会議（❿＿＿＿＿＿＿＿＿＿〈COMECON〉）を創設した［❿＿＿＿＿＿＿＿＿＿＿＿＿＿にはその後、ソ連・東欧以外の社会主義国である⑪＿＿＿＿＿＿＿・キューバ・⑫＿＿＿＿＿＿＿＿＿＿も参加した］。また55年5月には、共同防衛を定めた⓭＿＿＿＿＿＿＿＿＿＿＿＿**機構**（東ヨーロッパ相互援助条約）を発足させた。

ドイツでも、米・英・仏の占領地区とソ連占領地区の分断が進んだ。1948年6月、ソ連は西側地区の⑭＿＿＿＿改革に反対し、西ベルリンへの交通を遮断した（⓯＿＿＿＿＿＿＿＿＿＿＿＿）。西側諸国は生活必需品の空輸で対抗し、1年ほどで封鎖は解除されたが、東西ベルリンは分断された。49年5月に⑯＿＿＿＿を首都として**ドイツ⑰＿＿＿＿共和国**（西ドイツ）が、同年10月にはベルリンを首都として**ドイツ⓲＿＿＿＿共和国**（東ドイツ）が成立し、ドイツの東西分立が決定した。西ドイツは、キリスト教民主同盟の⑲＿＿＿＿＿＿＿＿＿首相のもと、西側の一員として経済復興に成功し、54年に主権を回復した［オーストリアも、55年に⑳＿＿＿＿国として独立を回復した］。

中華人民共和国の成立　Q▶ なぜ国民党は共産党に敗れたのだろうか。

第二次世界大戦の終結によって中国は戦勝国となり、5大国の1つとして国際的地位を高めたが、国内では、主導権の維持をはかる①＿＿＿＿党と、大戦中に勢力を拡大した②＿＿＿＿党との対立が激化した。インフレーションを引きおこした経済政策の失敗や一党独裁傾向を強めたことによって国民党政権が支持を失ったのに対し、共産党は支配地域で土地改革を実行し、農村の物資動員と兵員確保に成功した。共産党はまず東北地方をおさえてソ連から旧日本軍の兵器を入手し、1947年より反攻を始めて、49年3月には国民政府の首都である南京を占領した。49年12月、❸＿＿＿は❹＿＿＿＿［第二次世界大戦終了後、④＿＿＿＿は中華民国の施政下に入ったが、1947年2月には国民党政権への反発から大規模な暴動がおこり、武力弾圧を受けて多くの犠

解答 ❾北大西洋条約　❿コメコン　⑪モンゴル　⑫ベトナム　⓭ワルシャワ条約　⑭通貨　⓯ベルリン封鎖　⑯ボン　⑰連邦　⓲民主　⑲アデナウアー　⑳中立
中華人民共和国の成立▶①国民　②共産　❸蔣介石　❹台湾

牲者が出た⑤＿＿＿＿＿＿事件)]に逃れ、そこで❻＿＿＿＿＿＿政府を維持した。

　共産党は1949年9月、国民党統治に反対する諸勢力を北京の⑦＿＿＿＿＿会議に招集した。会議は10月、⑧＿＿＿＿＿を主席、⑨＿＿＿＿＿を首相とする⑩＿＿＿＿＿国の成立を宣言し、首都を⑪＿＿＿に定めた。ここに中国共産党が指導する事実上の一党独裁国家が誕生した。50年2月にはモスクワで⑫＿＿＿＿＿＿＿＿＿条約が調印され、中国は社会主義圏に属する姿勢を明らかにした。中華人民共和国は、社会主義国をはじめインド・⑬＿＿＿＿＿などから承認されたが、アメリカ合衆国は、台湾の❻＿＿＿＿＿政府を中国の正式代表とする立場をとった。

朝鮮戦争と東アジア

Q▶ 朝鮮戦争は、東アジアの国際情勢にどのような影響を与えたのだろうか。

　朝鮮は1943年の①＿＿＿＿＿会談で独立が約束されていたが、戦後は**北緯**❷＿＿＿度線を境界に、北をソ連が、南をアメリカ合衆国が占領下においた。米ソ対立が激化するなかで、南部では48年に合衆国から帰国した❸＿＿＿＿＿を大統領として❹＿＿＿＿＿国(韓国)が、北部では⑤＿＿＿＿＿を首相(72年以降は主席)として❻＿＿＿＿＿＿＿＿＿国(北朝鮮)の独立が宣言され、南北が分立した。

　1950年6月、北朝鮮は南北統一をめざし、境界線である38度線をこえて侵攻し、**朝鮮戦争**が始まった。北朝鮮軍は朝鮮半島南端の⑦＿＿＿＿＿にせまったが、安保理は北朝鮮軍の行動を侵略とみなし[ソ連は、国連安保理における中国の代表権を中華人民共和国とする提案が認められなかったため、

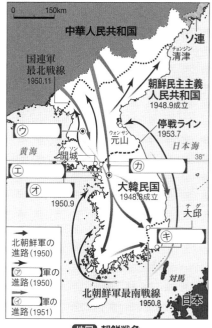

地図 朝鮮戦争

(**解答**) ⑤二・二八　❻中華民国　⑦人民政治協商　⑧毛沢東　⑨周恩来　⑩中華人民共和　⑪北京　⑫中ソ友好同盟相互援助　⑬イギリス
朝鮮戦争と東アジア▶ ①カイロ　❷38　❸李承晩(イ スンマン)　❹大韓民　⑤金日成(キムイルソン)　❻朝鮮民主主義人民共和　⑦釜山(プサン)
(**地図**) ⑦国連　⑨人民義勇　⑰平壌(ピョンヤン)　⑤板門店(パンムンジョム)　⑦仁川(インチョン)　⑦ソウル　⑥釜山(プサン)

安保理をボイコットしており、⑧＿＿＿＿＿権を行使できなかった]、その勧告に応じた、アメリカ軍を中心とする⑨＿＿＿＿軍が韓国の支援に向かった。⑨＿＿＿＿軍が反撃して中国国境付近にせまると、中国は北朝鮮を支援するために⑩＿＿＿＿＿軍を派遣した。戦線は38度線付近に押し戻されて膠着し、53年に⑪＿＿＿＿協定が成立したが、現在に至る南北の分断が固定化された。

　朝鮮戦争が始まると、アメリカが艦隊を⑫＿＿＿＿海峡へ派遣したため、中国と台湾の分断も固定化した。中国では戦争勃発後にアメリカ合衆国との対立が決定的になり、⑬＿＿＿＿主義化が加速することになった。1950年以降の土地改革で地主層が打倒され、農民に土地が分配されていた農村では、土地を共同で所有・経営する集団化が進められた。商工業では民間企業が国営化されるとともに、重化学工業が推進された。

　アメリカ軍が朝鮮半島に派遣されるのにあわせて、日本では⑭＿＿＿＿＿隊(のちの自衛隊)が設置された。1951(昭和26)年には、日本は、社会主義国や一部のアジア諸国の不参加・反対をおして**⑮**＿＿＿＿＿＿＿＿＿条約に調印して独立を回復し、朝鮮・台湾・南樺太・千島を正式に放棄した[歯舞群島・色丹・国後・択捉の北方４島は1855(安政元)年２月の⑯＿＿＿＿＿＿＿条約で日本の領土と認められたが、第二次世界大戦後、旧ソ連とロシア連邦は４島を占領し続け、日本は平和条約による返還を求めている]。同時に**⑰**＿＿＿＿＿＿＿＿条約も結ばれ、アメリカ合衆国は事実上日本の防衛を引き受け[1960(昭和35)年の条約改定時に、アメリカ合衆国の日本防衛義務が明文化された]、日本はアメリカ軍の駐留や軍事基地・関係施設の存続を認め、⑱＿＿＿＿＿は合衆国の施政権下におかれることになった。

東南アジアの独立

Q▶ 東南アジアの独立は、どのように達成されたのだろうか。

　第二次世界大戦中、日本に占領された東南アジアは、民族運動や抗日運動を基礎に戦後つぎつぎと独立に向かった。抗日運動がもっとも活発だったフィリピンは、1946年に❶＿＿＿＿＿＿＿＿＿＿国として独立した。オランダ領東インドでは、45年８月、❷＿＿＿＿＿＿＿を指導者に❸＿＿＿＿＿国の成立が宣言された。これに対してオランダは武力介入したが失敗し、49年にインドネシアは独立を実現した。

解答　⑧拒否　⑨国連　⑩人民義勇　⑪休戦　⑫台湾　⑬社会　⑭警察予備
⑮サンフランシスコ平和　⑯日露和親　⑰日米安全保障　⑱沖縄
東南アジアの独立▶❶フィリピン共和　❷スカルノ　❸インドネシア共和

フランス領インドシナでは、**❹**＿＿＿＿＿＿＿＿＿＿＿＿＿＿＿＿＿＿＿＿＿＿が日本の占領下に
ベトナム独立同盟会(**❺**＿＿＿＿＿＿＿＿＿＿＿)を組織し、終戦直後**❻**＿＿＿＿＿＿
＿＿＿＿＿＿＿国の独立を宣言した。フランスはこれを認めず、1949年に阮朝最
後の王**❼**＿＿＿＿＿＿＿を立てて、フランス連合内の一国[第四共和政のフランスでは、
1946年憲法でフランスの海外領・植民地をフランス連合と規定した]として**❽**＿＿＿＿＿＿
＿＿国を発足させる一方、民主共和国と交戦を続けた(**❾**＿＿＿＿＿＿＿＿＿**戦争**)。
54年5月に**❿**＿＿＿＿＿＿＿＿＿＿＿＿＿で大敗したフランスは、7月
に民主共和国と**⓫**＿＿＿＿＿＿＿＿＿＿＿＿**協定**を結んでインドシナから撤退
し、**北緯⓬**＿＿＿**度線**を暫定的な軍事境界線として南北間をわけ、2年後の南北統一
選挙が予定された。しかし、ジュネーヴでの会談に参加していたアメリカ合衆国は、
東南アジアにおける社会主義勢力の拡大を阻止するために休戦協定の調印を拒否し
た[さらにアメリカ合衆国は、1954年9月にイギリス・フランスやオーストラリア・ニュージーラ
ンド・フィリピン・タイ・パキスタンとともに、**⓭**＿＿＿＿＿＿＿＿＿＿＿＿＿＿＿＿＿＿**機構**
(SEATO)を結成した]。翌55年には、合衆国に支援された**⓮**＿＿＿＿＿＿＿＿＿
＿＿＿＿＿＿政権が南部にベトナム共和国を樹立したため、ベトナムは南北に分断
された。

カンボジアは1953年に完全独立を果たし、**⓯**＿＿＿＿＿＿＿＿＿＿＿国王のもとで
中立政策を進めた。**ラオス**も同年に正式に独立したが、左派と右派の対立から内戦
が始まった。イギリス領であった**⓰**＿＿＿＿＿＿＿は、48年にイギリス連邦から離脱
して独立し[**⓰**＿＿＿＿＿＿は1988年の軍事クーデタを経て、89年に国名を**⓱**＿＿＿
＿＿＿＿と改めた]、同じくイギリス領であったマレー半島は、57年に**⓲**＿＿＿＿
＿＿＿＿となった。

南アジアの独立 **Q▶ 南アジア諸国の独立には、どのような宗教的背景があったのだろうか。**

第二次世界大戦後、イギリスからの独立が予定されていたインドでは、パキスタ
ンの分離・独立を求める**①**＿＿＿＿＿＿＿＿＿＿＿＿連盟の**❷**＿＿＿＿＿
＿＿＿＿と、統一インドを主張する**❸**＿＿＿＿＿＿＿＿らが対立した。
1947年にイギリス議会でインド独立法が制定されると、ヒンドゥー教徒を主体と
する**❹**＿＿＿＿＿＿＿＿とイスラーム教徒による**❺**＿＿＿＿＿＿＿＿＿の2国

第17章

解答 ❹ホー゠チ゠ミン ❺ベトミン ❻ベトナム民主共和 ❼バオダイ ❽ベトナム
❾インドシナ ❿ディエンビエンフー ⓫ジュネーヴ休戦 ⓬17 ⓭東南アジア条約
⓮ゴ゠ディン゠ジエム ⓯シハヌーク ⓰ビルマ ⓱ミャンマー ⓲マラヤ連邦
南アジアの独立▶ ①全インド゠ムスリム ❷ジンナー ❸ガンディー ❹インド連邦
❺パキスタン

にわかれて独立した。しかし両教徒の対立はおさまらず、48年にガンディーは急進的ヒンドゥー教徒によって⑥＿＿＿＿＿＿＿された。インドは初代首相❼＿＿＿＿＿＿＿＿のもとで、50年にカーストによる差別の禁止など社会の近代化をめざす憲法を発布し、共和国となった。また仏教徒の多い❽＿＿＿＿＿＿＿＿＿（セイロン）は、48年にイギリス連邦内の自治領として独立し、その後、72年の憲法制定により共和国となった。

中東の動向　Q▶ 現代の中東問題の要因は、どこに求めることができるのだろうか。

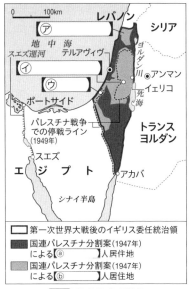

【地図】 第1次中東戦争

第一次世界大戦後のイギリス委任統治領
国連パレスチナ分割案（1947年）による【ⓐ　　　　】人居住地
国連パレスチナ分割案（1947年）による【ⓑ　　　　】人居住地

中東［かつての近東（旧オスマン帝国領に相当）や中近東のかわりに第二次世界大戦後から広く使われるようになった地域名称で、一般に北アフリカを含むアラブ諸国とトルコ・イラン・アフガニスタンを含む地域を指す］のアラブ地域では、第二次世界大戦で疲弊したイギリス・フランスの力が弱まるなか、❶＿＿＿＿＿＿＿＿＿＿主義が高まり、1945年にはアラブの独立と連帯をめざす❷＿＿＿＿＿＿＿＿＿が発足した［エジプト・シリア・イラク・レバノン・トランスヨルダン（1949年にヨルダン＝ハーシム王国に改称）・イエメン・サウジアラビアの7カ国が結成した地域機構］。その大きな目標の1つは、パレスチナにユダヤ人国家が成立するのを阻止することであった。

　そのパレスチナでは、アラブ人とユダヤ人の対立が激化していた。対応に苦慮した③＿＿＿＿＿＿＿＿が委任統治権を放棄すると、これを受けた国際連合は、1947年にパレスチナをアラブ人国家とユダヤ人国家に④＿＿＿＿＿する決議をおこなった。翌48年ユダヤ人が⑤＿＿＿＿＿＿＿＿＿の建国を宣言すると、これに反対するアラブ諸国とのあいだに戦争がおこった（⑥＿＿＿＿＿＿＿戦争、第❼＿＿＿次中東戦争）。国連の調停によってイスラエルは独立を確保し、ヨーロッパで抑圧を受

【解答】 ⑥暗殺　❼ネルー　❽スリランカ
中東の動向▶ ❶アラブ民族　❷アラブ連盟　③イギリス　④分割　⑤イスラエル　⑥パレスチナ
❼1
【地図】 ㋐イスラエル　㋑イェルサレム　㋒ガザ　ⓐユダヤ　ⓑアラブ

けた多くのユダヤ人を受け入れたが、一方で約75万人ものアラブ人が郷土を追われて⑧＿＿＿＿＿となった［パレスチナ⑧＿＿＿＿＿は、その後の戦争のほか、避難先で世代を重ねることによってさらに増加した］。パレスチナの解放をめざすアラブ諸国とイスラエルはその後も戦争を繰り返し、**パレスチナ問題**は深刻化した。

　第二次世界大戦中に連合国軍が駐留したイランでは、戦後に民族運動が高まり、石油産業を独占する③＿＿＿＿＿系企業の国有化を求める声が強まった。1951年に政権についた❾＿＿＿＿＿首相が国有化を実行したが、53年にはイギリス・アメリカ合衆国と結んだ国王❿＿＿＿＿＿＿＿のクーデタによって失脚し、イランの石油は国際石油資本の支配下におかれることになった。

冷戦と第三世界の台頭

1940年代末以降、冷戦が本格的に展開し、世界の多くの地域が東西両陣営のいずれかに組み込まれた。他方、第三世界と呼ばれる新興諸国も存在感を発揮した。

Q▶ 冷戦のもとではどのような問題が発生し、国際社会はどのように対応したのだろうか。

1 冷戦の展開

Q▶ 冷戦のもとで、東西両陣営の社会はどのような変化をとげたのだろうか。

軍事同盟の広がりと核兵器開発

Q▶ アメリカ合衆国はどのような同盟網を構築し、また核兵器開発競争はどのように進んだのだろうか。

　1940年代末から50年代にかけてアメリカ合衆国は、北大西洋条約機構（NATO）以外にも、社会主義陣営を①＿＿＿＿＿するように諸地域に軍事同盟を構築した。まず、1948年に中南米諸国とともに❷＿＿＿＿＿機構（OAS）を発足させた。ついで、51年にオーストラリア・ニュージーランドと❸＿＿＿＿＿＿＿＿＿条約（ANZUS）を締結し、54年には**東南アジア条約機構（SEATO）**を発足させた。翌55年には、トルコ・イラク・イラン・パキスタン・イギリスからなる、❹＿＿＿＿＿＿＿＿＿機構（中東条約機構〈METO〉）も発足させた［1958年に革命がおこってイラクは王政から共和政となり、59年には④＿＿＿＿＿＿＿＿＿機構から脱退したため、以降、同機構は⑤＿＿＿＿＿＿機構（CENTO）と改称した］。また、合衆国はこれらの同盟を補完する二国間条約として、1951年に日米安全保障条約を締結し、同年にフィリピン、53年には韓国とも相互防衛条約を結んだ。

　核開発で先行していたアメリカ合衆国は、当初、圧倒的な軍事上の優位を誇っていた。しかし、1949年にソ連が⑥＿＿＿＿＿爆弾の開発に成功して、合衆国による核兵器の独占を崩した。52年には⑦＿＿＿＿＿＿＿も原子爆弾を保有した。同年、合衆国は原子爆弾よりも強大な破壊力をもつ❽＿＿＿＿＿爆弾（水爆）の実験に成功したが、翌53年にはソ連も水爆を保有した［こののち、1960年にフランスが、64年には中華人民共和国が核兵器開発に成功した］。核開発競争の過熱とともに、核戦争の脅威が高まり、またあいつぐ核実験は、「死の灰」と呼ばれた⑨＿＿＿＿＿＿＿＿＿による犠牲者を生んだ。こうした事態に対して、核兵器⑩＿＿＿＿＿と平和を訴える運動も世

解答 **軍事同盟の広がりと核兵器開発▶**①包囲　❷米州　❸太平洋安全保障　❹バグダード条約
⑤中央条約　⑥原子　⑦イギリス　❽水素　⑨放射性降下物　⑩廃絶

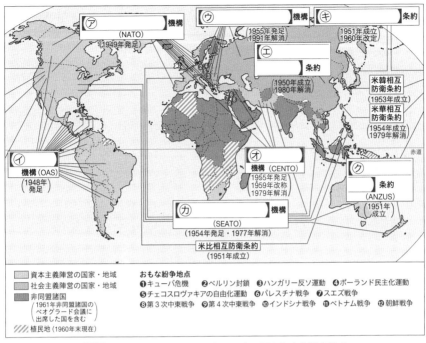

⑦ [　　　　]機構 (NATO) (1949年発足)	
⑦ [　　　　]機構	
㋖ [　　　　]条約 (1951年成立 1960年改定)	
㋓ [　　　　]条約 (1955年発足 1991年解消)	
(1950年成立 1980年解消)	
米韓相互防衛条約 (1953年成立)	
米華相互防衛条約 (1954年成立 1979年解消)	

⑦ [　　　　]機構 (OAS) (1948年発足)

㋔ [　　　　]機構 (CENTO) (1955年発足 1959年改称 1979年解消)

㋗ [　　　　]条約 (ANZUS) (1951年成立)

赤道

㋕ [　　　　]機構 (SEATO) (1954年発足・1977年解消)

米比相互防衛条約 (1951年成立)

凡例:
- 資本主義陣営の国家・地域
- 社会主義陣営の国家・地域
- 非同盟諸国 (1961年非同盟諸国のベオグラード会議に出席した国を含む)
- 植民地 (1960年末現在)

おもな紛争地点
❶キューバ危機　❷ベルリン封鎖　❸ハンガリー反ソ運動　❹ポーランド民主化運動
❺チェコスロヴァキアの自由化運動　❻パレスチナ戦争　❼スエズ戦争
❽第3次中東戦争　❾第4次中東戦争　❿インドシナ戦争　⓫ベトナム戦争　⓬朝鮮戦争

地図 冷戦の時代に結ばれた世界の諸同盟とおもな紛争地点

界各地に広がった[科学者たちは、アインシュタインや⑪ ……………………
…………… (1872〜1970)らの呼びかけにより、1957年にカナダの⑫ ……………………
………… で核兵器廃絶を求める会議を開催した。会議はその後も継続し、各地で開かれた]。

戦後のアメリカ社会　Q▶ 冷戦の進展は、アメリカ社会にどのような影響を与えたのだろうか。

　冷戦の進展は、アメリカ合衆国の国内情勢にも深い影響をおよぼした。1947年には、国内の共産主義者などへの監視を強化するために① ………………………………………
(CIA)が設置され、労働組合の活動を規制するタフト・ハートレー法も制定された。ソ連が核兵器開発に成功すると、反共主義の気運がいっそう強まり、50年頃から左翼運動や共産主義者を攻撃する「❷ ……………………」が始まった[共和党上院議員③ …………
………………… (1908〜57)が、知識人や公務員の思想追及活動の先頭に立ったので、こ

解答　⑪バートランド゠ラッセル　⑫パグウォッシュ
戦後のアメリカ社会▶ ①中央情報局　❷赤狩り　③マッカーシー
地図　㋐北大西洋条約　㋑米州　㋒ワルシャワ条約　㋓中ソ友好同盟相互援助　㋔中央条約
㋕東南アジア条約　㋖日米安全保障　㋗太平洋安全保障

第18章

うした傾向は④＿＿＿＿＿＿＿＿＿＿＿＿＿＿＿とも呼ばれた]。53年に大統領に就任した

❺＿＿＿＿＿＿＿＿＿＿＿＿＿＿＿は、朝鮮戦争の休戦協定を実現し、ソ連との緊張緩和をめざしたが、東側に対抗する軍事同盟網の構築も進めた。一方で、核開発競争の過熱に危機感を覚えたアイゼンハワーは、原子力の平和利用を推進するために、

⑥＿＿＿＿＿＿＿＿＿＿＿の開発を本格化させた。

　1950年代から60年代にかけてのアメリカ合衆国は、平時でも巨額な軍事費を支出するようになり、原子力・ミサイル・航空機・電子機器などの分野で、軍部と軍需企業が癒着した「**❼**＿＿＿＿＿＿＿＿＿＿＿＿＿」の形成が進んだ。その一方で、工場労働者よりも「ホワイトカラー」[白い襟(カラー)の服を着て働く事務労働者をいう。他方、肉体労働者は「ブルーカラー」と呼ばれる]と呼ばれる事務職の人口が上まわったことは、大衆消費社会をいっそう発展させる要因となった。郊外に暮らす白人中間層が、自家用車でスーパーマーケットに買い物に行くといった、アメリカ式の豊かな⑧＿＿＿＿＿＿＿は、西側諸国の人々にとって理想のモデルとなった。

西欧・日本の経済復興　Q▶ 西欧諸国の地域統合は、どのように進展したのだろうか。

　1950年代以降、西欧諸国では、アメリカ合衆国に対する自立性を取り戻すために**地域統合**の必要性が強く認識された。西ドイツを孤立させれば再び戦争の恐れが高まるという懸念からも、地域統合は追求された。フランスの①＿＿＿＿＿＿＿＿外相による1950年の提案(①＿＿＿＿＿＿＝プラン)を受けて、52年、フランス・西ドイツ・イタリア・ベネルクス３国は、石炭・鉄鋼資源の共同利用をめざす**ヨーロッパ❷**＿＿＿＿＿＿＿**共同体**(ECSC)を発足させた。これは、58年に**ヨーロッパ❸**＿＿＿＿＿＿＿**共同体**(EEC)とヨーロッパ④＿＿＿＿＿＿＿共同体(EURATOM)の設置へと発展し、相互に関税を引き下げ、共通の農業政策や資本の自由移動が可能になった。67年には３共同体は合併して**ヨーロッパ共同体**(**❺**＿＿＿＿＿)となり、主権国家の枠をこえた西欧統合の基礎がつくられた。

　一方、イギリスは西欧統合の動きから距離をおき、1960年に北欧諸国などとともにヨーロッパ⑥＿＿＿＿＿＿＿＿(EFTA)を結成した。しかし、その後はECへの参加を希望するようになり、1973年に認められた(⑦＿＿＿EC)[イギリスはこの時にEFTAを脱退した。現在のEFTA加盟国は、アイスランド・スイス・ノルウェー・リヒ

解答 ④マッカーシズム　❺アイゼンハワー　⑥原子力発電　❼軍産複合体　⑧生活様式
西欧・日本の経済復興▶①シューマン　❷石炭鉄鋼　❸経済　④原子力　❺EC　⑥自由貿易連合
⑦拡大

テンシュタインの４カ国である]。

　西ドイツでは、❽＿＿＿＿＿＿＿＿＿＿＿政権のもとで経済成長と社会政策の両立をはかる政策が追求され、「経済の⑨＿＿＿＿＿＿」と呼ばれるほどの経済成長が実現した。

　フランスでは、ベトナムからの撤退^{てったい}後も、⑩＿＿＿＿＿＿＿＿＿＿＿の独立をめぐって国内対立が激化した。この危機において、1958年、**ド＝ゴール**が政界に復帰し、大統領権限の強力な❶❶＿＿＿＿＿**共和政**を成立させた。大統領となったド＝ゴールは⑩＿＿＿＿＿＿＿＿＿の独立を認める（62年）とともに、アメリカ合衆国に対して自立的な外交政策を追求し、⑫＿＿＿兵^{へい}器^きを保有したほか、中華人民共和国を承認した。66年には⑬＿＿＿＿＿＿への軍事協力も拒否した。

　日本は、朝鮮戦争中に国連軍への物資供給（⑭＿＿＿＿＿＿＿＿＿＿）などによって経済復興のきっかけをつかんだ。1955（昭和30）年に保守政党の合同により⑮＿＿＿＿＿＿＿党が成立し、長期政権を担^{にな}うようになった。56（昭和31）年には⑯＿＿＿＿と国交を回復したことで、⑰＿＿＿＿＿＿＿への加盟が実現した。この頃から日本でも❶❽＿＿＿＿＿＿**成長**が始まったが、60（昭和35）年の⑲＿＿＿＿＿＿＿＿条約の改定をめぐって激しい国内対立も発生した。また、65（昭和40）年には韓国とのあいだで⓴＿＿＿＿＿＿**条約**を結び、国交を正常化した[この条約によって、日本は韓国を朝鮮半島の唯一の合法政府と認め、韓国とのあいだに国交を樹立するとともに、韓国併^{へい}合^{ごう}条約をはじめとする戦前の諸条約が無効であることを確認した。賠償^{ばいしょう}金^{きん}については、日本側が援助資金を提供することと引きかえに、韓国側は請求権を放棄した]。

ソ連の「雪どけ」　**Q▶ スターリン死後のソ連と東欧では、どのような変化がおこったのだろうか。**

　1953年に①＿＿＿＿＿＿＿＿＿＿が死去すると、ソ連では外交政策の見直しが始まった。ソ連は同年中に朝鮮戦争の休戦にこぎつけ、55年にはユーゴスラヴィアと和解^{わかい}した。56年２月、ソ連共産党第20回大会で❷＿＿＿＿＿＿＿＿第一書記は、スターリン時代の③＿＿＿＿＿＿を批判して、旧反対派への大規模な弾^{だん}圧を暴露^{あつばくろ}し、自由化の方向を打ち出した（❹＿＿＿＿＿＿＿＿）。さらに、西側との❺＿＿＿＿＿＿を掲げ、⑥＿＿＿＿＿＿＿＿も解散した。この転換^{てんかん}は「❼＿＿＿＿＿」と呼ばれ、東欧諸国に衝撃を与えた。

解答 ❽アデナウアー　⑨奇跡^{きせき}　⑩アルジェリア　❶❶第五　⑫核^{かく}　⑬NATO^{ナトー}　⑭朝鮮戦争特需^{とくじゅ}
⑮自由民主　⑯ソ連　⑰国際連合　❶❽高度経済　⑲日米安全保障　⓴日韓基本
ソ連の「雪どけ」▶ ①スターリン　❷フルシチョフ　③個人崇拝^{すうはい}　❹スターリン批判　❺平和共存^{きょうぞん}
⑥コミンフォルム　❼雪どけ

第18章

1956年6月、ポーランドの⑧＿＿＿＿＿＿＿では、生活改善と民主化を要求する市民が軍と衝突した。同国の共産党は、党内改革派の⑨＿＿＿＿＿＿＿を指導者に選出して経済改革により事態を収拾し、ソ連の軍事介入を防いだ。しかし、⑩＿＿＿＿＿＿＿＿＿では、同年10月に民主化とソ連圏からの離脱を求める大衆運動がおこり、首相の⑪＿＿＿＿もこれを支持すると、ソ連は軍事介入によってこの動きを鎮圧し、のちに⑪＿＿＿＿を処刑した。

東欧諸国の自立化をおさえこむ一方で、フルシチョフは西側諸国との関係改善に力を注いだ。1955年に西ドイツと国交を結び、56年には⑫＿＿＿＿＿＿＿＿＿＿**宣言**を出して、日本と国交を回復した[⑫＿＿＿＿＿＿＿＿宣言は、日ソが平和条約を締結した後に、ソ連が歯舞群島および色丹島を日本に引き渡すとした。しかし、平和条約は今日まで締結されず、北方領土問題も未解決のままである]。さらに59年に訪米し、⑬＿＿＿＿＿＿＿＿＿＿大統領と会談した。しかし、翌60年にソ連上空で合衆国の偵察機が撃墜される事件がおこると、東西関係は再び冷えこんだ。61年、東ドイツ政府が、市民の西側への脱出を阻止するため西ベルリンを囲むように築いた「⑭＿＿＿＿＿＿＿＿＿＿」は、東西対立の象徴となった。

フルシチョフは、国内では経済改革を進め、言論統制を緩和したほか、社会主義体制の優位を示すため⑮＿＿＿＿＿開発に力を入れた。1957年にソ連は大陸間弾道ミサイル(ICBM)の開発に成功し、その技術をもとに世界初の人工衛星⑯＿＿＿＿＿＿＿1号を打ち上げ、61年には世界初の有人宇宙飛行にも成功した。

解答 ⑧ポズナニ ⑨ゴムウカ ⑩ハンガリー ⑪ナジ ⑫日ソ共同 ⑬アイゼンハワー ⑭ベルリンの壁 ⑮宇宙 ⑯スプートニク
史料 ①スターリン ②抹殺

2 第三世界の台頭とキューバ危機

Q▶ 冷戦のもとで、第三世界の台頭はどのように進んだのだろうか。

アジア・アフリカ諸国の非同盟運動

Q▶ アジア・アフリカの新興諸国は、どのようにして自立化を追求したのだろうか。

東西対立が激化するにつれて、アジア・アフリカの新興諸国は、①＿＿＿＿＿勢力として連携することで国際社会における存在感を強めた。

1954年、インド・パキスタン・インドネシア・ビルマ・スリランカの首脳が②＿＿＿＿＿＿＿＿＿に集まり、アジア＝アフリカ会議の開催を提唱した。同年、中国の③＿＿＿＿＿首相もインドの④＿＿＿＿＿首相と会談し、❺＿＿＿＿＿を発表した［領土保全と主権の尊重、不侵略、内政不干渉、平等と互恵、平和共存の5つ。中国は、東側陣営に属する一方、アジア・アフリカ諸国による第三勢力の形成をめざす動きにおいて、インドとならんで中心的な役割を果たした］。翌55年、インドネシアの⑥＿＿＿＿＿で、29カ国代表が参加して❼＿＿＿＿＿＿＿＿＿会議（バンドン会議）の開催が実現し、平和共存・反植民地主義などをうたった平和⑧＿＿原則が採択された。61年にはユーゴスラヴィアなどの呼びかけで、⑨＿＿＿＿＿に25カ国が参加して第1回⑩＿＿＿＿＿＿＿＿会議が開催され、平和共存、民族解放の支援、植民地主義の打破をめざして共同歩調をとることを誓った。このような非同盟諸国の台頭に対応して、アジア・アフリカ・ラテンアメリカなどの開発途上国を「⑪＿＿＿＿＿＿＿」と呼ぶようになった［一般的には、「第一世界」は欧米先進諸国を、「第二世界」は社会主義諸国を指すとされ、そのいずれにも含まれない諸国を、フランス革命の「第三身分」になぞらえて「⑪＿＿＿＿＿＿＿」と称した］。

非同盟運動の一翼を担ったエジプトでは、1952年、⓬＿＿＿＿＿を中心とする青年将校たちが王政を倒し（⓭＿＿＿＿＿＿＿＿＿）、翌53年に共和国を樹立した。新政権は近代化推進のために、イギリスとアメリカ合衆国から建設資金を得て、⑭＿＿＿＿＿＿＿＿＿の建設に着手した。しかし、合衆国のイスラエル寄りの外交政策に反発したナセルは、ソ連に接近した。56年、英米が援助を撤回すると、ナセルは建設資金を確保するために、英仏が経営権をもつ⓯＿＿＿＿＿＿＿の国有化を宣言した。英仏はイスラエルを誘ってエジプト

解答 アジア・アフリカ諸国の非同盟運動▶①第三 ②コロンボ ③周恩来 ④ネルー
❺平和五原則 ⑥バンドン ❼アジア＝アフリカ ⑧十 ⑨ベオグラード ⑩非同盟諸国首脳
⑪第三世界 ⓬ナセル ⓭エジプト革命 ⑭アスワン＝ハイダム ⓯スエズ運河

に軍事行動(**⑯**   **戦争、第⑰**   **次中東戦争**)をおこしたが、合衆国のア
イゼンハワー政権は、かつての植民地支配を露骨に引き継ぐようなこの行動に同調
せず、国際世論も強く反発したため、3国は撤兵をよぎなくされた。これ以降、エ
ジプトは台頭する⑱   主義の指導的地位についた。第2次中東
戦争の帰結は、インドシナ戦争におけるフランスの敗北とともに、⑲
      体制が終わりを迎えたことを示した。

アフリカ諸国の独立と南北問題

Q▶ アフリカなどの新興国は、どのような困難に直面したのだろうか。

　インドシナ戦争の敗北でフランスの国力が弱まると、アフリカのフランス植民地
でも独立をめざす動きが勢いを増し、1956年に①   ・チュニジアが
独立した。翌57年には、イギリス植民地の②   が、③
      のもとで黒人共和国として自力独立を果たした。さらに、植民地の運動におさ
れたド=ゴール政権が譲歩したことなども背景に、60年には一挙に17の新興独立国
が生まれ、この年は「**❹**   」と呼ばれた。本国との行政的
な一体化がより進んでいた⑤   では、軍とフランス人入植
者が独立運動を苛烈に弾圧したが、ようやく62年になって⑥
      (FLN)がフランスからの独立を勝ちとった。

　1963年には、エチオピアの首都アディスアベバでアフリカ諸国首脳会議が開催さ
れ、**❼**   (OAU)が発足し(原加盟国は32カ国)、ア
フリカ諸国の連帯や、独立後も残存する植民地宗主国の政治的干渉・経済的支配の
克服をめざした。しかし、ポルトガルの植民地は残り、⑧   のよう
に独立後も干渉して、⑨   動乱を引きおこした例もあった[⑨
      の独立直後に、ウランや銅などの鉱物資源が豊富な地域の分離独立をねらった⑧
      の介入により発生した内戦。国連軍の介入で1965年に分離独立は失敗に終わった]。さ
らに、南アフリカでは少数の白人支配を維持するために、⑩
      と呼ばれる極端な⑪   隔離・黒人差別政策がとられた。

　アフリカ諸国をはじめとする新興独立国では、従来、植民地宗主国の利益にそっ
て、輸出向けに限定された種類の農作物栽培や原料生産にかたよった開発がなされ
てきた(⑫   **経済**)。そのため経済基盤が弱く、また、

解答 **⑯**スエズ **⑰**2 **⑱**アラブ民族 **⑲**植民地支配
アフリカ諸国の独立と南北問題▶①モロッコ **②**ガーナ **❸**エンクルマ(ンクルマ)
❹アフリカの年 **⑤**アルジェリア **⑥**民族解放戦線 **❼**アフリカ統一機構 **⑧**ベルギー **⑨**コンゴ
⑩アパルトヘイト **⑪**人種 **⑫**モノカルチャー

交通網や電気・水道などの社会的⑬＿＿＿＿＿＿＿＿＿
（基本的生活基盤）、教育・医療などの社会制度もほとんど整備されていなかった。
さらに、圧倒的多数の現地住民は、行政運営や政治に参加する機会も奪われてきた。
これらを背景に、独立後の政治・経済は不安定で、部族相互の対立による内戦やクーデタが繰り返され、⑭＿＿＿＿＿＿＿＿＿政権がしばしば登場した。

　こうして新興独立国の当初の勢いは失われ、慢性的な貧困に苦しみ、国際機関や欧米諸国の援助に依存する例が多くみられた。豊かな先進国と、アジア・アフリカの開発途上国との経済格差は、❶＿＿＿＿＿問題と呼ばれるようになった。1964年には、77カ国の開発途上国が⑯＿＿＿＿＿＿＿＿＿＿会議（UNCTAD）を結成し、南北の経済格差の是正をめざしたが、十分な成果はあがらなかった。また開発途上国は、独立当初から強力なナショナリズムが特徴であったが、貧困に苦しむなかでその傾向はより顕著となり、それとともに第三世界全体としての団結もさまたげられた。

ラテンアメリカ諸国の動向とキューバ革命

Q▶ キューバ革命は、どのような背景をもっていたのだろうか。

　ラテンアメリカ諸国は、第二次世界大戦後もアメリカ合衆国の強い影響下におかれていたが、合衆国への反発の動きもみられた。アルゼンチンでは、1946年に大統領となった①＿＿＿＿＿＿が、反米的な民族主義を掲げて社会改革をおこなった。51年、中米のグアテマラでは左翼政権が成立して土地改革に着手したが、54年には合衆国に支援された軍部のクーデタで倒された。

　キューバでは、親米の②＿＿＿＿＿＿＿独裁政権のもとで、アメリカ系企業が広大な土地を所有して、砂糖栽培に特化した農業生産をおこない、大多数の農民は貧困と土地不足に苦しんでいた。1959年、❸＿＿＿＿＿＿＿らがバティスタ政権を打倒して革命政権を樹立し、農地改革のためにアメリカ系企業からの土地の接収に踏みきった（❹＿＿＿＿＿＿＿＿＿＿）。この革命は、ラテンアメリカ諸国の革命運動や民族運動に多大な影響を与えた。合衆国の⑤＿＿＿＿＿政権は61年にキューバと断交し、つづくケネディ政権もカストロ政権の武力転覆を企てたが、失敗に終わった。

解答 ⑬インフラストラクチャー　⑭軍事独裁　⑮南北　⑯国連貿易開発
ラテンアメリカ諸国の動向とキューバ革命▶①ペロン　②バティスタ　❸カストロ
❹キューバ革命　⑤アイゼンハワー

アメリカ合衆国との関係が悪化したキューバは、① ＿＿＿＿＿＿宣言をおこない、ソ連に接近した。1962年、カストロの要請にこたえて、ソ連がキューバでの② ＿＿＿＿＿＿基地建設に着手すると、ケネディ政権はソ連船の機材搬入を海上封鎖によって阻止し、米ソ間の緊張が一気に高まった（③ ＿＿＿＿＿＿）。しかし、核戦争の可能性を前に両国首脳は妥協に転じ、合衆国のキューバ内政への不干渉と引きかえに、ソ連がミサイル基地を撤去する合意が成立した。これ以後、米ソ両国は緊張緩和に転換して、両国首脳間を結ぶ直通通信回線（④ ＿＿＿＿＿）も敷設された。

キューバ危機をきっかけに、米・ソをはじめとする国際社会は、核兵器制限に取り組みはじめた。1963年には米・英・ソが、⑤ ＿＿＿＿＿＿条約（地下を除く核実験禁止条約）に調印した。さらに68年には、⑥ ＿＿＿＿＿＿条約（NPT）が62カ国により調印された。核拡散防止条約は、すでに核保有国となっていた米・ソ・英・仏・中以外の国が、新たに核を保有することを禁じたもので、5大国による寡占と引きかえに、核の拡散を防止するねらいがあった。69年からは、米ソ両国間で第1次⑦ ＿＿＿＿＿＿交渉（SALT Ⅰ）が始まった〔第1次で戦略核兵器のミサイル配備数の凍結、1972年からの第2次で搭載する核弾頭の数について交渉がおこなわれたが、79年のソ連のアフガニスタン侵攻で失敗に終わった〕。

3 冷戦体制の動揺

Q▶ 1960年代以降、冷戦体制におこった動揺はどのようなものだったのだろうか。

ベトナム戦争とインドシナ半島

Q▶ ベトナム戦争は、どのような性格をもつ戦争だったのだろうか。

冷戦のあいだ、米・ソは、直接の武力衝突をおこさなかった。しかし、アジアやアフリカでは、米・ソがそれぞれあと押しする勢力による**代理戦争**がおこった。❶ ＿＿＿＿＿＿戦争もその1つである。② ＿＿＿＿＿＿国（南ベトナム）では、ゴ＝ディン＝ジエム政権が独裁体制を強めるなか、1960年に南ベトナムの解放をめざす❸ ＿＿＿＿＿＿が結成され、ベ

解答　**キューバ危機と核不拡散体制の成立▶**①社会主義　②ミサイル　❸キューバ危機
④ホットライン　❺部分的核実験禁止　❻核拡散防止　⑦戦略兵器制限
ベトナム戦争とインドシナ半島▶❶ベトナム　②ベトナム共和　❸南ベトナム解放民族戦線

トナム民主共和国（北ベトナム）と連携してゲリラ戦を展開した。63年にジエム政権が軍のクーデタによって倒れたのち、アメリカ合衆国の④＿＿＿＿＿＿＿＿＿＿政権は南ベトナムへの軍事援助を本格化させた。北ベトナム正規軍が南ベトナムへ派遣されると、65年に合衆国の⑤＿＿＿＿＿＿＿＿＿＿政権は**北ベトナムへの爆撃**（⑥＿＿＿＿）と大規模な軍事介入に踏みきった。しかし、ソ連と中国の軍事援助に支えられた北ベトナムと解放戦線は、森林でのゲリラ戦を展開し、近代兵器で武装した米軍に粘り強く対抗した。68年までに合衆国は約50万人の地上兵力を南ベトナムに派遣したが、戦局は泥沼化する一方だった。

ベトナム戦争に対して国際世論は批判を高め、アメリカ合衆国の世論も二分された。1968年、合衆国は北爆を停止し、北ベトナム側と⑦＿＿＿＿＿＿で和平交渉に入った。日本では、沖縄の米軍基地がベトナム戦争に利用されていたことへの批判が高まり、72（昭和47）年に❽＿＿＿**の返還**が実現したものの、広大な米軍基地は残った。73年には❾＿＿＿＿＿（＿＿＿＿＿）**協定**が実現し、❿＿＿＿＿＿＿大統領は米軍を南ベトナムから撤退させた。75年、北ベトナム軍と解放戦線は⑪＿＿＿＿＿（現ホーチミン）を占領し、翌76年に南北を統一した⑫＿＿＿＿＿＿＿＿**国**が成立した。

カンボジアでは、1970年にクーデタで⑬＿＿＿＿＿＿＿元首を追放した親米右派勢力と、❹＿＿＿＿＿＿＿＿の指導する急進左派の⑮＿＿＿＿＿＿＿など解放勢力との内戦が続いていた。75年、勝利をおさめた解放勢力は、⑯＿＿＿＿＿＿＿＿（民主カンボジア）を名乗り、農業を基盤とした共産主義社会の建設を強行し、知識人をはじめとして反対する人々を多数処刑した。しかし、78年末に⑰＿＿＿＿＿＿が軍事介入をおこない、民主カンプチアを倒して新政権を成立させた〔民主カンプチアを支持していた中国は、ベトナムの行動を非難し、1979年2月、ベトナムに対して軍事行動をおこしたが（⑱＿＿＿＿＿**戦争**）、まもなく撤退した〕。**ラオス**でも1960年代前半から、政権を握る右派と、左派の⑲＿＿＿＿＿戦線のあいだで内戦状態にあったが、愛国戦線が勝利し、75年にラオス人民民主共和国が成立した。

解答 ④ケネディ ⑤ジョンソン ⑥北爆 ⑦パリ ❽沖縄 ❾ベトナム（パリ）和平 ❿ニクソン ⑪サイゴン ⑫ベトナム社会主義共和 ⑬シハヌーク ❹ポル＝ポト ⑮赤色クメール ⑯民主カンプチア ⑰ベトナム ⑱中越 ⑲ラオス愛国

アメリカ合衆国とソ連の変容

Q▶ 1960年代のアメリカ合衆国とソ連は、それぞれどのような変容をとげたのだろうか。

　ベトナム戦争が進んだ1960年代は、アメリカ合衆国の変容の時期でもあった。1961年に初の①＿＿＿＿＿＿＿＿＿系大統領として就任した民主党の❷＿＿＿＿＿は、③＿＿＿＿＿＿＿＿＿＿＿＿政策を掲げて国内改革を呼びかけ、南部に残る黒人差別の撤廃を求める❹＿＿＿＿＿＿＿**運動**にも理解を示した。63年11月に彼が暗殺されたのち、後継の⑤＿＿＿＿＿＿政権は64年に選挙権や公共施設での人種差別を禁止する❹＿＿＿＿＿**法**を成立させ、「⑥＿＿＿＿社会」をスローガンとして「貧困との闘い」を推進した。しかし、ジョンソン政権のもとで60年代後半に⑦＿＿＿＿＿＿戦争が泥沼化すると、国内では❽＿＿＿＿＿＿＿＿**運動**が高揚し、人種差別・貧困・性差別などに対する抗議運動とも連動した。運動の中心的な担い手は、戦後の⑨＿＿＿＿＿世代の学生であり、60年代末には日本を含む一連の先進諸国でも、同様の学生運動が繰り広げられた。68年に公民権運動の指導者⑩＿＿＿＿＿牧師が暗殺されると、人種問題をめぐる暴動が多発するなど、合衆国では社会的な亀裂が拡大していった。こののち、ニクソン大統領がベトナムからの撤兵を実現したが、政治スキャンダルによって74年に辞任に追い込まれた［1972年の大統領選挙で再選をめざした共和党ニクソン陣営が、ワシントンの⑪＿＿＿＿＿＿＿＝ビルにあった民主党本部を盗聴しようとしたが発覚し、ニクソン自身も関与していたとの疑惑が高まった。74年、ニクソンは下院での弾劾決議を前に大統領を辞任した。この一連のできごとを⑪＿＿＿＿＿＿＿事件と呼ぶ］。

　ソ連では、自由化の進展を危惧する共産党内の保守派によって、1964年にフルシチョフが解任され、⑫＿＿＿＿＿＿＿＿が後任となった。東欧では、68年に⑬＿＿＿＿＿で「⑭＿＿＿＿＿**の春**」と呼ばれた民主化を求める市民運動がおこり、共産党第一書記に就任した⑮＿＿＿＿＿も自由化を推進した。しかし自由化の波及を恐れたソ連は、⑯＿＿＿＿＿＿＿軍を率いて⑬＿＿＿＿＿＿＿＿に軍事介入し、改革の動きをおしつぶした［チャウシェスクが指導する⑰＿＿＿＿＿は、豊富な石油資源を後ろ盾にして、ソ連に対して一定の自立路線をとり、チェコスロヴァキアへの軍

解答　アメリカ合衆国とソ連の変容▶ ①カトリック　❷ケネディ　③ニューフロンティア
❹公民権　⑤ジョンソン　⑥偉大な　⑦ベトナム　❽ベトナム反戦　⑨ベビーブーム　⑩キング
⑪ウォーターゲート　⑫ブレジネフ　⑬チェコスロヴァキア　⑭プラハ　⑮ドプチェク
⑯ワルシャワ条約機構　⑰ルーマニア

事介入にも参加しなかった]。以後ソ連やほかの東欧諸国でも改革の動きは阻害され、経済も停滞した。

ヨーロッパでの緊張緩和

Q▶ ヨーロッパでの緊張緩和は、どのように進んだのだろうか。

フランスのド゠ゴールの自立的な外交路線に続き、西ドイツでも独自にヨーロッパの緊張緩和を進める動きがおこった。1969年、戦後はじめて① 党を中心とする連立政権が成立すると、❷ 首相はソ連・東欧諸国との関係改善をはかる「❸ 外交」を開始し、70年にはポーランドと戦後国境（④ 線）を認めた国交正常化条約を締結した。

ヨーロッパで進む**緊張緩和（デタント）**に米・ソも歩調をあわせた。1972年に米・英・仏・ソ4国がベルリンの現状維持協定を結んだのを受けて、同年末、❺ **は相互に承認**をおこない、翌73年には両国ともに⑥ に加盟した。75年、フィンランドの⑦ でアルバニアを除く全ヨーロッパ諸国とアメリカ合衆国・カナダの首脳が参加して、⑧ 会 議（CSCE）[CSCEは1995年、⑧ 機構（OSCE）として常設の地域機構となった]が開催され、主権尊重、武力不行使、科学・人間交流の協力などをうたった⑦ 宣言が採択された。

また、1970年代の南欧では、軍事政権や独裁政権が倒れた。ポルトガルでは、⑨ などの植民地における独立運動を受け、危機にあった独裁政権が74年に崩壊した。スペインでは、75年に⑩ が死去すると、後継者に指名されたブルボン朝の⑪ が民主化に踏みきり、立憲君主制の新憲法が制定された。67年以来軍事政権下にあったギリシアも、75年に⑫ 制へ復帰した。

中ソ対立と文化大革命

Q▶ ソ連のスターリン批判ののち、中国ではどのような変化がみられたのだろうか。

1956年にスターリン批判がおこなわれると、スターリンを模範に自己の権力を強化してきた① は反発した。① はソ連との競争を意識して、58年から急激な社会主義建設をめざす「❷ 」運動を開始し、❸ の設立による農村の組織化を進めた。しかし、性急な大規模集団化や

解答 ヨーロッパでの緊張緩和▶①社会民主 ❷ブラント ❸東方 ④オーデル゠ナイセ ❺東西両ドイツ ⑥国際連合 ⑦ヘルシンキ ⑧全欧安全保障協力 ⑨アンゴラ ⑩フランコ ⑪フアン゠カルロス1世 ⑫民主
中ソ対立と文化大革命▶①毛沢東 ❷大躍進 ❸人民公社

専門技術の軽視の結果、農業生産の急減などにより数千万の餓死者を出して、運動は失敗した。また翌59年、チベット[中華人民共和国の成立後、チベット・新疆・内モンゴル・広西・寧夏には少数民族自治区が設けられていた]で反中国運動がおこったが、中国政府によって鎮圧された[この事件ののち、チベット仏教の指導者④＿＿＿＿＿14世(1935～　)はインドへの亡命をよぎなくされ、現地で亡命政権を樹立した]。さらにこれをきっかけに、従来国境が画定されていなかった中国とインドとの関係が悪化し、62年には軍事衝突に至った。

　内外の危機が重なるなかで、毛沢東は、アメリカ合衆国との対決路線をとり、ソ連の⑤＿＿＿＿＿＿＿＿路線を批判した。これに対してソ連は、1960年に中国への経済援助を停止して技術者を引き揚げたが、中国は自力で⑥＿＿＿＿＿、ついで水爆の開発に成功した。⑤＿＿＿＿＿＿の是非をめぐる中ソ論争は、63年から公開論争となり、両国の対立(⑦＿＿＿＿＿＿＿＿＿)は世界が知るところとなった。69年には中ソ⑧＿＿＿＿で軍事衝突もおこった。毛沢東はさらに、「大躍進」の失敗後に経済の立て直しをおこなっていた❾＿＿＿＿＿・❿＿＿＿＿＿ら改革派に対抗して、66年に⓫＿＿＿＿＿＿＿＿＿＿という新たな運動を全国に呼びかけた。若い世代を中心に⓬＿＿＿＿＿など全国的な大衆運動が組織され、党幹部や知識人を迫害した。劉少奇・鄧小平らも資本主義の復活をはかる修正主義者と非難され、失脚に追い込まれた。

　中ソ対立の激化のなか、国際的に孤立していた中国は、アメリカ合衆国との関係改善をはかるようになった。ベトナム戦争で威信がゆらいでいた合衆国も、国際社会での主導権を再確立するために中国への接近をはかり、1972年に⓭＿＿＿＿＿が中国を訪問し、毛沢東とのあいだで関係正常化に合意した。突然の米中接近は日本にも衝撃を与え、同年に⓮＿＿＿＿＿＿首相が北京を訪問して国交を正常化し、78(昭和53)年に⓯＿＿＿＿＿＿＿＿条約を締結した。翌79年には、米中の⓰＿＿＿＿＿＿化が実現した。また、国際連合では71年に⓱＿＿＿＿＿にかわって北京政府の代表権が承認された。

　1971年、毛沢東の後継者とみられた⓲＿＿＿＿＿が失脚し、76年1月には⓳＿＿＿＿＿首相が、また同年9月には毛沢東が死亡すると、⓴＿＿＿＿＿首相は、毛沢東夫人の㉑＿＿＿＿＿ら文化大革命を主導した「㉒＿＿＿＿＿」を逮捕した。

解答 ④ダライ＝ラマ ⑤平和共存 ⑥原爆 ⑦中ソ対立 ⑧国境 ❾劉少奇 ❿鄧小平 ⓫プロレタリア文化大革命 ⓬紅衛兵 ⓭ニクソン ⓮田中角栄 ⓯日中平和友好 ⓰国交正常 ⓱台湾 ⓲林彪 ⓳周恩来 ⓴華国鋒 ㉑江青 ㉒四人組

これを受けて77年、深刻な社会的混乱をもたらした文化大革命の終了が宣告された。復権した鄧小平を中心とした新指導部は、計画経済から㉓＿＿＿＿＿経済への転換をはかり、78年以降、農業・工業・国防・科学技術の「**四つの**㉔＿＿＿＿＿」など**改革開放**路線を推進していった。

第三世界の開発独裁と東南・南アジアの自立化

Q▶ 開発独裁とは、どのような体制であったのだろうか。

　第三世界では、1960年代頃から強権的支配のもとで、政治運動や社会運動を抑圧しながら工業化を強行していく❶＿＿＿＿＿＿＿＿と呼ばれる体制が登場した。この体制では、独裁的政権のもとで低賃金を維持し、外国企業を誘致して、輸出向けの工業製品を生産する方式が採用された。

　大韓民国の②＿＿＿＿＿は抑圧的な反共体制をとっていたが、1960年、民主化を求める学生らの運動がおこって失脚した。その後、軍人の❸＿＿＿＿＿がクーデタによって権力を握り、大統領となって日本と国交を正常化し、独裁体制のもとで「漢江の奇跡」と呼ばれる経済成長を実現した。79年に③＿＿＿＿＿大統領は暗殺され、80年には光州で民主化運動が発生したが、軍部によって弾圧され（❹＿＿＿＿＿**事件**）、軍事政権が続いた。台湾では、1947年の二・二八事件を経て49年に戒厳令がしかれ、以降は国民党政権の独裁が続くなか、経済発展が進展した。

　東南アジアの**インドネシア**では、非同盟運動の指導者である⑤＿＿＿＿＿大統領が、共産党とも協力し、中国との関係を強める政策をとっていた。しかし、1965年の❻＿＿＿＿＿**事件**［9月30日に、親共産党系の青年将校がクーデタを計画したとの口実で、陸軍が共産党勢力を一掃した事件］を機に軍部が実権を握り、共産党は弾圧され、⑤＿＿＿＿＿は失脚した。68年に大統領となった❼＿＿＿＿＿は、開発独裁体制を推し進めた。**フィリピン**でも、⑧＿＿＿＿＿大統領が開発独裁体制を実現した。またマレー半島では、1963年にマラヤ連邦がシンガポールなどと合体して❾＿＿＿＿＿となったが、マレー系住民と中国系住民の対立がやまず、65年に中国系住民を中心として❿＿＿＿＿が分離した。その後、シンガポールではリー＝クアンユー首相が開発独裁体制をしいて、経済成長を推し進めた。67年にはインドネシア・❾＿＿＿＿＿・フィリピン・❿＿＿＿＿・タイの5カ国が、**東南アジア諸国連合（⓫**

解答 ㉓市場　㉔現代化
第三世界の開発独裁と東南・南アジアの自立化▶❶開発独裁　②李承晩　❸朴正熙　❹光州
❺スカルノ　❻九・三〇　❼スハルト　⑧マルコス　❾マレーシア　❿シンガポール　⓫ASEAN

第18章

3. 冷戦体制の動揺　**311**

　　　　　　　　）を結成して地域協力をめざした。これは北ベトナムに対抗するねらいもあったが、やがて大国の介入を排除して東南アジア地域の自立性を高めようとする動きへと向かった。

　インドでは、大戦後に⑫　　　　　　　　　派の政権が長く続き、非同盟外交とともに計画経済が推進された。また、インドはパキスタンとのあいだに⑬　　　　　　　　　地方の帰属などをめぐって衝突を繰り返したうえ、1971年には、言語などの違いから東パキスタンが⑭　　　　　　　　　　　　として独立するのを支援した。

　南米の国々においても開発独裁が広くみられた。**チリ**では1970年に⑮　　　　　　　　　を首班とする左翼連合政権が成立したものの、73年にアメリカ合衆国のCIAに支援された⑯　　　　　　　　　を中心とする軍部のクーデタで倒されてから、軍部の独裁政権が続いた。

解答 ⑫国民会議　⑬カシミール　⑭バングラデシュ　⑮アジェンデ　⑯ピノチェト

冷戦の終結と今日の世界

1970年代以降の産業構造の変容を経て、90年代初めまでに冷戦は終結した。今日の世界は
多極化する一方、環境問題などでは国際的な協力を模索している。

Q▶ 今日の地球世界には、どのような課題があるのだろうか。

1 産業構造の変容

Q▶ オイル＝ショックの前後で、世界の社会と経済はどのようにかわったのだろうか。

福祉国家と公害

Q▶ 先進諸国の社会では、経済成長にともなってどのような変化が生じたのだろうか。

　1960年代以降、西側先進諸国では、国家が国民の福祉に手厚く配慮する❶＿＿＿＿＿＿＿＿＿的な政策がしだいに主流となった。第二次世界大戦以前に福祉国家化が始まっていた北欧諸国に加えて、西欧諸国でも、❷＿＿＿＿＿＿＿＿＿＿主義[資本主義の存続を前提としたうえで、社会保障の拡充を通じて、労働者や低所得層を含む幅広い層の福利厚生を保障して民主主義の充実をめざす政治理念]を掲げる政党がしばしば政権を担い、無償あるいは低額での教育・医療・福祉サービスを実現したほか、大規模な③＿＿＿＿＿＿＿＿事業によって雇用の安定をはかった。社会保障費の増大は、経済成長によって支えられた。また、アメリカ合衆国の歴代政権や日本の④＿＿＿＿＿＿＿＿＿党政権も、同様の政策を推進した。西側諸国における福祉の拡充は、東側諸国との競合によってもうながされた。

　他方で、経済成長は福祉国家的政策を支えるばかりでなく、❺＿＿＿＿＿＿という社会問題も生んだ[1962年には、アメリカ合衆国の❻＿＿＿＿＿＿＿＿＿＿＿＿＿＿＿（1907〜64）が『沈黙の春』を刊行し、農薬が生物に与える否定的影響について警鐘をならした]。有毒性の汚水やガスが工場から大量に排出され、河川・大気・土壌を汚染し、公害病による多数の犠牲者を出した。また、森林伐採や海洋の埋め立てなどの自然破壊も進んだ。これに対して、住民の抗議運動が広がるとともに、1972年には環境を主題とする初の国際会議である❼＿＿＿＿＿＿＿＿会議が⑧＿＿＿＿＿＿＿＿＿で開催された。同年には、資源は有限であり、このまま経済成長を続ければいずれは限界に達するとの警鐘も、科学者らによって発せられ

解答 福祉国家と公害▶❶福祉国家　❷社会民主　③公共　④自由民主　❺公害
❻レイチェル＝カーソン　❼国連人間環境　⑧ストックホルム

た[科学者や実業家らによる民間の研究組織であるローマ＝クラブが、『⑨＿＿＿＿＿＿＿＿』という報告書でこの見解を発表した]。

ドル＝ショックとオイル＝ショック

Q▶ 1970年代初頭に、世界経済はどのような転換を迎えたのだろうか。

　1960年代以降のアメリカ合衆国では、ベトナム戦争による巨額の戦費とともに、①＿＿＿＿＿＿＿＿費の増加が重い負担となった。また1971年には、西欧と日本の経済成長により、1世紀近く続いた合衆国の貿易収支の黒字も赤字に転じ、国内から金が流出した。これを受けて同年、②＿＿＿＿＿＿大統領はドルの金兌換停止を発表して、世界に衝撃を与えた（❸＿＿＿＿＿＿＿＿＿＿＿＿）。アメリカの経済力と金・ドル本位制を基盤とする④＿＿＿＿＿＿＿＿＿体制は終わりを迎え、73年、先進工業国の通貨は❺＿＿＿＿＿＿制[為替レートを、市場での需要と供給に応じて自由に決める制度]に移行し、世界経済は合衆国・西欧・日本の三極構造に向かいはじめた。

　ついで、1973年にエジプト・シリアとイスラエルとのあいだで第❻＿次中東戦争が勃発すると、アラブ諸国を含む❼＿＿＿＿＿＿＿＿機構（OPEC）[1960年に産油国の国際組織である⑦＿＿＿＿＿＿＿機構が発足したが、68年にはアラブの産油国が別個に⑧＿＿＿＿＿＿＿機構（OAPEC）を結成し、原油の輸出価格などの決定権をもつようになった]は、イスラエルを支援する西側諸国に圧力をかけるため、原油価格を引き上げた。⑧＿＿＿＿＿＿＿＿＿機構も、イスラエル支援国に対する原油輸出を禁止した。こうしたアラブ諸国による石油戦略[石油戦略をきっかけに、資源保有国が、他国やその資本の影響力を排除して、自国資源に対する支配権の拡大や管理・開発をめざす動きが高まった。こうした動きは⑨＿＿＿＿＿＿＿＿とも呼ばれる]の結果、西側諸国では急激な物価高が生じた（第1次❿＿＿＿＿＿〈オイル＝ショック〉）[日本は第4次中東戦争で中立的な立場をとっていたため、原油の禁輸措置は受けなかったものの、原油高騰による物価高の打撃を受けた]。ドル＝ショックとオイル＝ショックは世界的な不況を引きおこし、安価な原油を前提としてきた先進国の好景気は終わり、まもなく立ち直った日本を除いて、西欧諸国やアメリカ合衆国の経済成長は減速した。75年には、世界経済の主要問題を討議するために、⑪＿＿＿＿＿＿会議（⑫＿＿＿＿＿）の開催が始まった[フランス・アメ

解答 ⑨成長の限界
ドル＝ショックとオイル＝ショック▶①社会保障　②ニクソン　❸ドル＝ショック
④ブレトン＝ウッズ　❺変動相場　❻4　❼石油輸出国　⑧アラブ石油輸出国
⑨資源ナショナリズム　❿石油危機　⑪先進国首脳　⑫サミット

リカ合衆国・イギリス・西ドイツ・イタリア・日本を参加国として始まり、翌年にカナダも加わった。⑫＿＿＿＿＿＿＿＿＿＿はG7（Group of Seven）とも呼ばれる]。

> **量から質へ**　**Q▶ オイル＝ショック後、各国の社会と経済はどのような変化をとげたのだろうか。**

　オイル＝ショックは、生産の規模を重視してきた経済路線に見直しをせまり、西側先進諸国では大量生産よりも高度な技術が重要視されるようになって、**量から❶＿＿＿＿への❷＿＿＿＿＿＿＿＿＿＿＿＿の転換**が始まった。コンピュータやエレクトロニクスといった③＿＿＿＿＿＿＿＿＿＿＿＿＿＿産業が本格的に形成され、④＿＿＿＿＿＿＿＿＿＿＿＿＿＿化も追求された。他方、世界有数の産油国であるソ連では、⑤＿＿＿＿＿＿輸出による外貨獲得が積極的に進められ、国民の生活水準も短期的には向上した。しかし、外貨による機材の輸入に依存した結果、ソ連では産業のハイテク化や省エネ化はおこなわれず、旧式の設備が維持され、環境汚染も拡大した。

　オイル＝ショックののち、西側先進諸国では、経済の効率性がより重視されるようになったが、これは福祉国家的政策の見直しにもつながった。社会保障費や公共事業費が国家予算に占める大きさが批判され、「⑥＿＿＿＿＿＿＿＿政府」を求める声が強まった。その結果、1970年代末から80年代にかけて、イギリスの❼＿＿＿＿＿＿＿＿＿、アメリカ合衆国の❽＿＿＿＿＿＿＿、西ドイツの⑨＿＿＿＿＿＿、日本の中曽根康弘などの各政権が、市場経済を最優先し、競争原理を重んじる❿＿＿＿＿＿＿＿＿＿＿的な政策を打ち出した。これらの国では電信・鉄道・航空など、非効率とされた国営・公営部門の民営化がおこなわれ、経済の規制緩和が進められた。

　なおラテンアメリカ諸国では、開発独裁の過程で、先進国からの借金である⑪＿＿＿＿＿＿＿＿＿＿＿が増大したが、オイル＝ショックとそれにともなう金融危機によって大きな打撃を受け、債務返済もとどこおった。工業化のもとで成長していた都市中間層は、経済情勢が悪化するなかで独裁体制への批判を強め、1980年代にアルゼンチン・ブラジル・チリでは軍事政権が倒れ[アルゼンチンでは、1982年に⑫＿＿＿＿＿＿＿（マルビナス）諸島の領有をめぐるイギリスとのフォークランド戦争に敗れたことも、軍事政権が倒れる大きな要因となった]、⑬＿＿＿＿＿＿への移行が進んだ。

　他方、アメリカ合衆国では、1960年代後半に公民権運動に参加した女性たちが独

解答 量から質へ▶❶質　❷産業構造　③ハイテクノロジー　④省エネルギー　⑤原油　⑥小さな　❼サッチャー　❽レーガン　⑨コール　❿新自由主義　⑪累積債務　⑫フォークランド　⑬民政

自に⑭＿＿＿＿＿運動を始め、西側先進諸国における女性の権利意識の向上に大きな影響を与えた。70年代を通じて世界的に女性の社会進出が進み、日本でも1985（昭和60）年に⑮＿＿＿＿＿＿＿＿＿法が成立した。

中東の変容

Q▶ 1960～70年代の中東では、どのような変容が生じたのだろうか。

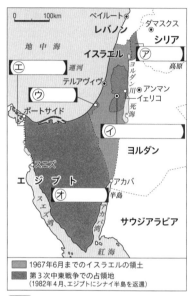

0　　　100km

ベイルート
ダマスクス
レバノン
シリア
地中海
イスラエル
ア　高原
運河
ヨルダン川
テルアヴィヴ
アンマン
ウ
イェリコ
ポートサイド
死海
イ
ヨルダン
エジプト
スエズ
アカバ
オ　半島
スエズ湾
アカバ湾
サウジアラビア
紅海

■ 1967年6月までのイスラエルの領土
■ 第3次中東戦争での占領地
（1982年4月、エジプトにシナイ半島を返還）

[地図] 第3次中東戦争によるイスラエルの領地の拡大

中東では、パレスチナの解放を「アラブの大義」とするアラブ諸国とイスラエルとのあいだに緊張が高まり、1967年に両者のあいだで**第❶＿＿次中東戦争**が勃発した。6日間の戦闘でイスラエルは圧勝し、②＿＿＿＿＿＿半島などに占領地を拡大する一方、エジプトの権威は失墜し、アラブ民族主義も衰退に向かった［第①＿＿次中東戦争後の1969年に③＿＿＿＿＿＿＿＿＿＿＿＿（PLO）議長に就任したアラファトは、パレスチナ人を主体とする解放運動を展開した］。73年の**第❹＿＿次中東戦争**でも、アラブ諸国が石油戦略によって国際的な発言力を高めたものの、イスラエルは占領地を確保した。そのため、ナセルの後継者⑤＿＿＿＿＿＿＿はアメリカ合衆国・イスラエルと

の和解に踏みきり、79年に⑥＿＿＿＿＿＿＿＿＿＿＿条約を締結した［この条約により、エジプトはアラブ諸国ではじめてイスラエルを⑦＿＿＿＿した。その引きかえにイスラエルは1982年、エジプトにシナイ半島を⑧＿＿＿した。一方、エジプトの路線転換はアラブ諸国の反発をまねき、⑤＿＿＿＿＿は1981年に暗殺された］。

アラブ世界に属さないイランでは、1960年代に国王⑨＿＿＿＿＿＿＿が、アメリカ合衆国の後ろ盾のもとで「⑩＿＿＿＿＿＿＿＿」と呼ばれる近代化政策に取り組み、女性参政権の導入や土地改革などを進めた。しかし、保守的な宗教界や、それと結びついた大土地所有者は反発し、さらに、強権的な政治手

[解答] ⑭女性解放　⑮男女雇用機会均等
中東の変容▶❶ 3　②シナイ　③パレスチナ解放機構　❹ 4　⑤サダト
❻ エジプト＝イスラエル平和　⑦承認　⑧返還　⑨パフレヴィー2世　⑩白色革命
[地図] アゴラン　イイェルサレム　ウガザ　エスエズ　オシナイ

法や対米従属に対する市民の抗議運動も広まった。1979年、抗議運動の激化による国王の亡命につづいて、国外に追放されていた反体制派の宗教学者⑪_____が帰国して、⑫_____の教えにもとづく⑬_____共和国を打ちたてた(⑬_____革命)。イランの新体制が、欧米系石油企業を追放して原油生産を国有化すると、これをきっかけに原油価格が高騰し、第2次⑭_____がおこった。イランと合衆国との関係が悪化するなか、翌80年には、合衆国の支援を受けたイラクの⑮_____がイランを攻撃して⑯_____戦争が始まり、決着がつかぬまま88年まで続いた。

開発途上国の工業化

Q▶ 1970～80年代の開発途上国の工業化は、どのようにして進んだのだろうか。

　開発途上国では、低賃金によるコスト削減を利点として外国企業を誘致し、労働集約的な工業品を先進国に輸出する経済政策が進められていった。①_____・台湾・香港・シンガポール・ブラジル・メキシコなど**新興工業経済地域(❷**_____**)**のこのような動きが、タイ・マレーシア・中国・ベトナムなどに波及していった。これらの国々の急速な工業化の結果、1970～80年代には開発途上国の多くで高い経済成長率が実現した[他方で、開発途上国のあいだでも、高い経済成長率を示す国々と、サハラ以南のアフリカのように経済成長率が低いままの国々との格差が広がっていった。これを③_____問題という]。

　他方、先進工業国では工場が国外に流出して雇用機会が減ったが、コンピュータなど最先端の部門の研究や生産で競争を乗り切るようになった。そのため、1980年代にはアメリカ合衆国・西欧・日本のあいだで先端技術開発をめぐる激しい競争が発生し、④_____やコンピュータなどの部門で❺_____が激化した[貿易収支の赤字に苦しむアメリカ合衆国が、1985年の⑥_____合意でドル安を容認すると、円高による不況を背景として、日本企業などは開発途上国への大規模な工場移転を開始した]。

2 冷戦の終結

Q▶ 冷戦は、どのような過程をたどって終結したのだろうか。

デタントの終わりと「新冷戦」

Q▶ 1970年代後半から80年代前半に、米ソはそれぞれのような対外政策を追求したのだろうか。

　1970年代に、ヨーロッパではデタントが進んだが、オイル＝ショックによる原油高騰のために財政的な余裕ができたソ連は、アフリカの新興国に積極的な財政・軍事支援を展開した。1974年、エチオピアでは、軍部がクーデタによって皇帝①＿＿＿＿＿＿＿＿＿＿を退位に追い込んだのち（エチオピア革命）、ソ連の支援を受けて土地改革などの社会主義政策を実施した。75年にポルトガルから独立したモザンビークと②＿＿＿＿＿＿＿では内戦がおこり、ソ連やキューバが社会主義政権を支援する一方、アメリカ合衆国や南アフリカ共和国が反政府勢力を支援した。また、白人が支配していた③＿＿＿＿＿＿＿＿＿では、ソ連や中国の支援を受けた黒人の解放運動が80年に政権を獲得して、④＿＿＿＿＿＿＿＿＿と改称した[③＿＿＿＿＿＿＿＿は1965年にイギリスからの独立宣言をおこなっていたが、少数者である白人の政権が、黒人を隔離するアパルトヘイト政策をとっていたため、④＿＿＿＿＿＿が成立するまで国際社会から独立を承認されずにいた]。

　アメリカ合衆国では、民主党の⑤＿＿＿＿＿＿＿大統領が⑥＿＿＿＿＿を重視する外交を追求し、1977年にパナマ運河をパナマに返還する条約を成立させ、79年にはエジプトとイスラエルの接近を仲介した。しかし、ソ連によるアフリカ諸国への積極的な介入や、反米的なイラン＝イスラーム共和国の成立により、カーターの外交路線やデタントへの批判が合衆国内で高まりはじめた。さらに、79年末にソ連が社会主義政権を支援するために❼＿＿＿＿＿＿＿＿**へ軍事侵攻**すると、米ソ関係は冷え込み[アメリカ合衆国とパキスタンは、アフガニスタン政府とソ連軍に抵抗するイスラーム武装勢力（ムジャーヒディーン）を支援した]、デタントは終わった。

　「強いアメリカ」の必要性を訴えて、新たに合衆国大統領となった共和党の❽＿＿＿＿＿は、強硬な対ソ外交を追求して、宇宙空間での⑨＿＿＿＿＿構想を打ち出すとともに、西欧への⑩＿＿＿＿＿核兵器の配備計画を推進した。1983年には、カリブ海の⑪＿＿＿＿＿に成立した社会主義政権を打倒するた

めに軍事介入もおこなった。米ソ関係が再び緊張した1970年代末から80年代前半にかけての時期は、「❶＿＿＿＿＿＿＿」（「第2次冷戦」）とも呼ばれる。

ペレストロイカから東欧革命へ

Q▶ ソ連で始まった改革は、どのようにして東欧革命をもたらしたのだろうか。

　1980年代前半のソ連は、技術革新に大きく立ちおくれ、工業成長率はゼロ近くにまで落ち込んだ。改善を訴える科学者らの提言も、言論統制によって無視された。1982年にブレジネフは死去したが、その後も高齢の指導者による短命政権が続き、社会には閉塞感が広まった。

　1985年、ようやく指導層の世代交代がおこなわれて❶＿＿＿＿＿＿＿＿＿が指導者となったが、同年に原油価格が急落し、ソ連は原油輸出に頼れなくなった。翌86年、人災によって❷＿＿＿＿＿＿＿＿＿＿**原子力発電所**で大規模事故が発生すると、ゴルバチョフは「❸＿＿＿＿＿＿＿＿（建て直し）」をスローガンに社会主義体制の改革に着手した。まず企業に経営上の自主性を与えるなどの経済改革を試みたが、共産党自体は改革に消極的だった。そこで彼は「❹＿＿＿＿＿＿＿（情報公開）」をとなえて、世論の力で改革を推進しようと考えた。そのための新制度として、89年に複数候補制の選挙にもとづく人民代議員大会が開かれ、さらに90年には、ゴルバチョフが共産党書記長のまま、新設のソ連⑤＿＿＿＿＿に就任した。

　また、ゴルバチョフは軍拡の負担から逃れるため、「⑥＿＿＿＿＿外交」をとなえてアメリカ合衆国に対話を呼びかけた。軍縮による財政赤字の削減を期待するレーガンもこれにこたえて、1985年11月に米ソ首脳会談が実現し、戦略核兵器の半減などに合意した。87年には❼＿＿＿＿＿＿＿＿（INF）**全廃条約**が調印され、米ソ間の緊張緩和が進んだ。これを受けて89年、ソ連軍は❽＿＿＿＿＿＿＿から撤退した。

　ゴルバチョフは、ソ連軍駐留経費などの課題を抱える東欧支配の見直しもはかり、1988年には、今後東欧諸国に内政干渉をおこなわないと表明した。ポーランドでは、1980年から❾＿＿＿＿＿を指導者とする自主管理労組「❿＿＿＿＿」が組織され、政府に改革を求めていた。89年に複数政党制のもとで選挙がおこなわれ、圧勝した「❿＿＿＿＿」を中心とする連立政権が発足した。同年、ハンガリー・⑪＿＿＿＿

解答 ❶新冷戦
ペレストロイカから東欧革命へ▶❶ゴルバチョフ　**❷**チョルノービリ（チェルノブイリ）
❸ペレストロイカ　**❹**グラスノスチ　**⑤**大統領　**⑥**新思考　**❼**中距離核戦力　**❽**アフガニスタン
❾ワレサ　**❿**連帯　**⑪**チェコスロヴァキア

・ブルガリアでも民主化運動が高まり、共産党独裁体制が終焉を迎えた。東ドイツでも、改革に抵抗する⑫＿＿＿＿＿＿書記長が失脚し、❸＿＿＿＿＿＿＿＿＿が開放された。さらに⑭＿＿＿＿＿＿＿の独裁体制が続いてきた⑮＿＿＿＿＿＿でも、反体制運動が勝利をおさめた。こうした一連の体制転換によって、**東欧社会主義圏は消滅**した（❻＿＿＿＿＿＿＿）。

中国の動向と民主化の広がり

Q▶ 東西対立の緩和は、東欧以外の諸地域にどのような影響をもたらしたのだろうか。

ソ連の改革の影響を受けて東欧の社会主義体制が崩壊したのに対して、中国では事態は異なった。1970年代後半から80年代前半にかけて、❶＿＿＿＿＿＿を中心とする新指導部は、人民公社の解体や農業生産の請負制、外国資本・技術の導入による開放経済、国営企業の独立採算化など一連の経済改革（②＿＿＿＿＿経済化）を進めた。しかし、学生や知識人のあいだでは、共産党の一党支配の持続や、民主化なき経済改革への不満もつのっていった。1989年、彼らは北京の③＿＿＿＿＿＿広場に集まり、民主化を要求したが、政府はこれを武力でおさえ（❸＿＿＿＿＿＿**事件**）、民主化運動に理解を示した④＿＿＿＿＿総書記を解任して、⑤＿＿＿＿＿を後任に任命した。なお、ソ連の勢力圏に属したモンゴルでは、ペレストロイカやソ連解体と並行して90年に自由選挙が実行され、92年に同国は社会主義体制から離脱した。

他方、西側陣営に属する一連の地域では、東西対立の緩和を受けて、⑥＿＿＿＿＿＿＿が権威主義的な体制への支援をやめた結果、民主化の可能性が開かれた。韓国では1987年、民主化運動の高まりにおされて大統領の直接選挙制が導入され、民主化支持を表明した軍出身の⑦＿＿＿＿＿＿が選出された。90年に韓ソ国交樹立が実現し、翌91年には北朝鮮とともに国際連合に加盟した。台湾でも、87年に戒厳令が⑧＿＿＿＿＿され、総統となった国民党の⑨＿＿＿＿＿のもとで民主化が推進された。

また、第二次世界大戦後に南アフリカ［イギリス連邦（コモンウェルス）の自治領であった南アフリカ連邦は、1961年に連邦から脱退して、南アフリカ共和国となった］は、多数派である黒人を隔離する⑩＿＿＿＿＿＿＿政策をとり、⑪＿＿＿＿＿

解答 ⑫ホネカー ❸ベルリンの壁 ⑭チャウシェスク ⑮ルーマニア ❻東欧革命
中国の動向と民主化の広がり▶❶鄧小平 ②社会主義市場 ❸天安門 ④趙紫陽 ⑤江沢民
⑥アメリカ合衆国 ⑦盧泰愚 ⑧解除 ⑨李登輝 ⑩アパルトヘイト ⑪アフリカ民族会議

（ANC）の抵抗や国際連合の経済制裁を受けてきたが、1980年代末に白人の⑫＿＿＿＿＿＿＿＿政権が政策の見直しを始めた。91年に差別法を全廃し、94年には平等な選挙権を認めた結果、⑪＿＿＿＿＿＿＿＿が過半数を制して、その指導者である❸＿＿＿＿＿＿＿＿が大統領に当選した。

ソ連の崩壊と冷戦の終結　　**Q▶** なぜゴルバチョフの改革は失敗に終わったのだろうか。

　東欧革命が進むなか、1989年12月にゴルバチョフは、①＿＿＿＿＿＿＿米大統領と地中海の②＿＿＿＿＿＿島沖で首脳会談（②＿＿＿＿＿会談）を開催して、**冷戦の❸＿＿＿＿＿**を宣言した。ついで、90年10月に米・ソ・英・仏の同意を得て西ドイツが東ドイツを吸収することで、❹＿＿＿＿＿＿＿＿が誕生した。91年には、米・ソのあいだで第1次⑤＿＿＿＿＿＿＿条約（START I）が成立し［大陸間弾道ミサイル（ICBM）など戦略核兵器の削減を規定したもので、2001年に履行が完了した］、さらにコメコンと⑥＿＿＿＿＿＿＿＿条約機構も解消された。

　他方、1990年8月には、フセインの指導するイラクが、係争地を抱える隣国⑦＿＿＿＿＿＿＿に侵攻した。米・ソはともにイラクを非難し、国連安全保障理事会はイラクへの武力行使を容認する決議を採択した。91年1月、アメリカを中心とする⑧＿＿＿＿＿軍がイラクを攻撃し、短期間でクウェートを解放した（❾＿＿＿＿**戦争**）。⑨＿＿＿＿戦争は、米・ソが協調して国連中心の国際秩序をつくるという、新たな展望を示したかのようであった。しかし、ソ連国内の混乱の深まりによって、その実現は潰えることとなった。

　言論の自由が認められたソ連では、ペレストロイカが進むにつれて、共産党が過去におこなった弾圧や、⑩＿＿＿＿主義の優位が公然と語られるようになった。また、⑪＿＿＿＿＿＿＿＿はソ連からの離脱を求め、ほかの共和国でもナショナリズムが台頭し、中央政府からの自立傾向が強まった。さらに、連邦内で最大のロシア共和国では、元共産党幹部の⑫＿＿＿＿＿＿＿＿が社会主義の放棄を訴えて市民の支持を集めた。ゴルバチョフは❸＿＿＿＿**経済への移行**を進めつつ、社会民主主義的なソ連の再生を追求したが、計画経済に慣れきった企業では原材料の調達や流通に混乱が生じ、深刻な物不足が発生した。1991年8月、連邦制の維持と秩序の回復を目的として、政府内の共産党⑭＿＿＿＿派がクーデタをおこしたが、エ

[解答] ⑫デクラーク　❸マンデラ
ソ連の崩壊と冷戦の終結▶①ブッシュ　②マルタ　❸終結　❹統一ドイツ　⑤戦略兵器削減
⑥ワルシャワ　⑦クウェート　⑧多国籍　❾湾岸　⑩資本　⑪バルト3国　⑫エリツィン　❸市場
⑭保守

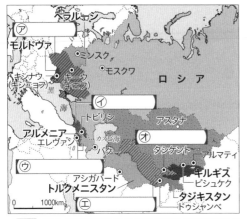

地図 独立国家共同体を構成する12カ国（1993年時点）

リツィンを中心とする市民の抵抗によって失敗した。これをきっかけに**⓯**＿＿＿＿＿＿**党は解散**し、バルト3国は独立した。12月、エリツィンはウクライナ・ベラルーシの指導者と**⑯**＿＿＿＿＿＿（CIS）を結成し、同月末に**ソ連は⓱**＿＿＿＿＿した［**⑯**＿＿＿＿＿＿＿＿＿＿＿には、ソ連を構成した15の共和国のうち、バルト3国を除く12カ国が参加した（ジョージア〈グルジア〉は1993年に参加したが、2009年には脱退した）］。

　冷戦の終結は、東欧革命やマルタ会談などを経て段階的に進行し、ソ連消滅によって完了したといえる。共産党独裁体制は中国などで維持されたが、資本主義と社会主義のどちらがより多くの繁栄をもたらすのか、という冷戦を通じて投げかけられた問いには、資本主義の勝利という答えが与えられた。しかし、資本主義が生み出す**⑱**＿＿＿＿＿や格差をどのように解決するかという問題は、未解決のままに残された。

③ 今日の世界

> **Q▶** 冷戦終結後、世界の諸地域はどのような歩みをたどり、また、どのような課題を抱えているのだろうか。

旧社会主義圏の民族紛争

> **Q▶** 旧社会主義国では、どのような民族運動や民族対立が発生したのだろうか。

　冷戦の終結にともない、旧社会主義圏の各地では、共産党独裁のもとでおさえられてきた**民族運動**や**民族対立**が表面化した。旧ソ連では、コーカサスと中央アジアで民族紛争が頻発した。とくに北コーカサス地域の**①**＿＿＿＿＿＿＿＿＿における独立運動は、ロシアとのあいだに2次にわたる紛争を引きおこした。また、東欧のチェコスロヴァキアは、1993年にチェコとスロヴァキアへ平和的に**②**＿＿＿＿し

解答 ⓯ソ連共産　⑯独立国家共同体　⓱消滅　⑱不平等
旧社会主義圏の民族紛争▶①チェチェン　②分離
地図 ⑦ウクライナ　④ジョージア（グルジア）　⑤アゼルバイジャン　④ウズベキスタン
④カザフスタン

た。

　ユーゴスラヴィアでは、③＿＿＿＿＿＿＿＿が死去したのち、東欧革命とソ連解体の影響を受けて各民族のナショナリズムが台頭し、一連の内戦が発生した。まず1991年、④＿＿＿＿＿＿＿と⑤＿＿＿＿＿＿＿＿＿が独立を宣言すると、ユーゴスラヴィアの維持を望む⑥＿＿＿＿＿＿と衝突した。スロヴェニアは短期の紛争を経て独立したが、クロアティアでは内戦が続いた。翌92年には⑦＿＿＿＿＿＿＿＿＿＿＿＿＿＿も独立宣言ののちに内戦に突入した。これらの内戦は95年まで続いたが、クロアティアとボスニア゠ヘルツェゴヴィナは独立を達成した。さらに96年、アルバニア系住民の多い⑧＿＿＿＿＿＿地方の分離運動が活発化し、これをセルビア政府が弾圧して紛争が本格化すると、99年に⑨＿＿＿＿＿軍が介入してセルビアを空爆した[セルビアの指導者⑩＿＿＿＿＿＿＿＿（1941～2006）は、アルバニア系住民を虐殺したとして国際戦犯裁判にかけられた。⑧＿＿＿＿＿＿＿は2008年に独立を宣言し、日本を含む多くの国から承認を受けたが、その国際的地位は未確定である]。

東アジアの動向　Q▶ 冷戦終結後、東アジア諸国はどのような変化をとげたのだろうか。

　1990年代の**中国**は、ソ連と異なり、共産党支配を堅持したまま経済の改革開放路線を進めた。また1997年にイギリスから❶＿＿＿＿が、99年にはポルトガルから②＿＿＿＿＿＿が返還され、それぞれ特別行政区として高度な自治（③＿＿＿＿制度）が約束された。97年の鄧小平死去後も改革開放路線は継承され、中国は急速な経済成長を実現した。他方、国内の④＿＿＿＿＿＿＿自治区や新疆⑤＿＿＿＿＿自治区では、経済発展につれて漢族の流入が増加した結果、民族対立が激化し、政府の抑圧も強化された。

　民主化後の**韓国**では、1993年に約30年ぶりに文民出身の⑥＿＿＿＿＿＿が大統領に就任して、文民政治の定着につとめた。98年には軍部独裁時代に弾圧を受けていた⑦＿＿＿＿＿が大統領となり、朝鮮の南北対話をめざす⑧＿＿＿＿政策を推進したが、2006年に北朝鮮が核実験を実施したため、南北対話は中断した。13年には朴正熙の娘の朴槿恵が韓国初の女性大統領となったが、スキャンダルにより17年に罷免された。同年に誕生した文在寅政権は、再び南北対話につとめている。

解答 ③ティトー　④クロアティア　⑤スロヴェニア　⑥セルビア
⑦ボスニア゠ヘルツェゴヴィナ　⑧コソヴォ　⑨NATO（ナトー）　⑩ミロシェヴィッチ
東アジアの動向▶❶香港（ホンコン）　②マカオ　③一国二　④チベット　⑤ウイグル　⑥金泳三（キムヨンサム）　⑦金大中（キムデジュン）
⑧太陽

社会主義体制を維持する**北朝鮮**では、1994年に核兵器保有の疑念からアメリカ合衆国との対立が激化した。その後、朝鮮半島の非核化をめざす⑨＿＿＿＿＿協議の枠組みが導入された。94年に⑩＿＿＿＿＿が死亡し、息子の⑪＿＿＿＿＿が後継者となったが、経済支援を受けていたソ連が消滅したのち、農工業生産は低迷して、深刻な食料危機に直面した。2000年に南北両朝鮮の⑫＿＿＿＿＿が実現したが、北朝鮮は03年に核拡散防止条約からの離脱を宣言し、さらに05年に⑨＿＿＿＿＿協議の中止を宣言して、翌06年⑬＿＿＿＿＿を実施するなど、東アジアの緊張要因となっており、日本人⑭＿＿＿＿問題も未解決である。11年には⑪＿＿＿＿＿が死亡し、息子の金正恩が後継者となった。

台湾では、2000年の総統選挙で、国民党以外では初となる民進党の⑮＿＿＿＿＿が当選した。16年には民進党の蔡英文が女性として初の総統に選ばれ、台湾の自立を維持するためにアメリカ合衆国との連携を深めている。

東南アジア・南アジアの変化

Q▶ 東南アジア・南アジア諸国では、政治・経済にどのような変化が生じているのだろうか。

ベトナムは、1986年から「❶＿＿＿＿＿」（刷新）政策のもとに、共産党一党体制を堅持したままでゆるやかな市場開放を進め、原油生産の成功や外国企業の進出による工業化の進展で、経済状況は好転している。

カンボジアは1970年以来、内戦や諸政権の交代、加えて②＿＿＿＿＿軍の介入を経てきたが、89年にベトナム軍が撤退したのち、91年に諸勢力のあいだで和平協定が調印された。93年の総選挙で元国王③＿＿＿＿＿を支援する勢力が勝利して王制が復活し、③＿＿＿＿＿が再び国王となった。

ミャンマー（ビルマ）では、1962年以来の社会主義政権が、88年に民主化運動によって崩壊したが、軍部は運動を鎮圧して独裁政権を樹立した。2011年には民政が復活し、④＿＿＿＿＿を指導者として経済改革や民主化に着手したが、21年に軍部のクーデタで再び軍政となり、彼女も拘束された。現在、反対派に対する弾圧や少数民族ロヒンギャ［バングラデシュとの境界地域に居住するムスリムの少数民族。ビルマ独立後にナショナリズムが台頭して、ムスリムと仏教徒との対立が高まるなか、ミャンマー政府は彼らを不法移民とみなし、とくに軍事政権下で強まった抑圧のために多数の難民が生まれた］への抑圧など、軍部の動向が懸念されている。

解答 ⑨六カ国　⑩金日成　⑪金正日　⑫首脳会談　⑬核実験　⑭拉致　⑮陳水扁
東南アジア・南アジアの変化▶ ❶ドイモイ　②ベトナム　③シハヌーク
④アウン＝サン＝スー＝チー

インドネシアでは、1997年のアジア通貨危機で民衆の不満が高まり、翌98年
⑤＿＿＿＿＿＿＿＿＿政権が倒れて民政に移管した。インドネシアの支配下にあった
⑥＿＿＿＿＿＿＿＿＿も、2002年に独立を達成した。

　インドは1990年代に計画経済を離れて、経済の⑦＿＿＿＿＿化や外資の導入を進め
た。その結果、情報産業などを中心に急速な経済成長が実現されたが、国内には大
きな所得格差や宗派対立が残った。政治では、世俗主義を掲げる国民会議派に対し
て、90年代半ばからヒンドゥー至上主義の⑧＿＿＿＿＿＿＿＿＿＿＿党が台頭し、両
党のあいだで政権交代が繰り返されている。

アフリカ諸国の困難と経済成長

Q▶ 冷戦終結後のアフリカには、どのような課題と可能性があるのだろうか。

　アフリカでは、1980年代末から続いた①＿＿＿＿＿＿＿内戦、約100万人の犠牲
者を出した1994年の❷＿＿＿＿＿＿＿**内戦**、2000年代初めに本格化したスーダン
のダルフール紛争など、冷戦終結後も紛争が多発した。これらの紛争は、植民地時
代に引かれた人為的な国境線による民族分断や、貧困・飢餓・資源配分をめぐる争
いに起因していることが多い。また、エチオピア・アンゴラ・モザンビークでは、
ソ連の消滅と連動して、1990年代前半に社会主義体制が終焉を迎えた。

　21世紀に入ると、③＿＿＿＿＿＿＿＿＿＿＿など石油や鉄鉱石などの鉱物資源
の輸出増加に支えられて、経済成長が進んだ国も出現した。人口増加もめざましく、
2016年にアフリカの人口は12億人に達し、とくに④＿＿＿＿＿＿＿以南にお
いて増加の度合いが高い。工業化の進展は都市への人口集中を強め、1000万人をこ
える都市もみられるようになった。しかし、人口増加と都市化の速さに比べて都市
インフラの整備は遅れており、商品作物中心の農業構造のため、穀物をはじめとす
る食料自給率も低いままである。

民族・地域紛争の動向

Q▶ 冷戦終結後も続く地域・民族紛争には、どのようなものがあるのだろうか。

　冷戦終結後も、中東やアジアをはじめとする一連の地域では、従来からの紛争が
継続している。イスラエル占領下のパレスチナでは、1987年にパレスチナ人が、イ
スラエル軍に対して投石やデモによる激しい抗議行動（❶＿＿＿＿＿＿＿
＿＿＿＿＿＿〈蜂起の意味〉）をおこした。イスラエル軍による弾圧にもかかわらず抗議

解答 ⑤スハルト　⑥東ティモール　⑦自由　⑧インド人民
アフリカ諸国の困難と経済成長▶①ソマリア　❷ルワンダ　③ナイジェリア　④サハラ砂漠
民族・地域紛争の動向▶❶インティファーダ

第19章

行動が続くなかで、1990年代初めには❷＿＿＿＿＿＿＿＿＿＿＿＿＿＿
（PLO）の③＿＿＿＿＿＿＿＿＿＿＿議長とイスラエルの④＿＿＿＿＿＿＿首相とのあい
だに対話の気運が生じた。1993年、両者はノルウェーの調停で、相互承認やパレス
チナ人の暫定自治政府の樹立で合意した(⑤＿＿＿＿＿＿＿＿＿＿＿＿
協定、オスロ合意)。しかし、95年に⑥＿＿＿＿＿＿＿＿＿首相がユダヤ教急進派に暗殺
されると、双方とも武力対決路線に立ち戻った。

　アフガニスタンでは、ソ連軍の撤退後に社会主義政権が崩壊すると、武装勢力間
の激しい内戦が始まって国土は荒廃し、多数の難民が生まれた。この内戦を制した
イスラーム主義勢力の⑦＿＿＿＿＿＿＿＿＿＿＿が、1996年に政権を樹立した。

　トルコ・シリア・イラク・イランにまたがって居住する⑧＿＿＿＿＿＿＿人は、各
国で少数民族の地位にあるが[⑧＿＿＿＿＿＿人の独立問題は、第一次世界大戦後にオスマ
ン帝国が解体された際、⑧＿＿＿＿＿＿人居住区が各国に分断されたことに起因している]、ト
ルコ政府は彼らの独立運動をきびしく取り締まっている。また、⑨＿＿＿＿＿＿＿
＿＿＿＿＿＿をめぐるインド・パキスタン間の対立も未解決のままであり、中国とイン
ドも国境紛争を抱えている。

　他方、継続していた紛争が解決に向かう動きもある。イギリスでは⑩＿＿＿＿＿
＿＿＿＿＿＿＿紛争が1998年に収束し、インドネシアでは分離独立をめざし
ていたアチェ州との和解が2005年に成立した。スリランカでも仏教徒中心のシンハ
ラ系多数派とヒンドゥー教徒中心のタミル系少数派の内戦が、2009年に終結した。

通商の自由化と地域統合の進展

Q▶経済における世界の一体化は、どのように進んでいるのだろうか。

　第二次世界大戦後の世界では、①＿＿＿＿＿＿＿＿＿＿を中心として工業製品の輸入
関税の大幅な引き下げが実現し、貿易の自由化が進展した。一方、農産物の関税や
流通・運輸・金融などのサービス部門、および特許などの②＿＿＿＿＿＿＿＿権に
関わる通商の壁は残されていた。これらの分野における関税の引き下げを実現する
ために、1995年、GATTにかわって❸＿＿＿＿＿＿＿**機関(❹＿＿＿＿＿＿＿)**が発
足し、農産物・金融・知的所有権・サービス取引面での自由化を推進するとともに、
貿易紛争の調停にも当たっている。

　EC諸国は、1987年発効の⑤＿＿＿＿＿＿＿議定書によって、商品だけでなく、

解答 ❷パレスチナ解放機構　③アラファト　④ラビン　❺パレスチナ暫定自治　⑥ラビン
⑦ターリバーン　⑧クルド　⑨カシミール　⑩北アイルランド
通商の自由化と地域統合の進展▶①GATT　②知的所有　❸世界貿易　❹WTO　⑤単一欧州

ヒトの移動や金融取引の域内自由化に踏みきった。ついで93年、通貨統合などを定めた❻＿＿＿＿＿＿＿＿＿＿条約が発効することで、❼＿＿＿＿＿＿＿＿＿＿＿＿＿＿＿＿＿（EU）が発足し、2002年にはヨーロッパ共通通貨❽＿＿＿＿＿＿＿＿＿＿の全面的な使用が開始された。その後、EU加盟国は東欧にも拡大した。なお、北大西洋条約機構（NATO）も1999年以降、❾＿＿＿＿＿＿諸国の加盟による拡大を実現した。

　一方、アメリカ合衆国は西欧経済が排他性を強めることを警戒し、カナダと1988年に自由貿易協定を締結し、94年にはメキシコも加えて、**北米自由貿易協定（❿**＿＿＿＿＿＿＿＿＿＿）を発足させた[その後❿＿＿＿＿＿＿＿＿＿＿3カ国は、❿＿＿＿＿＿＿＿＿＿＿＿＿＿にかえてより保護主義色の強いアメリカ＝メキシコ＝カナダ協定（USMCA）を2020年に発効した]。アジア太平洋地域でも1989年に**アジア太平洋経済協力（⓫**＿＿＿＿＿＿＿＿＿＿）**会議**が開かれた。2018年には、環太平洋パートナーシップに関する包括的及び先進的な協定（⓬＿＿＿＿＿＿＿＿＿＿＿）が発効した[アジアから南北アメリカ大陸にまたがる自由貿易圏創設をめざす環太平洋パートナーシップ（TPP）協定が、2016年に12カ国で調印されたものの、17年にアメリカ合衆国が離脱して発効しなかった。その後、11カ国が交渉を進め、新たに⓬＿＿＿＿＿＿＿＿＿＿を発効した]。アフリカでは、アフリカ統一機構（OAU）が2000年の首脳会議で紛争の平和的解決や経済統合の推進をめざして協力の強化を決定し、02年に**アフリカ連合（⓭**＿＿＿＿＿＿）が結成された。このように、冷戦終結後の世界経済は多元的な構造に変化しはじめた。新興国の経済成長を受けて、G8サミット[G7は、1997年からロシアが加わりG8となったが、2014年のクリミア侵攻を受けてロシアの参加資格は停止されている]に加えて、参加国を拡大したG20の会合も設定された[G20は、G8とEUに、新興経済国11カ国（⓮＿＿＿＿＿＿＿＿＿・インド・中国・アルゼンチン・オーストラリア・韓国・トルコ・インドネシア・メキシコ・サウジアラビア・南アフリカ）を加えて発足した。2008年秋の国際金融危機への対応策を協議するために、同年11月にはじめて首脳会議が開催された]。

　冷戦終結後の世界で進展した⓯＿＿＿＿＿＿＿＿＿＿＿＿＿＿＿＿＿＿＿＿は、情報通信手段の技術革新にたすけられて、情報の国際的な交流を活性化させ、貿易や金融面などでも世界的規模で自由な流通を促進させた。今日ではヒト・モノ・資本・情報が日々国境をこえて大量に行き交い、複数の国家に拠点をもつ多国籍企業も各国経済に大きな影響をおよぼしている。他方、経済活動の活発化とともに、土

解答 ❻マーストリヒト　❼ヨーロッパ連合　❽ユーロ　❾東欧　❿NAFTA　⓫APEC　⓬CPTPP　⓭AU　⓮ブラジル　⓯グローバリゼーション

第19章

地や原料、株式投資などで投機的な動きも発生し、1997年には東アジア・東南アジアの国々で⑯＿＿＿＿＿＿＿＿危機がおこり、2008年には世界各地で深刻な⑰＿＿＿＿＿＿＿＿危機が発生した［経営破綻によって金融危機のきっかけをつくった投資銀行の名前をとって、日本ではリーマン＝ショックと呼ばれた］。

同時多発テロと対テロ戦争

Q▶ 21世紀初めに、アメリカ合衆国はどのような戦争をおこなったのだろうか。

　湾岸戦争後、ペルシア湾岸地域へのアメリカ軍の駐留が続くとともに、パレスチナ問題も未解決のままであったため、イスラーム急進派のなかでは反米感情が高まっていった。2001年9月11日、アメリカ合衆国の旅客機が乗っとられ、ニューヨークとワシントンのビルに突入する❶＿＿＿＿＿＿＿＿事件がおこった。翌月、②＿＿＿＿＿（子）大統領は、事件の実行者とされるイスラーム急進派組織③＿＿＿＿＿＿＿＿を保護しているとして、アフガニスタンの④＿＿＿＿＿＿＿＿政権に対して軍事行動をおこし、これを打倒した（❺＿＿＿＿戦争）。その後、アフガニスタンには国際連合の主導で暫定政権が成立したが、国内は安定しなかった［暫定政権は2004年の大統領選挙を経て正式の政権となったが、④＿＿＿＿＿＿＿＿との戦いは続いた。21年にアメリカ軍が撤退すると、④＿＿＿＿＿＿＿＿政権が復活した］。

　さらに、アメリカ合衆国は2003年3月、⑥＿＿＿＿＿＿＿＿政権が中東地域の脅威になっているとして、イギリスとともにイラクを攻撃し、フセイン政権を倒した（❼＿＿＿＿＿戦争）。イラクは米英軍を中心とする占領統治下におかれ、日本も復興支援のために⑧＿＿＿＿＿を派遣した。翌年、イラクの暫定政権に主権が移譲されたが、宗派・民族間の対立が激化し、国内は不安定な状態におちいった。

　2010年末からは、⑨＿＿＿＿＿＿＿＿で始まった民主化運動がエジプトやリビアにも波及し、各国で独裁政権が倒れた（「❿＿＿＿＿＿の春」）。しかし、その後にチュニジアなどでは民主化が進んだものの、エジプトでは、成立したイスラーム主義政党による政権が14年に倒れて軍事政権がとってかわるなど、ゆり戻しの動きや混乱もおこっている。また、⑪＿＿＿＿＿＿では内戦が発生して多数の難民が生まれた。14年には、イラクとシリアにまたがる過激な武装勢力が出現し［この「IS（イスラム国）」は、過激な聖戦（ジハード）の主張と暴力性によって世界に衝撃を与える一方、イス

<u>解答</u>　⑯アジア通貨　⑰国際金融
同時多発テロと対テロ戦争▶❶同時多発テロ　②ブッシュ　③アル＝カーイダ　④ターリバーン　❺対テロ　⑥フセイン　❼イラク　⑧自衛隊　⑨チュニジア　❿アラブ　⑪シリア

ラームに対する誤解や偏見を増大させる一因ともなった〕、地域情勢は危機におちいった。

多極化と国際協力

Q▶ 今日の国際関係はどのような特徴をもち、また、どのような協力を必要としているのだろうか。

対テロ戦争の頃まで、アメリカ合衆国は唯一の超大国として、国際社会で主導権を発揮した。しかし、あいつぐ戦争や国際金融危機によって、合衆国財政が大幅な赤字となるとともに、その主導権にもかげりが生じ、今日の世界は**多極化**へと向かっている。

2009年にアメリカ合衆国で初となる非白人系の大統領となった民主党の**❶**＿＿＿＿＿は、積極的な財政支出によって経済を立て直し、社会保障の整備にもつとめたが、深刻な社会格差は残った。グローバリゼーションにともない、賃金の安い中国などに国内産業が移転したことが、雇用回復をさまたげる一因であった。中西部の白人労働者をはじめとする、景気回復から取り残された層の支持を受けて、17年に大統領に就任した共和党の**❷**＿＿＿＿＿＿＿は、国内産業の保護・育成、移民の受け入れ規制などに力を注ぎ、グローバリゼーションから距離をおく姿勢を強調した。

中国は、2010年に**③**＿＿＿＿＿（国内総生産）で日本を抜き、アメリカ合衆国につぐ世界第2位の経済大国となった。12年に総書記に就任した**❹**＿＿＿＿＿は、国内で自身への権力集中を実現するとともに、アジア・ヨーロッパ・アフリカにまたがる経済圏構想を打ち出し、国際社会での存在感を強めている。一方で、東シナ海・南シナ海の領土・権益をめぐる紛争や中印国境紛争など、中国の対外政策は強硬な側面をもち、近隣諸国との摩擦を生んでいる〔日本の領海である尖閣諸島周辺海域にも、中国政府の船舶が継続的に派遣される事態が生じている〕。さらに20年には、中国政府は香港に対して**⑤**＿＿＿＿＿＿＿法を導入し、一国二制度による自治を形骸化させた。

ロシアでは、ソ連解体後の1990年代に民営化や地方分権化が進行したが、2000年に大統領に選出された**❻**＿＿＿＿＿はこの動きをおしとどめ、国家による基幹産業・資源への管理を強化し、中央集権的な行政を確立した。2000年代には原油価格の上昇に支えられて好景気を迎えたが、**⑦**＿＿＿＿・**⑧**＿＿＿＿＿に依存する経済構造は脆弱である。14年、プーチン政権はウクライナの**⑨**＿＿＿＿

解答 多極化と国際協力▶❶オバマ **❷**トランプ **③**GDP **❹**習近平 **⑤**国家安全維持 **❻**プーチン **⑦**石油 **⑧**天然ガス **⑨**クリミア

半島に侵攻し、ロシアへの併合を一方的に宣言した。さらに22年にはウクライナ全土に侵攻して、国際的な非難を浴びた。

　EUでは、西欧と東欧・南欧の経済格差がめだつようになり、2011年に⑩＿＿＿＿＿＿＿＿＿など南欧諸国で財政危機が深刻化した。15年には、シリア内戦などから逃れるために、中東・北アフリカから移民・⑪＿＿＿＿＿＿が大量にヨーロッパに到来し、大きな社会問題となった。西欧諸国ではEU内外からの移民の増加に対する反発がつのり、移民排斥など排外主義的な主張で世論の支持を集める、⑫＿＿＿＿＿＿＿＿＿と呼ばれる政治手法が伸張した。さらにイギリスでは、16年に⑬＿＿＿＿＿からの離脱（ブレグジット）支持派が国民投票で勝利をおさめ、20年には離脱が実現した。

　グローバリゼーションがもたらす、経済格差の深化や移民の増加などへの反発は、世界の各地にみられる。しかし、世界の経済的な一体化は、今後も進むであろう。加えて、多極化の時代であるからこそ、諸国家の利害を調整して、平和的に紛争を解決するための**国際的な協力**が、従来以上に求められている。冷戦の終結以降は、地域紛争後の**平和維持活動（⑭＿＿＿＿＿＿＿）**［国連加盟国から派遣された国連平和維持軍（⑮＿＿＿＿＿）などが紛争地域でおこなう停戦監視・兵力引き離し・選挙監視・人道支援などを指す。派遣軍の指揮権や中立性の確保などの問題も残されている］をはじめとして、国連の役割が増大しはじめている。核兵器の軍縮の場合、⑯＿＿＿＿＿・⑰＿＿＿＿＿・⑱＿＿＿＿＿など核保有国が増加しており、国連を中心として、核拡散防止条約の実効性を高めるためのさらなる取り組みが必要である。国際協力における**非政府組織（⑲＿＿＿＿＿）**や自治体の関与も、より増大していくであろう。たとえば、1997年に⑳＿＿＿＿＿＿＿全面禁止条約が調印されたが、その成立には非政府組織の活動が大きな役割を果たした。さらに国家や地域をこえた感染症や災害に対しても、各国が地域や経験を共有して、国際的な協力体制を整えることが重要である。

解答　⑩ギリシア　⑪難民　⑫ポピュリズム　⑬EU　⑭PKO　⑮PKF　⑯インド　⑰パキスタン　⑱北朝鮮　⑲NGO　⑳対人地雷

科学技術の進歩と環境問題 Q▶ 20世紀以降の科学技術の革新は、人類の生活をどのようにかえたのだろうか。

　20世紀には、科学技術のめざましい革新がおこり、それは広範な地域で生活水準の向上をもたらしたが、同時に、環境破壊をはじめとする新たな問題も生み出した。

　20世紀初めに、❶＿＿＿＿＿＿＿＿＿の②＿＿＿＿＿＿理論などによって時間と空間の認識が大きくかわり、また、物質の構造を解明する③＿＿＿＿＿学も急成長した。その結果、物質を構成する微粒子とその動きが解明され、ついで核分裂により膨大なエネルギーが発生することも実証されて、原子爆弾の開発に結びついた。第二次世界大戦後に❹＿＿＿＿＿＿＿**発電**の開発も進められたが、1979年にはアメリカ合衆国の⑤＿＿＿＿＿＿＿＿＿＿島原子力発電所で放射能もれ事故が生じ、ついで86年にソ連・チョルノービリ原子力発電所、さらに2011年に東京電力⑥＿＿＿＿＿＿＿原子力発電所で、メルトダウン（炉心溶融）と放射性物質の放出をともなう深刻な事故が発生した。こうして原子力発電のリスクが浮き彫りになるなか、水力・風力・太陽エネルギーによる発電を増やす努力も進められている。また、第二次世界大戦中には、ナイロンなどの化学繊維や⑦＿＿＿＿＿＿＿＿＿＿などの人工素材を生産する石油化学も発達し、戦後にこれらの素材は世界中に普及した。

　20世紀初めに⑧＿＿＿＿＿兄弟が発明した**飛行機**は、第一次世界大戦中に軍用機に転用されたうえ、第二次世界大戦中には戦略爆撃機やジェット機の開発によって長距離飛行が可能となり、戦後には民間の大量輸送を実現した。**宇宙開発**の分野では、1957年にソ連が人工衛星⑨＿＿＿＿＿＿＿＿＿1号の打ち上げに成功し、61年には世界初の有人飛行に成功した。アメリカ合衆国は69年に⑩＿＿＿＿号によって月面着陸を実現し、その後は宇宙ステーションを建設して、宇宙船による宇宙往還が可能になっている。宇宙開発はまた、大陸間弾道ミサイル（ICBM）や軍事衛星などの軍事開発と密接に連動していた。

　第二次世界大戦中のアメリカ合衆国で始まった❶＿＿＿＿＿＿＿＿＿の開

解答 科学技術の進歩と環境問題▶❶アインシュタイン　②相対性　③量子力　❹原子力
⑤スリーマイル　⑥福島第一　⑦プラスチック　⑧ライト　⑨スプートニク　⑩アポロ11
❶コンピュータ

発は、1946年に実現した。その後、トランジスタや集積回路(IC・LSI)などの開発で小型化と低価格化が進み、1990年代には⑫_____というかたちで一般家庭にも普及した。また60年代のアメリカ合衆国において科学技術者間の通信手段として出発した⑬_____も、90年代以降に広く利用されるようになり、携帯電話の普及なども加わって⑭_____(_____)革命が急速に進行した。さらに、2010年代には人工知能(AI)開発が大きく進展し、人間の知的活動の可能性を押し広げることが期待されている。

　医学や**生物学**の分野では、1929年にフレミングが⑮_____を発見したことで⑯_____物質の製造が可能となり、感染症などの治療に効果を発揮した。53年には遺伝子の基本となる⑰_____の構造が解明され、分子生物学が急速に発達した。ついで90年には人間の⑱_____配列の解読をめざす⑲_____計画が始まり、2003年には解読が完成した。また、臓器や細胞のもとになるiPS細胞(人工多能性幹細胞)の研究開発は、再生医療の分野で期待されている。1990年代末には、羊や牛を対象として⑳_____技術が現実化し、難病治療の医薬品開発などに新たな展望を開いたが、生命倫理の問題をめぐる議論も呼びおこしている。

　科学技術と医療の発達は、経済成長とあいまって、**人口の急増**をもたらし、20世紀初めに約16億人だった世界の人口は、2019年に77億人をこえた。食料・資源・環境問題などについて長期的な見通しを立て、持続可能な成長の枠組みを整えることが、今日いっそう求められている[2015年に国連サミットで、「持続可能な開発目標(SDGs)」が取り決められた。SDGsとはSustainable Development Goalsの略で、持続可能でよりよい世界の実現を2030年までにめざす国際目標のことである]。とりわけ先進国や一部のアジア諸国では、㉑_____化および㉒_____化が顕著であり、それにみあった社会福祉政策が模索されている。

　環境問題では、1980年代に**地球温暖化**の危険性が指摘されるようになった。1992年に地球環境の保全と持続可能な開発の実現に向けた方策を討議するため、「㉓_____」(環境と開発に関する国連会議)が㉔_____で開催された。温室効果ガス削減のための国際的枠組みも模索さ

解答　⑫パーソナル＝コンピュータ　⑬インターネット　⑭情報技術(IT)　⑮ペニシリン　⑯抗生　⑰DNA　⑱遺伝子　⑲ヒトゲノム　⑳クローン　㉑高齢　㉒少子(㉑・㉒順不同)　㉓地球サミット　㉔リオデジャネイロ

れ、97年に京都議定書が、2015年には㉕＿＿＿＿＿協定が採択された[京都議定書では、先進国を中心に、二酸化炭素をはじめとする温室効果ガスの排出量削減目標値が設定された。㉕＿＿＿＿＿協定では、すべての国が参加する形で各国の削減目標の設定や達成に向けた取り組みが義務づけられた]。酸性雨や砂漠化なども含めて、環境問題は一国規模で対応できるものではなく、国際的な協力体制の構築が急務である。

現代思想・文化の動向

Q▶ 現代思想・文化において、どのような新しい潮流が登場したのだろうか。

啓蒙思想以来の、理性と進歩を重んじる近代の❶＿＿＿＿＿**主義**の考え方は、19世紀後半以降もヨーロッパで強い影響をもち続けた。他方で、工業化や都市化が進み、官僚機構が拡大するなかで、個人のあり方や個人と社会の関係について、新たな視点から追求する動きも現れた。②＿＿＿＿＿は宗教を否定して、人間存在それ自体に価値を見出し、デューイは観念よりも実践を重んじる❸＿＿＿＿＿を提唱した。また、社会主義者の④＿＿＿＿＿が経済を中心に社会を分析したのに対して、⑤＿＿＿＿＿は、宗教をはじめとする諸理念が社会で独自の役割を果たしていることを強調した。⑥＿＿＿＿＿は潜在意識に探究の領域を広げ、❼＿＿＿＿＿**学**を確立した。

芸術においても、新たな視点が打ち出された。20世紀初めにピカソらは、対象を幾何学的な形に還元し、画面に再構成する⑧＿＿＿＿＿派をおこした。ついで、第一次世界大戦と連動して、既存の美的感覚の解体をめざすダダイズムが登場し、さらに、精神分析学の影響を受けた⑨＿＿＿＿＿が強力な芸術運動となった。他方で第一次大戦後には、非西欧系の文化がおよぼす影響も、より注目されるようになった。たとえば、アメリカ合衆国では、南部のアフリカ系住民が発達させた⑩＿＿＿＿＿が、両大戦の戦間期に広く受け入れられ、メキシコでも同じ時期に、⑪＿＿＿＿＿文化の影響を受けた壁画運動が台頭した。

また、ロシア革命がおこり、さらに第二次世界大戦を経てソ連が超大国となったことで、20世紀の世界では⓬＿＿＿＿＿**主義**が広範な影響力をもった。理性と進歩を重んじる点で、⓬＿＿＿＿＿主義は合理主義の系譜を引いていた。したがって、冷戦において対峙したソ連とアメリカ合衆国・西欧は、合理主義という共通の土壌のうえに立っていたともいえる。

解答 ㉕パリ
現代思想・文化の動向▶❶合理 ②ニーチェ ❸プラグマティズム ④マルクス ⑤ヴェーバー ⑥フロイト ❼精神分析 ⑧立体 ⑨シュルレアリスム ⑩ジャズ ⑪先住民 ⓬社会

しかし、1970年代以降、公害や環境破壊の拡大、さらにオイル＝ショックが、経済成長による進歩を際限なく続けることへの疑念を引きおこすとともに、合理主義に対する全面的な再検討が始まった。まず、理性や進歩、またそれらと結びついていた自由や人権といった観念は、あくまで相対的な価値をもつにすぎないとする**❸**＿＿＿＿＿＿＿＿が台頭した。さらに、欧米諸国は「文明的」であり、アジアやアフリカは「野蛮」「未開」であるという価値観が、理性や進歩といった観念の背後に隠されていたことを批判する**❹**＿＿＿＿＿＿＿＿＿＿＿＿＿＿や、各地域の文化は独自の意義をもっており、対等であるとする**❺**＿＿＿＿＿＿＿＿主義が打ち出された。これらの批判や問題提起をふまえたうえで、合理主義が重んじてきた理性や進歩、自由や人権といった概念を、いかに継承していくかが今日の重要な問いとなっている。

　また、合理主義の再検討にともなって、「高尚な」芸術と「通俗的な」芸術を厳格に区分するのではなく、**❻**＿＿＿＿＿＿＿＿＿＿＿＿＿＿＿＿＿＿をはじめとする多様な芸術表現を等しく尊重する動きが進んだ。

女性の平等化とジェンダー

Q▶ 両性の同権化はどのように進み、また、どのような課題を残しているのだろうか。

　合理主義は人権の理念を追求したが、20世紀初めに至るまで、人権を完全に行使できる市民としては、①＿＿＿＿のみが想定されていた。女性は自立的な市民ではなく、①＿＿＿＿の妻、ないし娘にすぎないとされ、選挙権をはじめとする一連の権利を奪われていた。この状態をかえるべく、イギリスではパンクハーストら女性参政権活動家（②＿＿＿＿＿＿＿＿＿＿＿＿＿）が、抗議活動を展開してきびしい取り締まりを受け、第２インターナショナルも女性参政権を重要な要求に掲げた。第一次世界大戦中の総動員体制は、女性の社会進出をうながし、また戦争遂行を担った代償として、戦中から戦後にかけて、一連の国々で女性参政権が導入された。

　第二次世界大戦後、女性と男性の政治上の同権化は各地で進んだが、賃金格差をはじめ、社会生活における女性差別は先進国でも依然として残った。これに対して1960〜70年代以降、欧米諸国や日本などにおいて③＿＿＿＿＿＿＿＿運動が高揚し、男尊女卑的な価値観からの転換を訴え、女性が完全な市民として認められてこなかったことを批判した。女性差別を生み出す社会構造の変革をめざす**❹**＿＿＿＿＿＿

解答 **❸**ポスト＝モダニズム　**❹**ポスト＝コロニアリズム　**❺**文化多元　**❻**ポップ＝カルチャー
女性の平等化とジェンダー▶①男性　②サフラジェット　③女性解放　**❹**フェミニズム

理論も活発に論じられた。1979年には国連総会で⑤

＿＿＿＿＿条約が採択され、85(昭和60)年には日本でも男女雇用機会均等法が制定さ
れたが、日本では国会議員・企業管理職・大学教員などに占める女性の比率が依然
として低く、家事・育児における女性の過重負担も解消されていない。また、アジ
アやアフリカなどでは、貧困と差別、因習によって女性がとくに困難な立場におか
れている国もある。

　一方で、20世紀後半には、先進国をはじめとする諸地域で、都市化の進行にとも
なって性別をめぐる伝統的な価値観がゆらいだ。21世紀初めまでに、身体的な性と
は別に、社会的につくられる規範としての❻＿＿＿＿＿＿＿＿＿＿＿＿＿があるという理
解が広く受け入れられるようになり、伝統的な性役割を押し付けるのではなく、各
人の個性を尊重すべきことへの理解も進みつつある。加えて性的指向についても、
本人の意思を尊重して、多様な性のあり方を受け入れるような社会が模索されてい
る。

解答 ⑤女性差別撤廃　❻ジェンダー

世界史探究
書きこみ教科書　詳説世界史

2023年 3 月　初版発行

編　者　書きこみ教科書詳説世界史編集部

発行者　野澤　武史

印刷所　株式会社　加藤文明社

製本所　株式会社　ブロケード

発行所　株式会社　山川出版社

〒101-0047　東京都千代田区内神田1-13-13
電話　03-3293-8131（営業）　03-3293-8134（編集）
http://www.yamakawa.co.jp/

装　幀　水戸部　功

ISBN978-4-634-03221-7　　　　　　　　　　　　　　　　NMIZ0102